Vlastimil Hort · Otto Borik

Moderne Verteidigung

Joachim Beyer Verlag · Hollfeld

Vorwort des Übersetzers

Verglichen mit den klassischen Eröffnungssystemen Spanisch und Französisch sind die Grundideen der Pirc-Ufimzew-Verteidigung relativ jungen Datums, weshalb sie auch häufig unter der Bezeichnung „Moderne Verteidigung" geführt wird. Es ergibt sich daraus fast zwangsläufig, daß bis heute das Netz des theoretischen Wissens über dieses Eröffnungssystem bei weitem nicht so dicht geknüpft ist, wie das der obengenannten Eröffnungen.

Gerade dies dürfte den Reiz der Verteidigung ausmachen und der Grund dafür sein, warum gerade die jüngeren Weltspitzenspieler, wie Timman, Dr. Nunn, Torre und einige andere, sie zu ihrem festen Repertoire zählen. Die bisher umfangreichsten theoretischen Betrachtungen zur „Modernen Verteidigung" stammen von dem englischen Autorenkollektiv, das sich rund um Großmeister Raymond Keene gesammelt hat.

Nun meldet sich in dem vorliegenden Werk mit Vlastimil Hort ein Praktiker zu Wort, der seit über 20 Jahren die Entwicklung der „Modernen Verteidigung" verfolgt und entscheidend mitgestaltet hat. Anhand von grundlegenden Musterpartien widmet er sich jedem einzelnen Hauptsystem und erreicht mit seinen Analysen und dem zusätzlich gegebenen Anschauungsmaterial eine bisher kaum dagewesene Ausführlichkeit und Tiefe. Das sehr kompakte Werk kann also gleichzeitig als Lehrbuch und Handbuch dienen.

Herr Lothar Nikolaiczuk leistete einen wertvollen Beitrag zum Entstehen dieses Werkes. Er zeichnet für die Systematisierung und endgültige sprachliche Bearbeitung verantwortlich. Für seine zuverlässige und ideenreiche Mitarbeit sowie den unermüdlichen Einsatz möchte ich ihm an dieser Stelle meinen herzlichen Dank aussprechen.

Möge der Leser aus Horts Erfahrungsschatz die gleichen profunden Erkenntnisse ziehen, möge er ihm zu der gleichen Vervollkommnung des Wissens verhelfen, wie dies bei den Mitgliedern des Übersetzerteams der Fall war.

Bochum, im September 1981 **Otto Borik**

2. erweiterte Auflage 1984
ISBN 3-88805-053-7

Satz: Bredenbeck Fotosatz, 4600 Dortmund, Westfalendamm 75.
Druck: Meiller Druck und Verlag, 8460 Schwandorf

Zu diesem Buch:

Vor Ihnen liegt die zweite, aktualisierte Ausgabe der „Modernen Verteidigung". Sie ist — etwas ungewöhnlich — in zwei Teilen gestaltet.
Auf den ersten 139 Seiten finden Sie das Originalwerk, daß wegen seines logischen Aufbaus und vor allem wegen seiner Verwendbarkeit als *Lehrbuch* in erster und als Handbuch in zweiter Linie unverändert übernommen wurde. Die strategischen Grundsätze der behandelten Eröffnung ändern sich nicht.
Damit Sie sich über die weitere, aktuelle Entwicklung der „Modernen Verteidigung" informieren und dieses Buch auch als Handbuch verwenden können, finden Sie auf den Seiten 141 bis 153 einen Aktualisierungs-Anhang. Dort werden wichtige Partiebeispiele bis Ende 1983 aufgeführt.
Es wird auf jeden Fall empfohlen, bei der Lektüre folgendermaßen vorzugehen: *Zunächst* einen bestimmten Abschnitt im Hauptteil durchlesen, um die Entwicklung einer bestimmten Variante und die darin vorkomenden strategischen Ideen kennenzulernen, und *erst dann* im Anhang nachzuschlagen, um die erworbenen Kenntnisse zu ergänzen.

Über die Autoren:

Großmeister Vlastimil Hort (geb. 1944) gehört seit Jahren zur absoluten Weltspitze. Er siegte in vielen internationalen Turnieren, nahm an dem Kandidaten-Wettkämpfen zur Weltmeisterschaft 1977 teil und vetrat sein Heimatland, die Tschechoslowakei, in unzähligen Länderkämpfen mit Erfolg am Spitzenbrett. Seit vier Jahren lebt Hort in Köln, wo er als Spieler-Trainer des Bundesliga-Spitzenvereins SG Porz tätig ist.
GM Hort ist auch schachpublizistisch tätig. Er schrieb allein, sowie mit verschiedenen Mitautoren mehrere Schachbücher. Einige diese Bücher wurden regelrecht zum Schlager auf dem Schachbücher-Markt, so z.B. das Buch Hort/Jansa: „Der beste Zug" (Mädler Verlag, Düsseldorf). Auch dem Buch „Moderne Verteidigung" wurde ein großer Erfolg beschieden: Zwei Jahre nach dem Erscheinen der ersten Auflage ist diesselbe völlig vergriffen.
Internationale Meister Otto Borik (geb. 1947) ist 59facher deutscher Nationalspieler und von Beruf Schachpublizist. Der Chefredakteur der bekannten deutschen Fachzeitschrift SCHACH MAGAZIN 64 schrieb selber einige Schachbücher; am vorliegenden Buch ist er als Mitautor beteiligt. Er übersetzte das Original aus der tschechischen Sprache, systemmatisierte und ergänzte zusammen mit seinen Mitarbeitern das vorliegende Material, und schrieb den Aktualisierungs-Anhang.

Bevor Sie mit diesem Buch zu arbeiten beginnen . . .

. . . sollten Sie unbedingt die folgenden Hinweise sorgfältig lesen, die Sie mit der gewählten Systematisierung vertraut macht.

I Das Auffinden der gesuchten Varianten

In Anbetracht der Fülle des zu berücksichtigenden und zu ordnenden Materials haben wir uns für die bei anderen Schachbüchern schon sporadisch angewandte Methode der Flußdiagramme entschieden, die Sie im Anschluß an diese Vorbemerkung finden können. Sie ermöglichen die rasche Auffindung der groben Hauptvarianten und deren Unterteilungen. Die auf den ersten Blick verwirrend erscheinenden Ziffern- und Buchstabenfolgen werden leicht durchschaubar, wenn man folgende Erläuterungen berücksichtigt:

Man unterscheidet bei Flußdiagrammen zwei Leserichtungen, die waagerechte (Zeile genannt) und die senkrechte (Kolonne genannt). Die Zeilen geben eine Zugfolge an und bewegen sich, von links nach rechts gelesen, in die Tiefe der Variante. Die Kolonnen, von oben nach unten gelesen, geben Auskunft über alle vorhandenen Alternativzüge zu einem bestimmten Zeitpunkt. Zur Benennung der einzelnen Varianten dient ein kombinierter Buchstaben- und Zahlenblock. Am Beispiel des Kapitels I „Das klassische System" soll dies verdeutlicht werden.

In der ersten Zeile finden Sie die Grundzüge dieses Systems. Nach einigen selteneren Möglichkeiten (a 5. h3; b 5. Lf4; c 5. Lg5!? auf den Seiten 1 bis 3 läuft die Hauptvariante ab Seite 3 weiter, bis sie mit dem 6. Zug von Schwarz auf Seite 4 ihre erste kritische Stellung erreicht. Die möglichen sechsten Züge von Schwarz sind in der ersten Kolonne fortlaufend von **A** bis **F** aufgeführt. Wollen Sie in einer der Varianten in die Tiefe gehen, so finden Sie in der rechts angrenzenden Kolonne alle siebten Züge von Weiß, das sind für **A: 6. . . . c6** z. B. **A1: 7. a4** bis **A6: 7. e5!?**

Sie können sich also in den Kolonnen einen Überblick über alle denkbaren Abweichungen verschaffen oder, den Zeilen folgend, eine einzelne Variante gründlich kennenlernen.

II Der Umgang mit den drei Schrifttypen

Zum Verständnis der Verwendung von drei Schrifttypen – **halbfett,** normal, *kursiv,* – sollten sie Folgendes wissen.

Die langen Hauptvarianten eines jeden Kapitels werden jeweils an vollständig zitierten Musterpartien veranschaulicht. Das ist z. B. in Kapitel I, für die Variante **B: 6. . . . Lg4,** die Partie **I/4 – Geller–Savon, Riga 1975,** die auf Seite 13 beginnt. Wenn Sie der Musterpartie folgen wollen, orientieren Sie sich bitte an den **halbfetten** Markierungen **B 1, B 11 bis B 11111** im Text. Ab dieser Stelle wird die Musterpartie in **halbfetter** Schrift dort weitergeführt, wo keine Varianten-Numerierung mehr vorliegt, also bei unserem Beispiel auf Seite 19 mit dem Zug **9. . . . Se7.** Analog können Sie auch die Untervarianten anhand der **halbfett** gedruckten Numerierung verfolgen.

Neben der normal gedruckten Schrift, in der die Kommentare gehalten sind, fällt noch die *Kursivschrift* auf, die einzig und allein dazu dient, den Text weitestgehend frei von Klammern zu halten. Mit einem Blick sehen Sie, wo ein vielleicht längerer eingefügter Gedanke abgeschlossen ist, ohne nach einer optisch schwer aufzuspürenden Klammer suchen zu müssen.

Wenn Sie sich an einigen weiteren Beispielen die den oben genannten Besonderheiten innewohnende Logik veranschaulichen, werden Sie sich sehr bald mühelos im Text zurechtfinden können.

I. Das klassische System

1. e4 d6 2. d4 Sf6 3. Sc3 g6 4. Sf3 Lg7 5. Le2

Diagramm Nr. 1:

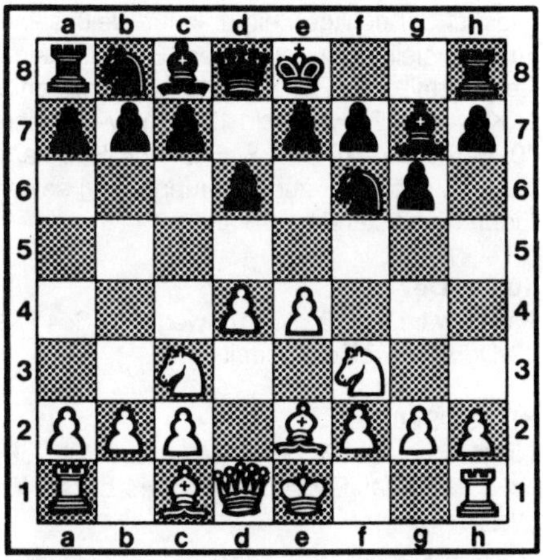

Der ganze Aufbau ist für den Schwarzen recht unangenehm. Weiß entwickelt seine Figuren möglichst schnell auf die Zentralfelder und kontrolliert die Brettmitte. Insbesondere in der letzten Zeit kam dieses System in Mode. Dies ist nicht einfach zu begründen. Tatsache ist, daß Weiß im Gegensatz zu anderen Systemen nur ein geringes Risiko eingeht, denn auch bei ungenauer Eröffnungsbehandlung bliebe die weiße Stellung sehr widerstandsfähig. In vielen Varianten kommt es zu einem komplizierten strategischen Kampf, weshalb die exakte Kenntnis der Eröffnungsfeinheiten unbedingt erforderlich ist.

Außer 5. Le2 sind noch folgende Möglichkeiten bekannt:

A 5. h3 **B** 5. Lf4 **C** 5. Lg5!?

a 5. h3

Weiß bemüht sich, den schwarzen Figurendruck auf das Zentrum abzuschwächen – der Zug 5. . . . Lg4 wird verhindert – und ermöglicht gleichzeitig 6. Le3. Es gibt nach wie vor viele Anhänger des Zuges 5. h3, jedoch bleibt festzustellen, daß gerade dieser Zug einen Zeitverlust darstellt, nach dem Schwarz seine Kräfte ungestört mobilisieren kann.

5. . . . 0–0 6. Le3

Sehr häufig wird auch 6. Le2 gespielt. Danach stellt sich die Frage, ob Schwarz keine andere Möglichkeit hat, als mit 6. . . . e5 oder 6. . . . c6 in die Hauptvariante einzulenken. Schwarz kann auch mit 6. . . . c5!? zur Drachenvariante der sizilianischen Verteidigung übergehen, die nach 7. 0–0 cd4: 8. Sd4: Sc6 9. Le3 usw. entstehen würde.

In der Partie Kuzmin – Nikolajevski, UdSSR 1970, versuchte Weiß 6. Le2 c5 7. dc5:!?, und in der Folge 7. . . . Da5 8. 0–0 Dc5: 9. Le3 Dc7? 10. e5! de5: 11. Sb5 Dc6 12. Se5: De4 13. Dd4! erhielt er das bessere Spiel. Statt des fehlerhaften 9. . . . Dc7? war natürlich 9. . . . Da5 besser.

Sehr interessant verlief die oft zitierte Partie Djurasevic – Stein, Belgrad 1961: 6. Le2 c5 7. e5!? de5: 8. de5: Dd1:+ 9. Ld1: Se8 10. Sd5 Sc6 11. Lg5 f6 12. Le3 fe5: ***Solider war 12. . . . b6.*** 13. Lc5: e4 14. Sd2 Tf5 15. Se7:+ Se7: 16. Le7: Lb2:. Schwarz steht keinesfalls schlechter, denn nach 17. Tb1 folgt 17. . . . Ld4!

Nach 6. Le2 sind auch die Züge 6. . . . Sa6!? oder 6. . . . b6 möglich. Anzumerken bleibt, daß Schwarz auch nach 6. Lg5 in 6. . . . c5! eine ausreichende Möglichkeit zur Verfügung steht. In der Partie Olafsson – Suttles, Nizza 1974, folgte: 7. dc5: Da5 8. Ld3 Dc5: 9. 0–0 Sc6 10. a3 Le6 11. Dd2 Tfc8 12. Tfe1 Da5 13. Lh6 Se5 14. Se5: Lh6: 15. Dh6: de5:! Auch wenn diese Partie remis endete, verdient die schwarze Stellung eindeutig den Vorzug.

In einer Partie Drimer – Ghinda, Bukarest 1973, setzte Schwarz nach 6. Lf4 mit 6. . . . c5! fort. Nach den weiteren Zügen 7. dc5: ***Falls 7. e5?!, so folgt 7. . . . Sh5!*** 7. . . . Da5 8. Dd2 Dc5: 9. Lh6 Sbd7 10. Lg7: Kg7: 11. Le2 b5! stand Schwarz wesentlich besser.

6. . . . c6
An dieser Stelle sind andere gute Möglichkeiten 6. . . . Sbd7 oder 6. . . . Sbd7 oder 6. . . . e5. Nach 6. . . . Sbd7 liebäugelt Schwarz mit dem Vorstoß c7 – c5; beispielsweise: 7. Dd2 c5!? 8. d5 Da5!, aber nach dem besseren 7. Le2 ist der Vorstoß 7. . . . c5 (–)!? kaum möglich wegen der Folge 8. dc5: Sc5: 9. e5 Sfe4? 10. Se4: Se4: 11. Dd5, und Weiß steht klar besser. Nach dem Zug 7. Le2 tut Schwarz am besten daran, mit 7. . . . c6 in die Partie Sax – Parma (siehe Seite 3) überzugehen.

In älteren theoretischen Quellen wird die Fortsetzung 6. . . . e5 empfohlen, die ebenfalls nicht schlecht ist. Nach 7. d5 Se8 und folgendem 8. . . . f5 kommt es zu sehr scharfem Spiel. Objektiv am besten ist für Weiß die Abtauschfortsetzung 7. de5: de5: 8. Dd8: Td8: 9. Lg5 Te8 10. 0–0–0 h6 11. Le3, nach der er einen mikroskopisch kleinen Vorteil behält.

7. a4
In der Partie Furman – Petrosjan, Moskau 1961, geschah 7. Ld3 Dc7 8. 0–0 e5 9. Te1 Sbd7 10. a4 Te8 11. Dd2 b6 12. Tad1 a6 mit völligem Ausgleich.

7. . . . Sbd7
Nach sofortigem 7. . . . e5 muß Schwarz ein etwas schlechter stehendes Endspiel in Kauf nehmen, wie in der Partie Haag – Czerniak, Bukarest 1967, wo 8. de5: de5: 9. Dd8: Td8: 10. Lc4 Sbd7 11. a5 geschah.
Nach 7. . . . a5 8. Le2 Sa6 ginge das Spiel in die Variante A 11 über.

8. Le2
Die beste Fortsetzung. 8. Dd2 nimmt dem Königsspringer die Möglichkeit, über d2 nach c4 zu gelangen. Das Abtauschmanöver Le3–h6–g7: bringt dem Weißen keinen Vorteil, wie eine Partie Grifiths – Miles, Birmingham 1974, zeigte, die wie folgt verlief: 8. Dd2 Dc7 9. Le2 b6 10. 0–0 a6 11. Lh6 Lb7 12. Lg7: Kg7: Das Spiel ist völlig ausgeglichen. Anderseits wäre der Versuch, mit 8. . . . Da5?! die schwarze Dame zu aktivieren, sehr optimistisch. In der Partie Torre – Portisch, Nizza 1974, geschah: 8. Dd2 Da5?! *Besser 8. . . . Dc7 oder 8. . . . e5* 9. Le2 e5 10. 0–0 ed4: 11. Sd4: De5 12. Lf4! De7 13. Sf3! Weiß stand in Anbetracht des Druckes gegen die Schwäche d6 deutlich besser.

8. . . . e5 9. de5: de5: 10. Sd2!
Dies ist der richtige Zeitpunkt für Weiß, seine Springerstellung zu verbessern. Es bleibt keine Zeit, hiermit einen Zug zu warten, wie eine Partie L. Kovacs – Pribyl, Decin 1975, bewies. Nach 10. 0–0?! De7 11. Sd2 Sc5 12. Lc4 Se6 kam Schwarz schneller zur Umgruppierung seiner Figuren und stand besser.

10. . . . De7
Falsch wäre hier 10 . . . Dc7? wegen 11. Sc4 Td8 12. Dd6! mit weißem Vorteil.

11. Sc4 Se8
Nicht 11. . . . Sc5?!, denn nach 12. Dd6! Dd6: 13. Sd6: ist das Endspiel wiederum besser für Weiß.

12. 0–0 Sc5 13. Sd6!
Ansonsten hätte Schwarz das wichtige Feld d4 besetzt.

13. . . . Sd6: 14. Lc5: Td8 15. a5 Dh4

Diagramm Nr. 2:

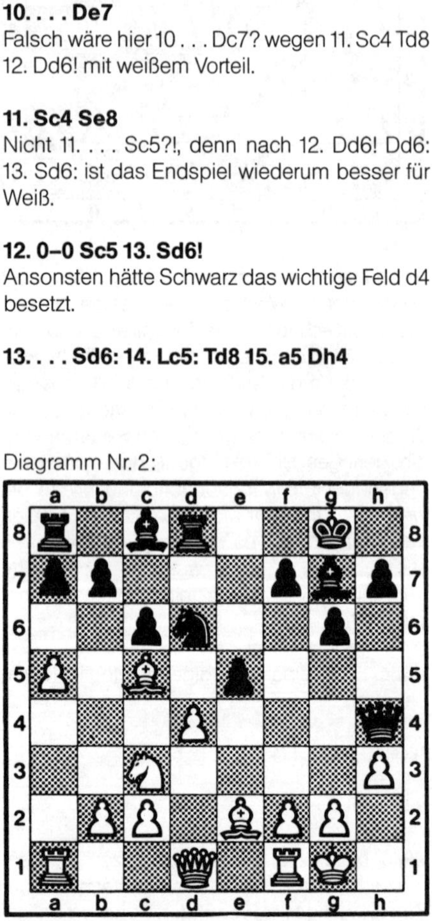

Diese Stellung wird in einigen Theoriewerken als ausgeglichen bezeichnet. Uns hingegen scheint, daß Weiß die leicht besseren Chancen besitzt. Nach 16. De1 Le6 ***Schlecht wäre 16.... Se4:? wegen 17. g3!*** 17. f3 De1: 18. Tfe1: Sc4 19. Lc4: Lc4: 20. Ted1 Lh6 21. b3 La6 22. Td8:+ Td8: 23. La7: Td2 hatte Schwarz in der Partie Sax – Parma, Nizza 1974, ausreichende Kompensation für den Bauern; die Partie endete unentschieden.

B 5. Lf4

Dieser Zug kann dem Weißen kaum Vorteil bringen. Fridstein weist in seinem 1970 in der UdSSR erschienenen Theoriebuch „Die Ufimzew-Eröffnung" darauf hin, daß Schwarz 5.... c5 spielen kann. Als Beweis führt er folgende Variante an: 6. dc5: Da5 7. Lb5+ Ld7 8. Ld7:+ Sbd7: 9. cd6: Se4: 10. 0–0 Sc3: 11. bc3: e5 12. Lg5 f6 13. Le3 0–0 mit unklarem Spiel.

Auch in der Variante nach 8. De2 ***Statt 8. Ld7:+*** 8.... Se4: 9. Ld7:+ Sd7: 10. De4: Lc3:+ 11. bc3: Dc3:+ 12. Ke2 Sc5: entsteht ein sehr scharfes Spiel, in dem Schwarz drei Bauern für die Figur erhält.

Die Beispiele aus jüngster Zeit zeigen jedoch, daß Schwarz bessere Möglichkeiten zur Verfügung stehen: Ostojic – Vadasz, Vrnjacka Banja 1975, 5. Lf4 Lg4 6. Dd2 Sbd7 7. Le2 0–0 8. 0–0 c6 9. h3 Lf3: 10. Lf3: e5 mit etwa ausgeglichenem Spiel.

Mohrlock – Keene, Wijk aan Zee 1974 5. Lf4 0–0 6. Dd2 Lg4 7. Le2 Sc6 8. 0–0–0 Lf3: 9. Lf3: e5 10. de5: 11. Dd8: Tfd8: 12. Lg5 Td1: 13. Ld1: Sd4 ebenfalls mit ausgeglichenem Spiel.

C 5. Lg5!?

Unverständlicherweise fand dieser Zug bislang kaum Beachtung. Als Beispiel für die weißen Möglichkeiten kann die Partie Tal – Bronstein, UdSSR 1973, angesehen werden: 5. ... c6 6. Dd2 Lg4 7. 0–0–0 ***Auch nach 7. Df4 Lf3: 8. Df3: Sbd7 9. 0–0–0! steht Weiß etwas besser.*** 7.... h6 8. Le3 b5 9. Ld3 a6 10. Tde1 Sfd7 11. e5 d5? ***Hier hätte Schwarz die angebotene Figur mit 11.... Lf3: 12. ed6: Lg4 13. de7: Da5 annehmen sollen, wonach eine sehr komplizierte Stellung entstanden wäre.*** 12. Sh4! c5 13. Sg6: fg6: 14. Lg6:+ Kf8 15. Sd5: und Weiß erhielt entscheidenden Vorteil.

Tals Plan mit 7. 0–0–0 ist jedenfalls bemerkenswert. Nach 5. Lg5!? wird das Spiel bald verschärft. Außer 5.... c6 kommen noch 5.... h6 oder 5.... 0–0 in Frage.

In der Partie Kuindzi – Zeschkowski, Tiflis 1973, stand Schwarz nach 5.... h6 6. Lh4?! c6 7. Le2 g5 8. Lg3 Sh5 9. Dd2 Sd7 10. 0–0–0 Sf8! 11. Se1 Sg3: 12. hg3: Se6 13. d5 Sd4 14. Sf3 Se2:+ 15. Se2: Db6 besser. Statt der zweischneidigen Fortsetzung 6. Lh4?! hätte Weiß 6. Le3 spielen sollen, wonach der sowjetische Theoretiker Fridstein 6. ... Sg4 mit unklarem Spiel empfiehlt. Nur die aktuelle Turnierpraxis kann beweisen, daß die Fortsetzung 5. Lg5!? gleichwertig ist.

5.... 0–0

5. ... c5?! ist nicht empfehlenswert wegen 6. dc5: Da5 7. 0–0 Dc5: 8. Le3 Da5 ***Nicht 8.... Dc7? wegen 9. e5!*** 9. Sd4 0–0 10. Sb3 Dd8 11. f4 Sc6. Es ist eine Stellung aus der Drachenvariante entstanden, in der Weiß aber im Vergleich zu der Zugfolge 1. e4 c5 2. Sf3 Sc6 3. d4 cd4: 4. Sd4: g6 5. Sc3 Lg7 6. Le3 Sf6 7. Le2 0–0 8. Sb3 b6 9. 0–0 Le6 10. f4 über ein Mehrtempo verfügt. Weiß steht deutlich besser, da er sofort vorteilhaft 12. g4! spielen kann.

5.... a6?! Ein Zug von dem kanadischen Großmeister Suttles, der ihn in drei aufeinanderfolgenden Partien ausprobierte:
Weinstein – Suttles, Chicago 1973, – 6. 0–0 b5 7. e5 Sfd7 8. Te1 Sc6!? ***Schwächer setzte Schwarz in einer zweiten Partie Weinstein – Suttles, USA 1973, fort und geriet nach 8.... Sb6?! 9. Lf4 0–0 10. Dd2 Sc6 11. Tad1 Tb8? 12. Lh6 de5: 13. Lg7: Kg7: 14. d5 in große Schwierigkeiten.*** 9. Lf4 de5:!? ***Auch 9.... Lb7 war möglich.*** 10. Se5: Sde5: 11. de5: Se5: 12. Le5: Le5: 13. Lf3 Lc3: 14. Dd8:+ Kd8: 15. Ted1+ Ke8 16. La8: Lb2: 17. Tab1 Lc3. Schwarz besitzt für das geopferte Material ausreichende Kompensation und erreichte mühelos ein Remis.

In der dritten Partie ließ IM Mednis als Weißer den Vorstoß b7–b5 nicht zu. Mednis – Suttles, Nizza 1974 – 6. a4 0–0 7. 0–0 b6 8. Te1 *8. e5!?* 8. . . . Lb7 9. Lc4 e6 10. Lf4 Sbd7 11. Dd2?! b5! (Gerade rechtzeitig leitet Schwarz seinen Plan ein, und die entstehenden Komplikationen sind sehr sehenswert) 12. ab5: ab5: 13. Ta8: Da8: 14. Lb5: Le4:! 15. Se4: Se4: 16. Te4: (Weiß gewann zwar zwei Figuren für den Turm, allerdings wurde das schwarze Gegenspiel äußerst gefährlich. Hier wäre 16. De2 besser gewesen.) 16. . . . De4: 17. Ld7: Ta8! 18. h4 Db7! 19. d5 e5 20. Lh6 Db2: 21. h5 Ta1+ 22. Kh2 Db1 23. Lg7: Dh1+! ***Ein sehr wichtiger Zwischenzug.*** 24. Kg3 Kg7: und Schwarz hatte die besseren Aussichten.

6. 0–0

Andere Möglichkeiten werden in der heutigen Turnierpraxis kaum noch angewandt. z. B. Unzicker–Botwinnik, Varna 1960, – 6. Lf4 Sc6 7. d5? ***Besser war 7. 0–0*** 7. . . . e5! 8. de6: ***Laut Botwinnik war 8. Lg5 besser, aber in jedem Fall steht Schwarz günstiger.*** 8. . . . Le6: 9. 0–0 Te8 ***Der Leser kann diese Partie mit der Musterpartie I/5 Tal – Petrosjan, 1975 (Seite 22) vergleichen. In der Partie Unzicker–Botwinnik besaß Schwarz jedoch ein Tempo mehr.*** 10. Te1 h6! 11. h3 g5 12. Le3 d5 13. ed5: Sd5: 14. Sd5: Dd5: und Schwarz steht etwas besser.

6. Lg5 ***Dieser Zug dürfte an dieser Stelle weniger kräftig sein als einen Zug vorher. Die Verbindung der Züge 5. Le2 und 6. Lg5 ist nicht zweckmäßig, da der Bauer e4 ungedeckt steht, was mit einem Läufer auf d3 nicht der Fall wäre. Die ungünstige Aufstellung kam in einer Partie Tal – Bronstein, UdSSR 1973, vor.*** Schwarz kann nun 6. . . . c6 oder auch 6. . . . h6 versuchen.

In einer Partie Zeschkowski – Usakov, UdSSR 1962, geschah 6. . . . Sbd7!? 7. Dd2 c5 8. 0–0 ***In Betracht kam auch 8. d5!?*** 8. . . . cd4: 9. Sd4: a6 10. Kh1 Dc7 11. f4 h6 12. Lh4 b5 13. Lf3 Lb7, und Schwarz steht keinesfalls schlechter.

Diagramm Nr. 3
siehe nächste Spalte oben

Diagramm Nr. 3:

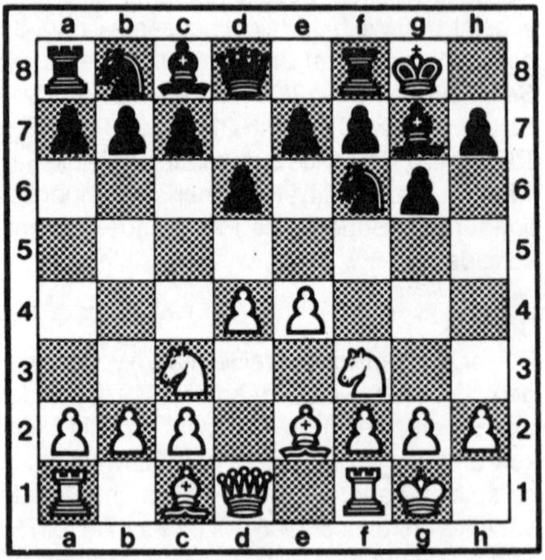

Die Grundstellung des ganzen Systems, in der Weiß harmonisch entwickelt ist, und Schwarz sich bemühen muß, das Gleichgewicht im Zentrum aufrecht zu halten.

Diese Grundstellung (siehe Diagramm) ist die Ausgangsstellung für alle Varianten des 1. Kapitels bis zu Seite 33!

Wir werden nun folgende Fortsetzungen analysieren:

A: 6. . . . c6 **B:** 6. . . . Lg4 **C:** 6. . . . Sc6
D: 6. . . . Sbd7 **E:** 6. . . . b6 **F:** 6. . . . Sa6

A: 6. . . . c6

Eine häufig angewandte Fortsetzung, mit der Schwarz das Zentrum sichert und gleichzeitig den Vorstoß b7-b5 vorbereitet. Nach 6. . . . c6 erhält Schwarz in der Regel eine solide Stellung, muß dafür jedoch einen größeren Raummangel in Kauf nehmen als in anderen Fortsetzungen.

Folgende Fortsetzungen kommen in Betracht:

A1: 7. a4 **A2:** 7. h3 **A3:** 7. Te1
A4: 7. Lf4 **A5:** 7. Lg5 **A6:** 7. e5!?

Die Systeme gehen oft ineinander über – besonders A1–A2 und A3–A4. Das macht es nahezu unmöglich, in der Variante 6. . . . c6 die „absolute Wahrheit" zu finden.

A1: 7. a4

Musterpartie I/1

Bilek – Vadasz, Ungarn 1974:
Schwarz stehen nun drei grundlegend verschiedene Pläne zur Verfügung:

A11: 7. ... a5 mit nachfolgendem Sb8–a6–b4, wie in unserer Musterpartie
A12: 7. ... Dc7 mit dem Plan e7–e5
A 13: 7. ... Lg4, mit der Idee, die weißfeldrigen Läufer zu tauschen

A 11: 7. ... a5

Dieser Zug leitet den strategischen Plan ein, den Vorstoß a4–a5 auf Dauer zu verhindern. Er führt zu großen Verwicklungen und stellt unserer Meinung nach die beste Möglichkeit dar, Ausgleich zu erlangen. Die anderen Fortsetzungen sind:

A 12: 7. ... Dc7

Browne – Andersson, Madrid 1973, 8. h3 Sbd7 9. Le3 Te8!? 10. Dd2 ***10. a5!? war möglich.*** 10. ... b6 11. Tfd1 Lb7 12. a5 ba5: 13. Ta3 c5 14. d5 Sb6 15. b3 und die Spieler einigten sich auf Remis.

Tringov – Keene, Zagreb 1975, – 8. a5! e5 ***Zunächst 8. ... Sbd7 war offenbar besser.*** 9. de5: de5: 10. Le3 Sg4 11. Ld2 Td8? 12. Dc1 De7 13. Lg5 f6 14. Ld2 Df8 15. Lc4+ Kh8 16. h3 Lh6 17. Le3 Sd7 18. Td1 Te8 19. Dd2 f5 20. Dd6 f4 21. Lc1 Dd6: 22. Td6: Lf8 23. Td1 Weiß steht deutlich besser und es droht 24. g3.

Browne – Enklaar, Wijk aan Zee 1974, 8. h3 Sbd7 9. a5 e5 10. de5: de5: 11. Le3 Td8 12. Lc4! Sf8 ***Nach 12. ... Sc5 13. De2 Sce4: 14. Se4: Se4: 15. Lb6! ab6: 16. ab6: Db8 17. De4: ist der weiße Druck auf den Punkt f7 sehr unangenehm.*** 13. De2 Le6 ***13. ... Se6 14. Sg5!*** 14. b4 Sh5 15. Tfe1 Sf4 16. Df1 De7 17. Tab1 Df6 18. Lf4: ef4: 19. Tb3. Die Aussichten von Weiß am Damenflügel sind besser.

Browne – Evans, USA 1973, 8. h3 e5 9. de5: de5: 10. Lc4 Sbd7 ***Beachtung verdiente 10. ... Sh5!?*** 11. Le3 a5? 12. Dd2 ***Weiß steht etwas besser.*** 12. ... Sb6? ***Eine weitere Ungenauigkeit; besser war 12. ... b6.*** 13. Lb3 Td8 14. De2 Sbd7

15. Lf7:+!! Nun würde auf 15. ... Kf7:? 16. Dc4+ Kf8 17. Sg5 Sb8 18. Lb6 folgen, wonach Weiß auf Gewinn steht.

Browne – Donner, Wijk aan Zee 1972, 8. h3 e5 9. de5: de5: 10. Lc4 a5?! 11. Le3 Sh5 12. Te1 Sf4? 13. Lf4: ef4: 14. e5! Lf5 15. Se4 Le5: 16. Se5: De5: 17. Sd6 Dc5 ***Besser war 17. ... Df6.*** 18. Lb3 Sa6 19. Dd2! Tad8 20. Tad1 g5? ***Wieder ungenau, besser 20. ... f3!?*** 21. Dc3 Dc3: 22. bc3: Le6 23. Lb7: Weiß steht wesentlich besser.

Ein besseres Verständnis für die Stellungsprobleme demonstrierte Schwarz in einer Partie Enklaar – Planinc, Amsterdam 1974: 1. Sf3 g6 2. e4 Lg7 3. d4 d6 4. Le2 Sf6 5. Sc3 0–0 6. 0–0 c6 7. h3 Sbd7 8. a4 e5 9. de5: de5: 10. Lc4 Dc7 11. Le3 Sh5!? 12. a5 Sdf6 13. Lc5? Td8 14. Dc1 Sf4 15. Td1 Le6 16. Td8:+ Dd8: 17. Lf1 Sd7 18. Le3 Df6 19. Se1 g5. Schwarz hat ausreichendes Gegenspiel. Weiß sollte 13. Lc5? auf jeden Fall durch 13. Te1 ersetzen, wonach Schwarz 13. ... h6!? spielen kann mit der Absicht g6–g5–g4 und unklarem Spiel.

Pomar – Quinteros, Wijk aan Zee 1974: 8. h3 e5 9. de5: de5: 10. Le3 Sbd7 11. Sd2 Td8 12. a5 Sf8 13. f4 Lh6! 14. De1 ef4: Schwarz steht auf Gewinn.

Furman – Dschindschiaschwili, Riga 1975: 8. h3 Sbd7 9. Le3 b6 10. Te1 Lb7 11. Lf1 e5 12. de5: de5: 13. Lc4 a6 14. La2 b5 15. ab5: cb5: 16. Sd2 Sb6 mit komplizierter Stellung. Aber auch dem Weißen steht statt 9. Le3 die ehrgeizigere Möglichkeit 9. a5!? zur Verfügung.

Böhm – Enklaar, Amsterdam 1975: 8. h3 Sbd7 9. Te1 ***9. a5!?*** 9. ... e5 10. Lf1 a5 11. de5: de5: 12. Le3 Td8 13. De2 Sh5 14. Dc4 Sdf6 15. Db3 Le6 16. Lc4 Weiß steht etwas besser.

Enklaar – Botterill, Holland 1974:
8. a5! e5 9. de5: de5: 10. Lc4 Sbd7 11. Le3 Sg4

12. Lg5 Sc5 13. Sd2 h6 14. Lh4 Sf6 15. f3 Se6 16. Se2 Tb8 mit ungefährem Ausgleich.

Matulovic – Botterill, Birmingham 1975:
8. Lf4 Sh5?! ***Besser 8. . . . Sbd7*** 9. Le3 e5 10. Dd2 Sd7 11. Tfd1 Shf6 ***Nach 11. . . . Te8 12. de5: de5: 13. Sg5! Shf6 14. Lc4 steht Weiß deutlich besser.*** 12. a5 Weiß steht etwas besser, da er im Vergleich zur normalen Variante ein Mehrtempo besitzt.

Damjanovic – Miles, Birmingham 1975:
8. Le3 e5?! ***Verfrüht, besser 8. . . . Sg4!?*** 9. de5: de5: 10. Dc1 ***Noch stärker war 10. a5!*** 10. . . . Sh5?! 11. Lc4 Sd7 12. a5 Te8 13. Sg5 Te7 14. Td1 h6 15. Sf3 Kh7 16. b4! Weiß hat offensichtlichen Vorteil.

Ein zusammenfassender Blick auf die vorangegangenen Partien zeigt, daß die kritische Variante nach 7. . . . Dc7 8. h3 Sbd7 9. a5! e5 10. de5: de5: 11. Le3 Td8 ***Hier kommt 11. . . . Sh5!? in Betracht.*** 12. Lc4! Sf8 13. De2 entsteht.

Diagramm Nr. 4:

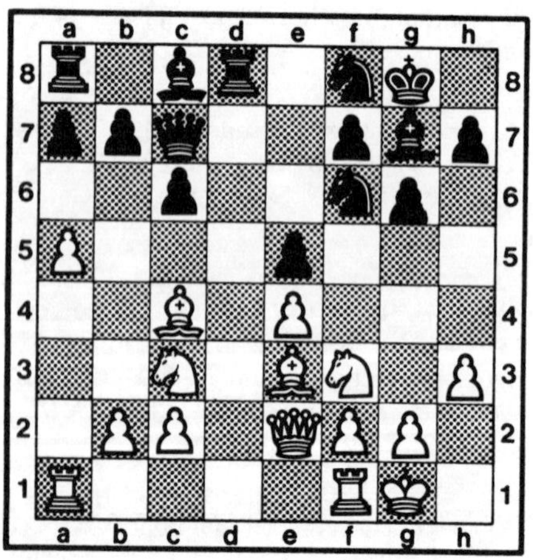

Weiß verfügt über einen gewissen positionellen Vorteil, und es wird deutlich, daß die klassische Behandlung dem Schwarzen keine Ausgleichsmöglichkeit bietet. Die Partien des amerikanischen Großmeisters Browne sind zur Beurteilung der Variante sehr wichtig, und man muß anerkennen, daß er auch mit bescheidenen Fortsetzungen Erfolg hatte.

7. . . . Dc7 8. h3 Sbd7 9. Le3 ***Besser 9. a5!*** 9. . . . e5 10. de5: de5: 11. Lc4 und Schwarz muß sehr genau spielen. Die Theoriewerke empfehlen hier für Schwarz 11. . . . Sh5! 12. Dd2 Sb6 13. Lb3 Le6!?, wie in einer Partie Matulovic – Gurgenidse, Suchumi 1966 geschah. Diese Partie ist aber offenbar in Vergessenheit geraten.

Schwarz sollte wohl mit dem Zug e7–e5 vorerst warten und 9. . . . b6 oder 9. . . . Te8 ziehen. Beispiele hierfür sind die oben erwähnten Partien Furman – Dschindschiaschwili und Browne – Andersson, wo Schwarz in beiden Fällen keine Schwierigkeiten hatte.

Der Versuch, durch die Auslassung des Zuges 8. h3 ein Tempo zu gewinnen, führt nach dem Ausfall Sf6–g4 nicht zum Erfolg, da der Läufer e3 kein befriedigendes Rückzugsfeld hat, und das Spiel in Normalvarianten eingelenkt wird. Wichtig hinzuzufügen, daß der Zug 7. . . . Sbd7 keine eigenständige Bedeutung hat und nur dem Weißen nützt, der darauf mit 8. e5 fortsetzen kann, was bekanntlich nach 7. . . . Dc7 wegen 8. e5? de5: 9. de5: Sg4! nicht möglich ist, weil Schwarz in Vorteil kommt.

A 13: 7. . . . Lg4?!
Diesen Zug sieht man äußerst selten, da Schwarz fast immer eine Stellung mit spürbarem Raummangel erhält.

Polugajewski - Malich, Sarajewo 1965:
8. Sd2! Le2: 9. De2: d5 ***In der Partie Tatai – Parma, Solingen 1968, spielte Schwarz 9. . . . Sh5, aber nach 10. Sf3 e5 11. de5: de5: 12. Tfd1 Dc8 13. g3 stand Weiß besser.*** 10. e5 Se8 11. Sf3 Sc7 12. h4 Se6 13. h5 Sa6 ***Nach 13. . . . c5? 14. dc5: steht Weiß auf Gewinn.*** 14. Le3 Sac7 15. Dd3 Weiß steht besser, da Schwarz über keinerlei Gegenspiel verfügt.
Der Zug 7. . . . Lg4?! ist gerade wegen 8. Sd2! kaum zu empfehlen.

8. h3

Der logische Zug. Andere Möglichkeiten sind hier:

a: 8. Le3

8. . . . Sg4!? 9. Lg5 h6 10. Lh4 Sa6 11. Te1 Sb4 12. Lc4 g5 mit sehr scharfem Spiel, siehe Musterpartie Nr. I/6, Browne – Hort, Wijk aan Zee 1974 (siehe Seite 27).

Nach 8. Le3 ist 8. . . . Sg4!? fast erzwungen, da Weiß droht, mit 9. Sd2 ein Tempo zu gewinnen. Verzichtet Schwarz auf die Fortsetzung 8. . . . Sg4!?, kann er schnell in eine schlechtere Stellung geraten, wie zum Beispiel in der Partie Stean – Planinc, Moskau 1975: 8. . . . Sa6 9. Sd2 Sb4 10. Scb1!? e5? 11. de5: de5: 12. Sa3 Le6 13. Sac4

Diagramm Nr. 5:

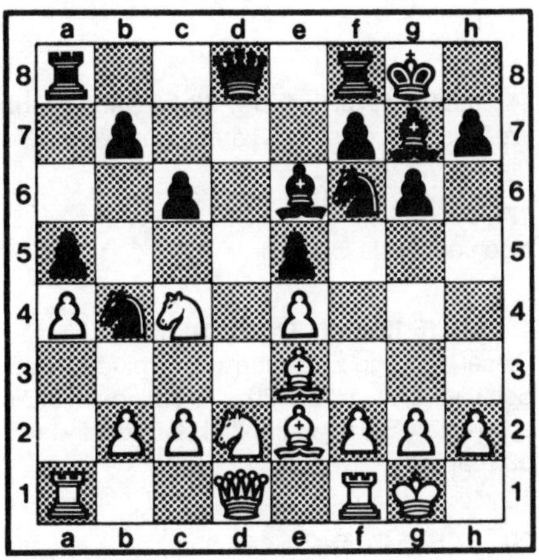

Weiß steht hier bereits deutlich besser. Es folgt zum Beispiel auf 13. . . . Sd7 14. c3 Sa6 15. Sb3. Planinc fand hier noch die Möglichkeit, 13. . . . Lc4: 14. Lc4: Dd7 15. f3 Sh5, aber nach 16. g3 Tad8 17. Lb3! waren die weißen Chancen eindeutig besser.

In der Partie Tatai – Poutiainen, Nizza 1974, spielte Schwarz ebenfalls 8. . . . Sa6?! 9. Sd2! Sb4 10. Scb1 Ld7 11. c3 Sa6 12. Sa3 Dc7 13. Lf4, und wieder stand Weiß etwas besser.

Auch in der Partie Baljon – Donner, Leuwarden 1974, stand Weiß nach 8. . . . Dc7?! 9. Sd2 Sa6 10. f4 Sb4 11. Tf2! etwas besser.

b: 8. Te1

Auch dieser Zug wird häufig angewandt.

Ree – Hort, Wijk aan Zee 1970:

8. . . . Sa6 9. e5?! de5: 10. Se5: Sb4 11. Lc4 Lf5 12. Lb3 c5! 13. g4 c4! Schwarz steht besser.

Torre – Kuzmin, Leningrad 1973:

8. . . . Sa6 9. Lf1 Lg4 10. h3 Lf3: 11. Df3: Sb4 ***In einer Partie Poutiainen – Planinc, Nizza 1974, probierte Schwarz 11. . . . Sd7!? 12. Dd1 Db6 13. Se2 e5 14. de5: Se5:, und seine Figuren standen aktiver.*** 12. Te2 Sd7 13. Le3 e6 14. Td1 Sb6 15. Dg3 Dc7 16. Ted2 Weiß steht geringfügig besser.

c: 8. e5

Dies verspricht Weiß nicht viel, denn das Endspiel nach 8. . . . de5: 9. de5: Sg4 10. Lf4 Dd1: 11. Ld1: Sa6 ist ausgeglichen. Schwarz könnte außerdem 8. . . . Sd5!? probieren, was in einigen Theoriewerken als Ausgleichsfortsetzung angegeben wird.

8. . . . Sa6

In der Partie Polugajewski – Szabo, Montilla 1975, spielte Schwarz 8. . . . Dc7 9. Le3 ***In der Partie Diesen – Botterill, Hastings 1974/75, entstand nach 9. Lg5 h6 10. Lf4?! Sh5 11. Le3 e5 12. Dd2 Kh7 13. Tad1 Sa6 ein sehr kompliziertes Spiel*** 9. . . . e5 10. Dd2!? ed4: 11. Sd4: Te8 12. f3 Sa6 13. Tad1 Sb4 14. Lc4 und Weiß kam in Vorteil, siehe Musterpartie I/7.

9. Le3

9. Lf4!? Sc7 10. Te1 Se6 11. Le3 Dc7 12. Lf1 Td8 13. Dd2 Ld7 14. Lh6 Le8 15. Lg7: Kg7: 16. Lc4 mit minimalem weißem Vorteil – Spasski – Hort, Reykjavik 1978, 9. Partie.

9. Lg5 h6 10. Le3 Kh7 11. Sd2 d5!? ***Schwächer wäre 11. . . . e5? wegen 12. de5: de5: 13. Lc4.*** 12. ed5: ***In Betracht kam ebenfalls 12. e5!?*** 12. . . . Sd5: 13. Sd5: cd5: 14. c3 Sc7. Das Spiel ist etwa ausgeglichen, Antoschin – Ciocaltea, Budapest 1973.

9. e5!? de5: 10. de5: Dd1: 11. Td1: Sd7 12. Lf4 Sac5 13. Te1 Se6 14. Lg3 Sb6?! *Besser wäre 14. . . . Sdc5!? z. B. 15. Tad1 Ld7 16. Se4 Se4: 17. Td7: Sg3: 18. fg3: Sc5 19. Te7: Tfe8! usw.* 15. Tad1 Ld7 16. Se4 Tfd8 17. b3 Le8 18. Seg5! mit besserem Spiel für Weiß.

9. . . . Sb4

Diagramm Nr. 6:

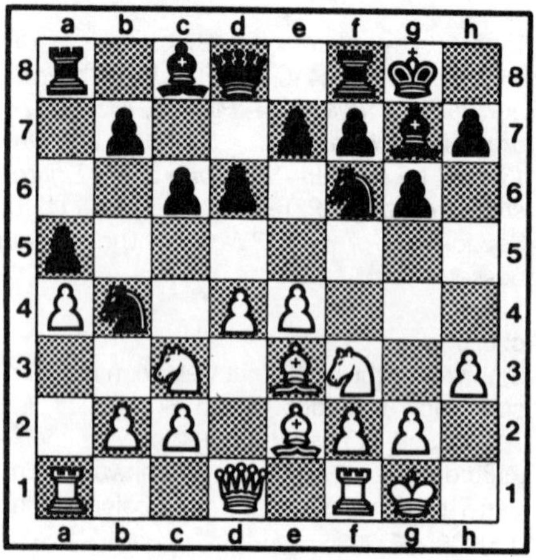

Die kritische Stellung, in der Weiß zwei Pläne zur Verfügung stehen: die Springerwanderung f3–d2–c4; 10. Dd2 mit nachfolgendem Spiel in der d-Linie.

10. Sd2

10. Dd2

10. . . . Dc7 11. Tad1 Tfd8 12. Dc1?! *12. Lh6!?* 12. . . . Ld7 13. Sd2 Tac8 14. Sc4 b5 15. ab5: cb5: 16. Sa3 Db7! Schwarz steht etwas besser, Liliendahl – Hort, Göteborg 1971.

10. . . . Dc7 11. Tad1 Te8 12. Tfe1 Ld7 13. e5 Sfd5 14. Sd5: cd5: 15. c3 Sc6 16. ed6: ed6: 17. Lh6 Sd8 18. Lg7: Kg7: mit geringem weißen Vorteil, Spasski – Hort, Reikjavik 1977, 7. Partie.

10. Dc1!? Te8?! Sd2 Ld7 12. f4 c5 13. d5 f5 14. Sb5 fe4: 15. Se4: Sb6 16. c4 Sf5 17. Sg5 e5 mit unklarem Spiel.

10. . . . e5?

Schwarz ist offensichtlich mit den strategischen Erfordernissen der Stellung nicht vertraut. Bekannt ist 10. . . . d5!? aber wir empfehlen 10. . . . Sfd7!? 11. f4 Lh6! mit nachfolgendem e7–e5. Völlig unübersichtlich wird das Spiel nach 12. g4 e5 13. g5 ef4: 14. Lf4: Lg5: 15. Ld6: Le3+ 16. Kh2 Ld4: 17. Sf3!? wonach Weiß eine Qualität gewinnt, Schwarz jedoch über ausreichende Kompensation verfügt.

11. de5: de5: 12. Scb1!

Die Einleitung eines Manövers, bei dem der Springer von b1 über a3 nach c4 gelangt, und die Vertreibung des schwarzen Springers b4 vorbereitet wird.

12. . . . Le6 13. Sa3 Te8?

Nach dieser Ungenauigkeit gerät Schwarz in eine schlechte Stellung. Erforderlich war 13. . . . De7!?

14. Sac4 Lc4: 15. Lc4: De7 16. c3 Sa6 17. Db3

Weiß hat wegen seines Läuferpaares Vorteil.

17. . . . Sh5!

Noch die beste Chance.

18. g3 Lf6 19. Tad1 Tf8 20. Sf3!

Dieser wichtige Zwischenzug verhindert, daß Schwarz sich mittels 20. . . . Lg5 befreit. Die schwarzen Figuren am Königsflügel sind aus dem Spiel.

20. . . . Sc5 21. Da3 Se4:

Schlecht wäre ebenfalls 21. . . . b6 22. Lc5: bc5: 23. Sd2 Da7 24. Le2 Lg7 25. Sc4! usw.

22. De7: Le7: 23. Se5:

Schwarz konnte zwar das Spiel vereinfachen, aber in Anbetracht des weißen Druckes gegen den Punkt f7 und in der d-Linie sind die schwarzen Aussichten auch bei bester Verteidigung nicht sehr vielversprechend.

23. . . . Lc5 24. Tfe1 Shf6

25. g4!
Nach diesem Zug steht der Springer e4 sehr gefährdet.

25. . . . Le3:
Nicht besser ist 25. . . . Tae8 wegen 26. Sf7:! *26. Sd7? Sd7: 27. Td7: Sd6* 26. . . . Tf7: 27. Lc5: Sc5: 28. Te8: Se8: 29. b4 Se4 30. Td7 S8d6 31. Lf7:+ Sf7: 32. Tb7: und Weiß gewinnt.

26. Te3: Kg7 27. Td4! Sc5 28. g5 Sd5
Nach 28. . . . Sh5 ist 29. Sd7! stark.

29. Ld5: cd5: 30. Td5: Sa4: 31. b3 Sb6 32. Tb5 Ta6
Die schwarze Stellung ist hoffnungslos und 33. Sg4! oder 33. Sd3 hätten zwangsläufig zum Gewinn geführt.

33. Tf3?
Dieser Zug ist eigentlich sinnlos und gewährt dem Schwarzen eine Verschnaufpause.

33. . . . f6!
Der einzige Zug.

34. gf6:+ Tf6: 35. Tf6: Kf6: 36. Tb6:+
Nach 36. Sd3 Sd7 37. Tb7: Td6! hätte Weiß zwar auch einen Mehrbauern, aber die Partie wäre noch lange nicht gewonnen. Der Übergang in ein Bauernendspiel würde nur Remis versprechen.

36. . . . Ke5: 37. Tb7:
Nach 37. Ta6:? folgt 37. . . . ba6: 38. Kf1 a4! 39. ba4: Kd5 40. Ke2 Kc4 41. Kd2 Kb3 usw.

37. . . . a4?
Statt dieses Tempoverlustes hätte 37. . . . h5! große Remischancen geboten.

38. ba4: Ta4: 39. Th7: Tc4 40. Te7+ Kf4 41. Te3
Der Rest ist Technik.

41. . . . Ta4 42. Kg2 Ta2 43. Te8 Tc2 44. Tf8+ Kg5 45. Tf3 Tc1 46. Kg3 Tg1+ 47. Kh2 Tc1 48. Kg2 Kh4 49. Td3 Tc2 50. Kf1 Kg5 51. Tf3!
Schwarz gab auf.

A2: 7. h3

Musterpartie I/2

Planinc – Keene, Rovinj – Zagreb 1975
Der Textzug nimmt dem schwarzen Springer das Feld g4 und Weiß bereitet den Vorstoß e4–e5 vor.

A 21: 7. . . . b5
Dieser Zug ist logisch. Schwarz plant ein Gegenspiel am Damenflügel.

Wir untersuchen außerdem:

A 22: 7. . . . Sbd7 **A 23:** 7. . . . Dc7
A 24: 7. . . . e5?! **A 22:** 7. . . . Sbd7

Smyslow – Petrosjan, Moskau 1964:
8. e5!? Se8 9. Lf4 Sb6 10. Dc1 Lf5 11. Lh6 f6 12. Lg7: Sg7: 13. Te1 Tf7 14. Lf1 d5 15. a4 Dc7 17. Ta3 Weiß steht etwas besser.

Aronin – Botwinnik, Moskau 1965:
8. e5!? Se8 9. Te1 Sb6 10. Lg5 *10. Lf4!?* 10. . . . f6 11. ef6: mit geringem weißen Vorteil.

Garcia – Planinc, Madrid 1973:
8. e5!? de5: 9. de5: Se8 10. Lf4 *10. e6!?* 10. . . . Sc7 11. Dc1 Te8? *Besser war 11. . . . Sb6* 12. Td1 Se6 13. Lc4 Da5 14. Le6: fe6: 15. Te1 Weiß steht deutlich besser.

Neben der scharfen Fortsetzung 8. e5!? sind oftmals die ruhigeren Fortsetzungen 8. Le3, 8. Lf4, 8. Lg5 gespielt worden. Zum Beispiel:

Maric – Petrosjan, Vinkovci 1969:
8. Le3 e5 ***8. . . . b5!? 9. e5 Se8 10. Lf4 Lb7 11. Te1 a6 12. a3 c5 und Schwarz glich aus.*** 9. de5: de5: 10. Dd6!? Te8 11. Lc4! De7 12. De7: Te7: 13. a4 b6 14. Tfd1 Weiß hat das etwas bessere Endspiel.

Wasjukov – Doncenko, Dubna 1973:
8. Lf4 Sh5?! 9. Lg5 h6 10. Le3 e5 11. Dd2 Kh7 12. Tfd1 Dc7 13. a3 Weiß steht leicht besser. Statt des ungenauen 8. . . . Sh5?! hätte Schwarz 8. . . . e5! spielen sollen, z. B. 9. de5: de5: 10. Lh2

10. Se5: Se4: 11. Se4: Le5: mit etwa gleichem Spiel. 10. . . . De7 mit gutem Spiel für Schwarz, Liberzon – Balzerowski, Moskau 1963.

Wasjukov – Vitolins, Moskau 1972:
8. Lg5?! h6 9. Le3 e5 10. Dd2 Kh7 11. Tfd1?! ed4: 12. Ld4: Te8 13. Df4 De7 14. a4 Sc5! 15. Lc5: dc5: 16. Lc4 Se4:! 17. Se4: De4: 18. Df7: Tf8 19. Ld3 Tf7: 20. Le4: Lb2: und Schwarz steht auf Gewinn.

8. a4
Nun kann nach 8. . . . Dc7 das Spiel in die Variante A 12 übergehen. Schwarz braucht sich jedoch nicht mit dem Zug 8. . . . Dc7 zu beeilen, denn nach sofortigem 8. . . . e5!? wäre das Spiel ausgeglichen und die schwarze Dame hielte sich die Möglichkeit offen, nach e7 zu ziehen. Z. B.:

Browne – Eising, Mannheim 1975:
8. . . . e5 9. de5: de5: 10. Le3 De7 11. Dd3!? Ein merkwürdiger Zug; Schwarz versucht in der Folge, aus der exponierten Stellung der weißen Dame Nutzen zu ziehen. Nach 11. . . . Sb6?! 12. a5 Le6 ***Nicht 12. . . . Td8 13. Lc5! De8 14. De3 und Weiß steht viel besser.***

Diagramm Nr. 7:

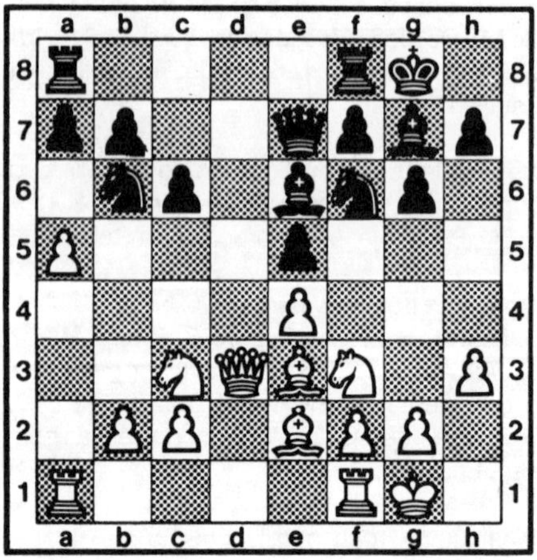

13. ab6:! Ein völlig korrektes Opfer. 13. . . . Tfd8 14. Ta7: Td3: 15. Ta8:+ Td8 16. Td8:+ Dd8: 17. Se5: Weiß hat mehr als ausreichende Kompensation für die Dame und steht besser.

Statt 11. . . . Sb6?! ist 11. . . . Sh5!? 12. g3 Sc5 13. Dc4 Sa6! empfehlenswert, wonach 14. . . . Le6 und 14. . . . Lh3: droht.

Nach 7. . . . Sbd7 verspricht nur 8. e5 dem Weißen Aussicht auf Vorteil. Es ist interessant, daß in vielen Theoriebüchern die Fortsetzung 7. . . . Sbd7 8. e5 de5: 9. de5: Sd5!? 10. Sd5: cd5: als Ausgleichsmöglichkeit angegeben wird. Nach 11. Lf4! Dc7 12. Dd5: Dc2: 13. Lb5 Sb6 14. Dd4! Lf5 15. Tfd1 steht Weiß besser.

A 23: 7. . . . Dc7
Nach 8. a4 e5 geht das Spiel in die Variante A 12 über.

In einer Partie Geller – Tukmakow, Moskau 1973, geschah 8. Lf4 Sh5 9. Le3 e5 10. a4 a5 11. Dd2 Sd7 ***11. . . . Sa6!?*** 12. Tad1 Shf6 13. de5: de5: 14. Lc4 und Weiß stand besser. Statt 8. . . . Sh5?! war 8. . . . Sbd7 normal und gut.

Interessant verlief die Partie Schamkovich – Bernstein, Israel 1974: 8. e5!? de5: 9. de5: Td8 10. De1 Sd5 11. Lc4 Le6?! 12. Sg5!? De5: 13. De5: Le5: 14. Se6: fe6: 15. Se4 und Weiß hat für den geopferten Bauern genügend Kompensation. Statt 11. . . . Le6?! war 11. . . . h6 mit nachfolgendem 12. . . . Le6 gut.

A 24: 7. . . . e5?!
Dieser Zug ist nicht empfehlenswert, da Schwarz mit dem schlechteren Endspiel nach 8. de5: de5: 9. Dd8: Td8: 10. Se5: Se4: 11. Se4: Le5: 12. Lg5 Te8 13. Tad1! rechnen muß, wonach er zumindest das Läuferpaar verliert.

8. e5 Se8 9. Lf4!
Dies ist der beste Zug. Andere Möglichkeiten sind:

9. a4 b4 10. Se4 f5? ***Besser ist 10. . . . Lf5 oder 10. . . . Le6*** 11. Sed2 Sc7 12. Te1 h6 13. h4 Le6 14. Ld3 Sd7 15. Sc4! Lc4: 16. Lc4:+ d5 17. Lb3 und Weiß steht etwas besser, Wasjukov – Gurgenidse, Erewan 1972.

9. Se4 Lf5!? 10. Sg3 Le6 11. a4 b4 12. c4 ***In der Partie Averbach – Kotow, Odessa 1960 erhielt Schwarz ein befriedigendes Spiel nach 12. a5 Sd7 13. Lf4 de5: 14. de5: Sc7 15. Dd2 Ld5.***
12. ... bc3: 13. bc3: Ld5 14. Te1 Sd7 mit annäherndem Ausgleich, Karpov – Hort, Nizza 1974, siehe Musterpartie I/8 (Seite 28).
9. ... Sd7
Andere Fortsetzungen sind nicht empfehlenswert, wie 9. ... Lb7?! oder 9. ... d5?!:
9. ... Lb7?! 10. Dd2! mit besserem Spiel für Weiß.
9. ... d5?! 10. Dd2 Sd7 11. a4 b4 12. Sa2 a5 13. c3 ebenfalls mit weißem Vorteil, Weinstein – Denker, USA 1974. Spielbar ist allerdings 9. ... Lf5!?, wofür jedoch keine Partiebeispiele vorliegen.

10. Dd2 Lb7?

Diagramm Nr. 8:

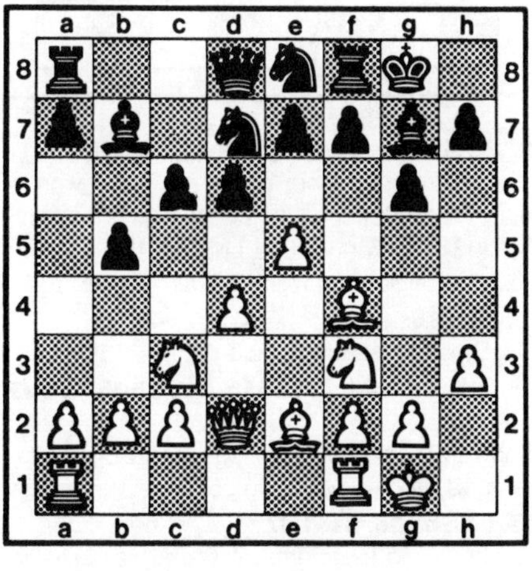

Auf den ersten Blick scheint dieser Zug angemessen zu sein, aber anscheinend entsprach die Fortsetzung 10. ... Sb6! 11. Lh6 f6 eher den strategischen Anforderungen, wonach ein kompliziertes Spiel entstanden wäre.

11. Tfd1!

Stark ist ebenfalls 11. Tad1.

11. ... Sb6 12. Lh6 Dc7

12. ... f6!? war besser.

13. h4!

Weiß besitzt die Initiative und steht deutlich besser.

13. ... Td8 14. e6?

Planinc ist dafür bekannt, daß er die Dinge manchmal überstürzt. Nach dem genaueren 14. Lg7:! Kg7: 15. ed6: ed6: 16. h5! stände Weiß deutlich besser.

14. ... fe6: 15. h5 gh5:! 16. Ld3

Nach 16. Se4 Sd5 könnte Schwarz sich ausreichend verteidigen.

16. ... Sc4 17. Dg5 Tf6!

Dieser Zug schlägt den weißen Angriff vollends ab. 17. ... Lb2:? verbot sich wegen 18. Lg7: Sg7: 19. Dh6! Sd3: 20. Sg5! und Schwarz gerät in ein Mattnetz.

18. Lg7: Sg7: 19. Se4 Tg6 20. Dc1

Auf andere Züge folgt entscheidend 20. ... Sb2:!

20. ... Sf5! 21. Sg3

Auch 21. b3 reicht nicht mehr aus. Nach 21. ... c5! 22. dc5: dc5: 23. bc4: bc4: bekommt Schwarz die Figur mit Gewinnstellung zurück.

21. ... c5 22. d5

Diagramm Nr. 9:

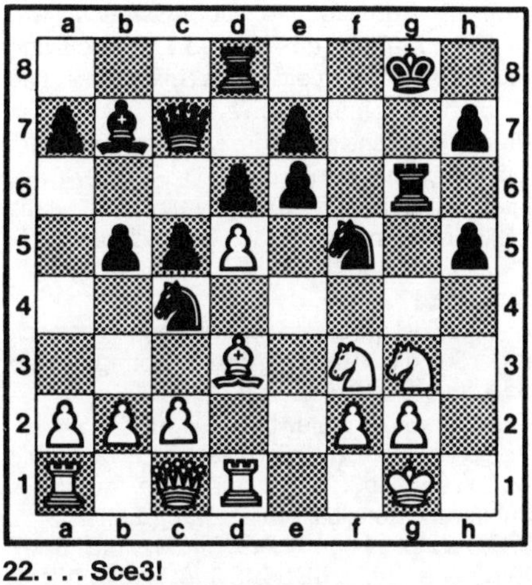

22. ... Sce3!

Dieser taktische Schlag leitet den schwarzen Gegenangriff ein und beendet die Partie zugunsten des Nachziehenden.

23. Lf5: Sf5: 24. Sf5: ef5: 25. Sh4 Tf6 26. Dg5+ Kh8 27. Sf5: Tg8 28. Dh5: e6!
Weiß ist verloren.
29. Se3 Dg7 30. Dh2? ed5: 31. Sd5: Th6 32. Dg3 Tg6 33. Df3 Tg2:+ 34. Kf1 Tg1+ 35. Ke2 Te8+
Weiß gab auf. Die Partie zeigt eindeutig, daß der weiße Vorstoß e4–e5–e6 nicht immer vorteilhaft zu sein braucht.

A 3: 7. Te1

Musterpartie I/3

Geller – Adorjan, Budapest 1973
Das strategische Konzept dieser Variante sieht vor, den Vorstoß e4–e5 durchzusetzen, ohne Zeit mit den Zügen h2–h3 oder a2–a4 zu verlieren.
7. . . . Dc7
Nach 7. . . . Sbd7 ist 8. e5! sehr gut.
8. Lf4
In Betracht kommt das sofortige 8. e5!?, z. B. 8. . . . de5: 9. Se5: Sbd7 *In der Partie Ornstein – Peev, Eksjö 1975, erhielt Weiß sehr starken Angriff nach 9. . . . Td8 10. Lc4 Sd5 11. Df3 Le6 12. Lg5 Sd7 13. Sf7:! Lf7: 14. Sd5: Ld5: 15. Ld5:+ usw.* 10. Lf4 Se5: 11. de5: Sd5 12. Sd5: cd5: 13. Dd5: Td8 14. Db3 *Schlecht war 14. Df7:+? Kf7: 15. e6+ Le6: 16. Lc7: Tdc8, und Schwarz bekommt ein gutes Spiel.* 14. . . . Le6 15. c4 b5 16. Db5: Tab8 17. Da4 Tb2: Für den Bauern hat Schwarz kaum Kompensation, Palatnik – Dschindschiaschwili, UdSSR 1974.
In der Partie Keres – Kärner, Talin 1975, erhielt Weiß geringen Vorteil nach 8. . . . de5: 9. Se5: Sfd7 10. Sc4 Sb6 11. Se4 Lf5 12. Lf1 S8d7 13. Lg5.
8. . . . Sbd7
8. . . . Sh5 ist gut spielbar, aber weder hier, noch in der Folge wird deutlich, ob der Springer auf f6 oder h5 besser steht.
Wasjukow – Nikolajewski, Tiflis 1967:
9. Le3 Sd7 10. Dd2 b5 11. a3 a6 12. Tad1 Shf6 13. Lh6 e5 14. h3 Te8 mit Ausgleich.
Zuidema – Kurajica, Amsterdam (IBM) 1971:
9. Le3 e5 10. a4 Lg4 11. Dd2 Shf6 12. Tad1 Sbd7 13. de5: de5: 14. Dd6 Dd6: 15. Td6: Tfe8 16. h3 Lf3: 17. Lf3: Lf8 18. Td2 Lb4 19. g4 Te7 Das Endspiel ist zweischneidig, die schwarze Stellung kaum schlechter.

9. e5
Sonst spielt Schwarz selbst 9. . . . e5 mit Tempo.

Diagramm Nr. 10:

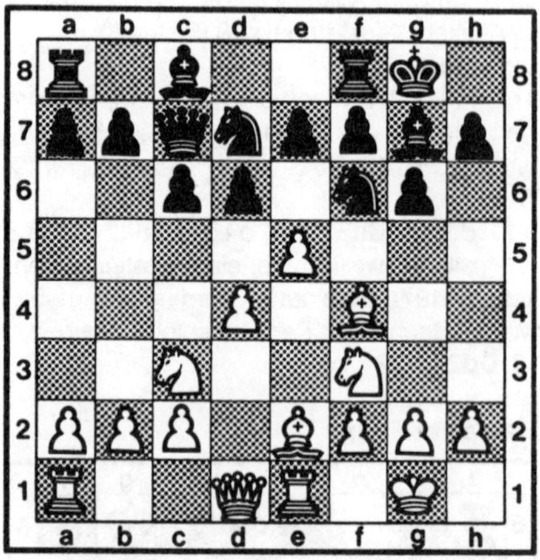

9. . . . Sh5 10. ed6: ed6: 11. Le3 Sb6!
Dieser Zug ist besser als 11. . . . Te8?!, was in einer Partie Geller – Wasjukow, Tiflis 1967, nach 12. Dd2 Sdf6 13. h3 Lh8 14. Lg5 Sd5 15. Sd5: cd5: 16. Lh2 zu leichtem weißen Vorteil führte.
12. h3 Te8
Die Stellung ist ausgeglichen.
13. Dd2 Sf6 14. Ld3 Le6 15. Lg5 Sbd5 16. Se2 c5
Schwarz möchte seinen Springer auf b4 postieren und droht gleichzeitig c5–c4.
17. c4 Sb4 18. Sf4 Ld7
Auf 18. . . . Sd3:?! folgt 19. Se6:! mit weißem Vorteil.
19. Lf6:
Was sonst? Schlecht war 19. Lf1? wegen 19. . . . Se4!
19. . . . Lf6: 20. a3 Sd3: 21. Sd5 Te1:+ 22. Te1: Dd8 23. Dd3: Le6 24. Sf6:+ Df6: 25. b4 cb4: 26. ab4: a5?
Ein schwerer strategischer Fehler! Nach 26. . . . Tc8! 27. d5 Lf5 28. Db3 a6 mit der Idee, b7–b5 folgen zu lassen, stünde Schwarz mindestens ausgeglichen.
Siehe Diagramm nächste Seite

Diagramm Nr. 11:

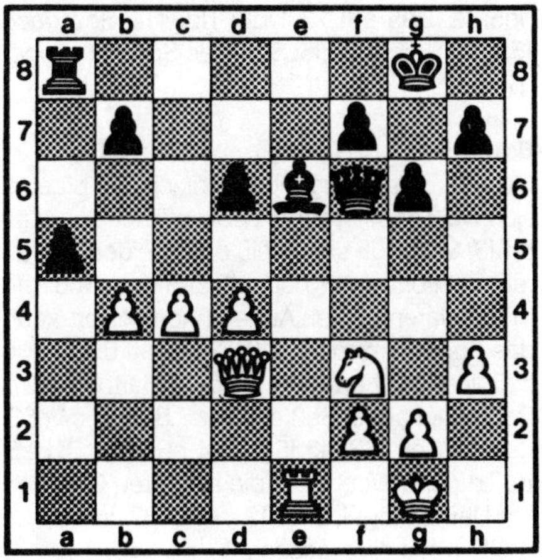

27. ba5:! Ta5: 28. Db3
Nun wird der Nachteil des Zuges 26. . . . a5? offensichtlich, denn der Bauer b7 ist sehr schwach.

28. . . . Tf5
Auch nach 28. . . . Dd8 29. d5 Lc8 30. Sd2! steht Weiß besser, weil Schwarz die Diagonale a1–h8 und das Feld f6 nur sehr schwer verteidigen kann.

29. Db7:
Für den Bauern hat Schwarz keine Kompensation. Natürlich geht nicht 29. . . . Lc4: wegen 30. Dc8+.

29. . . . d5 30. c5 Tf3: 31. Db8+! Kg7 32. gf3: Dd4: 33. c6 Dd2 34. De5+ Kg8 35. Tb1
Schwarz gab auf.

A 4: 7. Lf4
Wasjukow – Andersson, Camaguey 1974:
7. . . . Sbd7 8. h3 *Nach 8. Te1 Dc7 geht das Spiel in die Variante A3 über.* 8. . . . Sh5 *Möglich war 8. . . . e5!? 9. de5: de5: 10. Se5: Se4: 11. Se4: Le5: mit Ausgleich.* 9. Lg5 Te8 10. Dd2 Dc7 11. Tfd1 b5 12. a4 b4 13. Sb1 Shf6 14. De3 Lb7 Das Spiel ist ausgeglichen.

Wasjukow – Dschindschiaschwili, Riga 1975:
7. . . . Lg4!? 8. h3 Lf3: 9. Lf3: d5 10. e5 Sfd7 11. Lg5 f6 12. ef6: ef6: 13. Lf4 Sb6 14. h4 S8d7 15. a4 mit geringem weißen Vorteil.

Gufeld – Podgajec, Tiflis 1973:
7. . . . Lg4!? 8. h3 Lf3: 9. Lf3: Sfd7 10. Le3 e6 11. Dd2 d5 12. Lh6 Sa6 13. Lg7: Kg7: 14. Tfe1 Sc7 15. Tad1 und Weiß steht leicht besser.

A 5: 7. Lg5
Rogoff – Ghizdavu, Teeside 1972:
7. . . . Dc7 8. a4 a5 9. Te1 Sa6 10. Lc4 Sb4 11. Lb3 Tb8 12. Sb1 b5 13. c3 ba4: 14. Ta4: Sa6 15. Sbd2 Weiß steht etwas besser.
Einige Autoren empfehlen das sofortige 7. . . . h6!? mit gutem Spiel für Schwarz.

A 6: 7. e5!?
Smyslow – Bilek, Venedig 1974:
7. . . . de5: 8. Se5: Le6 9. Lf4 Sbd7 10. Dd2 Se5: 11. Le5: Da5 12. De3 Tfd8 13. a3 Td7 14. b4 mit geringem weißem Vorteil.

Hulak – Planinc, Zagreb 1975:
7. . . . de5: 8. Se5: Sbd7 9. Lf4 Se5: 10. Le5: Lh6 11. Te1 Le6 12. Lf3 Te8 13. a3 Sd7 14. Lg3 Db6 15. d5 Lf5 16. Tb1 Tad8 17. Lh4! Weiß steht besser. Um den Zug 7. e5!? beurteilen zu können, bedarf es weiterer Beispiele aus der Praxis.

B/ 6. . . . Lg4

Musterpartie I/4

Geller – Savon, Riga 1975
Bei dieser Fortsetzung gibt Schwarz freiwillig sein Läuferpaar auf. Es ist indessen fraglich, ob Weiß sein Läuferpaar tatsächlich vorteilhaft einsetzen kann. Das Spiel kann nach eventuellem Abtausch auf e5 rasch verflachen. Nach 6. . . . Lg4 ist der weiße Vorstoß e4–e5 praktisch verhindert. Weiß kann nun zwischen vier grundsätzlich verschiedenen strategischen Plänen wählen:

a. Er kann sich in den Besitz des Läuferpaares bringen und nach dem schwarzen Vorstoß e7–e5 mit d4–d5 das Zentrum unter Raumgewinn abriegeln.

b. Er kann d4–d5 spielen, ohne e7–e5 von Schwarz abzuwarten. Dabei bleibt die Diagonale a1–h8 geöffnet.
c. Er kann sich nach dem Abtausch d4:e5 mit einem verschwindend kleinen Vorteil zufrieden geben, muß jedoch eine sehr verflachte Stellung in Kauf nehmen.
d. Er kann die weißfeldrigen Läufer abtauschen, wonach jedoch keine Chancen auf einen Durchbruch im Zentrum (e4–e5) mehr bestehen.

In unserer Musterpartie wählt Weiß den Plan a., der zu kompliziertem Spiel führt.

B1: 7. Le3
Der logische Zug. Andere gute Möglichkeiten sind:

B 2: 7. Lg5
Gligoric – Suttles, Lone-Pine 1975:
7. . . . h6?! 8. Le3 Sc6 9. Dd4 Kh7 10. Tfd1 e6 ***Sofort 10. . . . e5?! hätte im Vergleich zu der Variante 7. Le3 Sc6 8. Dd2 e5 9. de5: usw. ein Tempo verloren.*** 11. e5 Sd5 12. Sd5: ed5: 13. h3 Le6 14. ed6: Dd6: 15. Lf4 Dd8 16. Te1 a5 17. a4 Lf5 18. Ld3 Ld3: 19. Dd3: Weiß behielt einen kleinen Vorteil. Siehe Musterpartie I/9 (Seite 30).

Mestrovic – Parma, Novisad 1975:
7. . . . h6?! 8. Lf4?! Sc6 9. d5? e5! 10. Le3 Se7 gewinnt ein wichtiges Tempo 11. h3 Lc8 12. Sh2 Sd7 13. Ld3 f5 Schwarz hat ein aktives Spiel.

Timman – Smyslow, Amsterdam 1971:
7. . . . Sc6 8. h3 Lf3: 9. Lf3: Sd7 10. Se2 h6 11. Le3 e5 12. c3 Sb6 13. Db3 ***In der Partie Matulovic – Botwinnik, Belgrad 1970, stand Schwarz nach 13. b3 d5! besser.*** 13. . . . Sa5 14. Dc2 Sac4 15. Lc1 ed4: 16. Sd4: Die weiße Stellung ist ein wenig besser.

Lerner – Zeschkowski, UdSSR 1972:
7. . . . Sc6 8. Dd2 Sd7 9. Sd5!? ***Gut war außerdem 9. h3!?*** 9. . . . Te8?! ***9. . . . Sb6!?*** 10. c3 Sb6 11. Se3 Lf3: 12. Lf3: f6 13. Lh4 e5 14. d5 Se7 15. Lg4 Sd6 16. f3 Zwar ist die weiße Stellung vorzuziehen, aber Schwarz ist nicht ohne Gegenchancen.

Polugajewski – Matulovic, Lugano 1968:
7. . . . Sc6 8. h3 Lf3: 9. Lf3: h6 10. Le3 e5 11. de5: de5: 12. Sb5 a6! 13. Dd8: Tfd8: 14. Sc7: Tac8 15. Sd5 Sd5: 16. ed5: Sd4 Das Spiel ist ausgeglichen.

B 3: 7. h3
Obwohl dieser Zug nicht schlecht ist, braucht sich Weiß damit nicht zu beeilen. Nach 7. . . . Lf3: 8. Lf3: Sc6 muß sich Weiß entscheiden. Die direkteste Fortsetzung ist 9. d5 Se5 10. Le2 c6 11. f4 mit unklarem Spiel. Äußerst kompliziert kann das Spiel werden nach 9. Se2 (statt 9. d5), wie z. B. in einer Partie Robatsch – Hartoch 1967. Dort geschah: 9. Se2 e5 10. d5 Se7 11. c4 c5?! 12. Sc3 Se8? 13. a3 f5 14. b4 b6 15. bc5: bc5: 16. Tb1, und Weiß hatte die besseren Chancen am Damenflügel. Statt 12. . . . Se8? war 12. . . . Sd7!? wesentlich besser.
Die Theorie gibt hierzu eine andere Partie an, und zwar Muchitdinov – Botwinnik, UdSSR 1967: 9. Se2 e5 10. c3?! Te8 11. d5 Se7 12. g4 h6 13. Sg3 c6 14. c4 b5!? 15. cb5: cd5: 16. ed5: a6 und Schwarz hatte für den geopferten Bauern ausreichende Kompensation.

B 11: 7. . . . Sc6
Dieser Zug erscheint konsequenter als die anderen Möglichkeiten, bei denen Schwarz nicht die Chance nutzt, das weiße Bauernzentrum anzugreifen. Z. B.:

B 12. 7. . . . Sbd7
Tal – Hort, Las Palmas 1975:
8. Dd2 e5 9. de5: de5: 10. Tfd1 c6 11. h3 Lf3: 12. Lf3: Te8 13. De2 Dc7 14. Dc4 Sb6 15. Dc5 Sbd7 16. Dc4 mit Remis durch Zugwiederholung.
Geller – Olaffson, Teeside 1975: 8. h3 Lf3: 9. Lf3: e5 10. Te1 ***Besser ist 10. de5:*** 10. . . . Te8 11. de5: de5: 12. De2 c6 13. Ted1 Dc7 14. Dc4 Sb6 15. Db3! Sfd7 16. Lg4 mit kleinem Vorteil für Weiß. Siehe Musterpartie I/10 (Seite 31).

B 13: 7. . . . c6?!
Geller – Cebanenko, UdSSR 1974: 8. h3 Lf3: 9. Lf3: d5 10. e5 Sfd7 11. Se2 e6 12. c3 c5 13. Sf4 cd4:? ***Besser ist 13. . . . Sc6*** 14. cd4: Sc6 15. Lg4 Te8?! 16. Tc1 Weiß steht besser.

F. Portisch – Ozvath, Ungarn 1974: 8. h3 Lf3: 9. Lf3: Sbd7 10. a4 a5 11. g3 Dc7 13. Lg2 e5 13. de5: de5: 14. De2 Te8 15. Dc4 Sb6 16. Sb5 Dd8 17. Lb6: Db6: 18. Sd6 Te6 19. Dd3 mit scharfem, etwa ausgeglichenem Spiel.

B 14: 7. . . . Sfd7?!
Kaplan – Suttles, San Antonio 1972: 8. h3 Lf3: 9. Lf3: Sc6 10. Le2 e5 11. de5: de5: 12. Sa4 Sf6 mit annäherndem Ausgleich. Kaplan spielte in dieser Partie zu harmlos. Der Zug 7. . . . Sfd7?! macht einen gekünstelten Eindruck.

B 111: 8 Dd2
Andere Möglichkeiten sind:

B 112: 8. d5
Dieser Zug mit Realisierung des strategischen Plans b. (Seite 14) ist ebenfalls sehr chancenreich. Aus vielen Partien geht hervor, daß in den entstehenden Komplikationen Weiß einen kleinen Vorteil festhalten kann, wenn Schwarz nicht rechtzeitig Aktivitäten auf dem Damenflügel organisieren kann. Z. B.:
Gurgenidze – Keene, Tiflis 1974: 8. . . . Lf3: 9. Lf3: Se5 10. Le2! c6 11. f4 Sed7 12. Lf3 Da5

Diagramm Nr. 12:

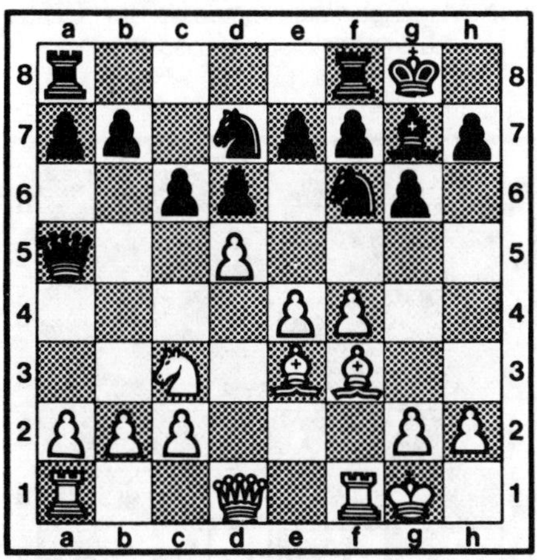

13. De1 Tfc8 14. dc6: bc6: 15. Tad1 Dc7? *Dieser Zug ist zu passiv und sollte durch 15. . . . Tab8! mit gutem schwarzem Spiel ersetzt werden.* 16. g4 Tab8 17. g5 Se8 18. b3 e6 19. Lg4 d5 20. f5! Weiß steht besser. Nach 20. . . . ef5: 21. ef5: Sd6 22. f6 Lf8 23. Dg3 wurde der weiße Angriff unwiderstehlich
Hort – Timman, Banja-Luka 1974: 8. . . . Lf3: 9. Lf3: Se5 10. Ld4?! Sf3:+ 11. Df3: c5 12. dc6: bc6: 13. Tfd1 Sd7 14. Lg7: Kg7: 15. Sa4 Da5 16. b3 Sb6 remis.

Damjanovic – Timman, Sombor 1972: 8. . . . Lf3: 9. Lf3: Se5 10. Le2 c6 11. f4 Sed7 12. dc6:? bc6: 13. Dd2 Tb8 14. b3 Da5 15. Tad1 Tfd8 16. Lf3 Sc5 17. Sd5 Dd2: 18. Sf6:+ Lf6: 19. Td2: Lc3 20. Tdd1 e5 mit Ausgleich.

Adamski – Barreras, Bukarest 1975: 8. . . . Lf3: 9. Lf3: Se5 10. Le2 c6 11. f4 Sed7 12. dc6:?! bc6: 13. Lf3 dc7 14. Dd2 Tad8 15. Tad1 Tfe8 16. b3 Sb6 17. Df2 e6 18. Td3 d5 mit komplizierter Stellung.

Kuzmin – Benkö, Hastings 1973/74: 8. . . . Lf3: 9. Lf3: Se5 10. Le2 c6 11. a4 Dc7? 12. a5 a6? 13. f4 Sed7 14. Lf3 cd5: 15. ed5: Tfc8 16. De2 Dc4 17. Tfe1! De2: 18. Te2: Tc7 19. Sa4 Te8 20. Td1 Kf8 21. b3 mit besserem Endspiel für Weiß. Statt des ungenauen 11. . . . Dc7? kommt 11. . . . Da5!? oder auch 11. . . . cd5: 12. ed5: Dc8 stark in Betracht.

Matulovic – Rukavina, Sarajewo 1971: 8. . . . Lf3: 9. Lf3: Se5 10. Le2 c6 11. f4 Sed7 12. Lf3 Sb6!? 13. dc6: bc6: 14. De2 d5 15. Tad1 e6 16. a4 Sc4 17. Lc5 Te8 18. b3 Sb6 Weiß hat das Läuferpaar, aber die schwarze Stellung ist verteidigungsfähig. Der Zug 12. . . . Sb6!? verdient Aufmerksamkeit.

Janosevic – Rukavina, Sarajewo 1971: 8. . . . Lf3: 9. Lf3: Se5 10. Le2 c6 11. f4 Sed7 12. dc6: bc6: 13. Dd2 Sb6 14. a4 a5 15. Tad1 Dc7 16. b3 d5 17. e5 Sfd7 18. Lf3 mit unklarem Spiel.

Gligoric – Pfleger, Manila 1974: 8. . . . Lf3: 9. Lf3: Se5 10. Le2 c6 11. f4 Sed7 12. Lf3 cd5:? 13. ed5: a6 14. a4 Da5 15. Ld4 Tac8 16. Dd3?! *Nach dem konsequenten 16. Te1! stünde Weiß besser.* 16. . . . Tc7 17. Se2 Db4 18. c3 Sc5 19. Lc5: remis.

Jimenez – Matulovic, Palma de Mallorca 1970: 8. . . . Lf3: 9. Lf3: Se5 10. Le2 c6 11. f4 Sed7 12. Lf3 cd5: 13. ed5: Tc8 14. Te1 Sb6 15. Ld4 Tc4 16. Se2 h5?! Hier hätte 16. . . . Dd7! mit verteilten Chancen geschehen sollen.
Cholmov – Zejtlin, Riga 1970: 8. . . . Lf3: 9. Lf3: Se5 10. Le2 c6 11. f4 Sed7 12. Kh1?! cd5: 13. ed5: Tc8 14. Ld4 a6 15. Lf3 b5 16. a4 b4 17. Sa2 Tb8 18. Sc1 Sc5 19. Sd3 Sd3: 20. Dd3: a5 21. Tfd1 Weiß steht etwas besser. Es scheint, daß beide Seiten ungenau gespielt haben.

Neben dem normalen Zug 8. . . . Lf3: ist auch 8. . . . Sb8?! spielbar, wenngleich dieser Zug etwas verdächtig erscheint. Im Vergleich zu der Variante **C 11:** 6. . . . Sc6 7. d5 Sb8 (Seite 23) verfügt Weiß über mehr Raum und Schwarz hat zu früh seine Karten aufgedeckt, da sein Läufer schon auf g4 steht.
Taimanow – Ivkov, Budva 1967: 8. . . . Sb8?! 9. Te1 c6 10. Sd2 Le2: 11. De2: Sbd7 12. a4 Da5 13. Sb3 Dc7 14. a5 mit geringem weißem Vorteil.

B 113. 8. Sd2

Mit diesem kaum angewandten Zug versucht Weiß den strategischen Plan d. (Seite 14) auszuführen.
Butnoris – Gulko, UdSSR 1969: 8. . . . Le2: 9. De2: e5 10. d5 Sd4 11. Dd3 Sd7 12. b4 c5 13. dc6: bc6: 14. Sb3 c5 15. bc5: dc5: 16. Sd5 Sb6 17. c4 Weiß hat strategischen Vorteil.
Boleslawski gibt statt 11. . . . Sd7 den Zug 11. . . . c6 an, aber nach 12. Lg5! hat Weiß die besseren Aussichten. Der englische Großmeister und Theoretiker R. Keene empfiehlt nach 10. d5 Se7!? 11. Tfd1 Dc8 12. f3 Sh5 mit Ausgleich. Tatsächlich verdient Keenes Plan weitere Untersuchungen, denn der Zug 10. . . . Sd4 ist zu verpflichtend.

B 114: 8. h3

Dieser Zug ist durchaus spielbar, wenn er uns auch etwas ungeduldig erscheint.
Ciric – Botwinnik, Wijk aan Zee 1969: 8. . . . Lf3: 9. Lf3: Sd7 10. Dd2? Sb6 11. Le2 e5 12. de5: de5: 13. Dd8: Tad8: 14. Lc5 Tfe8 und Schwarz hatte keine Sorgen.
Der Zug 10. Dd2? war unpassend. Statt dessen war 10. Se2! angebracht. Die weiße Strategie wird dann sehr gut verdeutlicht in der Partie Robatsch – Timman, Amsterdam 1972: 8. h3 Lf3: 9. Lf3: Te8? 10. Te1 a6 11. Se2 e5? 12. d5 Se7 13. g4 Weiß steht besser.

B 1111: 8. . . . e5

Die anderen Fortsetzungen kranken allesamt daran, daß Schwarz den Zentrumskampf vernachlässigt.

B 1112: 8. . . . Te8

Andersson – Ree, Las Palmas 1973: 9. Tad1 Lf3: 10. Lf3: e5 11. de5: Se5: ***Nach 11. . . . de5: 12. Dd8: Tad8: 13. Sb5 erhält Weiß das bessere Endspiel.*** 12. Le2 a6 13. Lg5 Sc6 ***13. . . . Sed7!?*** 14. f3 Dd7 15. Tfe1 Weiß steht klar besser.

Sax – Timman, Amsterdam 1973: 9. Tad1 a6 10. Lg5 Db8 11. De3 e5 12. de5: de5: 13. Lc4 Sa5 14. Le2 Sh5? ***Nach dem Normalzug 14. . . . Sc6 wäre Zugwiederholung denkbar gewesen.*** 15. Sd5! f6 16. Lh6 c6? 17. Sb6 Lh6: 18. Dh6: Sf4 19. Tfe1 und die weißen Drohungen sind zu zahlreich.

Timmans Präventivzug 9. . . . a6, der nach eventuellem Damentausch den weißen Springer von b5 fernhalten soll, verdient große Beachtung. Allerdings hätte Timman sich im 14. Zuge auf die Zugwiederholung einlassen sollen.

Diagramm Nr. 13:

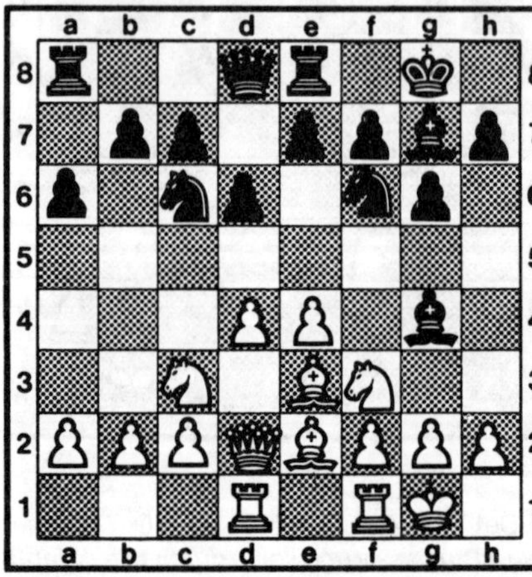

Die Diagrammstellung verdient eine nähere Betrachtung. Wir sind der Meinung, daß die effektivste Fortsetzung in 10. d5!? Lf3: 11. Lf3: Se5 12. Le2 c6 13. f4 Sed7 14. dc6: bc6: 15. g4! besteht, wonach Weiß bleibenden Raumvorteil erhält. Zum Vergleich bietet sich die früher zitierte Partie Gurgenidze – Keene, Tiflis 1974, an. Ähnlich verlief die Partie Andersson – Keene, Hastings 1971/72, wo Weiß den Vorstoß d4–d5 ohne die Einschaltung der Züge 9. Tad1 a6 aufführte, allerdings ohne Erfolg. Nach 9. d5 Lf3: 10. Lf3: Se5 11. Le2 c6 12. Ld4?! ***Nach 12. f4! Sed7 13. dc6:! wäre der weiße Vorteil minimal.*** 12. . . . Da5 13. Tad1 Sed7 14. Tfe1 a6 15. a3 c5 16. Le3 b5 17. f3 Tab8 konnte Schwarz optimistisch in die Zukunft sehen.

B 113: 8. . . . Sd7

Mecking – Suttles, San Antonio 1972: 9. Tad1 e5 10. de5: de5: 11. Sd5 Lf3: 12. Lf3: Sd4 13. c3 Sf3: 14. gf3: Tc8 15. Tfe1 Kh8 16. Se7 De7: 17. Dd7: Df6 18. Kg2 h5 19. Td5 b6 20. Ted1 Kh7 21. b4 Lh6 Remis gegeben. Obwohl Schwarz sich in diesem Beispiel ausgezeichnet verteidigt hat, wirkt der Zug 8. . . . Sd7 doch sehr gekünstelt.

Einige Zeit später erreichte Weiß in der Partie Kagan – Byiasas, Sao Paulo 1973, Vorteil: 9. Tad1 e5 10. de5: de5: 11. Lg5!? Lf6 12. Lf6: Df6: ***Natürlich ging 12. . . . Sf6? nicht wegen 13. Dh6!*** 13. Sd5 Dd6 14. c3 Lf3:? 15. Lf3: Tad8 16. Dh6 Weiß steht auf Gewinn. Mit 9. d5!? kann Weiß versuchen, statt des strategischen Plans c. den Plan b. zu realisieren (Seite 14).

B 1114: 8. . . . Lf3:

Es ist unlogisch, diesen Zug auszuführen, bevor Weiß das Tempo h2–h3 verloren hat, da Schwarz für die Aufgabe des Läuferpaares nur einen vorübergehenden Druck auf den Punkt d4 bekommt.

Portisch – Suttles, San Antonio 1972: 9. Lf3: Sd7 10. Tad1 ***In der Partie Parma – Keene, Berlin 1971, spielte Weiß erfolgreich 10. Tfd1? und erhielt nach 10. . . . Sb6 11. Le2 e5 12. de5:! de5: 13. Sb5 Db8 14. c3 die bessere Stellung.*** 10. . . . Sb6 11. Le2 e5 12. d5 Se7 ***In der Partie Langeweg – Andersson, Wijk aan Zee 1971 glich Schwarz nach 12. . . . Sd4!? 13. Ld4: ed4: 14. Sb5 Te8 15. f3 a6 16. Sd4: Sd5: 17. Sf5 Sb6 18. Sg7: Kg7: 19. Dc3+ f6 aus.*** 13. f3 f5 14. g3 Sd7 15. Tf2 Sf6 16. Lf1 Sh5 17. Se2 fe4: 18. fe4: Tf2: 19. Lf2: Sf6 20. Lg2 Sg4 21. Lh3 Lh6 Es gelang Schwarz, den weißen Vorteil zu neutralisieren.

B 11111: 9. d5

Die andere, häufig angewandte Fortsetzung ist:

B 11112:

9. de5: Mit diesem Abtausch im Zentrum strebt Weiß ein Endspiel an, in dem er über minimalen Vorteil verfügt, der nur mit überdurchschnittlicher Endspieltechnik realisiert werden kann. Der strategische Plan c. (Seite 14) findet deshalb vor allem bei den Spielern Anklang, die gerade im Endspiel ihre Stärke haben.

9. . . . de5: 10. Tad1

Diagramm Nr. 14:

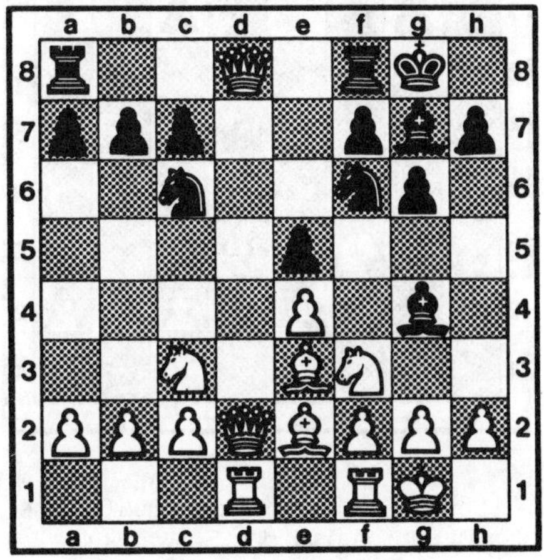

Schwarz hat es mit dem Ausgleich keineswegs leicht, wie die folgenden Fortsetzungen zeigen:

a: 10. . . . Dd2:?! **b.** 10. . . . De7 **c.** . . . Dc8!?

a. 10. . . . Dd2?! Dies führt zu einem schlechteren Endspiel für Schwarz.

Larsen – Ivkov, Santa Monica 1966: 11. Td2: Tfd8 12. Tfd1 Td2: 13. Td2: Se8 14. Sd5 Lf3: 15. gf3:! *Nach 15. Lf3: Sd4 16. Ld1 c6 17. Sb4 Sd6 18. c3 Se4:! hat Schwarz das bessere Spiel.* 15. . . . Sd4 16. Ld1 Se6 17. c3 Lf8 18. La4 c6 *18. . . . Kg7? 19. Ld7 Td8? 20. Le6: fe6: 21. Sc7:! und Weiß gewinnt.* 19. Sb4 Lc5 20. Sd3 Le3: 21. fe3: Td8 22. Td1 f6 23. Lb3 mit kleinem Vorteil für Weiß.

Reshewski – Byiasas, Petropolis 1973: 11. Td2: Tfd8 12. Tfd1 Td2: 13. Td2: Se8 14. h3? Lf3: 15. Lf3: Sd4 16. Ld1 Sd6 17. Td3 c5 18. f3 f5 19. g4 b5 und dank des starken Zentralspringers d4 erhielt Schwarz sogar die Initiative.

Browne – Andersson, Hastings 1973/74: 11. Td2: Tfd8 12. Tfd1 Td2: 13. Td2: Se8

Diagramm Nr 15:

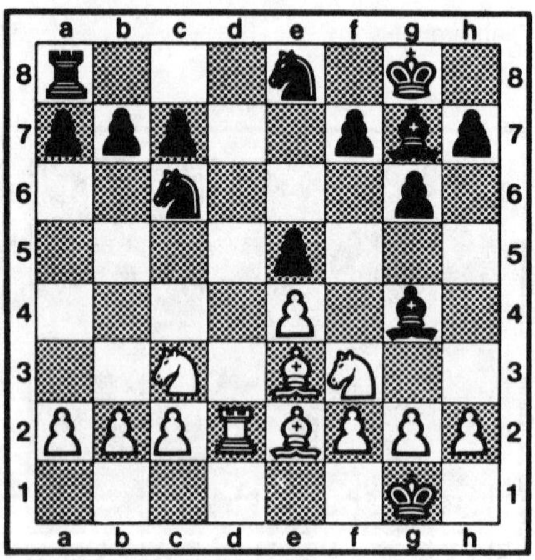

14. Lb5! Ein Zug des amerikanischen Großmeisters W. Browne, nach dem Schwarz keine Zeit findet, das Feld d4 mit dem Springer zu besetzen, da nach 14. . . . Lf3:? zunächst 15. Lc6:! folgen würde und auch der Springerrückzug 14. . . . Se7 nach 15. Lc5! zu weißem Vorteil führt. Darum ließ Andersson die Schwächung seiner Bauernstellung zu. Es folgte 14. . . . Sd6 15. Lc6: bc6: 16. b3 f5?! *Besser war 16. . . . Lf3: 17. gf3: f5!?* 17. Sg5! f4 *Nach 17. . . . h6 18. h3 Lh5 19. Se6! steht Weiß auf Gewinn.* 18. Lc5 Sb7 19. Sa4 Lf6 20. h3 Lc8 21. Sf3 g5 22. Lb4 g4 *Sonst hätte Weiß nach 23. Lc3! den Bauern e5 gewonnen.* 23. hg4: Lg4: 24. Se1 Kf7 25. f3 Le6 26. Sd3 Weiß steht strategisch auf Gewinn. Schwarz kann nicht alle Schwächen gleichzeitig verteidigen.

b. 10. . . . De7
Andersson – Mecking, Wijk aan Zee 1971: 11. Lg5! *Nur dieser Zug verspricht dem Weißen Vorteil,* 11. . . . Lf3: *Nach 11. . . . De6 12. Lf6: Df6: 13. Sd5 Dd6 14. c3 Tad8 15. Dg5 Le6? 16. Lb5 stand Weiß in der Partie Browne – Kaplan, Skopje 1972, wegen des Druckes in der d-Linie wesentlich besser.* 12. Lf3: Sd4 13. Sd5 Dd6 14. c3 Sf3:+ 15. gf3: Sd5: 16. Dd5: Da6 *oder 16. . . . Dd5: 17. Td5: f6 18. Le3! mit Vorteil für Weiß.* 17. Kg2 Tab8 *In der Partie Kostro – Forintos, Wijk aan Zee 1971, kam es nach 17. . . . Lf6!? 18. Lf6: Df6: 19. Db7: Dg5+ 20. Kh1 Df6 21. Kg2 Dg5+ zum Remis durch Zugwiederholung.* 18. b4 Lf6 19. Le3! mit leicht besserem Endspiel für Weiß.
Erwähnenswert ist auch die Partie Tukmakov – Karasev, Leningrad 1974. Nach 11. Lg5! Lf3: 12. Lf3: Sd4 13. Sd5 Dd6 14. c3 versuchte Schwarz einen anderen Plan, der vorsah, dem Weißen die d-Linie auf keinen Fall zu überlassen. Nach den Zügen 14. . . . Sd5:?! 15. cd4: Sb6 16. de5: Le5: 17. Dd6: stand Weiß mit dem Läuferpaar schon deutlich besser.

c. 10. . . . Dc8!?
Die Erfindung des jugoslawischen Großmeisters Matulovic. Timman – Matulovic, Wijk aan Zee 1974: 11. Dc1 Td8 12. Td8:+ Dd8: 13. Td1 Df8 14. h3 Lf3: 15. Lf3: a6 16. Sd5 Sd5: 17. Td5: Sd4 18. Ld4: ed4: 19. Df4 *Nicht 19. Td7 wegen 19. . . . Dc8! 20. Lg4 f5!* 19. . . . De7 20. e5 Te8 21. Dd4: Le5: 22. Dd3 Ld6 23. g3 De1+ 24. Kg2 Dc1 25. b3 Te1 26. Ld1 remis.

Enklaar – Matulovic. Wijk aan Zee 1975: 11. Lg5 Lf3: 12. Lf3: Sd4 13. Dd3 c6 14. Se2 Sf3:+ 15. Df3: De6 mit Ausgleich.

Garcia – Mohrlock, Wijk aan Zee 1975:
11. Dc1 Te8?! *Besser 11. . . . Td8* 12. Tfe1 Lf3:

13. Lf3: Sg4 14. Lg4: Dg4: 15. Sd5 Tac8 16. Lg5 De6 17. Td3 mit Vorteil für Weiß. 11. . . . Te8?! ist ein offensichtlicher Zeitverlust.

Weinstein – Benkö, USA 1974: 11. Lg5 Lf3: 12. Lf3: Sd4 13. Le2 c6 14. f4 mit unklarem Spiel.

Aus den aufgeführten Beispielen geht hervor, daß Schwarz nach der Fortsetzung **c.** 10. . . . Dc8!? am ehesten auf Ausgleich hoffen darf.

9. . . . Se7

Diagramm Nr. 16:

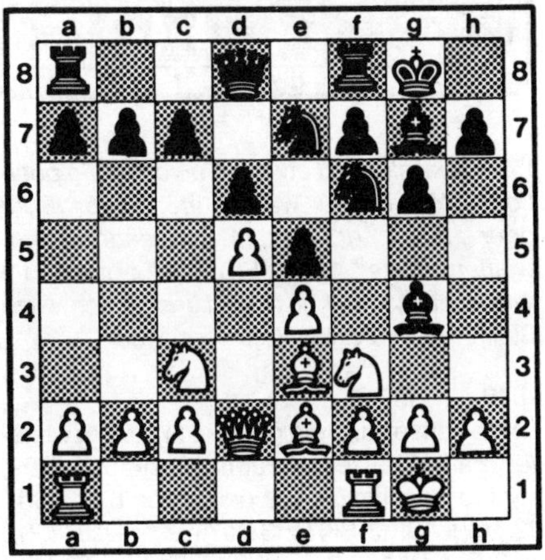

Dieser Zug geschieht meistens automatisch, obwohl auch die Alternative 9. . . . Sb8!? durchaus ihre Vorteile hat. In der Partie Hausner – Pribyl, Decin 1976, bewährte sich das weiße Spiel nach 10. Tad1 Sbd7 11. h3 Lf3: 12. Lf3: Se8 13. Le2 De7 14. f3 Kh8 15. Sa4 f5 16. c4 nicht. Statt jetzt mit 16. . . . f4? fortzusetzen und den interessanten strategischen Plan zu verderben, hätte Schwarz besser 16. . . . Lf6!? oder 16. . . . Sef6!? gespielt und die Zentrumsspannung aufrechterhalten.

Der Zug 9. . . . Sb8!? bedarf weiterer praktischer Überprüfung.

Nach dem Textzug 9. . . . Se7 kann die Stellung mit gewissen königsindischen Aufbauten verglichen werden. Allerdings steht hier der weiße c-Bauer noch auf der zweiten Reihe, sodaß der Druck in der geöffneten c-Linie nicht vorhanden ist. Weiß muß sich also um ein Spiel im Zentrum und am Königsflügel bemühen. Hierzu kommt vor allem der Vorstoß f2–f4 oder f3–f4 in Frage, der sich ab jetzt wie ein roter Faden durch die Variante ziehen wird und mit vielen taktischen Feinheiten verbunden ist.

10. Tad1
Dieser Zug ist gegen c7–c6 gerichtet. Möglich ist auch 10. a4, allerdings mit einem völlig anderen strategischen Plan. Z. B.:

Geller – Wasjukow, Kislovodsk 1969: 10. . . . Ld7! 11. a5 a6 12. Se1 Sh5 13. Sd3 f5 14. f3? Sf6 15. b4 f4 16. Lf2 g5 17. b5 ab5: 18. Sb4 Sg6 19. Sb5: g4 20. c4 g3! 21. hg3: Sh5 22. De1 Lh6 23. g4 Sg3 24. Lg3: fg3: 25. Dg3: Le3+ 26. Kh1 Sf4 27. Ld1 Lc5 28. Sc2 Dg5 29. Dh2 Tf6 30. g3 Th6 31. gf4: Th2:+ 32. Kh2: Dh4+ 33. Kg2 Lb5: und Weiß gab auf.

Statt 12. . . . Sh5 probierte Schwarz in der Partie Rogoff – Timman, Malaga 1971, 12. . . . Se8 und erzielte nach 13. f3 f5 14. g3 Sf6 16. Sd3 Tf7 Ausgleich.

Aus den Beispielen geht hervor, daß der Zug 10. a4 den Weißen Zeit kostet, die ihm häufig für Aktionen im Zentrum oder am Königsflügel fehlen kann.

10. . . . Se8
Schwarz hat an dieser Stelle mehrere Fortsetzungen zur Verfügung, von denen keine als die eindeutig beste bezeichnet werden könnte.

a. 10. . . . Ld7!?
Geller – Tal, Moskau 1975: 11. Se1? Sg4 12. Lg4: Lg4: 13. f3 Ld7 14. f4 siehe Musterpartien I/11 und I/12 (Seiten 31–32).

In der Partie Browne – Timman, Stockholm 1971, entschied sich Weiß nun für 14. Lh6!, was sich allerdings als schlechter als 14. f4 herausstellte. Es folgte 14. . . . Lh6: 15. Dh6: c6! 16. dc6: Db6+ 17. Kh1 bc6: 18. f4!? f6! *Die Annahme des Bauernopfers mit 18. . . . Db2:?! hätte sehr unklare Folgen gehabt, aber nach 19. . . . f5! dem Weißen wohl ausreichende Kompensation überlassen.* 19. Tf3 f5! 20. fe5: fe4: 21. Tf4 Sf5 22. Dg5 Dd8! 23. Dd8: Td8: und Schwarz hatte das bessere Endspiel.

Haag – Botterill, Birmingham 1975: 11. Lh6 Sh5 *In der Partie Planinc – Ree, Wijk aan Zee 1974, erlangte Weiß nach 11. . . . Lh6: 12. Dh6: Kh8 13. Se1 Seg8? 14. Dd2 De7 15. f4 ef4: 16. Tf4: Le8 17. Dd4 De5 18. Df2: Sd7 19. Sb5 usw. Vorteil. Besser war aber: 13. . . . Sfg8!?* 12. Lg7: Kg7: 13. g3 Lh3 14. Tfe1 mit kleinem Vorteil für Weiß.

Statt 11. . . . Sh5 sollte Schwarz lieber 11. . . . Se8!? spielen, z. B. 12. Se1 f5 13. Lg7: Sg7: 14. f4 ef4: 15. Df4: fe4: 16. De4: Tf1:+ 17. Lf1: Df8 mit verteilten Chancen.

11. h3!? Diesen Zug darf Schwarz nicht unterschätzen, obwohl er eigentlich nicht besser ist als die anderen weißen Fortsetzungen.

Vogt – Sigurjonsson, Cienfuegos, 1975: verlief wie folgt: 11. h3!? Se8 12. Sh2 f5 13. f4 ef4: 14. Lf4: Sf6 15. ef5: Lf5: 16. Lf3 Sd7 17. Lg5 mit unklarem Spiel. Statt des letzten weißen Zuges 17. Lg5 scheint die Fortsetzung 17. g4!? Lc2: 18. Tde1 Ld3 19. Lg5! mit Initiative für den geopferten Bauern besser zu sein.

b. 10. . . . Lc8?
Dieser unnatürliche Zug unterbricht die Verbindung der schwarzen Türme. Außerdem ist es nicht unbedingt erforderlich, das Feld d7 freizuhalten.

c. 10. . . . Sd7
Spasski – Parma, Havanna 1966: 11. Sg5! Der beste Zug 11. . . . Le2: 12. Se2: h6 13. Sh3 Kh7 14. c4 f5
Diagramm Nr. 17 siehe nächste Spalte oben.

Diagramm Nr. 17:

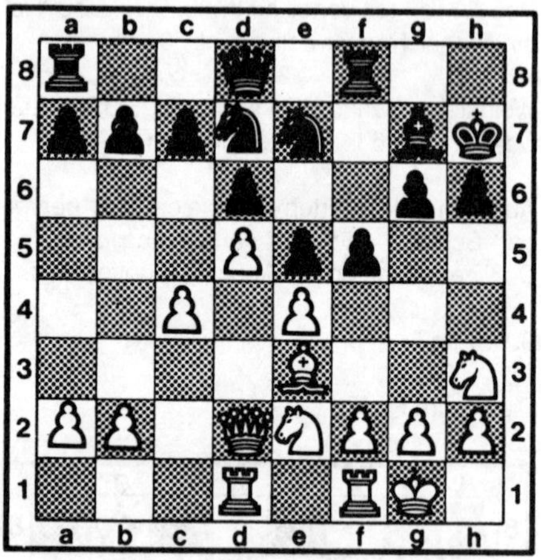

15. f3 *Spasski setzt etwas übervorsichtig positionell fort. Besser war 15. ef5:!? Sf5: 16. f3 oder 15. . . . gf5: 16. f4! mit dauerhaftem weißem Vorteil.* 15. . . . Sf6 16. ef5: gf5: 17. f4! Weiß steht bedeutend besser und die schwarze Stellung ist an vielen Stellen schwach.

d. 10. . . . Lf3:
Diese Fortsetzung ereignete sich in einer weiteren Partie Spasski – Parma, San Juan 1969, reichte jedoch nicht aus, denn nach 11. Lf3: Sd7 12. Le2 f5 13. g3! Sf6 14. f3 Dd7 15. Lb5 Dc8 16. Tf2 a6? *Besser 16. . . . Sh5!?* 17. Lf1 Sh5 18. Lh3! konnte Weiß seine Kräfte vorteilhaft umgruppieren.

e. 10. . . . Kh8
Barle – Matulovic, Novi Sad 1975: 11. Se1 Le2: 12. De2: Sd7 13. f3? f5 14. g4 fg4: 15. fg4: Tf1:+ 16. Df1: Sf6 17. h3 Dd7 18. Sf3 Tf8 19. Dg2 h6 20. g5 hg5: 21. Sg5: Lh6 22. Td3?! Lg5: 23. Lg5: Kg7 24. Tf3 Seg8 25. Le3 a6! remis.

Statt des wenig energischen Zuges 13. f3? hatte Weiß besser 13. Sd3! mit nachfolgendem 14. f4 gespielt, und auch der Zug 22. Td3?! wäre besser durch 22. Tf1! ersetzt worden.

11. Se1
Nach 11. Lh6 kann Weiß kaum auf Vorteil hoffen.

So folgte in der Partie Planinc – Donner, Wijk aan Zee 1974: 11. . . . Ld7 12. g3 Kh8 13. Lg7: Sg7: 14. Sh4 Sg8 15. Sg2 De7 mit Komplikationen, wo Weiß über geringfügig mehr Raum verfügt. Es scheint aber so, daß der geradlinige Plan 11. . . . Lf3: 12. Lf3: f5 eher Chancen auf Ausgleich verspricht.

11. . . . Le2: 12. De2: f5 13. f4

Der Schlüsselzug der weißen Strategie. Der schwarze Springer e7 steht nicht sehr glücklich, und Schwarz muß ständig mit dem weißen Springermanöver e1–d3–f4–e6 rechnen. Gerade gegen dieses Manöver wehrt sich Savon in unserer Musterpartie.

13. . . . ef4: 14. Lf4: h6

Eine schwere Entscheidung. Auch die Fortsetzung 14. . . . Sf6? reichte wegen 15. e5! de5: 16. Le5: nicht zum Ausgleich. Besser war jedoch 14. . . . fe4: 15. Se4: h6, obwohl Schwarz etwas beengt steht. Eine letzte Möglichkeit war 14. . . . Lc3:!? obwohl dieser Zug noch nicht ausprobiert wurde.

15. Lc1

Ein einfacher, aber sehr wirksamer Zug.

15. . . . Sf6 16. Sd3 Sh5

Nicht 16. . . . fe4:?! wegen 17. Sf4!, und das Feld e6 steht den weißen Figuren zur Verfügung.

17. e5 de5: 18. Se5:

Weiß hat großen Vorteil.

18. . . . Kh7 19. Tfe1

Droht 20. Sg6:! und Weiß gewinnt.

19. . . . Sc8?

Besser war 19. . . . Sf6!? mit schwieriger, aber vielleicht verteidigungsfähiger Stellung. Nachdem die schwarzen Springer denzentralisiert worden sind, geht es mit dem Schwarzen schnell zu Ende.

Diagramm Nr. 18 siehe nächste Spalte oben.

20. g4!

Weiß beginnt mit dem entscheidenden Angriff.

20. . . . Sf6

Auch 20. . . . fg4:?! verliert nach 21. Sg6:! Kg6: 22. Dg4:+ Kh7 23. Dh5: Tg8 24. Kh1 Sd6 25. Te6, und der weiße Angriff ist nicht mehr zu stoppen.

Diagramm Nr. 18:

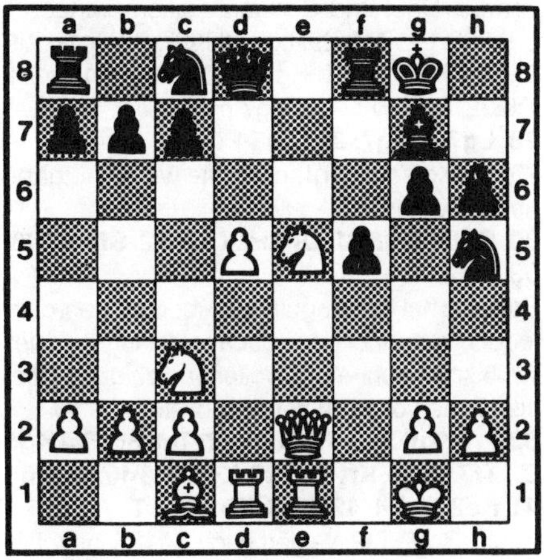

21. gf5: gf5: 22. Dg2 Sd6 23. Dg6+ Kh8 24. Kh1 Sfe4?

Schwarz mußte sich hier zwischen einer aktiven und einer passiven Möglichkeit entscheiden. Nach dem passiveren 24. . . . Sg8! hätte Schwarz gute Rettungschancen gehabt.

25. Se4: Se4:

Diagramm Nr. 19:

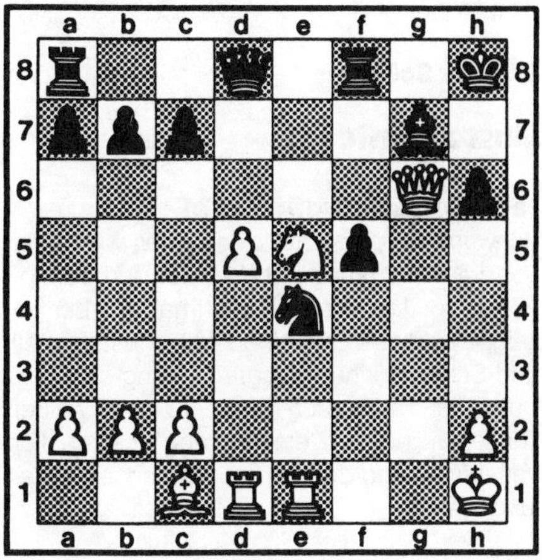

26. Te4:! fe4: 27. Lh6: Df6

Schwarz kann zwar den direkten Mattangriff abwehren, aber Weiß bekommt sein Material mit Zinsen zurück. Es ging nicht 27. . . . Le5: wegen 28. Dh5! und Schwarz verliert zwingend, z. B.: 28. . . . De8 29. Lg7+!! Kg7: 30. Tg1+ Kf6 31. Dg5+ Kf7 32. Tf1+ oder 30. . . Lg3 31. Tg3:+ Kf6 32. Dg5+ Kf7 33. Dg7 matt.

28. Lg7:+ Dg7: 29. Dh5+ Dh7

29. . . . Kg8? 30. Tg1! hätte die weiße Aufgabe nur erleichtert.

30. Sg6+ Kg8 31. Dh7:+ Kh7: 32. Sf8:+ Tf8: 33. Kg2

Schwarz hat den Angriff zwar überstanden, geht jedoch mit einem Minusbauern ins Endspiel. Weiß spielt sehr exakt weiter und zeigt, wie dieser kleine Vorteil zu verwerten ist.

33. . . . Kg6 34. c4! b6 35. Tf1 Te8 36. Tf4 Kg5 37. Tf7 e3 38. Kf1 Th8 39. Kg2 Te8 40. Kf1 Th8 41. Ke2 Th2:+ 42. Ke3: Tb2: 43. Tc7: Kf6

Auch 43. . . . Ta2: verliert nach 44. Tf7! usw. Die Partie neigt sich dem Ende zu, da das Turmendspiel immer einfacher wird.

44. Ta7: Ke5 45. Kd3 Tb1 46. Te7+ Kd6 47. Te6+ Kc7 48. Te2 Kd6 49. Te6+ Kc7 50. Kc3 Tc1+ 51. Kb3 Tb1+ 52. Kc2 Th1 53. Kb2 Th2+ 54. Kb3 Th1 55. Te3 Tb1+ 56. Ka4 Tb2 57. a3 Tb1 58. Tb3 Tc1 59. Kb4 Kb7 60. a4 Ta1 61. Ta3 Tb1+ 62. Kc3 Ka6 63. a5! ba5: 64. Tb3 Tc1+ 65. Kd4 a4 66. Tb8

und Schwarz gab endlich auf.

C: 6. . . . Sc6

Musterpartie I/5

Tal – Petrosjan, UdSSR 1974

Schwarz stellt die Entwicklung des weißfeldrigen Läufers zurück und bereitet den Vorstoß e7–e5 vor. Die letzten Partien haben aber gezeigt, daß dieser Zug einen Zeitverlust darstellt und Schwarz eine beengte Stellung einbringt. Das Spiel nimmt auch nach der besten weißen Fortsetzung 7. d5!? einen streng positionellen Verlauf und erfordert ein ausgezeichnetes Stellungsgefühl.

C1: 7. d5!?

Der logische Zug. Andere Möglichkeiten sind

C2: 7. h3 **C3:** 7. Le3

C2: 7. h3

Browne – Mednis, USA 1973: 7. . . . e5 8. de5: Se5: 9. Se5: de5: 10. Lc4 c6?! 11. a4 Sh5 12. Dd8: Td8: 13. Le3 Sf4 14. Tfd1 Te8? *Dies führt zu schlechterem Spiel. Notwendig war 14. . . . Le6 15. Td8: Td8: 16. Le6: Se6: 17. La7: Td2 18. Tc1 Sd4 mit Kompensation für den geopferten Bauern.* 15. a5 Se6 16. Sa4 Lf8 17. c3 Le7 18. b4 Weiß steht besser. Vielleicht läßt sich das weiße Spiel aber in Frage stellen, wenn Schwarz den schlechten Zug 10. . . . c6?! durch das bessere 10. . . . De7!? mit nachfolgendem 11. . . . Le6 ersetzt.

Timman – Ree, Wijk aan Zee 1972: 7. . . . e5 8. de5: Se5: 9. Lg5 h6 10. Lh4 Ld7? *Ein lehrreicher Fehler. Es sollte zunächst 10. . . . Sf3:+ 11. Lf3: Ld7 mit annehmbarer Stellung geschehen.*

Diagramm Nr. 20:

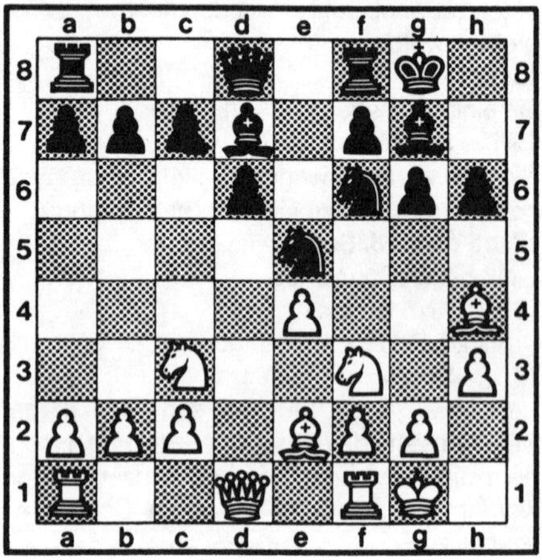

11. Se5: de5: 12. f4! *Die Fesselung in der Diagonale h4–d8 wirkt sehr unangenehm.* 12. . . . Te8 13. Sd5 g5 14. fg5: Se4: 15. Sf6+ Sf6: 16. gf6: und Weiß steht auf Gewinn.

Matulovic – Botwinnik, Belgrad 1969: 7. . . . e5 8. de5: de5: 9. Dd8:? Td8: 10. Lg5 Le6 11. Tfd1 h6 12. Le3 Se8 mit gleichen Chancen. Der Damentausch war verfrüht und hätte besser durch 9. Lg5! Le6 10. Dc1 mit geringem Vorteil ersetzt werden sollen.

C3: 7. Le3

Diese Variante könnte nach 7. . . . Lg4 in das Abspiel B11 übergehen.

In der Partie Andersson – Planinc, Wijk aan Zee 1973, war Schwarz erneut viel zu optimistisch und mußte nach 7. . . . Sg4?! 8. Lg5 f6 9. Lh4 e5 10. de5: de5: 11. Dd8: Sd8: 12. Sd5 Se6 13. Lc4 Tf7 schwer um den Ausgleich kämpfen.

7. . . . Sb8

C11: 8. Te1

Die anderen Fortsetzungen sind

C12: 8. h3 **C13:** 8. Le3 **C14:** 8. Lg5

C12: 8. h3

Karpov – Korchnoi, Leningrad 1973: 8. . . . c6 9. a4 a5 10. Lg5 Ld7!? 11. Te1 Sa6 12. dc6:?! Lc6: 13. Lb5 Sb4 14. De2 h6 15. Lf4 e5 16. Lh2 Tc8 ***Erst die nachträgliche Analyse zeigte, daß Schwarz sich den Ausgleich mit 16. . . . Ld7! 17. Tad1 De7 18. Td2 Sc5 erleichtern konnte.*** 17. Tad1 De7 18. Td2 h5. Hier vereinbarten die Gegner remis, was beiden den Aufstieg ins Kandidatenturnier sicherte. Diese turniertaktische Entscheidung sagte aber nichts über die Chancen in der Schlußstellung aus. Es scheint, daß Weltmeister Karpov zu voreilig 12. dc6:?! spielte, wonach Schwarz ein gutes Spiel erhielt. Besser war 12. de5:!, z. B. 12. . . . de5: 13. Se5: cd5: 14. Sd7: Dd7: 15. La6: Ta6: 16. Lf6: Lf6: 17. Sd5: Dd8 18. Df3! mit geringem weißem Vorteil.

Furman – Shamkovich, UdSSR 1973: 8. . . . c6 9. a4 Sbd7?! ***Notwendig war 9. . . . a5, wie die vorangehende Partie zeigte.*** 10. Te1 Sc5 11. Lf1 e5? ***immer noch war 11. . . . a5! angebracht.*** 12. b4! Se4: ***Zu einer Verluststellung führt 12. . . . Sa6 13. La6: ba6: 14. dc6: usw.*** 13. Se4: Se4: 14. Te4: f5 15. Lg5 De8 16. Te1 h6 17. dc6:! mit für Weiß günstigen Verwicklungen.

Podgajec – Dvoreckij, UdSSR 1974: 8. . . . c6 9. a4 a5! 10. Lf4?! Sa6 11. Te1 Db6 12. Dc1 Sb4 ***Noch stärker war das sofortige 12. . . . cd5:! 13. ed5: Sb4.*** 13. dc6: bc6: Schwarz hat gutes Gegenspiel. Der Zug 10. Lf4?! dürfte ein Schlag ins Wasser sein.

Antoschin – I. Zajzev, Riga 1970: 8. . . . c6 9. a4 a5! 10. Le3 Sa6 11. Sd2 Ld7 12. dc6:?! Lc6: 13. Sc4? Se4: 14. Se4: Le4: 15. Lb6 Dc8 16. Ld4 Lc2:! und Schwarz gewann. Auch das scheinbar bessere 16. La5: hätte Weiß nicht mehr gerettet. Es wäre 16. . . . d5! 17. Sb6 Dc5! usw. gefolgt.

Antoschin – Gufeld, UdSSR 1970: 8. . . . c6 9. Lg5 Sbd7 10. Te1 Te8 11. Dd2 a6 12. a4 Dc7 13. Lf1 cd5: 14. ed5: mit weißem Raumvorteil.

Gheorghiu – Estevez, Torremolinos 1974: 8. . . . e5!? 9. de6: Le6: 10. Lg5 Sc6?! ***Besser war 10. . . . h6! wie in einer Partie Geller – Kuzmin geschah, die später besprochen wird.*** 11. Dd2 Se5 12. Tad1 De8 13. Tfe1 Sf3:+ 14. Lf3: und Weiß hat geringen positionellen Vorteil.

C13: 8. Le3

Matulovic – Forintos, Skopje 1970: 8. . . . c6 9. Sd2 b5!? 10. dc6: b4 11. c7 Dc7: 12. Sb5 Dd7 13. a3 La6 14. Sd4 Le2: 15. De2: ba3: 16. Ta3: Sg4 17. c3 und Weiß steht leicht besser.

Jansson – Ornstein, Schweden 1973: 8. . . . c6 9. Sd2 cd5: 10. ed5: Sa6 11. Sb3 Lf5 12. Sd4 mit weißem Raumvorteil.

Honfi – Barreras, Bukarest 1973: 8. . . . h6 9. h3 e5!? Diese Fortsetzung führt zu kompliziertem Spiel und dürfte Schwarz die besten Chancen einräumen.

C14: 8. Lg5

Lein – Tal, UdSSR 1972: 8. . . . c6 9. Sd2 Sbd7 10. a4 a5 11. Sb3 Se5 12. Ta3 Db6 13. Sd2 e6 mit äußerst unklarer Stellung.

C111: 8. . . . e5

Schwarz stand hier vor einer schweren Wahl. Die andere Möglichkeit ist

C112: 8. . . . c6

Costro – Razuvajev, Moskau 1970: 9. Lf1 Lg4 10. h3 Lf3: 11. Df3: Sbd7 12. Le3 Da5 13. a3? ***Weiß verliert die Übersicht und ahnt nichts Böses.***

13. . . . Tac8 14. Dd1? cd5: 15. ed5: Tc3:! 16. bc3: Sd5: Schwarz hat mehr als ausreichende Kompensation für die geopferte Qualität. Wesentlich besser spielte Weiß in der Partie Taimanow – Murej, Suchumi 1972, 9. Lf1 Lg4 10. h3 Lf3: 11. Df3: Sbd7 12. Le3 Da5 13. Tad1! Tac8 *Chancenreicher dürfte 13. . . . Tfc8 mit folgendem a6 und b5 sein.* 14. De2 cd5: 15. ed5: Sb6 16. Db5! Db5: 17. Lb5:

Diagramm Nr. 21:

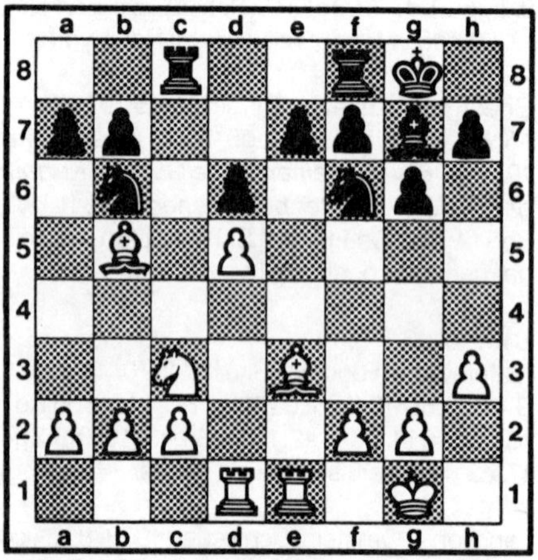

17. . . . Tc3!? *Ein stark aussehendes Qualitätsopfer, das der Weiße allerdings nicht anzunehmen braucht.* 18. Lb6:! Tc2: 19. La7: Ta8 *Oder 19. . . . Tb2: 20. a4! und Weiß bleibt im Vorteil, da der Druck gegen den Bauern e7 bestehen bleibt.* 20. Ld4 Weiß steht besser, denn in der offenen Stellung ist das Läuferpaar sehr stark.

Taimanov – Dely, Vrnjacka Banja 1974: 9. h3! *Eine interessante Verbesserung, mit der Schwarz in dieser Partie überrascht wurde.* 9. . . . Sbd7?! 10. Lf1 Sc5 11. dc6: bc6: 12. e5! und Weiß hat positionellen Vorteil. Als Verstärkung für Schwarz können wir aber 9. . . . a5!? mit folgendem Sb8–a6 und Lc8–d7 angeben.

9. de6:!

Es ist logisch, daß Weiß bei seinem Entwicklungsvorsprung die Stellung öffnet, denn nur so kann er auf Vorteil hoffen.

9. . . . Le6: 10. Lf4

Dies ist besser als 10. Lg5, was Schwarz zu 10. . . . h6 provoziert hätte. Ein Zug, den Schwarz in vielen Varianten ohnehin spielen muß.

10. . . . h6?

Auch ein Spieler wie der Schwarze in unserem Partiebeispiel, der den Beinamen „Der Eiserne" trägt, kann gelegentlich seinen „sechsten Sinn" für Gefahr verlieren und macht hier einen ernsthaften Fehler. Es sollte sofort 10. . . . Sc6! geschehen, wie in der Partie Geller – Kuzmin, UdSSR 1974, die wie folgt verlief: 11. h3 h6 12. Dd2 g5 13. Lg3?!

Dies gestattet dem Schwarzen, die Stellung vorteilhaft zu öffnen. Viel unangenehmer für ihn wäre 13. Lh2! gewesen, z. B. 13. . . . d5?! 14. e5 Se4 15. De3 Sc3: 16. Dc3: d4 17. Dc5 mit weißem Vorteil. Auf den Läuferrückzug 13. Lh2! hätte Schwarz am besten auf die Zentrumsaktion verzichtet, und statt dessen den Springer von f6 über d7 nach e5 geführt. Der Stützpunkt für den Springer auf e5 ist für den Schutz der schwarzen Königsstellung sehr wichtig. 13. . . . d5! 14. ed5: Sd5: 15. Sd5: Dd5: 16. Dd5: Ld5: 17. c3 Tac8 18. h4 g4 19. Sd2 f5 20. Lf4 Se7! mit völligem Ausgleich.

11. Sd4 Ld7 12. Dd2 Kh7

Nach 12. . . . g5 13. Le3 ist die Drohung h4 sehr unangenehm.

13. e5! de5: 14. Le5: Se4?

Guter Rat ist teuer, denn nach 14. . . . Sc6 15. Sc6: Lc6: 16. Dd8: Tad8: 17. Lc7: hätte Weiß den Bauern gefahrlos schlagen können. Petrosjan hatte sich wahrscheinlich etwas von dem Gewinn des schwarzfeldrigen Läufers von Weiß versprochen. Die Folge zeigt jedoch, daß der weiße Entwicklungsvorsprung viel schwerer wiegt, als das schwarze Läuferpaar.

15. Se4: Le5: 16. Sf3!

Dieser Springerrückzug bedeutet nicht etwa das Ende des weißen Angriffs, sondern die d-Linie wird a tempo geräumt und der Springer zum Königsflügel überführt.

16. . . . Lg7

Nach 16. . . . Lb2: 17. Tad1! wären die zahlreichen weißen Drohungen nicht mehr parierbar, wie z. B. 18. c3 oder 18. Sc5

17. Tad1 Dc8 18. Lc4 Le8

19. Seg5+!!
Das Figurenopfer wäre auch nach dem scheinbar besseren 18. ... Lg4 entscheidend gewesen: 19. Seg5+!! hg5: 20. Sg5:+ Kg8 21. Sf7: Tf7: 22. Dd8+ Dd8: 23. Td8:+ Lf8 24. Tee8 und Weiß gewinnt.
19. ... hg5: 20. Sg5:+ Kg8 21. Df4
Es droht einfach 22. Dh4!, wogegen Schwarz keine ausreichende Verteidigung mehr hat.
21. ... Sd7
Eine noch eindrucksvollere Gewinnführung wäre nach 21. ... Lh6 möglich gewesen: 22. Te8:!! De8: 23. Df6 *Droht 24. Dg6+! mit nachfolgendem 25. Dh7 matt.* 23. ... Lg5: 24. Dg6:+ Kh8 25. Dh5+ Kg7 26. Dg5:+ Kh8 27. Td4 De1+ 28. Lf1 mit undeckbarem Matt.
22. Td7:! Ld7:
Oder 22. ... Dd7:? 23. Dh4 mit sofortigem Gewinn.
23. Lf7:+
Schwarz gab auf wegen der Folge 23. ... Tf7: 24. Df7:+ Kh8 25. Te7 usw.

D: 6. ... Sbd7
Dieser selten angewandte Zug hat viele Schattenseiten. Zwar baut sich Schwarz ähnlich wie in einigen königsindischen Varianten auf, aber er kommt häufig nicht zu dem Vorstoß e7–e5. Weiß kann nämlich seinerseits e4–e5 spielen und Raumvorteil erlangen, z. B.:
7. e5!? Se8 8. Lf4!
Besser als 8. Lg5 f6 9. ef6: ef6: 10. Le3 c6 11. d5 c5 12. Dd2 Tf7 13. Tae1 Sf8 14 h3 und Weiß stand in der Partie Spasski – Chodos, Erewan 1967, nur wenig besser.
8. ... Sb6
Weiß hat einen großen Vorteil und Schwarz kann kaum auf Ausgleich hoffen, sondern kommt eventuell nicht einmal zur Beendigung seiner Entwicklung. Z. B.: Botwinnik – Simagin, Moskau 1965; 9. h3 c6 10. Dc1 f6 11. ed6: ed6: 12. Ld3 d5 13! Se2 Sd6 14. Sg3 Le6 15. a4 a5?! 16. b3 Dd7 17. Dd2 Tfe8 18. Tfe1 Sf7 19. h4 Sc8 20. c4! Weiß steht deutlich besser, da der schwarze Bauer a5 eine bleibende Schwäche darstellt.
Fajbisovic – Vitolinsch, Riga 1975: 9. a4! ***Dieser Zug ist der energischste und zwingt Schwarz zum Gegenstoß 9. ... a5, wozu Schwarz in dem Partiebeispiel Botwinnik – Simagin nicht gezwungen war.*** 9. ... a5 10. h3 c6 11. Te1 Le6 12. b3 Ld5 13. Dd2 Sc7 14. Tad1 Se6 15. Sd5: Sd5: 16. Lg3 f5 17. ed6: ed6: 18. Lc4! Weiß hatte alle taktischen Trümpfe in der Hand und behielt nach 18. ... Dd7 19. Sg5 Lh6?! 20. Te6:! Lg5: 21. Td6:! Dd6: 22. Ld6: Ld2: 23. Lf8: einen gesunden Mehrbauern.

Zur Beurteilung der Variante **D:** 6. ... Sbd7 ist es wichtig festzustellen, daß Weiß auch einfach 7. h3 spielen kann. Nach 7. ... c6 geht das Spiel in die Variante **A22** (Seite 10) über, wobei allerdings der schwarze Damenspringer nicht mehr die Möglichkeit hat, über a6 nach b4 zu gehen.

Der Zug 6. ... Sbd7 mag temperamentvollen Spielern liegen, weshalb es wohl zu streng wäre, ihn mit ?! zu versehen.

E: 6. ... b6!?
Eine Idee jüngeren Datums, bei der Schwarz seinem Damenläufer Spiel auf der Diagonale a8–h1 verschaffen will. Tatsächlich stünde Schwarz sehr aussichtsreich, wenn es ihm gelänge, die Enwicklung erfolgreich abzuschließen.
7. e5!?
Dieser Zug stellt den direkten Widerlegungsversuch des schwarzen Aufbaus dar. Nach dem Textzug kommt es zu großen Komplikationen, und wie immer ist es sehr schwierig, solche halsbrecherischen Varianten letztendlich zu beurteilen. In den folgenden Partiebeispielen versuchen die Führer der schwarzen Steine durchweg „im trüben zu fischen".
Zuidema – Timman, Wijk aan Zee, 1971:
7. ... Sfd7 8. Lf4 Sc6 9. Te1 Lb7 ***Laut Timman konnte Schwarz hier einfach den Bauern e5 schlagen. Nach 9. ... de5: 10. de5: Sde5: 11. Se5: Se5: 12. Le5: Le5: 13. Lf3 Lc3: 14. Dd8: Td8: 15. bc3: Tb8 16. Te7: Ld7 17. Ld5 Le8 18. Lb3 Tbc8! und 19. ... Kf8 hält Schwarz das Gleichgewicht aufrecht.***
10. Lf1

Diagramm Nr. 22:

Siehe Diagramm nächste Seite.

Diagramm Nr. 22:

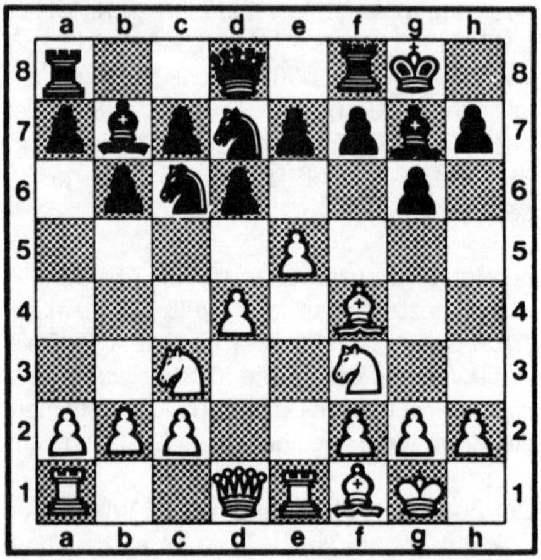

10. . . . Sd4: 11. Sd4: de5: 12. Lg5 ed4: 13. Le7: dc3:!? 14. Ld8: cb2: 15. Tb1 Tad8: 16. Te3 Sc5 Schwarz hat für die Dame ausreichende Kompensation.

Geller – Bilek, Lugano 1968: 7. . . . Sfd7 8. Te1 de5: 9. de5: Sc6 10. e6!? fe6: 11. Le3 Sf6 12. Lb5 Sb4. Diese Stellung objektiv zu beurteilen, dürfte kaum möglich sein. Weiß hat für den geopferten Bauern etwas Kompensation und die ganze Fortsetzung sollte in der Praxis überprüft werden.

Browne – Suttles, San Antonio 1972:
7. . . . Sfd7 8. e6!? fe6: 9. Sg5 Sf6 10. Lf3 d5 11. Te1 Dd6 12. De2 c6 ***Nach 12. . . . Sc6 wäre 13. Sb5! möglich.*** 13. g3 ***Hier gibt Browne folgende „phantastische" Variante an: 13. Ld2!? Se8 14. Se6: Le6: 15. De6:+ De6: 16. Te6: Sd6 17. Sd5:! Tf3: 18. Sc7 Tf8 19. Sa8: Sa6 20. Sb6: ab6: 21. Te7: Ld4: mit gutem Spiel für Schwarz. In dieser Variante sind jedoch einige unklare Stellen. Statt 18. Sc7 war 18. Se7:+ Kf7: 19. Td6 Te7: 20. Lb4 c5 21. dc5: stark, denn Weiß hätte mit den drei Bauern für die Figur in Anbetracht des unterentwickelten schwarzen Damenflügels gute Chancen.***
Auch 21. Te7: hätte durch den soliden Zug 21. c3! ersetzt werden können, wonach das Spiel ausgeglichen wäre. 13. . . . Se8 ***Nun überstürzen sich die Ereignisse.*** 14. Lf4 Tf4:! 15. gf4: Ld4: ***Nicht 15. . . . Df4:? wegen 16. Se6: Le6: 17. De6:+ Kh8 18. Dc8! und Weiß gewinnt.*** 16. Se6: Lf6 17. Lg4 Sd7 18. Tad1 Lc3: 19. bc3: Sdf6 20. Lf3 b5 21. Kh1 ***Mit 21. Sd4! hätte Weiß den Vorteil festhalten können.*** 21. . . . Le6: 22. De6:+ Kf8 23. f5 De6: 24. fe6: Sd6 und die Partie endete remis.

Wir empfehlen allen Anhängern der modernen Pirc – Ufimzew-Verteidigung, diese theoretische wichtige Partie selbst gründlich unter die Lupe zu nehmen.

Verzichtet Weiß auf den Vorstoß 7. e5!? kann die Stellung in der Folge Ähnlichkeit mit bestimmten Ben-Oni-Varianten zeigen. Z. B.:
Reshewski – Czerniak, Natanya 1973: 7. Te1 Lb7 8. Lf1 c5 9. d5 Sa6 10. Lg5 ***In der Partie Ghizdavu – Pribyl, Nizza 1974, glich Schwarz nach 10. h3 Sc7 11. a4 e6! aus.*** 10. . . . h6 11. Lh4 Sc7 12. a4. Nun hätte Schwarz den strategischen Plan 12. . . . e6!? folgen lassen sollen.

F: 6. . . . Sa6?!
Dieser Zug macht keinen besonders guten Eindruck, und tatsächlich sollte Weiß bei exaktem Spiel den Nachweis hierfür erbringen können.
7. Te1 c5 8. e5!
In der Partie Smyslow – Larsen, Monte Carlo 1967, spielte Weiß nichtsahnend 8. La6:?!, aber nach 8. . . . cd4:! 9. Lb7: Lb7: 10. Sd4: Tc8 11. Sb3 Tc3:! 12. bc3: Se4: hatte Schwarz ausgezeichnetes Spiel für die geopferte Qualität. Dieses Motiv findet man auch häufig in bestimmten sizilianischen Varianten.
8. . . . Sg4
Wohin mit dem Springer? 8. . . . Se8?! dürfte zu passiv sein, und nach 9. Lg5 cd4: 10. Sd5 f6 11. Se7:+!! steht Weiß deutlich besser. Zur Beurteilung der gesamten Variante ist auch die Partie Geller – Sax, Budapest 1973, wichtig, die wie folgt verlief: 9. ed6: Dd6: ***Schwächer war 9. . . . ed6:?! wegen 10. Lg5!, und die schwarzen Figuren harmonisieren nicht.*** 10. Se4 Dc7 11. La6: ba6: 12. Sc5: ***Weiß mußte sich hier entscheiden, sofort den Bauern zu nehmen, oder 12. h3 zu spielen, wonach Schwarz jedoch mit 12. . . . cd4: 13. hg4: Lg4: ein chancenreiches Figurenopfer hätte anbringen können.*** 12. . . . e5 13. h3! ed4: 14. Sb3 Sf6 15. Sbd4: Lb7 16. c3. Für den weißen Mehrbauern bot das schwarze Läuferpaar keine Kompensation.

Musterpartie I/6

Browne – Hort, Wijk aan Zee 1974
1. e4 d6 2. d4 Sf6 3. Sc3 g6 4. Sf3 Lg7 5. Le2 0–0 6. 0–0 c6 7. a4 a5 8. Le3 Sg4! 9. Lg5 h6 10. Lh4 Sa6 11. Te1. Der Zug bereitet den Vorstoß e4–e5 vor. **11. . . . Sb4 12. Lc4 g5.** Auf diese Art möchte Schwarz den lästigen Druck auf das Feld e7 abschütteln, schwächt aber dabei seinen Königsflügel. **13. Lg3 Sf6 14. Sd2** Weiß ändert seinen Plan, denn nach 14. e5 könnte 14. . . . de5: 15. Se5: Lf5 oder 14. . . . Sh5!? 15. Sg5: Sg3: 16. Sf7: Tf7: 17. Lf7:+ Kf7: mit sehr unklarem Spiel folgen. **14. . . . d5.** Dies gibt dem Spielverlauf eine ganz neue Richtung. **15. Lb3 Lg4! 16. f3 Lh5 17. Le5 Db6 18. Kh1 Tfd8 19. De2 Tac8** Eine kleine Ungenauigkeit. Besser wäre 19. . . . Td7 mit folgendem 20. . . . Tad8 gewesen. **20. Tad1 Lg6 21. Df1** Weiß beabsichtigt den Vorstoß f3–f4. **21. . . . Td7 22. Tf4?!**

Diagramm Nr. 23:

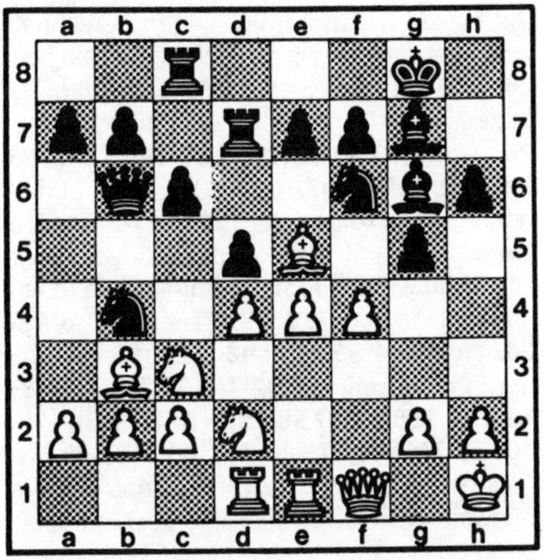

Nach 22 Zügen sind immer noch alle Steine auf dem Brett; ein Umstand, den man in der Pirc-Verteidigung sehr selten antrifft.
22. . . . gf4: 23. Df4: Weiß steht positionell ausgezeichnet, Schwarz hat jedoch eine giftige taktische Überraschung vorbereitet. **23. . . . Sc2:!** Schwarz verliert nun in einer forcierten Variante seine Dame, erhält jedoch ausreichende materielle Entschädigung. **24. Lc2: Db2: 25. Lf6:** Relativ am besten. **25. . . . ef6:!** Ein grober Fehler wäre 25. . . . Lf6:? wegen 26. e5! Lg7 27. Dg4 und Weiß gewinnt. **26. De3 Dc2: 27. Tc1 Db2 28. Sd5:** Jetzt droht unter anderem 29. Tb1 nebst 30. Sb6. **28. . . . Te8! 29. Sc4 Da2 30. Te2** Damit gewinnt Weiß die schwarze Dame. **30. . . . De2: 31. De2: cd5:** In Betracht kam hier auch 31. . . . Td5:. Schwarz hat nun für die Dame Turm, Läufer und Bauern, erhält in der Folge aber noch Angriff auf den schwachen Bauern e4. **32. Sb6 Tdd8 33. Db5 Le4: 34. Da5: f5!** Nun wird das schwarze Läuferpaar aktiv. **35. Dd2 Te6 36. a5 Tg6 37. Tg1** Weiß verteidigt sich sehr zäh. Sollte er noch zu dem Springermanöver b6–a4–c5 kommen, und in der Folge den Läufer e4 abtauschen können, wäre der Ausgang der Partie noch offen. Es folgte aber: **37. . . . Lf8!** Ein sehr starker Zug, nach dem Weiß gegen die Drohung Td8–d6–c6–c2 machtlos ist. **38. Sa4** Besser war 38. De3, aber auch dann wäre der schwarze Angriff nach 38. . . . Tdd6 39. Sa4 Tc6 40. Sc5 Lc5: 41. dc5: f4 wohl entscheidend. **38. . . . Tc8 39. Sc3 Lb4 40. Db2 Tc3:** Weiß gab auf, da nach 41. Db4: Lg2:+ nebst Matt folgen würde. Diese Partie erhielt den „Turower-Schönheitspreis" beim Turnier in Wijk aan Zee 1974.

Musterpartie I/7

Polugajewski – Szabo, Montilla 1975
1. Sf3 g6 2. e4 Lg7 3. d4 d6 4. Sc3 c6 5. a4 Sf6 6. Le2 0–0 7. 0–0 a5 8. h3 Dc7? Schwarz wirft zwei Pläne durcheinander, denn es hätte sofort Sb8–a6–b4 geschehen sollen. Wenn Schwarz mit der Damenstellung auf c7 einen Gegenstoß im Zentrum plant, hätte er den Zug 7. . . . a5 einsparen können. **9. Le3 e5 10. Dd2!?** Das folgende Manöver dürfte aus einer Hausanalyse von Polugajewski stammen und ist sehr interessant. Nach dem sofortigen 10. de5: de5: 11. Lc4 Sh5! hätte Schwarz gutes Spiel bekommen. **10. . . . ed4:** Eine schwierige Entscheidung, aber nach 10. . . . Sa6 11. de5: de5: 12. Tfd1 stünde Weiß besser. **11. Sd4: Te8 12. f3 Sa6 13. Tad1 Sb4 14. Lc4! Ld7** Interessant, aber

nicht unbedingt gut ist 14. . . . d5?! 15. ed5: Sfd5: (15. . . . Lh3:? 16. Lf4! und Weiß gewinnt.) 16. Sd5: Sd5: 17. Ld5: cd5: 18. Lb5 mit nachfolgendem 19. d5! und Vorteil für Weiß. **15. Lb3 d5!** Nach 15. . . . Tad8 wäre 16. Lg5! sehr unangenehm gewesen. **16. Df2!** Weiß hat die Achillesferse in der schwarzen Stellung – den Punkt f7 – gefunden und hat in der Folge Drohungen auf der Diagonale g1–a7. **16. . . . Tac8.** In Frage kam sofort 16. . . . Le6!?

Diagramm Nr. 24:

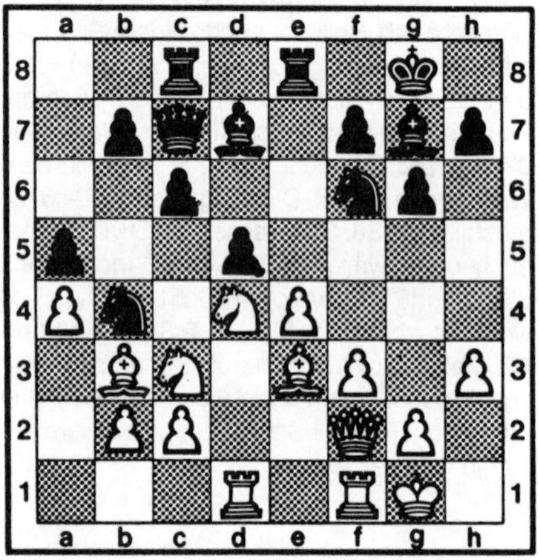

17. Sde2! Le6?! Zwar war die schwarze Stellung schon kritisch, aber nach dem starken 17. Zug von Weiß verliert Szabo die Übersicht und macht einen schwachen Zug. Zu derselben Stellung kam es 1976 in der Partie Polugajewski – Uhlmann, wo Schwarz den einzig richtigen Zug 17. . . . c5! fand. Nach der fast forcierten Folge 18. Ld5: Sc2: 19. Lf4 Db6 20. e5 Sd5: 21. Sd5: De6 22. Sdc3 Lc6 23. Td2 Sd4 24. Sd4: cd4: 25. Td4: Le5: 26. Le5: De5: 27. T1d1 Kg7 28. Se4 Le4: endete die Partie remis. **18. Lb6! De7 19. Sf4! de4:** Nun verläuft die Partie forciert. **20. Lc5 Dc7 21. Se6:!** Äußerst genau gespielt, denn nach 21. Ld6? hätte Schwarz in 21. . . . e3! noch eine gute Ausrede gehabt. **21. . . . e3** Zu einer schwierigen Stellung für Schwarz hätte die Fortsetzung 21. . . . fe6: 22. fe4: geführt, denn die Drohungen 23. Ld6 oder 23. Lb6 wären kaum zu parieren gewesen. **22. De3: fe6: 23. Le6:+ Kh8 24. Ld6 Df7 25. Lf7: Te3:**

Diagramm Nr. 25:

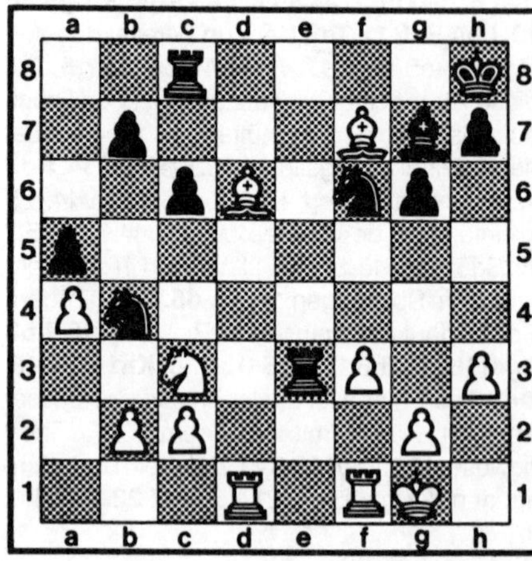

Die entstehenden Verwicklungen berechnete Weiß mit der für ihn typischen Genauigkeit. **26. Kf2!** Eine außergewöhnliche Stellung! Der angegriffene Turm hat kein Rückzugsfeld. **26. . . . Lh6 27. f4 Sc2: 28. Lb3 Se4+ 29. Se4: Tb3: 30. Le5+ Lg7.** Nach 30. . . . Kg8 31. Td7! gewinnt Weiß sofort. Auch mit stark reduziertem Material gelingt Weiß nun der Mattangriff. **31. Td7! Le5: 32. fe5:** Dies droht 33. Sf6 und erzwingt deshalb **32. . . . Tb4 33. Sf6 Th4 34. Tfd1 Sb4 35. g3 Th6** Nach 35. . . . Th3: gewinnt Weiß mit 36. Kg2! Th6 37. Th1 **36. Td8+ Td8: 37. Td8:+ Kg7 38. Td7+ Kh8 39. Sg4 Th5 40. e6 Tf5+** Natürlich nicht 40. . . . Sd5, weil nach 41. Td5:! Weiß sofort gewinnt. **41. Ke2** Schwarz gab auf. Diese Partie bot ein äußerst seltenes Beispiel für eine langzügige forcierte Abwicklung; vom 21. Zuge von Weiß bis zum Schluß war alles erzwungen.

Musterpartie I/8

Karpov – Hort, Nizza 1974
1. e4 d6 2. d4 Sf6 3. Sc3 g6 4. Sf3 Lg7 5. Le2

0–0 6. 0–0 c6 7. h3 b5 8. e5 Se8 9. Se4 Die andere Fortsetzung 9. Lf4! scheint noch stärker zu sein. **9. . . . Lf5! 10. Sg3 Le6 11. a4 b4 12. c4!? bc3: 13. bc3: Ld5** Schlecht wäre 13. . . . Sd7 wegen 14. Sg5! Mit dem Textzug leitet Schwarz den Angriff auf den wichtigen Zentralpunkt e5 ein und es gelingt ihm, eine Zeitlang das Gleichgewicht aufrechtzuerhalten. **14. Te1 Sd7 15. Lf4 de5: 16. Se5: Se5: 17. Le5: Le5: 18. de5: Da5** Das Spiel ist ausgeglichen. **19. Dd4 Sg7 20. c4 Le6 21. Lf3 Tad8 22. Dh4 Dc7 23. De4 c5 24. Ted1 Td1:** Schwarz beginnt mit Aktionen am Damenflügel in der irrigen Annahme, etwas besser zu stehen. Sehr solide wäre 24. . . . Sf5 gewesen. **25. Td1: Tb8 26. Se2 Tb4 27. Sf4 Sf5.** Ein grober Fehler wäre 27. . . . Lc4:? gewesen wegen 28. Tc1! und Weiß gewinnt. **28. Se6:** Was sonst? Schwarz erhält in der Folge zwar einen gut zentralisierten Springer auf d4, aber Weiß hat erkannt, daß die geschwächte schwarze Rochadestellung ihm die Möglichkeit zu einem direkten Königsangriff bietet. **28. . . . fe6: 29. Lg4 Sd4 30. h4!** Der beste Zug, denn das Qualitätsopfer 30. Td4:? wäre zu optimistisch gewesen, weil Schwarz nach 30. . . . cd4: 31. Le6:+ Kg7 32. Dd4: Db6! 33. Dd7 Tb1+ 34. Kh2 Df2: hätte gewinnen können. **30. . . . Kg7 31. h5**

Diagramm Nr. 26:

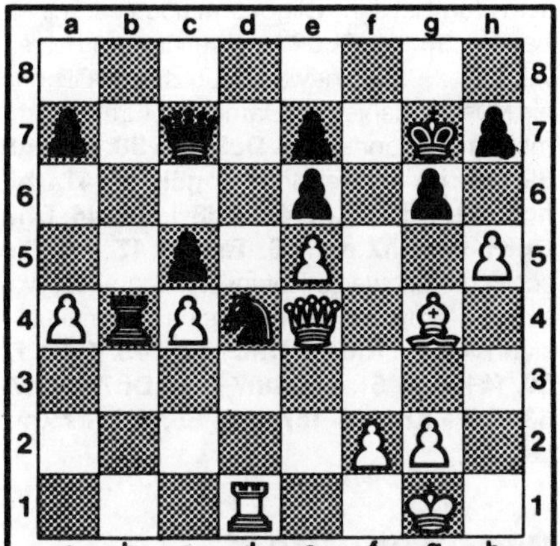

31. . . . Tb8? Statt dieses positionellen Fehlgriffs hätte Schwarz mit dem Zug 31. . . . Db7! die Richtigkeit seiner Strategie nachweisen können. Z. B.: 32. Df4 Tb1 33. Tb1: Db1:+ 34. Kh2 Dc2 35. Dg5! Nur mit diesem starken Zug hätte Weiß in dieser Stellung um den Ausgleich kämpfen können. 35. . . . Df2: 36. De7:+ Kh6 37. hg6: hg6: 38. Kh3. Obwohl die schwarze Stellung hier etwas vorzuziehen ist, wäre dennoch remis das wahrscheinliche Ergebnis.

Für diese Stellung hätte die Faustregel der alten Meister gegolten, die besagt, daß Dame und Springer fast immer Dame und Läufer überlegen sind! Nach 31. . . . Tb8? hat Weiß wegen der passiven schwarzen Turmstellung Vorteil. **32. De3! gh5:** Erzwungen wegen der Drohung 33. Dg5 nebst hg6: und Lh5. **33. Lh5:** Weiß kommt nun in Vorteil, aber der starke schwarze Zentralspringer d4 ermöglicht einen hartnäckigen Widerstand. **33. . . . Sf5 34. Df4 Td8 35. Tb1!** Jetzt kann Weiß mit der positionellen Drohung a4–a5–a6 mit nachfolgendem Tb7 arbeiten. **35. . . . Kh8 36. Lf7! Dd7 37. a5! Kg7?** Ein weiterer Fehler in Zeitnot. Richtig war 37. . . . Tf8. **38. Lh5 Dd2?**

Diagramm Nr. 27:

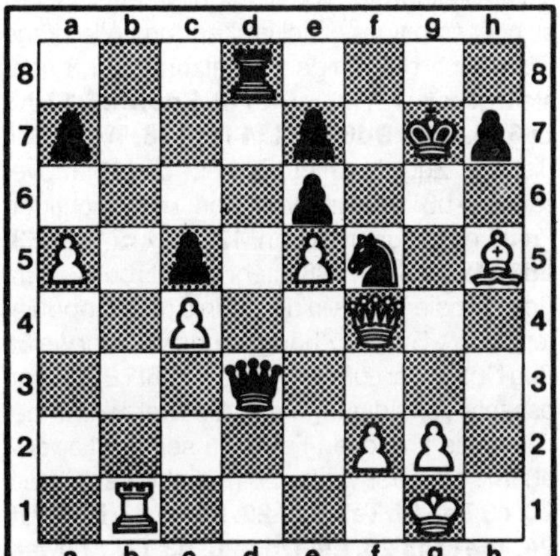

Schwarz erhält nun Turm und Läufer für die Dame, was an sich noch nicht schlimm gewesen wäre, jedoch macht der Vormarsch des weißen a-Bauern das Spiel hoffnungslos. Immer noch war 38. . . . Tf8 angebracht. **39. Td1! Dd1:+ 40. Ld1: Td1:+ 41. Kh2 Td4 42. Dc1 h5 43. Dg5+ Kf8 44. Dg6 Sg7 45. Db1 Th4+ 46. Kg1 Tc4: 47. Db8+ Kf7 48. Da7: Tc1+ 49. Kh2 c4 50. Dd4 Tc2** Es drohte 51. Df4+ und auf 50. . . . Sf5 wäre 51. Db2! mit weißem Gewinn gefolgt. Wie immer, realisiert Karpov einen einmal erhaltenen positionellen Vorteil auf technisch perfekte Weise.

51. Da1 Se8 52. a6 Sc7 53. a7 Td2 54. Da5 Td7 55. Da4! Schwarz gab auf.

Musterpartie I/9

Gligoric – Suttles, Lone Pine 1975

1. e4 g6 2. d4 d6 3. Sf3 Sf6 4. Sc3 Lg7 5. Le2 0–0 6. 0–0 Lg4 7. Lg5. Eine selten angewandte Fortsetzung, die aber nicht schlechter ist, als 7. Le3. **7. . . . h6!?** Hiernach kann Weiß bald ein Tempo durch den Angriff auf den Bauern h6 gewinnen, weshalb 7. . . . Sc6 besser gewesen wäre. **8. Le3 Sc6 9. Dd2 Kh7 10. Tfd1 e6?!** Ein weiterer zweifelhafter Zug, der jedoch typisch für Suttles' Stil ist. Schwarz war der Meinung, daß das Endspiel nach 10. . . . e5 11. de5: eindeutig besser für Weiß wäre. **11. e5!?** Weiß, der seine Stellung für vorteilhaft hielt, entscheidet sich für sofortiges Spiel im Zentrum. Allerdings wäre auch die ruhige Fortsetzung 11. h3 sehr stark gewesen. **11. . . . Sd5 12. Sd5: ed5: 13. h3 Le6 14. ed6: Dd6: 15. Lf4 Dd8 16. Te1 a5** Mit diesem Zug bereitet Suttles das Manöver Ta8–a6–b6 vor, um von dort den wichtigen Punkt e6 zu überdecken. **17. a4 Lf5 18. Ld3! Ld3: 19. Dd3:** Weiß steht leicht besser, da Schwarz die Türme in der e-Linie nicht opponieren kann – Bauer c7 hängt –, und weil der weiße Zug Db5 in der Luft liegt. **19. . . . Ta6!?** Eine interessante Verteidigungsidee. Schwarz will in der Folge alle kritischen Felder in seinem Lager – e6, e7, e8 – vor weißen Einbrüchen schützen. **20. c3 Tb6 21. Te2 Se7 22. h4 h5 23. Lg5!? f6 24. Tae1 Sf5 25. Lf4 Dd7 26. g3 Tf7** Schwarz zieht es vor, sich betont solide zu verteidigen, obwohl hier die interessante Möglichkeit bestand, mit 26. . . . Da4!? 27. Lc7: das Spiel am Damenflügel zu öffnen und Komplikationen herbeizuführen. **27. Dc2 Lh6 28. Lh6: Kh6: 29. Sh2 Kg7** Dank des starken Springers f5 kann Schwarz seine Stellung halten. **30. Sf1 Te7!** Der Abtausch eines Turmes erleichtert die Aufgabe des Verteidigers. **31. Te7:+ Se7: 32. De2 Sf5** Das Remis ist für Schwarz greifbar nahe. **33. Se3 Se3: 34. De3:**

Diagramm Nr. 28:

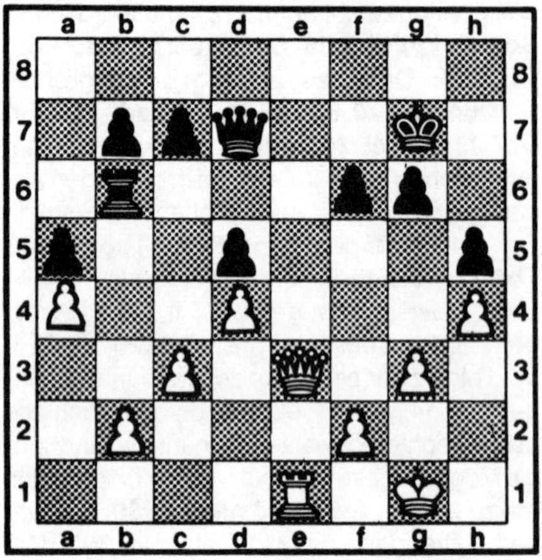

34. . . . Df7? Die erste Ungenauigkeit. Nach dem besseren 34. . . . Tb2:!? 35. De7+ De7: 36. Te7:+ Kf8 37. Tc7: b6 wäre das Turmendspiel offensichtlich augeglichen. **35. Te2 Tb3?** Ein weiterer Fehlzug. 35. . . . Td6 hätte die schwarze Stellung gehalten. **36. De7!** Mit diesem Zug gewinnt Gligoric mindestens einen Bauern. **36. . . . Tb6?** Noch relativ am besten wäre 36. . . . De7: gewesen. Jetzt zeigt Gligoric ein Musterbeispiel, wie Dame und Turm zusammenwirken können. **37. Dc5! Td6 38. Da5: g5 39. hg5: h4** Verzweiflung! **40. g6! Kg6: 41. Db5 hg3: 42. Dd3+ Kg7 43. Dg3:+ Kf8 44. Dh3 Dg6+ 45. Kh2 Kf7 46. Te3! f5 47. Te5** Die schlechte schwarze Königsstellung wiegt wesentlich schwerer als der weiße Materialrückstand. **47. . . . Kf6 48. Dh8+ Kg5 49. Kg3 Df7 50. f4+ Kg6 51. Te8 Dh7+ 52. Dh7:+ Kh7: 53. Te7+ Kh6 54. Tc7: Kg6 55. Kf3** Schwarz gab auf.

Musterpartie I/10

Geller – Olafsson, Teeside 1975

1. e4 d6 2. d4 Sf6 3. Sc3 g6 4. Sf3 Lg7 5. Le2 0–0 6. 0–0 Lg4 7. Le3 Sbd7 8. h3 Lf3: 9. Lf3: e5 10. Te1 Weiß könnte mit 10. de5: de5: 11. De2 ein Tempo gewinnen. Allerdings könnte Schwarz auch seinen folgenden Zug einsparen. **10. . . . Te8 11. de5: de5: 12. De2 c6 13. Ted1 Dc7** Schwarz muß die richtige Methode finden, den leichten weißen Vorteil zu neutralisieren. Nach 13. . . . b5 kontrolliert Schwarz zwar das Feld c4, aber mit 14. a4! a6 15. Ta2 erhielte Weiß Initiative am Damenflügel. **14. Dc4 Sb6 15. Db3 Sfd7 16. Lg4.** Das weiße Läuferpaar wirkt in dieser Stellung sehr unangenehm. Geller versucht in der Folge, eine Schwächung des schwarzen Damenflügels zu provozieren. **16. . . . Lf8?** Die erste, aber schon entscheidende schwarze Ungenauigkeit. Zwar stand Schwarz etwas schlechter, aber es war die Frage, wie Weiß nach der richtigen Fortsetzung 16. . . . Ted8! 17. Sa4 Sa4: 18. Da4: oder 17. a4 a5 seinen Vorteil hätte ausbauen können. Olafssons Zug ist ein Tempoverlust.

Diagramm Nr. 29:

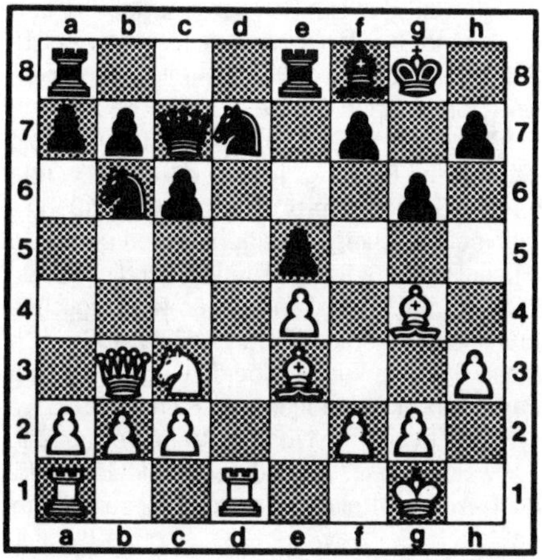

17. Sa4! Dieser Zug ist stärker, als er auf den ersten Blick erscheint. **17. . . . Tad8?!** Besser war 17. . . . Ted8, da in der Folge Bauer a7 gedeckt geblieben wäre. **18. Sb6: Sb6: 19. a4 h5 20. Td8: Td8: 21. a5!** Dieser Zug entscheidet die Partie. Es geht nicht 21. . . . hg4: 22. ab6: ab6: 23. Lb6: mit Qualitätsgewinn. Es ist klar, daß Schwarz wegen der Hängestellung des Bauern a7 Material zu verlieren droht, weswegen Olafsson sich zu einem unklaren Bauernopfer entschließt. **21. . . . Sd5 22. ed5: hg4: 23. dc6: bc6: 24. hg4: Tb8 25. Da2! Tb4 26. g5 a6 27. c3 Th4 28. Db3 e4 29. g3 Th3 30. Kg2 Th5 31. Dc4 Dc8 32. De4:** Strategisch ist die weiße Stellung gewonnen, aber Olafsson versucht sein Äußerstes, da sein Gegner sich in hochgradiger Zeitnot befindet. **31. . . . Dh3+ 33. Kf3 Dd7 34. Ke2 c5 35. Td1 Db5+** Hier überschritt Schwarz die Zeit. Seine Stellung nach 36. Kf3 Db2: 37. Td8! Dc3: 38. Da8 wäre allerdings völlig hoffnungslos.

Musterpartie I/11

Geller – Tal, Moskau 1975
1. e4 d6 2. d4 Sf6 3. Sc3 g6 4. Sf3 Lg7 5. Le2 0–0 6. 0–0 Lg4 7. Le3 Sc6 8. Dd2 e5 9. d5 Se7 10. Tad1 Mit diesem Zug verhindert Weiß den Vorstoß c7 – c6.

10. . . . Ld7 Schwarz hat hier viele gute Möglichkeiten. Z.B. 10. . . . Sd7 oder 10. . . . Se8, und auch 10. . . . Lf3: kommt in Frage.

11. Se1 Sg4 12. Lg4: Lg4: 13. f3 Ld7 14. f4!? So nutzt Weiß seinen Raumvorteil und die schlechte Stellung des Springers e7 aus. **14. . . . ef4: 15. Lf4: f5** Die Fortsetzung 15. . . . f6 ist natürlich zu passiv. **16. Sf3 fe4: 17. Se4: Lg4 18. Tde1 Dd7 19. Seg5!** Weiß steht deutlich besser und beginnt den strategischen Kampf um das schwache Feld e6.

19. . . . Tae8 20. c4 Sc8 Tal findet den einzigen Zug und versucht, die Stellung zu vereinfachen. **21. Sd4 Te1: 22. Te1: Te8 23. Te8:+ De8: 24. h3 Ld7 25. Sde6 Le6: 26. Se6:** Der Abschluß des weißen strategischen Plans. **26. . . . Df7 27. b3 Df6!?** Schwarz sucht durch ein Bauernopfer Initiative zu erlangen. **28. Sc7: Da1+ 29. Kh2** Nach 29. Dc1 Da2: 30. De1 Da1 31. Da1: La1: 32. Se8 Le5 33. Le5: de5: 34. Sf6+ usw. hätte Weiß ein besseres Endspiel erreichen können. Geller glaubt indessen, daß er seinen Mehrbauern behaupten kann. **29. . . . Ld4 30. De2**

Diagramm Nr. 30:

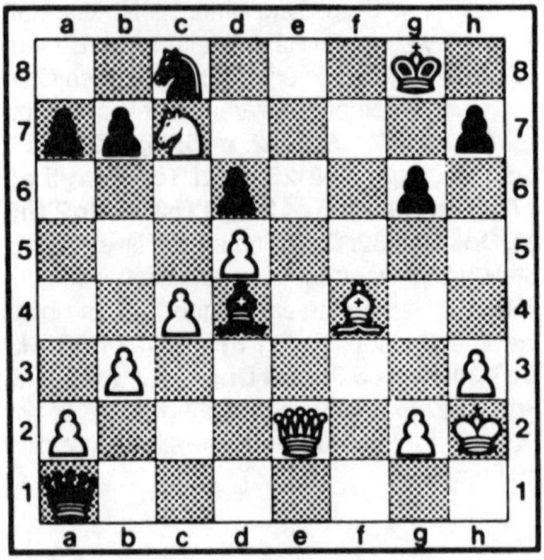

30. . . . Se7! Der schwarze Springer ist natürlich tabu: 31. De7:?? Dg1+ 32. Kg3 Df2+ 33. Kg4 Dg2:+ 34. Lg3 h5+ 35. Kh4 De4+! 36. De4: Lf6! matt.

31. Sb5! Weiß entscheidet sich für einen äußerst mutigen Königsausflug ins gegnerische Lager. **31. . . . Lg1+ 32. Kg3 Sf5+ 33. Kf3 Sh4+** Schwarz hat reelle Remischancen, gerät jedoch in der Folge zunehmend in Zeitnot. Tal's impulsiver Zug ist ein typischer Zeitnotfehler, nach dem der weiße König auf g4 sicherer stehen wird als auf f3. Viel besser war die Möglichkeit 33. . . . a6! 34. g4! Sh4+ 35. Kg3 ab5: 36. Kh4: Df6+ 37. Kg3 g5 mit Aussichten auf Remis. **34. Kg4 Sf5 35. De8+ Kg7 36. Dd7+ Kh8 37. Sd6:** Mit dem weißen König auf f3 wäre dieser Zug nicht spielbar gewesen wegen der Möglichkeit 37. . . . Df1+. Weiß muß eine Serie von schwarzen Schachgeboten über sich ergehen lassen, die ihm aber im Endeffekt nichts anhaben können. **37. . . . Dd1+ 38. Kg5 Dh5+ 39. Kf6 Ld4+ 40. Ke6 Sg7+ 41. Kf7 g5+** und Schwarz gab auf, ohne die Fortsetzung 42. Kf8 mit der Mattdrohung 43. Sf7 abzuwarten.

Musterpartie I/12

Karpov – Timman, Tilburg 1977
1. e4 d6 2. d4 Sf6 3. Sc3 g6 4. Sf3 Lg7 5. Le2 0–0 6. 0–0 Lg4 7. Le3 Sc6 8. Dd2 e5 9. d5 Se7 10. Tad1 Ld7 Timman belebte diesen Zug mit neuen Ideen. Weniger gut scheint der oft gespielte Zug 10. . . . Kh8 zu sein. In einer Partie Karpov – Keene, Moskau 1977, geschah 11. h3 Lf3: 12. Lf3: Sd7 13. Le2 f5 14. f4, und nach dem viel zu optimistischen 14. . . . g5 15. fg5: f4 16. Lf2 h6 17. gh6: Lh6: 18. Lg4 Sf6 19. De2 Tg8 20. Le6! stand Weiß deutlich besser. Keene's Bauernopfer wirkt nicht sehr vertrauenswürdig.

11. Se1 Sg4 12. Lg4: Lg4: 13. f3 Ld7 14. f4 Die aktivste Fortsetzung. In der Partie Browne – Timman, Stockholm 1971/72, erreichte Weiß nichts Konkretes mit dem Läuferabtausch 14. Lh6 Lh6: 15. Dh6: c6! 16. dc6: Db6+ 17. Kh1 Lc6: und Schwarz öffnete vorteilhaft die Brettmitte. Die ganze strategische Konzeption des mit 14. f4 eingeleiteten Planes stammt von Jefim Geller – siehe unsere Musterpartien. **14. . . . Lg4!?** Dies ist Timman's Verbesserung zu der Fortsetzung 14. . . . ef4: 15. Lf4: f5 wie in unserer Musterpartie I/11, Geller – Tal, geschah. **15. Tb1** Auch Karpov kannte die Partie Geller – Timman, Wijk aan Zee 1977, die nach 15. Sf3 f5 16. Tde1 Lf3: 17. Tf3: Dd7 18. fe5: de5: 19. Lh6 remis endete. Schlechter als Timman setzte Schwarz in der Partie Gligoric – Pfleger, Moskau 1977, fort. Nach 15. Sf3 Dd7? 16. fe5: de5: 17. Lc5 f5 18. Dg5 Lf6 19. Dh6 Lg7 20. Dh4 behielt Weiß die aktivere Stellung. **15. . . . c6!** Sonst würde das weiße Zentrum übermächtig. **16. h3** Timman selbst schlägt in seinen Anmerkungen zu dieser Partie 16. Tde1 vor, jedoch ist die Anmerkung zu kurz gehalten und es fehlt jegliches praktische Beispiel. **16. . . . Ld7 17. fe5:** Auch diese Stellung kannten beide Gegner aus der Partie Karpov – Adorjan, Las Palmas 1977, wo Weiß schwächer 17. dc6:?! fortsetzte und Schwarz nach 17. . . . Lc6: 18. Td1 ef4: 19. Tf4: f5! ausgezeichnet stand. Es bleibt hinzuzufügen, daß auch 18. f5?! wegen 18. . . . gf5: 19. ef5: f6 dem Weißen nicht mehr verspricht, denn der weißfeldrige Läufer von Schwarz wäre sehr stark. **17. . . . de5: 18. d6.**

Diagramm Nr. 31:

Siehe Diagramm nächste Seite

Diagramm Nr. 31:

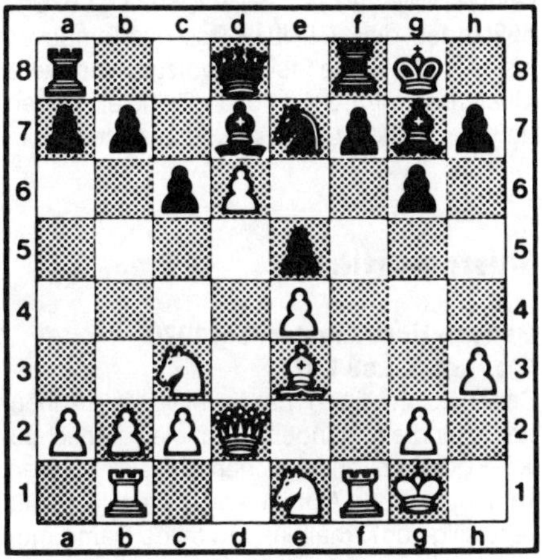

Die Stellung ist sehr kompliziert und es ist unklar, ob der Bauer d6 als Stärke oder eher als Schwäche der weißen Stellung angesehen werden muß. In der Partie Liberzon – Adorjan, Amsterdam 1977, fand Weiß nicht den Mut zu d5 – d6, und nach 18. Lc5 b6 19. La3 c5! 20. b4 cb4: 21. Lb4: Tc8 war die Stellung offen. **18. . . . Sc8 19. Td1 Sb6** Schwarz plant eine Blockade und Weiß muß sich bemühen, die Stellung zu öffnen. **20. b3 Le6 21. Se2 Sd7 22. Sf3** So verhindert Weiß den Vorstoß f7 – f5. **22. . . . f6 23. c4 Kh8 24. Kh1 Lg8 25. Sg3?** Die meisten Kommentatoren bezeichnen diesen Zug als ungenau. Timman selbst empfiehlt 25. Sc3, denn nach dem ohnehin geplanten schwarzen Manöver De8 – e6 würde der weiße Springer am Damenflügel dringlicher gebraucht. **25. . . . c5 26. Lh6** Weiß geht endgültig zum direkten Königsangriff über, aber die ganze Sache muß schon als Notlösung angesehen werden, denn auf 26. Se2 würde 26. . . . Db6 27. Sc3 Dc6! 28. De2 Tad8 folgen, und der Bauer d6 ist gefährdet. **26. . . . a6 27. Tf2** Hier war 27. h4 möglich, aber nach 27. . . . Le6 28. h5 Lg4 29. Sh4 De8 könnte Schwarz erfolgreich verteidigen. **27. . . . b5 28. Lg7: Kg7: 29. Sf1** Weiß opfert einen Bauern, da er mit der Variante 29. Tc1 bc4: 30. bc4: Tb8 31. Sf1 Tb4 32. Se3 Db6 nicht recht zufrieden war, denn die schwarzen Figuren stehen aktiver.

29. . . . bc4: 30. bc4: Lc4: 31. Se3 Lg8 32. Sd5 Ld5: 33. Dd5: Db6 34. Tdf1 Weiß forciert seinen Königsangriff, weil bei ruhigem Spiel Schwarz in Vorteil käme. **34. . . . Tac8** Schwarz droht 35. . . . Dc6. **35. Sg5! fg5: 36. De6 Kh6! 37. Tf7!** Selbstverständlich nicht 37. Dd7: Tf2: 38. Tf2: Td8 und Schwarz kann ohne Risiko seinen Materialvorteil behaupten. **37. . . . Db5?** Nach dieser Ungenauigkeit ist der schwarze Sieg wieder erschwert. Besser war 37. . . . Tf7: 38. Tf7: Tf8. Falls dann 39. Td7:? Tf1+ 40. Kh2 Db1 41. Tf7 Th1+ 42. Kg3 De1+ 43. Tf2 De3+ 44. Tf3 De4: und Schwarz sollte gewinnen. Besser wäre 39. Dd7:, aber auch das Damenendspiel nach 39. . . . Tf7: 40. Df7: Dd6: wäre hoffnungslos für Weiß. **38. Kh2 Tce8 39. Dg4 Df1: 40. Tf1: Tf1: 41. Dd7: Tff8** In dieser Stellung sind die schwarzen Gewinnchancen schon geringer als vor dem ungenauen 37. Zug. **42. Dc6 Td8 43. Dc5: Tf6 44. De5: Tdd6: 45. a4 Tde6+ 46. Dd5 Te8 47. a5 Tf4 48. Dc6 Tee4: 49. Da6: Ta4 50. Db6 Tf8 51. Db5 Ta1?!** Mehr Probleme wären dem Weißen nach 51. . . . Ta2!? entstanden. Die komplizierte Variante 52. Dd5 Tff2 53. Kg3 Tfd2! 54. Da8 Ta3+ 55. Kh2 Tf2 56. a6 Tf6 57. a7 Tf7 58. h4 gh4: 59. Dd8! Taa7: 60. Dh4:+ hätte zum Remis geführt. **52. h4! gh4: 53. De5 Tff1** remis gegeben wegen Dauerschach.

II. Das System mit 4. f3

1. e4 d6 2. d4 Sf6 3. Sc3 g6 4. f3

Die Idee des Zuges 4. f3 wird erst in Verbindung mit dem Aufmarsch 5. Le3 und 6. Dd2 deutlich. Der weiße Aufbau erinnert an die Sämisch-Variante der Königsindischen Verteidigung, allerdings existieren wichtige Unterschiede. Der weiße c-Bauer ist noch in der Grundstellung, sodaß das weiße Zentrum nicht ganz so einflußreich wirkt. Dafür steht dem Weißen aber das wichtige Figurenfeld c4 zur Verfügung.

Es steht dem Weißen in der Folge offen, am Königsflügel oder am Damenflügel aktiv zu werden. Eifrige Verfechter dieses Systems sind vor allem Geller und Ciocaltea, aber in der letzten Zeit hat auch der sowjetische Großmeister Beljawski viele neue Ideen in dieser Variante entwickelt. So versuchte Beljawski sogar, den Zug 4. f3 zu sparen.

Beljawski – Hort, Hastings 1974/75: 4. Le3 Lg7 5. Dd2 Sg4 6. Lg5 h6 ***Dies ist erzwungen, da sich der weiße Läufer andernfalls auf der Diagonale c1 – h6 gehalten hätte.*** 7. Lh4 c6 8. 0–0–0 b5 9. f3 Sf6 10. De1! ***Die Pointe des weißen Plans. Es droht e4 – e5, und der Punkt e7 kann sehr schwach werden. In der Partie mußte Schwarz sich jetzt entscheiden.*** 10. . . . Dc7?! 11. e5! de5: 12. de5: Sh5 13. g4 Sf4 14. Lf6! Se6! ***Der beste Zug, denn nach 14. . . . ef6:?! 15. ef6:+ Kf8 16. fg7:+ Kg7: 17. De4! oder nach 14. . . . 0–0 15. Lg7: Kg7: 16. De4 hätte Weiß die Initiative.*** 15. Lg7: Sg7: 16. De4 Lb7 17. f4 Sd7 18. Lg2 0–0–0 19. Sf3 a6 20. De3 Sb6 21. Sd2 Se6 22. Thf1 Durch angemessenes Spiel konnte der Weiße den Schwarzen vor viele Probleme stellen und erlangte Vorteil, siehe Musterpartie II/2, Seite 40. Allem Anschein nach ist der Zug 10. . . . Dc7?! nicht der beste. In Betracht kommt 10. . . . a6!? mit der Idee, nach 11. e5 Sd5 eine spielbare Stellung zu erhalten, oder auch 10. . . . b4!? mit offener Stellung.

Nach 11. e5 bc3: 12. ef6: cb2:+ 13. Kb1 Lf8 14. fe7: Le7: 15. Lf6 Tg8 entsteht eine Stellung, die schwer zu beurteilen ist. Schwarz darf den Versuch des Weißen, das Tempo f2 – f3 zu sparen, nicht zu leicht nehmen, sonst kann er schnell die schlechtere Position bekommen. Z.B.: Hort – Donner, Wijk aan Zee 1975: 4. Le3 Lg7 5. Dd2 e5?! 6. de5: de5: 7. Dd8:+. Trotz des Tempoverlustes ist die weiße Stellung vorzuziehen, siehe Musterpartie II/3, Seite 40. Die Beispiele zeigen, daß der weiße Aufbau zu kompliziertem Spiel führt.

Musterpartie II/1

Geller – Hort, Amsterdam 1970
4. . . . c6 5. Le3 Lg7

Der Zug 5. . . . Db6?! hat ebenfalls viele Anhänger, aber die folgenden Beispiele veranschaulichen, daß er von fraglichem Wert ist. Schwarz kann die weißen Aktionen am Königsflügel nur zeitweilig zurückhalten, und seine Dame muß früher oder später auf ein anderes Feld ziehen, wonach Weiß auf seinen Entwicklungsvorsprung pochen kann. Die beste Fortsetzung ist 6. Dc1! ***6. Dd2 Db2: 7. Tb1 Da3 8. Lc4 ist eine Empfehlung von Euwe, die allerdings in der Praxis noch nicht vorkam.*** 6. . . . Lg7 7. Ld3 0–0 8. Sge2 Dc7 9. g4!? e5 10. de5: de5: 11. Sg3 b5 und nun war 12. h4 besser als 12. a3, was dem Weißen in der Partie Savon – Dely, Debrecen 1970, keinen Vorteil brachte. Auch in den Partien Ciocaltea – Perez, Havanna 1965, und Gheorghiu – Benkö, Tel Aviv 1964, erlangte Weiß Vorteil. Die erstgenannte Partie verlief wie folgt: 6. Dc1 Lg7 7. Ld3 Sa6?! 8. a3 0–0 9. Sge2 Sd7 10. b4 Dc7 11. 0–0. In der zweiten Partie folgte 6. Dc1 Lg7 7. Ld3 0–0 8. Sge2 Sbd7 9. h4 Te8 10. e5 Sd5 11. Sd5: cd5: mit weißem Raumvorteil. Nun hätte 12. f4! statt 12. e6 dem Schwarzen große Sorgen bereiten können.

6. Dd2

A 6. . . . b5

Dies dürfte der genaueste Zug für Schwarz sein. Die andere Möglichkeit

B 6. . . . Da5

war früher modern, aber viele Partien zeigten, daß Weiß gar nicht unbedingt zum Damenflügel rochieren muß, und daß sich der schwarze Damenausflug dann als Tempoverlust herausstellen kann.

Hennings – Saidy, Polanica Zdroj 1971:
7. Sge2 Sbd7 8. Sc1! 0–0 9. Le2 b5 10. 0–0 Td8

Diagramm Nr. 32:

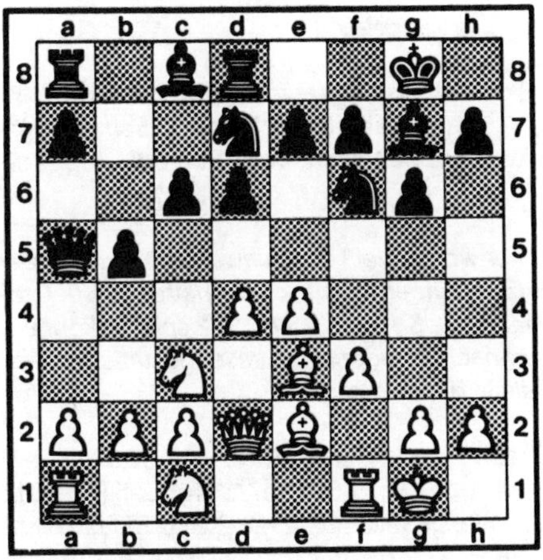

11. b4! Dc7 *Nicht 11. . . . Db4:? wegen 12. Sb3 Da3 13. De1! Sb6 14. Lc1 Da6 15. a4 Db7 16. ab5: cb5: 17. Sa5 Dc7 18. Sb5: Dc2: 19. Tf2 Ld7 20. Lc4 und Weiß gewinnt.* 12. a4! ba4: 13. Sa4: e5 14. de5: Se5: *Nicht 14. . . . de5:?! wegen 15. Td1 Lb7 16. Dc3 mit weißem Vorteil.* 15. Sb6 Tb8 16. Sc8: Dc8: 17. La7: *17. Ta7:? d5!* 17. . . . Taß 18. Sb3 Dc7 19. Ld4 Ta1: 20. Ta1: Weiß hat bedeutenden Vorteil.

Rubinnetti – Smyslow, Buenos Aires 1970:
1. e4 d6 2. d4 Sf6 3. Sc3 g6 4. f3 c6 5. Le3 b5 6. Dd2 Da5 Auch in dieser Stellung, in der statt Lf8–g7 b7 – b5 geschah, war der schwarze Damenausfall ein Tempoverlust. Nach 7. Sge2 Sbd7 8. Sc1 mußte Smyslow die Dame zurückziehen.
8. . . . Dc7 9. a4 b4 10. Sd1 e5 11. c4! bc3: 12. Sc3: Lg7 13. Le2 0–0 14. 0–0 d5 15. ed5: Sd5: 16. Sd5: cd5: 17. Sa2 Tb8 18. b4! und Weiß stand besser, woran der spätere Ausgang der Partie nichts ändert.
Es ist wichtig anzumerken, daß viele Spieler der Entwicklung des Springers b8 den Vorzug vor der des Läufers f8 geben.

Geller – Liebert, Kapfenberg 1970: 1. e4 d6 2. d4 Sf6 3. Sc3 g6 4. f3 c6 5. Le3 b5 6. Dd2 Sbd7

Diagramm Nr. 33:

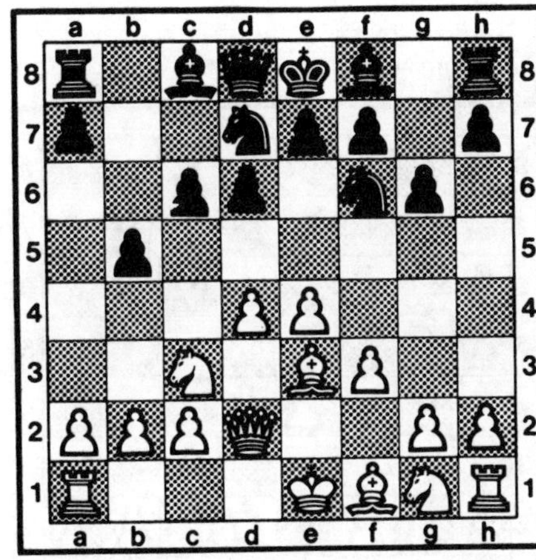

7. Sh3!? Auf diese Weise nutzt Weiß die Tatsache aus, daß Schwarz die Diagonale c8 – h3 verstellt hat. Die Idee des schwarzen Plans ist es, später eventuell in einem Zuge den auf h6 erscheinenden Läufer von f8 aus schlagen zu können. Der Nachteil ist allerdings, daß der weiße Königsspringer auf ein sehr günstiges Feld geführt werden kann und auf f2 eindeutig besser steht als auf e2. Z. B.: Hennings – Smyslow, Havanna 1967: 7. Sge2?! Sb6! 8. b3 Dc7 9. g4 e5 10. Lg2 b4 11. Sd1 a5 12. 0–0 c5! mit vielversprechendem Spiel für Schwarz. Auch 7. g4!? scheint zu optimistisch, z. B. Romanischin – Jansson, Göteborg 1971: 7. . . . Sb6 8. g5 Sh5 9. Ld3 e5 10. a4 b4 11. Sce2 a5 12. c3 b3 mit unklarem Spiel. Als weiteres Beispiel für die Richtigkeit der vorangegangenen Behauptung dient auch die Partie Karpov – Vujakovic, Sotschi 1968: 7. Sge2 Lg7 8. g3 0–0 9. Lg2 Sb6 10. b3 a5 11. 0–0 Dc7 12. h3 Lb7 13. Lf4?! und Weiß erreichte nicht Konkretes.

Der Zug 7. Sge2 stellt dem Weißen keine ernsthaften Probleme.

Nach dem Zug 7. Sh3!? hat Schwarz drei Möglichkeiten:

a. 7. . . . Da5?! Ein Beispiel dafür, daß die schwarze Dame hier nicht gut steht, liefert eben die Partie Geller – Liebert, in der Weiß nicht lang rochierte! 8. Sf2 Lb7 9. Le2 a6 10. 0–0! Lg7 11. Lh6 0–0 12. Lg7: Kg7:

Diagramm Nr. 34:

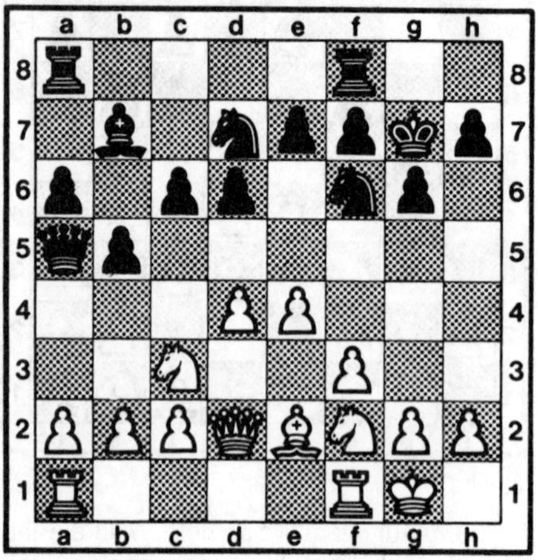

13. f4! ***Weiß leitet einen Königsangriff ein.*** 13. . . . Tad8! 14. Kh1 e5 15. fe5: de5: 16. de5: Se5: 17. Df4 b4? ***Besser war 17. . . . Tde8*** 18. Sd1 Tde8 19. a3 c5 20. Se3 Db6 21. h3 a5 22. b3 h6 23. ab4: ab4: 24. Kg1 ***Weiß erhielt leichten Vorteil, fand jedoch nicht gleich die richtige Angriffsfortsetzung. Erst im weiteren Partieverlauf hatte er die richtige Idee, sein Spiel gegen den schwachen Punkt f7 zu richten. Auch der schlecht postierte Läufer auf b7 machte dem Schwarzen Sorgen.*** 24. . . . Te7 25. Lc4! Tfe8 26. Sd3! Sfd7 27. Tf2 Sd3: 28. cd3: Se5 29. Taf1 Td7 30. Sg4 Sg4: 31. Dg4: Tee7 32. Dh4 Dd6 33. Tf6 Dd4 34. Kh1 De3 35. T1f3! Dc1 36. Kh2 Dg5 37. Df2 De5 38. g3 Dc7 39. h4! h5 40. T3f4 Lc8 41. Db2 Kh7 42. Df2 Kg7 43. Db2 Kh7 44. T4f5! gf5: 45. Th6+!! Kh6: 46. Dh8+ Kg6 47. ef5:+ Schwarz gab auf.

b. 7. . . . Lg7 Dieser Zug ist besser als 7. . . . Da5?! Nach 8. Sf2 0–0 9. Le2 a6 entsteht eine Stellung mit gleichen Aussichten. Erwähnenswert ist noch, daß Weiß in der Partie Bakulin – Botwinnik, Moskau 1964, mit 8. Lh6 nichts erreichte. Nach 8. . . . Lh6: 9. Dh6: b4! 10. Sd1 Db6 11. De3 c5 12. dc5: Sc5: hatte Schwarz bequemes Spiel.

c. 7. . . . Sb6!? und nun:

Zinn – Smyslow, Kapfenberg 1970: 8. g4?! h5! 9. g5 Lh3: 10. Lh3: Sc4 11. Df2 Sh7 ***Schwarz verfolgt eine beachtenswerte Strategie.*** 12. f4 e6 13. d5?!

Hier wollte Weiß den schwarzen Vorstoß d6 – d5 verhindern. Statt dessen hätte er 13. 0–0 d5 14. b3 Sd6 15. e5 Sf5 16. Se2 spielen können, wonach er jedenfalls besser gestanden hätte als in der Partie.

13. . . . cd5: 14. ed5: e5 15. fe5: ***15. Se4 Le7!*** 15. . . . Se5: 16. Se4 Le7 17. Tg1 Da5+! 18. Ld2 Da4 19. De3 Dc2: 20. Tc1 Db2: 21. Lc3 Da3 22. Kf2 Da2:+ 23. Kg3 h4+ und Weiß gab auf. Besser spielten die Führer der weißen Steine in den folgenden Partien:

Damjanovic – Popov, Banja Luca 1974: 8. Sf2 Dc7 9. Le2 a6 10. 0–0 Lg7 11. Lh6 0–0 12. Sd1 ***Hier war 12. Lg7: Kg7: 13. f4! besser.*** 12. . . . e5 13. c3 Le6 14. Lg7: Kg7: 15. Se3 Tfe8 16. Tfd1 Tad8 remis.

Ciocaltea – Mednis, Reggio Emilia 1971: 8. Sf2 Lb7 9. a4 ba4:? 10. Sa4: Lg7 11. Le2 0–0 12. 0–0 Sfd7 13. Lh6 Lh6: 14. Dh6: e5 15. de5: de5: 16. De3 mit Vorteil für Weiß. Der schwarze Fehler war offensichtlich 9. . . . ba4:?. Richtig war 9. . . . a6 oder auch 9. . . . b4.

Die beiden folgenden Partien veranschaulichen die Strategien beider Seiten sehr deutlich.

Gheorghiu – Mecking, Lugano 1968: 1. d4 g6 2. e4 Lg7 3. Sc3 d6 4. Le3 a6 5. Dd2 b5 6. f3 Lb7 7. a4! ***Sonst käme Schwarz zu dem Vorstoß c7 – c5*** 7. . . . c6 8. Sh3 Sbd7 9. Sf2 Sgf6 10. Le2 e5 11. de5: de5: 12. 0–0 0–0 13. Sd3 ***Das Spiel ist etwa ausgeglichen.*** 13. . . . Te8 14. Tfd1 Lf8 15. Lf1 Dc7 16. b4 Sh5! 17. Df2 Sf4 18. Sc5 Sc5: 19. Lc5: Lc5: 20. Dc5: Se6 21. Dd6 Dd6: 22. Td6: Kf8 23. Td7 Te7 24. Td2 remis.

Geller – Andersson, Hilversum 1973: 1. e4 d6 2. d4 Sf6 3. Sc3 g6 4. f3 c6 5. Le3 Sbd7 6. Dd2 b5 7. Sh3 a6 8. Sf2 e5 9. Le2 Dc7?! Auf diesen Zug konnte Schwarz ruhig verzichten. Weiß bekam in der Folge leichten Vorteil. 10. 0–0 Lg7 11. de5: de5: 12. a4 Lb7 13. Tfd1 0–0 14. Dd6! Jetzt zeigt sich, daß gerade der ungenaue 9. Zug von Schwarz es Geller ermöglicht hat, seinen Vorteil auszubauen. 14. . . . Dc8 15. ab5: cb5: 16. Sd3 Td8 17. Da3 Lf8 18. Da5 Te8 19. Tac1 Le7 20. Sa2 Ld8 21. Dd2 Lb6 22. c4 bc4: 23. Sf2 Le3: 24. De3: Te6 25. Lc4: Tc6 26. Ld5 Tc1: 27. Tc1: Db8 28. Lc4 Df8! 29. Sd3 Kg7 30. Sc3 Dd6 31. Td1 Tc8 32. b3 Dc7 33. Sa4 Da5 34. Dd2 Dc7 35. De3 Da5 36. Sbd2 Tc6 37. Lf1 Sc5 38. Sc4 Dc7 39. Sc5: Tc5: 40. Le2 a5 41. Sd6 Tc6 remis.

A1: 7. Ld3

Die anderen Möglichkeiten sind

A2: 7. 0–0–0!?
A3: 7. h4!?

A2: 7. 0–0–0!?
Dies ist eine schärfere Alternative.
7. . . . Da5! Dieser Zug ist jetzt angebracht, da der weiße König sich zum Damenflügel orientiert hat. 8. Kb1 Sbd7 9. Lh6 Lh6: 10. Dh6: Sb6 11. Sh3 ***Oder 11. Sce2 Sc4 12. Sc1 Tb8 13. Sge2 Db6 14. g4 a5 15. Sg3 a4 16. h4 a3 17. b3 Sb2 18. Td2 Sc4 19. Lc4: bc4: 20. De3 h5 mit unklarem Spiel, Polugajewski – Gipslis, Moskau 1966.*** 11. . . . Lh3: 12. Dh3: Sa4 13. Sa4: ***13. Td3!?*** 13. . . . ba4: 14. Dh6 a3 15. Dd2 Dd2: 16. Td2: ab2: 17. c3 Kd7 mit ausgeglichenem Endspiel, Hartoch – Radulov, Raach 1969.
Der Zug 7. 0–0–0 ist vielleicht zu optimistisch. Beide Könige können in der Folge zu Angriffszielen werden, wie die kurze, aber dramatische Partie Dvorecki – Razuvajev, Tiflis 1973, zeigt: 7. . . . Da5 8. Kb1 Sbd7 9. g4 h5 ***9. . . . Sb6! 10. g5 Sfd7*** 10. g5 Sh7 11. f4 Sb6 12. Ld3 Tb8 13. Sce2 Da4 14. Sc3 Da5 15. Sce2 Da4 16. Sc3 remis. 7. Lh6 bringt Weiß kaum in Vorteil, denn nach 7. . . . Lh6: 8. Dh6: Da5 9. Ld3 Sbd7 10. Sh3?! b4 11. Se2 c5! wird Schwarz als erster aktiv, siehe Musterpartie II/4, Beljawski – Hort, Seite 41.

A3: 7. h4!?

Mit dieser Fortsetzung wurden noch sehr wenig Erfahrungen gesammelt.
Ciocaltea – Razuvajev, Ljubljana – Portoroz 1973: 7. . . . h5 8. Sh3 Sbd7 9. Sg5 Lh7 10. Le2 0–0 11. 0–0 a5 12. f4 b4 13. Sd1 c5 14. d5 Sg4 15. Lg4: hg4: 16. c4? ***Besser war 16. Sf2 Lb2: 17. Sg4:! mit ausgezeichnetem weißem Spiel.*** 16. . . . bc3: 17. Sc3: La6 und Schwarz erlangte das aktivere Spiel.
Hecht – Torre, Amsterdam 1973:
7. . . . h5 8. Sh3 Sbd7 9. Sg5 a6 10. 0–0–0 Dc7 11. Se2 c5?! 12. dc5: dc5: 13. Lf4 e5 14. Le3 Lb7 15. Sc3 0–0 16. g4 Tad8 17. gh5: Sh5: 18. Lh3 Sdf6 19. Df2 b4 20. Sa4 Td4! mit kompliziertem Spiel.

Wir kommen nun zur Untersuchung eines ganz anderen strategischen Plans für Schwarz, nämlich 0–0 nebst e7 – e5. Wie bei allen anderen Eröffnungssystemen spielt auch hier die Einhaltung der genauen Zugfolge eine wichtige Rolle. Der schwarze Gesamtplan ist aber sehr interessant, wie die folgenden Beispiele zeigen sollen. Der englische Theoretiker Raymond Keene wendet mit Erfolg die gradlinigste Fortsetzung an: 1. e4 d6 2. d4 Sf6 3. Sc3 g6 4. f3 Lg7 5. Le3 0–0 6. Dd2 e5!?

Diagramm Nr. 35:

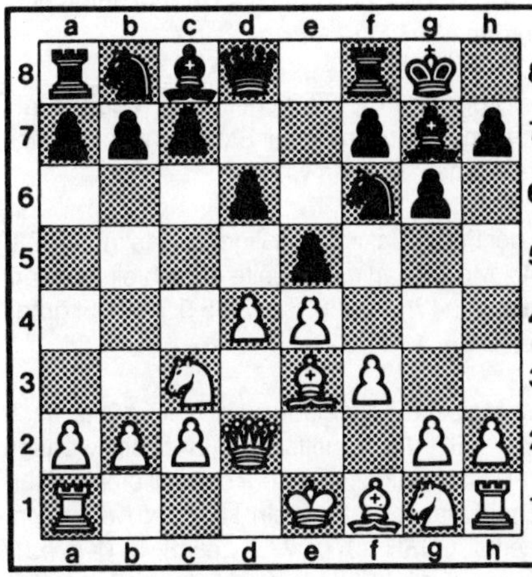

Ciocaltea – Keene, Amsterdam 1974: 7. Sge2?! ed4:! 8. Sd4: d5! 9. e5 Sd7 ***Es droht c7 – c5 nebst d5 – d4, also ist die Folge erzwungen.*** 10. e6 Se5 11. e7 De7: 12. Sd5: Dh4+ 13. Lf2 Dd8 14. Sc3 c5 15. Sb3 Dd2:+ 16. Sd2: remis.

Die Idee, sofort die Zentrallinien zu öffnen, erwies sich in dieser Partie als sehr wirkungsvoll. Deshalb ist es für Weiß eher empfehlenswert, mit 7. d5! das Zentrum abzuriegeln. In der Partie Ciocaltea – Pribyl, Smederevska Palanka 1977, geschah: 7. ... Sh5 ***7. ... Se8!?*** 8. 0–0–0 f5 9. Kb1 f4?! 10. Lf2 Lf6 11. g4 Sg7 12. h4 Le7 13. Sb5! a6 14. Sa3 mit leicht besserem Spiel für Weiß.

Keene's Idee ist neueren Datums. Meistens wird die kurze Rochade mit dem Vorstoß c7 – c6 verbunden, z.B.:

Westerinen – Parma, Netanya 1971: 1. e4 d6 2. d4 Sf6 3. Sc3 g6 4. f3 Lg7 5. Le3 0–0 6. Dd2 c6?! 7. a4?! Sbd7 8. h4 e5 9. de5: Se5: 10. 0–0–0 d5! 11. Lh6 Lh8!? Dieser paradox aussehende Zug bewährte sich. In einer anderen Partie Westerinen – Hort, Benadky 1971, fand Schwarz nicht den Mut zu diesem positionellen Qualitätsopfer und nach 11. ... Le6 12. Lg7: Kg7: 13. h5 de4: 14. Df4 Sed7 15. hg6: fg6: 16. Dh6+ Kg8 17. Se4: hatte Weiß die Initiative. Parma's Qualitätsopfer muß aber noch näher untersucht werden.

Der Zug 7. a4?! paßt nicht in den weißen Plan, denn man kann in dieser Stellung nicht auf beiden Flügeln spielen wollen.

In der Partie Basman – Gligoric, Hastings 1973/74 – Modellpartie II/5, Seite 42, erhielt Schwarz nach 7. a4?! Sbd7 8. Sge2 e5 9. g4? d5! gutes Spiel.

Die logische Fortsetzung für Weiß dürfte nach 6. ... c6?! der Angriffszug 7. h4! sein, wonach Weiß am Königsflügel sehr schnell eine gefährliche Initiative entwickeln kann: Novak – Plachetka, CSSR 1970: 7. ... e5 8. 0–0–0 ed4: 9. Ld4: d5 10. h5! de4: 11. hg6: hg6: 12. fe4: Lg4 13. Sf3 Sh5 14. De3 Sd7 15. Lg7: Kg7: 16. Td6 De7 17. Dd4+ f6 18. Th4 Se5 ***18. ... Le6 19. Sg5! und Weiß gewinnt.*** 19. Tg4:! Tad8 20. Se5: Dd6: 21. Tg6:+ Kh7 22. De3 und Schwarz gab auf.

Muchin – Savon, UdSSR 1963: 7. ... Sbd7 8. Lh6 e5 9. de5: de5: 10. 0–0–0 De7 11. h5 Sh5: 12. g4 Sf4 13. Dh2! mit gefährlichem weißem Angriff.

Im Anschluß an die aufgeführten Beispiele möchten wir den Lesern einige wichtige strategische Regeln verdeutlichen, deren Beachtung gerade in dieser Variante äußerst wichtig ist.

Weder Weiß noch Schwarz darf gleichzeitig auf beiden Flügeln aktiv werden. In dieser Variante kann jeder Zeitverlust sehr ernste Folgen haben.
Schwarz soll die Entwicklung seiner Dame so lange wie möglich zurückstellen. Es ist darauf zu achten, daß die verschiedenen strategischen Pläne nicht durcheinandergebracht werden.

Die nachfolgenden Beispiele zeigen, was bei Nichtbeachtung dieser Regeln passieren kann:

Akopjan – Karasev, UdSSR 1970: 1. e4 g6 2. d4 Lg7 3. Sc3 d6 4. f3 c6 5. Le3 Sf6 6. Dd2 Sbd7 7. g4?! e5! Diese sofortige Aktion im Zentrum ist vorteilhaft für Schwarz. 8. d5 cd5: 9. Sd5: Sd5: 10. Dd5: Sb6 11. Lb5+ Ke7 12. Dd2 Le6 13. Se2 Dc7 Schwarz konnte mehr als zufrieden sein.

Beljawski – Kuzmin, UdSSR 1974: 1. e4 d6 2. d4 Sf6 3. Sc3 g6 4. Le3 c6 5. Dd2 b5 6. f3 Dc7? ***Besser war 6. ... Sbd7 oder 6. ... Lg7*** 7. 0–0–0! Sbd7 ***Hätte Schwarz mit der Entwicklung der Dame gewartet, hätte nun Da5 in einem Zuge geschehen können.*** 8. d5!? a6? ***Notwendig war 8. ... b4 9. dc6: bc3: 10. cd7:+ Ld7: 11. Dc3: Dc3: 12. bc3: mit geringem Vorteil.*** 9. dc6: Dc6: 10. Sge2 Lb7 11. Sd4 Dc7 12. g4 Die Stellung erinnert an die Drachenvariante der sizilianischen Eröffnung. Allerdings hat Weiß hier einige Tempi mehr. ***12. ... Tc8?*** 13. g5! b4 ***13. ... Sh5 14. Sd5! mit großem Vorteil.***

14. Scb5! ab5: 15. gf6: Sf6: 16. Lb5:+ Sd7 17. e5! und Schwarz gab auf.

Ciocaltea – Simic, Vrnjacka Banja 1974: 1. e4 d6 2. d4 Sf6 3. Sc3 g6 4. f3 c6 5. Le3 b5 6. Dd2 a6? 7. h4! h5 8. Sh3 Lh3: 9. Th3: Sbd7 10. a4 Lg7 11. Le2 e6 12. Sd1! Weiß konnte nun sehr bequem den zweiten Springer zum Königsflügel überführen. 12. . . . Sb6? 13. a5 Sbd7 14. Sf2 Dc7 15. c3 c5 16. g4 c4 17. gh5: Sh5: 18. f4 d5 19. f5! ef5: 20. ef5: mit weißer Initiative.

Selbst einer der Väter dieses Verteidigungssystems, der jugoslawische Großmeister Vasja Pirc, erlitt Einbrüche mit seinem System:

Monticelli – Pirc, Jugoslawien 1972:
1. d4 d6 2. e4 Sf6 3. Sc3 g6 4. Le3 c6 5. f3 Sbd7 6. Sh3 e5 7. Sf2 Lg7 8. Le2 0–0 9. 0–0 Sh5 10. Dd2 De7 *Besser war 10. . . . Sf4* 11. Tad1 f5? 12. ef5: gf5: 13. Lh6 Lh6: 14. Dh6: Sf4 15. Tfe1 Dg7 16. Dg7:+ Kg7: 17. de5: de5: und nun hätte Weiß mit 18. Lc4! das bessere Endspiel erreichen können.

7. . . . Sbd7

In der Partie Lombardy – Denis, USA 1971, unterlief Schwarz ein positioneller Fehler: 7. . . . a6?! 8. Sge2 Sbd7 9. a4 b4? *Besser und notwendig war 9. . . . Lb7* 10. Sd1 Tb8 11. 0–0 Dc7 12. c3 bc3: 13. Sdc3: 0–0 14. Tfc1 Lb7 15. b4! Tfc8 16. a5 und Weiß hatte großen Vorteil.

8. Seg2

Nun wird deutlich, daß das Manöver Sg1 – h3 – f2 – d3 – c5 zu zeitraubend und undurchführbar ist.

8. . . . a6 9. a4 Lb7!

Ganz schlecht wäre 9. . . . b4?, wie in der oben zitierten Partie Lombardy – Denis.

10. 0–0 0–0 11. Kh1 Dc7

Es droht 12. . . . c6 – c5.

12. Sg3

Diagramm Nr. 36:
Siehe nächste Spalte.

Diagramm Nr. 36:

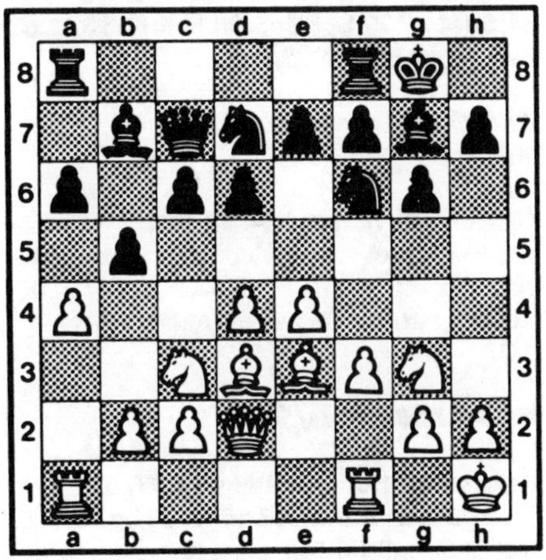

Schlecht wäre 12. f4?! gewesen wegen 12. . . . b4! 13. Sd1 c5 und die Drohung c5 – c4 wäre sehr unangenehm.

12. . . . e5

Die solideste Fortsetzung, neben der noch 12. . . . b4!? 13. Sd1 c5 14. d5 e6! oder 14. dc5: dc5: mit verteilten Chancen in Frage kam.

13. de5: de5: 14. Df2 Te8 15. Tfd1

Weiß versucht, zur Aufrechterhaltung seines geringen Vorteils das Feld c5 zu besetzen und so die schlechte Stellung des Läufers b7 zu unterstreichen.

15. . . . Sf8 16. Sb1 Se6 17. Sd2 Sd7 18. c3 Lf8 19. ab5: ab5:

Schwarz spielt übervorsichtig, denn nach 19. . . . cb5:!? hätte er nichts zu befürchten gehabt.

20. b4 Ta1: 21. Ta1: Ta8 22. Ta8: La8: 23. Sb3 Dd6!

Sonst käme Weiß zu dem Zug 24. Da2!

24. Dd2

Auf 24. Le2 folgt 24. . . . c5! mit Ausgleich. In Frage kam aber 24. Lf1, um den Damentausch zu vermeiden.

24. . . . Sf4 25. Lf1 Dd2: 26. Sd2:

Oder 26. Ld2: Sb6 mit Ausgleich.

26. . . . Ld6!

Dies macht dem König den Weg frei und die Punkteteilung zeichnet sich ab.

27. Kg1 Kf8 28. Sh1 Lb7 29. Sb3 Lc8 30. Sf2 Ke7 31. g3 Se6 32. Sd3 Lc7 33. Kf2 Sb6 34. Sa5 Ld7 35. Sc5 Sc5: 36. Lc5: Ke8 37. Le3 Sa4 38. c4 bc4: 39. Sc4: Ke7

Zum Remis führt auch 39. . . . Sc3 nebst 40. . . . Sb5.

40. Ke1 Le6 41. Kd2 Lc4: 42. Lc4:
Hier wurde die Partie abgebrochen, aber angesichts der Folge 42. . . . Ld6! 43. b5 cb5: 44. Lb5: einigten sich die Gegner auf remis.

Musterpartie II/2

Beljawski – Hort, Hastings 1974/75
1. e4 d6 2. d4 Sf6 3. Sc3 g6 4. Le3 Lg7 5. Dd2 Sg4!? 6. Lg5 h6 Fast erzwungen, um in der Folge den Abtausch des schwarzen Fianchettoläufers zu verhindern.
7. Lh4 c6 8. 0–0–0 b5 8. . . . 0–0?! wäre an dieser Stelle verfehlt, dann nach 9. f4! b5 10. Kb1 b4 11. Sce2 Sa6 12. e5! hätte Weiß Vorteil erhalten.
9. f3 Sf6 10. De1! Weiß bereitet den Vorstoß e4 – e5 mit Druck gegen den Punkt e7 vor. Schwarz stehen nun außer dem Textzug noch die Fortsetzungen 10. . . . b4!? und 10. . . . a6 zur Verfügung. **10. . . . Dc7?! 11. e5 de5: 12. de5: Sh5 13. g4 Sf4 14. Lf6!** Diesen Schlüsselzug hatte Schwarz übersehen. **14. . . . Se6!** Noch das beste. **15. Lg7: Sg7: 16. De4 Lb7 17. f4 Sd7**
Nicht 17. . . . c5? wegen 18. Lb5:+ Kf8 19. Td8+ und Weiß gewinnt. **18. Lg2 0–0–0 19. Sf3 a6 20. De3 Sb6** Schwarz gelingt es, seine Stellung zu konsolidieren. **21. Sd2 Se6** Hier wäre der Zwischenzug 21. . . . h5! mit der Folge 22. h3 Se6 23. f5 gf5: 24. gf5: Sd4 mit unklarem Spiel sehr nützlich für Schwarz gewesen.
22. Thf1 g5? Schwarz überschätzt seine Stellung. **23. fg5: hg5: 24. Tf7: Th2: 25. Dg1!** Weiß geht der Falle 25. Le4? Tdd2:! 26. Td2: Sc4! aus dem Wege, wonach Schwarz gewonnen hätte. **25. . . . Thh8 26. Sce4** Die Drohung 27. Sd6+ bereitet Schwarz Sorgen. **26. . . . Td7 27. Sc5!** Weiß spielt auf die Blockade der Schwarzen Felder. **27. . . . Sc5: 28. Dc5: Thd8 29. Lf3! Kb8 30. b3 e6** Auch nach dem besseren 30. . . . Sd5!? hätte Schwarz um das Remis kämpfen müssen.
31. Tf6 Te8 32. Tg6 Sd5 33. Tg5: Da5
Nach dem Bauernverlust konnte Schwarz sich nur noch von der herrschenden Zeitnot Rettung versprechen.

Diagramm Nr. 37:

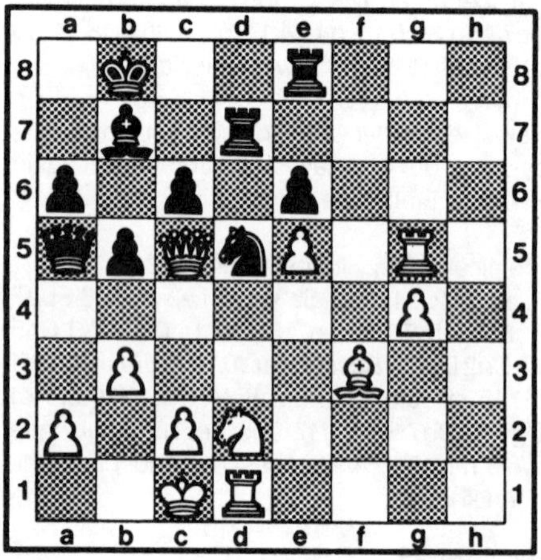

34. Sb1? Besser war 34. a3! Sc3? 35. Se4! mit Verwicklungen. Schwarz kann aber auch 34. . . . Dc3 und das Endspiel mit dem Minusbauern spielen. **34. . . . Da2: 35. Th5 Ted8 36. Tdh1 Da5** Die Stellungsverhältnisse haben sich verändert, aber Schwarz glaubte immer noch, schlechter zu stehen. 36. . . . Da1! wäre besser gewesen. **37. Th8 Dc7 38. Td8:+ Td8: 39. Te1 Db6 40. Db6: Sb6: 41. Sd2** Hier wurde die Partie abgebrochen, jedoch bald remis gegeben, da nach 41. . . . Sd7 der weiße e-Bauer ständig schutzbedürftig bliebe, so daß Weiß seinen g-Bauern nicht verwerten könnte.

Musterpartie II/3

Hort – Donner, Wijk aan Zee 1975
1. e4 d6 2. d4 Sf6 3. Sc3 g6 4. Le3 Lg7 5. Dd2 e5?! Nach diesem Zug entsteht ein für

Schwarz völlig perspektivloses Endspiel, so daß er nicht zu empfehlen ist.

6. de5: de5: 7. Dd8:+ Kd8: 8. Lc4 Der weiße Vorteil ist zugegeben nicht überwältigend, aber die Strategie im modernen Turnierschach läuft oft genug darauf hinaus, mit Weiß auf einen minimalen, aber sicheren Vorteil hinzuarbeiten, während man mit Schwarz etwas risikoreicher zu spielen bereit sein muß. Der Autor dieses Buches hat diese Denkweise nie überbewertet, aber die vorliegende Partie gegen Donner verlief nun einmal in diesen Bahnen.

8. . . . Sg4?! Normal war 8. . . . Le6 9. Le6: fe6: mit schlechterem Endspiel für Schwarz.

9. Td1+ Sd7 10. Lf7: Se3: 11. fe3: Ke7 12. Lc4 c6 13. a4 Mehrbauer ist Mehrbauer, auch wenn er in der hier gegebenen Stellung als Doppelbauer vorliegt. **13. . . . a5 14. h3! Sb6 15. Lb3 Le6** Schwarz gibt sein Läuferpaar auf, um den unangenehmen Läufer b3 zu beseitigen, aber auch andere Fortsetzungen versprachen keinen Ausgleich. **16. Le6: Ke6: 17. b3 Lf8 18. Ke2 Le7 19. Sf3 Tad8 20. h4 Td1: 21. Sd1: h5** Erforderlich, um den weißen Vorstoß h4 – h5 zu verhindern.

22. Sb2 Sd7? Dieser übereilte Springerrückzug beschleunigt den Verlust und bestätigt die alte These, daß in schwieriger Stellung häufiger Fehlzüge geschehen. **23. Sc4 Ta8 24. Td1 Lc5 25. Sg5+ Ke7**

Diagramm Nr. 38:

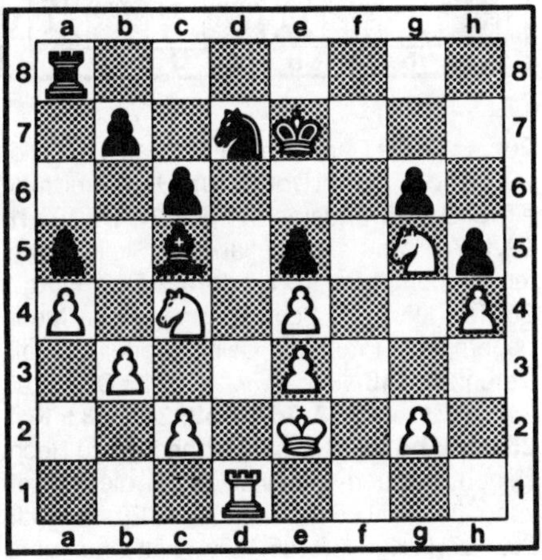

26. Tf1! Die Spielverlegung auf den Königsflügel ist entscheidend. **26. . . . b5 27. Tf7+ Ke8 28. Sb2 Lf8 29. Th7 Tb8 30. Se6 Le7 31. Sc7+ Kd8 32. Se6+ Ke8 33. g3** Schwarz steht völlig hilflos, sodaß Weiß sogar für diesen Sicherungszug Zeit hat. **33. . . . Lf6 34. ab5: ab5: 35. Sc7+ Kd8 36. Sd5** Schwarz gab auf.

Musterpartie II/4

Beljawski – Hort, Moskau 1975

1. e4 g6 2. d4 Lg7 3. Sc3 d6 4. Le3 c6 5. Dd2 b5 6. f3 Sf6 7. Lh6 Lh6: 8. Dh6: Da5 9. Ld3 Hier scheiterte zwar 9. e5?! an 9. . . . de5: 10. de5: b4!, aber ein solider Damenrückzug etwa nach e3 oder d2 war auf jeden Fall besser als die Partiefortsetzung. **9. . . . Sbd7 10. Sh3?!** Weiß will seiner Dame um jeden Preis ihre exponierte Stellung erhalten, gerät jedoch langsam in Entwicklungsnachteil.

10. . . . b4 11. Se2 c5! 12. dc5: Sc5: 13. 0–0 Nach 13. Sg5 b3+ 14. Sc3 bc2: 15. Lc2: Tb8! erhält Schwarz konkrete Drohungen. **13. . . . Lh3: 14. Dh3: 0–0** Wegen der aktiveren Stellung am Damenflügel besitzt Schwarz einen kleinen Vorteil. **15. Dh6 Tfc8 16. Dd2** Damit gesteht Weiß ein, daß er bisher eine falsche Strategie verfolgt hat, aber alle anderen Züge waren schwächer. **16. . . . Db6 17. Kh1 Tc7 18. b3 Tac8 19. Tac1 a5 20. c4?** Nach diesem verdächtig anmutenden Zug steht Weiß positionell deutlich schlechter. Besser war 20. c3. Schwarz blockiert nun einfach das Feld c5 und öffnet die a-Linie.

20. . . . a4 21. Lc2 ab3: 22. ab3: Ta7 23. Sd4 Ta2 24. Tfd1 Tca8 25. Dg5!?

Weiß sucht seine Gegenchancen im Königsangriff und hofft auf die Möglichkeit, mit e4 – e5 die schwarze Bauernkette zu schwächen. **25. . . . Dc7?!** Der erste von mehreren aufeinanderfolgenden schwachen Zügen. Nach 25. . . . T8a5 26. Sb5 Se6 27. Dd2 Dc5! hätte Schwarz seinen Positionsvorteil vergrößern können. **26. Sb5 Db8 27. h4** Weiß vermeidet den Fehler 27. Sd6:?, worauf 27. . . . Se6 28. Dh4 Tc2:! 29. Tc2: Dd6: folgt und Schwarz gewinnt.

27. . . . Kg7?! Wieder ein zweifelhafter Zug, denn nach 27. . . . Se6 28. Dd2 Db6 29. Db4: Df2! hätte Schwarz immer noch über eine gefährliche Initiative verfügt.
28. Sd4 Kh8 29. h5 Df8 30. hg6: fg6: 31. e5! Weiß öffnet genau im richtigen Augenblick die Zentrallinien, und Schwarz dürfte eigentlich verloren sein, wenn nicht seine Figuren gut postiert wären. **31. . . . de5: 32. De5: Scd7** Besser wäre 32. . . . Dh6+ 33. Kg1 Scd7 34. De7:? Te8! gewesen, wonach Schwarz einen äußerst gefährlichen Angriff erhielte. **33. De3 e5 34. Sb5 Dc5 35. Dh6 Df2 36. Td2 Dg3 37. Sd6 Ta1 38. Lb1** In dieser komplizierten Stellung beendete das Fallblättchen die Partie zugunsten von Weiß. Hätte Schwarz die letzten Züge etwas schneller ausgeführt, so wäre ihm sicher noch Zeit für die Fortsetzung 38. . . . Df4! geblieben, wonach er immer noch die besseren Chancen behalten hätte. Aber auch das Fallblättchen hat im Schach seine feste Funktion.

Musterpartie II/5

Basman – Gligoric, Hastings 1973/74
1. e4 d6 2. d4 g6 3. Sc3 Lg7 4. Le3 Sf6 5. f3 0–0 6. Dd2 c6 7. a4?! Auch diese Partie zeigt deutlich, daß ein weißes Vorgehen auf beiden Flügeln zu Schwierigkeiten führt. 7. . . . Sbd7 8. Sge2 e5 9. g4?!

Diagramm Nr. 39:

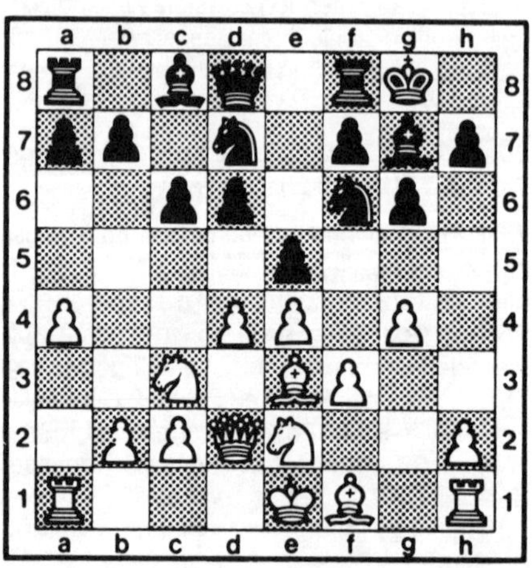

Diagramm Nr. 39 (siehe linke Spalte):

9. . . . d5! Schwarz beantwortet die weiße Flügeloffensive auf typische Weise mit einem Gegenstoß im Zentrum. **10. g5 Sh5 11. ed5: Sb6!** Jetzt droht 12. . . . Sc4 **12. Sg3 Sd5: 13. Sd5: Dd5: 14. Sh5: gh5:** Weiß hat nun Entwicklungsrückstand und findet keinen sicheren Platz für seinen König. **15. 0–0–0** Dies ist die einzige Chance, denn 15. de5: De5: 16. Kf2 Db2: usw. wäre völlig hoffnungslos. **15. . . . Da2 16. Db4 ed4: 17. Ld4: Td8 18. Lc4:!** Weiß spielt nun sehr erfindungsreich, denn andere Züge hätten rasch verloren. **18. . . . Da1+ 19. Kd2 Td4:+ 20. Ke2**

Diagramm Nr. 40:

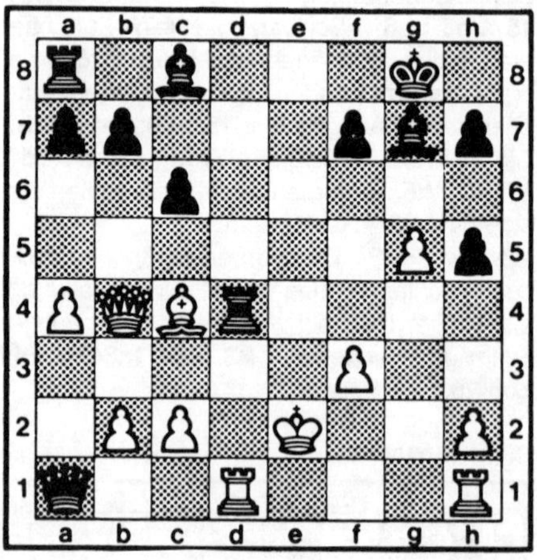

20. . . . Db2:! Damit weicht Schwarz der Falle 20. . . . Td1:? 21. Td1: Db2: 22. Td8+ aus und führt ein besseres Endspiel herbei. **21. Db2: Td1: 22. Lf7:+** Weiß ist darauf aus, die Stellung weiter zu komplizieren. Nach 22. Dg7:+ Kg7: 23. Td1: Lf5 hätte Schwarz zwar einen Mehrbauern, aber Probleme, seinen Vorteil zu realisieren. **22. Kh8** Nicht 22. . . . Kf7:? 23. Db3+ Le6 24. Db7:+ usw. **23. Td1: Lb2: 24. Td8+ Kg7 25. Lh5: b6 26. Kf2 a5!** Gligoric will zu Recht seinen a-Bauern behalten, denn die Fortsetzung 26. . . . Le5 27. Lg4 Lg4: 28. Ta8: Lf5 29. Ta7:+ Kg6 30. a5! usw. hätte nur ganz geringe Gewinnchancen gewährt. **27. c4?!** In diesem inhaltsreichen Mittelspiel unterläuft Weiß mit diesem voreiligen Zug ein ernsthafter Fehler. Es sollte statt dessen 27. f4 b5 28. f5 ba4: 29. Te8 Lf6! 30. gf6:+ Kf6: 31. Tf8+ Kg5 32. f6 (32. Lf7? Lb7!) 32. . . . Kh5: 33. Tg8 Ta7! 34. Tc8: a3 35. Td8 a2 36. Td1 Kg6 geschehen, wonach Schwarz zwar immer noch auf Gewinn steht, aber mehr Probleme hätte lösen müssen als in der Partie. **27. . . . Le5 28. Te8** Auch die bessere Fortsetzung 28. Lg4 Lg4: 29. Ta8: hätte nichts am Ausgang der Partie geändert. **28. . . . Ld6 29. Lg4 Lg4:?!** Schwarz macht sich die Sache unnötig schwer, 29. . . . Lb7! hätte viel einfacher gewonnen.

30. Ta8: Le6 31. h4 Kg6 32. Td8 Lc5 33. Kg3 Lc4: 34. f4 Le6 35. Te8 Ld7 36. Tg8+ Kf7 37. Tb8 Lf5 38. h5 Weiß leistet hartnäckigen, aber vergeblichen Widerstand, denn im höheren Sinne ist die Partie verloren. **38. . . . Ld4 39. Tb7+ Ke6 40. Tc7 Kd6 41. Tf7 Ke6 42. Tb7 Ld3 43. g6 hg6: 44. h6 b5 45. ab5: cb5: 46. h7 g5?! 47. fg5: a4 48. Tb6+ Kd5 49. g6 a3 50. Tb8 Lg6: 51. Tb5:+ Kc4 52. Ta5 Kb3 53. Tb5+ Ka4 54. Td5 Lc3 55. Tc5 Le1+ 56. Kg4 Lh7:** und Weiß gab auf.

III. Das Byrne-System

1. e4 d6 2. d4 Sf6 3. Sc3 g6 4. Lg5

Diagramm Nr. 41:
(siehe nächste Spalte)

Weiß kann in der Folge zwischen zwei grundsätzlich verschiedenen strategischen Plänen wählen:

1) Er kann ein starkes Bauernzentrum aufbauen (ähnlich den Systemen VIII bis XII – 4. f4 Lg7 5. Sf3 usw.).

Diagramm Nr. 41:

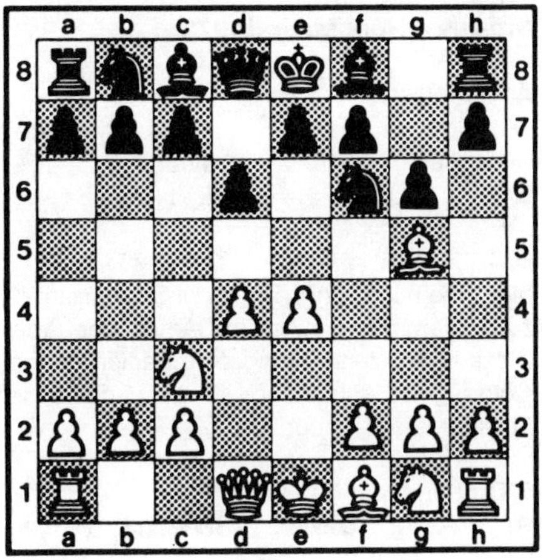

Der Unterschied der beiden Aufbauten besteht darin, daß der schwarzfeldrige Läufer von Weiß im Byrne-System aktiver steht und gegen den Punkt e7 drückt, dabei jedoch in gewissen Varianten die Vernachlässigung der Diagonale a7 – g1 spürbar werden kann.

2) Er kann mit Dd2 auf Abtausch des schwarzen Königsläufers spielen (ähnlich wie im Kapitel II – 1. e4 d6 2. d4 Sf6 3. Sc3 g6 4. f3 c6 5. Le3) und anschließend den geschwächten Königsflügel angreifen.

Den ersten Plan findet man sehr häufig in Partien des amerikanischen Großmeisters Robert Byrne. Weiß beabsichtigt, je nach Entwicklungsmethode des Schwarzen, mit den Zentrumsdurchbrüchen e4 – e5 oder f4 – f5 zu arbeiten. Dies erfordert selbstverständlich sofortige schwarze Gegenaktionen am Damenflügel, wobei der Umstand, daß der weiße Damenläufer sich vom Damenflügel entfernt hat, ausgenutzt werden kann.

Der zweite Plan ist nicht so aggressiv, kann aber in der Hand eines Positionsspielers eine gefährliche Waffe darstellen.

Musterpartie III/1

Browne – Hort, Madrid 1973

A. 4. . . . Lg7

Die anderen Möglichkeiten sind
B. 4. . . . c6 **C.** 4. . . . h6 **D.** 4. . . . Sbd7

B. 4. . . . c6
Mit diesem logischen Zug geht Schwarz sofort zu aktivem Spiel auf dem Damenflügel über. Diese Fortsetzung ist in vielen Partien erprobt worden und geht häufig in die Variante der Musterpartie III/1 über.

5. Dd2 und nun
B1. 5. . . . b5 **B2.** 5. . . . Sbd7 **B3.** 5. . . . h6
B4. 5. . . . Da5

B1. 5. . . . b5
Die beiden Kapitel II und III können häufig ineinander übergehen, wie z.B. in der Partie Suetin – Gipslis, UdSSR 1967, die wie folgt verlief: 6. f3 Lg7 7. Sge2 Sbd7 8. Lh6 Lh6: 9. Dh6: Dc7 10. g4 Lb7 11. Sg3 Sb6 12. 0–0–0 0–0–0 mit ausgeglichenen Chancen.

B11. 6. Ld3 h6!?

Liberzon – Torre, Nizza 1974: 7. Le3 Sg4 8. Lf4 e5 9. de5: de5: 10. Lg3 h5 11. Sf3 h4! Der beste Zug in dieser Stellung.

Den weiteren Verlauf zeigt die Musterpartie III/2, Seite 53.

Tal – Gufeld, UdSSR 1968: 7. Le3 Sg4 8. Lf4 e5 9. de5: de5: 10. Lg3 h5 11. Sf3 Lg7 12. h3 h4 13. hg4: hg3: 14. Th8:+ Lh8: 15. Dh6 gf2:+ 16. Ke2 Lf6 17. g5! mit weißer Initiative.

B12. 6. . . . Sbd7
Suetin – Parma, Titovo Uzice 1966: 7. Sge2 Sb6 8. 0–0 h6?! 9. Lf6: ef6: 10. d5 b4 11. Sd1 c5 12. Lb5+ Ld7 13. Ld7:+ Dd7: 14. Se3 Lg7 15. a3 ba3: 16. Ta3: 0–0 17. Sc3 Und Weiß erhielt die etwas bessere Bauernstruktur, weshalb Suetin 8. . . . a6!? als Verbesserung angibt.

Soltis – Torre, Cleveland 1975: 7. Sf3 h6 8. Le3 Sg4 9. Lf4 e5 10. de5: de5: 11. Lg3 De7 12. Lh4 Dc5 13. a3 a5 14. Le2 h5 mit Ausgleich. Logisch scheint aber der Zug 7. f4! zu sein, da Schwarz nicht mehr über die Möglichkeit Lc8 – g4 verfügt.

B13. 6. . . . b4
Zuravlev – Belov, Wolgograd 1977: 7. Sce2 a5 8. f4 *8. a3!?* 8. . . . Lg7 9. e5 Sd5 10. Sf3 Db6? 11. ed6: ed6: 12. f5! 0–0 13. Lh6 La6 14. h4! mit starkem weißem Angriff.

B14. 6. . . . Lg7
Dieser Zug kann nach 7. f4 0–0 8. Ld3 b5 9. Sf3 Lg4 usw. zur Musterpartie III/1 Browne – Hort, führen. Weiß kann aber mit 7. Lh6! abweichen und das Tempo f2 – f3 einsparen. Z.B.: 7. . . . Lh6: 8. Dh6: b4 9. Sce2 Da5 10. Sf3 mit großem weißem Vorteil.

B2. 5. . . . Sbd7

Ree – Quinteros, Haifa 1976: 6. f4 Lg7 7. e5 Sd5 8. Sd5: cd5: 9. ed6: f6 10. de7:? De7:+ 11. Kf2 fg5: 12. Te1 Se5 13. Lb5+ Ld7 14. Ld7:+ Dd7: 15. Sf3 0–0 16. de5: Tf4: mit schwarzem Vorteil. Besser war allerdings 10. Lh4! mit ausgeglichenen Chancen.
Pritchett – Penrose, Bristol 1968: 6. f4 Da5 7. e5 de5: 8. de5: Sd5 9. Sd5: Dd2:+ 10. Kd2: cd5: mit ausgeglichenem Endspiel.
Bojdman – Karasev, Tallin 1976: 6. 0–0–0?! Da5 7. Sf3 b5 8. a3 b4 9. ab4: Da1+ 10. Sb1 Se4: 11. De3 Sg5: 12. Sg5: Sf6 mit schwarzem Vorteil. 6. 0–0–0?! war verfrüht und nützt nur dem Schwarzen.
Tukmakov – Karasev, Moskau 1975: 6. f4 b5 7. Ld3 h6 8. Lh4 e5!? 9. de5: de5: 10. Sf3 b4 ***10. . . . Ld6? 11. Lb5:! und Weiß gewinnt.*** 11. Sd1 Ld6 12. 0–0 ef4: 13. e5 Se5: 14. Se5: Le5: 15. Db4: Dd4+ 16. Dd4: Ld4:+ 17. Lf2 Lf2:+ 18. Sf2: Le6 und Schwarz behielt einen Mehrbauern.
Um Karasev's Idee auf die Probe zu stellen, ist wahrscheinlich 11. Se2 statt 11. Sd1 angebracht. Nach 11. . . . Ld6 12. 0–0 ef4: 13. Sf4:! 0–0 ***Falls 13. . . . g5? so 14. e5! mit für Weiß günstigen Verwicklungen.*** 14. Sg6:! mit entscheidendem weißen Angriff.

B3. 5. . . . h6

Eine Empfehlung von Boleslawski, der folgende Variante angibt: 6. Le3 ***Falls 6. Lf4, folgt 6. . . . g5! 7. Lg3 Sh5 mit vielversprechender Stellung für Schwarz.*** 6. . . . Lg7 7. f3 ***7. Sf3 Da5!?*** 7. . . . Da5 8. 0–0–0 Sbd7 9. Kb1 b5 10. a3 a6 11. Sge2 Lb7 12. Sc1 Dc7 und die Stellung als ausgeglichen einschätzt. Interessant ist auch die folgende Partie:

Romanischin – Poutiainen, Erewan 1976:
6. Le3 b5 7. f3!? Sbd7 8. a4 b4 9. Sd1 a5 10. Sf2 Lg7 11. Sgh3 Dc7 12. Td1 Sb6 13. b3 Kf8 14. Le2 Kg8 15. 0–0 Kh7 16. g4! Sfd7 17. f4 c5 18. f5 mit weißen Angriffschancen.

B4. 5. . . . Da5

Richardson – Penrose, Bristol 1968:
6. Ld3 Sbd7 7. f4 Lg7 8. Sf3 h6 9. Lh4 e5! 10. de5: de5: 11. 0–0 0–0 12. fe5:? Se5: 13. Kh1 Sf3: 14. Tf3: Sg4 und Schwarz stand besser. Statt 12. fe5:? war 12. f5! besser.

Parma empfiehlt für Weiß 6. f4 Sbd7 7. Ld3 Lg7 8. 0–0–0 e5 9. Sf3 h6 10. Lh4 0–0 11. de5: de5: 12. f5, aber mit 10. . . . ef4: kann Schwarz ein akzeptables Spiel erreichen, denn Weiß hat nichts besseres als 11. Lf6: Lf6: 12. Df4: Lg5 13. Sg5: oder sogar 11. . . . Sf6: 12. Df4: Dc7 mit kompliziertem Spiel.

C 4. . . . h6

Schwarz braucht den Abtausch auf f6 nicht zu fürchten, denn das schwarze Läuferpaar würde die geschwächte Bauernstellung aufwiegen. Der Zug 4. . . . h6 kann aber zu einer ernsthaften Schwächung des Königsflügels werden, wenn Schwarz in der Folge kurz rochieren sollte.

5. Le3

Wohl das Beste. Nach Fridstein ist nun 5. . . . Sg4 6. Lc1! Lg7 7. f3 Sf6 8. Le3 vorteilhaft für Weiß. Die Partie Liberzon – Etruk, UdSSR 1968, nahm folgenden Verlauf: 5. . . . c6 6. f3 Lg7 7. Dd2 Da5 8. Sge2 b5 9. g3 Sbd7 10. Lg2 Lb7 11. 0–0 Es wird deutlich, daß Schwarz wegen des Bauern h6 nicht kurz rochieren kann.

Die Theorie gibt auch noch zwei andere Partien an, in denen Weiß den Läufer von g5 auf andere Felder zurückzog:
Cholmow – Botwinnik, Moskau 1963:
5. Lf4 Lg7 6. h3 ***6. Dd2 g5 7. Le3 Sg4*** 6. . . . c5 7. dc5: Da5 8. Dd2 Dc5: 9. Le3 Da5 10. Ld3 Sc6 11. Sge2 Sd7 12. 0–0 Sde5 13. f4 Sd3: 14. cd3: mit geringfügigem weißem Vorteil.
Unzicker – Botwinnik, Moskau 1956:
5. Lh4 Lg7 6. Le2 c5 7. e5 Sh5 8. dc5: ***8. Lh5:? cd4:! und Schwarz steht deutlich besser.*** 8. . . . Sf4 9. Lg3 de5: 10. Dd8:+ Kd8: 11. 0–0–0+ Ld7 12. Lf3 Sc6 13. Lf4: ef4: mit schwer zu beurteilendem Endspiel.

D. 4. . . . Sbd7

Mit diesem Zug verbindet Schwarz eine merkwürdige Idee. Theoretisch unbedeutend ist die Partie der alten Meister Bogoljubow – Tartakower, Hastings 1951: 5. f4 h6 6. Lh4 Sh7? Ein grober Fehler, nach dem Schwarz nichts gegen das weiße Zentrum unternehmen kann. Nach 7. Sf3 c6 8. Ld3 Db6 9. e5 Db2: 10. Se4 hatte Weiß ausreichende Kompensation für den Bauern.
Eine Idee des amerikanischen Großmeisters Benkö zeigt, daß die Fortsetzung 4. . . . Sbd7 durchaus akzeptabel ist:

Ostojic – Benkö, Monaco 1969:
5. f4 h6 6. Lh4 Sh5!?

Diagramm Nr. 42:

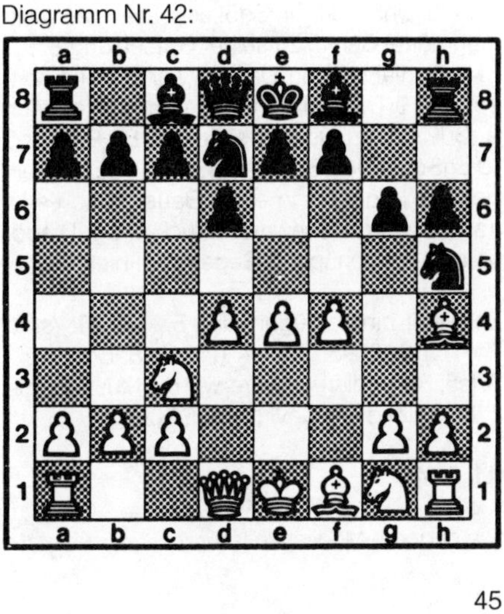

7. f5 ***Mit diesem Zug versucht Weiß, die schwarze Strategie unverzüglich zu bestrafen.*** 7. . . . Lg7 8. Lc4 Sf4 9. Df3?! ***Besser ist 9. Dd2*** 9. . . . g5 10. Lf2 c5 11. 0–0–0 cd4: 12. Ld4: Ld4: 13. Td4: Se5 14. Df2 Db6! und Schwarz stand ausgezeichnet.

Richardson – Beach, Fernpartie 1970:
5. f4 h6 6. Lh4 Sh5!? 7. f5 Lg7 8. fg6: fg6: 9. Lc4 c5 10. Sge2 Sb6 11. Lb5+ Ld7 12. 0–0 Lb5: 13. Sb5: Dd7 14. a4 a6 15. Sbc3 Sc4 und Schwarz erhielt gutes Spiel.

Richardson – Keene, Paignton 1969:
5. f4 h6 6. Lh4 Sh5!? 7. Dd2 Sf4:!? 8. Df4: g5 9. Df2 ***Falls 9. Df3?! so 9. . . . gh4: 10. Lc4 e6 11. Le6: Se5! und Schwarz gewinnt; nach 9. Lg5: hg5: 10. Dg5: Lh6 11. Dg3 c5! hätte Schwarz ausreichende Kompensation im Spiel auf den schwarzen Feldern.*** 9. . . . gh4: 10. Lc4 e6 11. 0–0–0 Sb6 12. Le2 Ld7 13. Sh3 De7 14. Thf1 Th7 Schwarz kann sich ausreichend verteidigen. Die Idee muß noch genauer analysiert werden und es empfiehlt sich, noch einmal zur oben zitierten Partie Ostojic – Benkö zurückzukehren. Nach 8. Lc4!? kann man sich mit Parmas Empfehlung 8. . . . c5!? kaum einverstanden erklären, da Weiß, laut einer Analyse des Verfassers und Pribyl, über folgende starke Angriffsmöglichkeit verfügt:
9. Lf7:+ Kf7: 10. fg6: Kg6: 11. Dg4+ Kh7 12. Df5+ Kg8 13. Dh5: cd4: 14. Sd5! usw. Diese Abwicklung dürfte Benkö zu seiner Fortsetzung 8. . . . Sf4 veranlaßt haben. Danach war Ostojics Fortsetzung 9. Df3?! ungenügend und hätte durch 9. Dd2 ersetzt werden sollen. Z. B.: 9. . . . g5 10. Lg3 c5 11. dc5: Sc5: 12. Lf4: gf4: 13. Se2!? Weiß gewinnt in der Folge einen Bauern und es ist fraglich, ob der schwarze Druck in der Diagonale h8–a1 genügend Gegenspiel bietet.

Es bleibt hinzuzufügen, daß 5. . . . c5?! ***(statt 5. . . . h6)*** 6. e5! Sh5! 7. g4cd4: 8. Dd4: de5: 9. fe5: Sg7 fehlerhaft wäre, wie die Musterpartie III/3, Vasjukov – Pribyl (Seite 54) zeigt.

A1. 5. f4

Die anderen Möglichkeiten:

A2. 5. Dd2 **A3.** 5. e5

A2. 5. Dd2 und nun

A21. 5. . . . h6
A22. 5. . . . c6
A23. 5. . . . 0–0

A21. 5. . . . h6
Damit verhindert Schwarz den Abtausch des schwarzfeldrigen Läufers und entscheidet sich für die etwas abenteuerlich wirkende Folge, den weißen Läufer so lange zu verfolgen, bis er gegen den Springer getauscht werden kann. In Anbetracht des starken weißen Zentrums und des geschwächten schwarzen Königsflügels bleibt es aber fraglich, ob der Preis für den Erhalt des Läuferpaares nicht zu hoch ist.

A211. 6. Lf4
Dieser Zug ist sehr provokativ, aber in allen Partien, wo Schwarz die Verfolgung des Läufers aufnahm, entwickelte sich das Spiel zu Gunsten von Weiß. 6. . . . g5 7. Lg3 ***Zu beachten ist auch die Idee von Parma 7. Le3 Sg4 8. 0–0–0 Sc6 9. h4 Se3: 10. De3:!?*** 7. . . . Sh5 und nun:

Fischer – Mednis, USA 1958: 8. 0–0–0
Schwächer ist 8. Le2 Sg3: 9. hg3: Sc6! 10. d5 Sd4 11. Ld3 e6 12. Sge2 Se2: mit Ausgleich, Ljuca – Mednis, Sombor 1974.
8. . . . c6 9. Lc4 Da5 10. Lb3 b5 11. Kb1 Sd7 12. f4! Nach diesem Schlüsselzug kommt der schwarze König nicht mehr in Sicherheit. 12. . . . Sg3: 13. hg3: g4 14. e5 d5 15. f5 Sb6 16. Df4 mit weißem Vorteil. Der strategische Plan von Fischer brachte den Weißspielern der folgenden Partien ebenfalls Vorteil.

Murej – Glotov, Moskau 1965:
8. 0–0–0 c6 9. Lc4 b5? 10. Sb5:! Sg3: 11. hg3: d5 12. Lb3 de4: 13. Sc3 mit klarem Vorteil für Weiß.

Smyslow – Kuzminych, UdSSR 1951:
8. 0–0–0 Sc6 9. Lb5 Ld7 10. Sg2 Sge3: 11. hg3: a6 12. Lc6: Lc6: 13. f4 e6 14. d5 Ld7 15. de6: fe6: 16. e5!?, und nach Parma steht Weiß besser.

Interessant ist, daß Keene in seinem Buch „Pirc Defence" den Zug 8. . . . Sc6 erwähnt und die

Stellung nach 9. Lb5 Sg3: 10. hg3: a6 11. Lc6:+ bc6: als unklar einschätzt. Allerdings dürfte Weiß nach 12. f4! eindeutig besser stehen. Leider gibt es zu wenig Partiebeispiele aus denen hervorginge, daß der Verzicht auf die Verfolgung des weißen Läufers dem Schwarzen größere Ausgleichschancen verspricht. Beachtet werden muß jedenfalls die Partie Ozsvath – Ribli, Debrecen 1970: 6. . . . c6!? 7. f3 b5 7. . . . ***Sfd7? 8. 0–0–0 Da5 9. Kb1 Sb6 10. e5 d5 11. h4 und Weiß stand in der Partie Levin – Kostujucenko, Kiew 1959, auf Gewinn.*** 8. Ld3 Dc7 9. g4 Sbd7 10. Sge2 a6 11. a4 e5 Schwarz stand aussichtsreicher, weil Weiß die kritische Situation seines Königs nicht aus der Welt schaffen konnte. Die entscheidende Stellung entsteht nach 6. . . . c6!? 7. 0–0–0 und nun nicht 7. . . . b5?!, weil Weiß nach 8. e5! b4 9. ef6: bc3: 10. Dc3: Lf6: 11. Sf3 wegen der Drohung 12. Le5 das bessere Spiel erhält. Statt 7. . . . b5?! dürfte 7. . . . Da5!? besser sein, allerdings fehlen Beispiele aus der Praxis.

A212. 6. Le3

Nach diesem Rückzug behält Weiß seinen Läufer, aber Schwarz kann den Vorstoß e7 – e5 a tempo ausführen. 6. . . . Sg4 7. Lf4 e5 ***Die übliche Fortsetzung 7. . . . Sc6 führt nach 8. d5 e5 9. Lg3 Se7 10. f3 Sf6 11. 0–0–0 usw. oder 7. . . . Sbd7 8. Le2 e5 9. de5: Sge5: 10. 0–0–0 Sb6 11. Sf3 Sf3: 12. gf3: in beiden Fällen zu besserem Spiel für Weiß.***
Ree – Hort, Amsterdam 1970. 8. de5: Se5: 9. 0–0–0 Sbc6 10. h3

Diagramm Nr. 43:
(siehe nächste Spalte oben)

Der bekannte jugoslawische Theoretiker Bruno Parma setzte in der Partie Lutikov – Parma, Sarajewo 1969, wie folgt fort: 10. . . . g5!? 11. Le3 f5 12. f4 gf4: 13. Lf4: Le6 14. ef5: Lf5: 15. Le2 Dd7 und nach dem folgenden 16. . . . 0–0–0 erhielt Schwarz eine annehmbare Stellung. Es ist unverständlich, warum Parma in einer später gespielten Partie, Hecht – Parma, Vrsac 1973, auf die chancenreiche Fortsetzung 10. . . . g5!? verzichtete und statt dessen fortsetzte: 10. . . .

Diagramm Nr. 43:

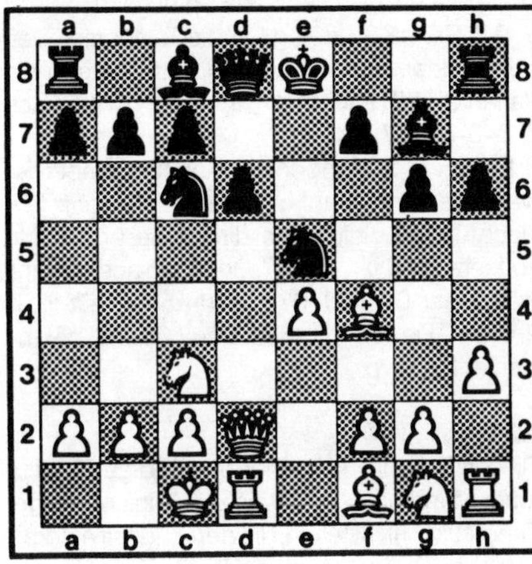

Le6?! 11. Sd5 Dd7 12. Le3 g5 13. g3! f5 ***Nicht 13. . . . Sg6 14. f4 gf4: 15. gf4: f5 16. Dg2! Weiß steht deutlich besser.*** 14. f4 Sf7 15. ef5: Lf5: 16. Lb5? Hier hätte Weiß laut Parma mit 16. fg5:! hg5: 17. Lg5: Vorteil erlangen können, denn Schwarz scheint für den Bauern keine ausreichende Kompensation zu haben.

A213. 6. Lh4
Die meisten Theoretiker halten diesen Zug für gefährlich. Schwarz kann hier zwar mit 6. . . . g5 7. Lg3 Sh5 in die Variante **A211** (Seite 46) überleiten, oder aber andere vielversprechende Möglichkeiten wählen.

Radevic – Redkin, UdSSR 1960: 6. . . . 0–0 7. 0–0–0 c6 8. f4 b5 9. e5 b4 10. ef6: bc3: 11. Dc3: ef6: Hier sind sich die Theoretiker uneins; Parma hält die Stellung für ausgeglichen, Fridstein gibt der weißen Stellung den Vorzug.

Sehr optimistisch setzte Schwarz in der Partie Savon – Kuzmin, Kysinev 1975, fort: 6. . . . c6 7. f4 0–0 Gufeld empfiehlt 7. . . . b5 !? 8. Sf3 Sa6?, allerdings ohne viel Erfolg – siehe Musterpartie III/4 (Seite 55).

Man hat den Eindruck, daß die Entfernung des weißen Läufers von der Diagonale c1 – h6 sich günstig für Schwarz auswirkt.

A22. 5. . . . c6
Nach diesem Zug kann das Spiel noch mit 6. f4 0–0 7. Sf3 b5 8. Ld3 Lg4 in die Textpartie übergehen oder auch durch Zugumstellung in die Variante **A211** (Seite 46) und zwar nach 6. 0–0–0 h6 7. Lf4.
6. f3 führt zu Stellungen aus Kapitel II, wobei der weiße Läufer hier auf g5 statt auf e3 steht.
Nach 6. Lh6 gleicht die direkteste und beste Fortsetzung 6. . . . Lh6: 7. Dh6: Da5 aus. Verfehlt wäre aber 6. . . . 0–0? 7. h4! e5 8. Lg7: Kg7: 9. 0–0–0 De7 10. f3 Le6 11. Sge2 Sa6 12. h5! mit weißer Initiative.

A23. 5. . . . 0–0
Dieser Zug hat keine eigenständige Bedeutung. Man kann allerdings die Ansicht einiger Theoretiker nicht teilen, die den Zug mit einem ? versehen, aufgrund einer einzigen gespielten Partie Jovanovic – Pirc, Jugoslawien 1956: 6. 0–0–0 c6 7. f3 b5 8. g4 b4?! 9. Sce2 Da5 10. Kb1 Le6 11. Sc1 Sbd7 12. h4 und Weiß hatte gute Aussichten am Königsflügel.
Viel stärker ist 6. Lh6!, wonach Schwarz in der Partie Atanasov – Hort, Lipsko 1973, den Abtausch der schwarzfeldrigen Läufer nicht verhindern konnte. Weiß hatte außerdem den Zug f2–f3 eingespart und konnte seinen Läufer vorteilhaft auf d3 postieren.

A3. 5. e5
Die Theoretiker sind einhellig der Meinung, daß dieser Angriff verfrüht ist, zumal Weiß kaum entwickelt ist. Allerdings fordert es ein exaktes Verteidigungsspiel von Schwarz, um die Richtigkeit dieser Behauptung nachzuweisen. In Frage kommt nun

A31. 5. . . . de5:
A32. 5. . . . Sfd7

A31. 5. . . . de5:
6. de5: Sg4!?
Diesen Zug hält man für besser als 6. . . . Dd1:+, wonach Fridstein folgende Variante angibt: 7. Td1: Sd7 ***7. . . . Sg4? 8. h3! Se5: 9. Sd5 mit weißem Gewinn.*** 8. Sd5 Le5: 9. Sf3 Ld6 10. Le7: Le7: 11. Sc7:+ Kd8 12. Sa8: b6 13. Lc4! ***13. Se5? Lb4 14. c3 Te8!*** 13. . . . Lb7 14. Sb6: ab6: 15. Lf7: Lf3: 16. gf3: Tf8 17. Ld5 Kc7. Er hält die entstandene Stellung für ausgeglichen, wohingegen Parma sie als unklar einschätzt. Wir glauben, daß Weiß besser 14. Ld5 spielen sollte, denn das Endspiel Turm und zwei Bauern gegen zwei Leichtfiguren kann eigentlich nur Schwarz verlieren.

7. Dd8:+ Kd8: 8. Sf3. Dies geschah in der Partie Raaste – Parma, Nizza 1974, wo Weiß den Bauern e5 opferte, um Linienöffnung herbeizuführen.

Diagramm Nr. 44:

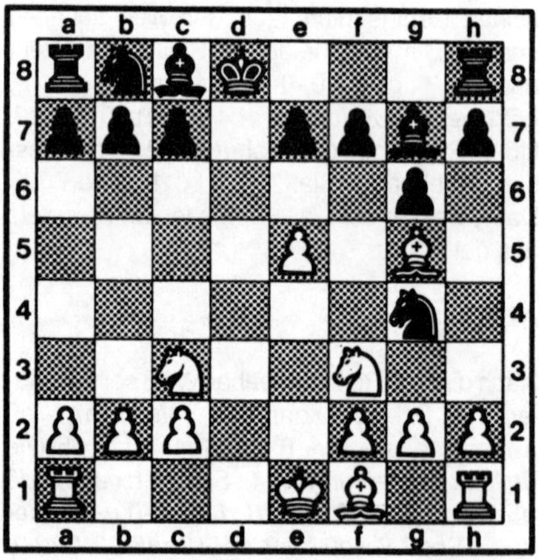

8. . . . Le6 9. Lh4!? Se5: 10. Sg5 Ld7 11. Lg3 Sbc6 12. Lb5 Ke8?! ***Parma empfiehlt 12. . . . h6!?*** 13. 0–0–0 f6 14. Sge4 a6 15. La4 b5 16. Lb3 Sa5 17. Sd5 Sb3: 18. ab3: Tc8 19. f4 Sc6 20. The1? ***Besser war 20. Sc5! mit großem weißem Vorteil.*** 20. . . . Lf5 21. Sef6:?! ***Auch hier erhält Weiß nach dem Zug 21. Sc5! Vorteil.*** 21. . . . Kf7 22. Se4 Le4: 23. Te4: e6 24. Se3 Thd8 25. c3 Td1:+ 26. Kd1: Sb8 remis.

Nach der älteren Fortsetzung 8. Td1+ hat Schwarz keine Schwierigkeiten. Fridstein und Parma halten die Stellung nach 8. . . . Ld7 9. f4 h6 10. Lh4 g5 11. e6 ***11. fg5: hg5: 12. Lg5: Sh2:! 13. Sh3 Le5: mit großem schwarzem Vorteil.*** 11. . . . fe6: 12. Lg3 Se3 13. Td2 Sf5 für leicht besser für Schwarz.

A32. 5. . . . Sfd7
Dies sieht ziemlich passiv aus und die folgenden Beispiele zeigen, daß Schwarz tatsächlich mit einer beengten Stellung rechnen muß. Tatsache ist aber, daß Schwarz mit dieser Fortsetzung die unüberschaubaren Verwicklungen der anderen Variante vermeidet.

6. f4
In Frage kommt auch 6. ed6: cd6: und nun:

Ivanovic – Borkowski, Pristina 1976:
7. Dd2 0–0 8. 0–0–0 Sc6 9. h4!? Ld4:? 10. h5 Da5 11. hg6: hg6:? 12. Le7: mit weißer Gewinnstellung.

Mikenas – Gipslis, Riga 1963:
7. Sf3 Sc6 8. d5 Sce5 9. Se5: Se5: 10. Le2 0–0 11. 0–0 a6 12. a4 Lf5 13. Ta3! und angesichts der Folge 14. Tb3 stand Weiß besser.

Vitolins – Karasev, Daugavpils 1973:
7. Sf3 h6 8. Lh4 *8. Le3!?* 8. . . . f5!? 9. Lc4 g5 10. Lg5: hg5: 11. Sg5: Sf6 12. Sf7 Dc7 13. De2 Th4 und es ist unklar, ob Weiß genügend Kompensation für das geopferte Material hat.

Jankov – Peev, Primorsko 1976:
6. Sd5 ***Statt 6. ed6:*** 6. . . . f6? 7. ef6: Sf6: 8. Lc4 Sd5: 9. Ld5: c6 10. Lb3 Da5 11. Ld2 Dc7 12. Sf3 d5 13. c4! und Weiß hatte eindeutigen Vorteil. Hätte Schwarz 6. . . . Sc6! gespielt, so hätte sich der weiße Springerausfall als verfrüht herausgestellt.

6. . . . f6
Der logische Zug, denn nach 6. . . . de5: 7. de5: erhält Weiß Raumvorteil.
Panov – Bondarewski, Moskau 1942:
7. ef6: ef6: 8. Lh4 0–0 9. Lc4+ Kh8 10. Sge2 Sc6 11. 0–0 Sb6 12. Lb3 Sa5? 13. d5 Sb3: 14. ab3: c6 15. Sd4 Sd5: 16. Sd5: cd5: 17. f5! und Weiß hat starken Angriff. Parma schlägt statt 12. . . . Sa5? den Zug 12. . . . d5! mit Ausgleich vor.
Es scheint aber, daß Weiß in der folgenden Diagrammstellung dem Schwarzen zuvorkommen kann.

Diagramm Nr. 45 (siehe nächste Spalte):

Diagramm Nr. 45:

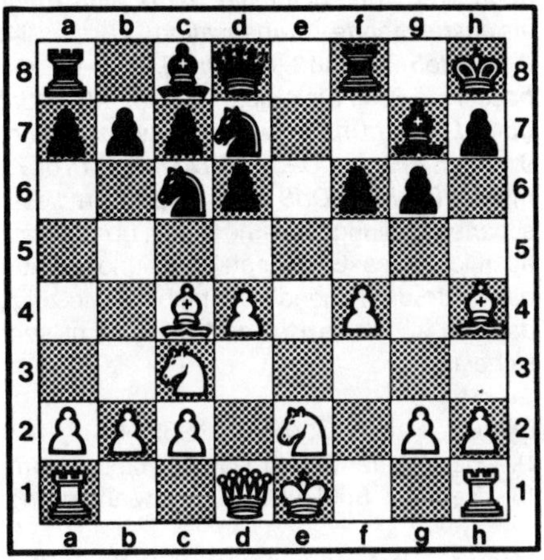

11. d5!? statt 11. 0–0 ist sicherlich chancenreicher, und das Spiel kann nach 11. . . . Sb6 12. Lb3 Sa5 13. 0–0 usw. in die oben erwähnte Partie Panov – Bondarewski übergehen.

A11. 5. . . . 0–0

Außer diesem Zug kommen noch folgende Möglichkeiten in Betracht (nach 1. e4 d6 2. d4 Sf6 3. Sc3 g6 4. Lg5 Lg7 5. f4):

A12. 5. . . . c5? 6. e5! cd4: 7. ef6: ef6: 8. Dd4: De7+ ***Eine Empfehlung von Parma ist 8. . . . Sc6, wonach Schwarz zwar materiell ausgleicht, Weiß jedoch nach 9. De3+ Kd7 10. 0–0–0 fg5: 11. Sb5! im direkten Angriff gewinnen sollte.*** 9. Sce2! Sc6 10. Dc3! und Weiß gewinnt eine Figur.

A13. 5. . . . h6!? führt zu kompliziertem Spiel, z. B.: 6. Lh4 c5 7. e5 ***7. dc5:!? Da5 8. Dd2 (8. cd6:? Se4: 9. de7: Sc6! und Schwarz steht besser) 8. . . . Dc5: 9. Sf3 Sc6 10. 0–0–0 Le6 11. h3 0–0 12. g4 Da5 13. a3 Tfc8 14. Kb1? b5 15. Lf6: Lf6: 16. Sd5 Ld5: 17. Da5: La2+! 18. Ka2: Sa5: und Schwarz bekam in der Partie Westerinen – Vadasz, Budapest 1976, das bessere Endspiel.***
Statt 14. Kb1? war 14. f5 besser. 7. . . . Sh5 8. dc5: ***8. Sd5? cd4: 9. Lb5+ Ld7 10. Le7: Da5+***

11. b4 Db5: Schwarz steht deutlich besser, denn drei Figuren für die Dame sind mehr als ausreichende Kompensation. 8. . . . Sf4: *8. . . . de5:? 9. Dd8:+ Kd8: 10. 0–0–0+ mit besserem Spiel für Weiß.* 9. ed6: *9. cd6:? g5 10. Lf2 Le5:! mit schwarzer Gewinnstellung.* 9. . . . g5 *9. . . . Da5+ 10. Dd2 Dc5: 11. de7:! mit der Drohung Dd8 matt.* 10. Lf2 In dieser scharfen Stellung ist es nicht klar, ob Schwarz ausreichendes Gegenspiel hat, und gerade das letzte der folgenden Partiebeispiele zeigt, daß die schwarze Königsstellung nicht sehr sicher ist.

Byrne – Parma, San Juan 1969: 10. . . . 0–0 11. Dd2 Sc6 12. 0–0–0 Da5? *12. . . . ed6:!* 13. a3 ed6: 14. Sb5! mit weißer Gewinnstellung.

Mednis – Parma, Norristown 1973: 10. . . . 0–0 11. g3 Sg6 12. Dd2 ed6: 13. 0–0–0 Df6 14. cd6: Lg4 15. Ld4 Se5 mit unklarem Spiel.

H. Olafsson – Kaiszauri, Stockholm 1974: 10. . . . Sc6 11. Dd2 ed6: 12. cd6:? 0–0 13. 0–0–0 Da5 14. g3 Sb4 15. Lc4 Le6 16. Ld4 Lc4: 17. Lg7: La2: 18. Lf8: Lb3 19. cb3: Da1+ 20. Sb1 Tc8+ 21. Dc3 Tc3:+ 22. bc3: Sfd3+ und Schwarz gewann.

Lipski – Filippowicz, Polen 1976: 10. . . . Sc6 11. Dd2 0–0 12. 0–0–0 ed6: 13. h4! Da5 14. hg5: hg5: 15. g3 Sb4 16. Ld4! und der weiße Angriff ist vielversprechend – siehe Musterpartie III/5, Seite 55.

A14. 5. . . . c6
Mit diesem Zug leitet Schwarz ein Gegenspiel am Damenflügel ein und behält sich vor, die Strategie der Musterpartie III/1 zu übernehmen.

6. Dd2 *Nichts erreichte Weiß in der Partie Vujovic – Joksic, Sarajewo 1973 mit 6. e5 Sd5 7. Sd5: cd5: 8. Df3? de5: 9. de5: Da5+ 10. c3 d4! und Schwarz steht deutlich besser.* 6. . . . 0–0 7. Ld3 *7. 0–0–0 dürfte zu optimistisch sein: Nikitin – Liberzon, Moskau 1963: 7. . . . b5 8. e5 (oder 8. Ld3 Da5 9. Kb1 b4 10. Sce2 La6 und laut Keene steht Schwarz leicht besser). 8. . . . b4 9. ef6: ef6: 10. Lh4 bc3: 11. Dc3: Db6 12. Sf3 Sa6 Schwarz hat das bessere Spiel am Damenflügel.* 7. . . . b5 Jetzt muß Weiß handeln, aber 8. e5 b4!? führt zu großen Komplikationen, sodaß 8. Sf3 mit Übergang in die Musterpartie III/1 empfehlenswert ist, da 8. 0–0–0 nur die Aufgabe des Schwarzen erleichtert.

6. Sf3

Laut Parma erhält Schwarz nach 6. Dd2 mit 6. . . . c5!? ein gutes Spiel. Keene empfiehlt auf 6. Ld3 c5!? mit guten Chancen. Der Zug 6. e5?! ist verfrüht wegen 6. . . . Sg4! mit den Drohungen 7. . . . Se3 und 7. . . . f6, weswegen Schwarz ein gutes Spiel erhält.

Diagramm Nr. 46:

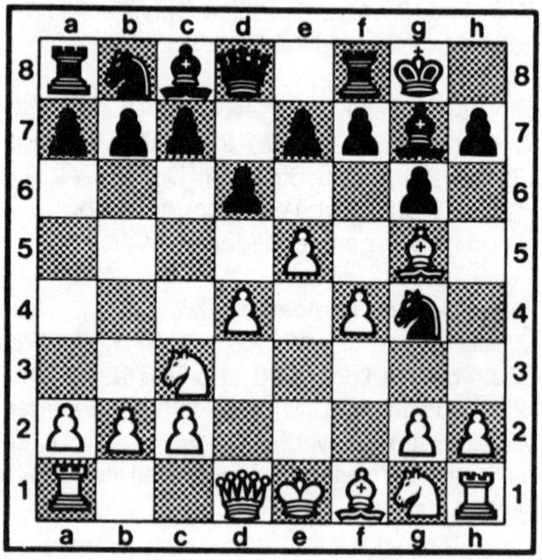

Der Zug 6. . . . Sg4! des englischen Theoretikers Raymond Keene stellt eine wichtige Verbesserung dieser Variante dar, weil ansonsten nur die Partie Unzicker – Pirc, Opatja 1953, zitiert wurde, in der Schwarz schlechter mit 6. . . . Se8? fortsetzte. Nach 7. Sf3 Sd7 8. Lc4 Sb6 9. Lb3 d5 10. 0–0 hatte Weiß Vorteil.

6. . . . c6

Hier kommt natürlich auch 6. . . . c5!? in Frage,

wozu jedoch nicht sehr viele Partiebeispiele vorliegen. Der Zug 6. . . . c6 ist eine ängstliche Reaktion auf das zu erwartende e4 – e5 von Weiß. Besser dürfte jedenfalls die von Parma empfohlene Fortsetzung 6. . . . c5!? sein.
In dem Partiebeispiel Milic – Pirc, Jugoslawien 1953, erhielt Schwarz ein gutes Spiel nach 7. d5?! b5! 8. Lb5: Se4: 9. Se4: Da5+ 10. Sc3 Lc3:+ 11. bc3: Db5: 12. Kf2 f6. Nach dem besseren 7. dc5: könnte folgen 7. . . . Da5 8. Dd2 Dc5: und Schwarz hat im Vergleich zu anderen Varianten zufriedenstellendes Spiel.

7. Ld3 b5

Eine außergewöhnliche Idee hat die Fortsetzung 7. . . . Db6!? 8. Dd2 *Nach 8. e5 Db2:!? 9. Sa4 Da3 hat Weiß zu wenig für den Bauern.* 8. . . . Lg4 9. e5 Lf3: 10. gf3:

Diagramm Nr. 47:

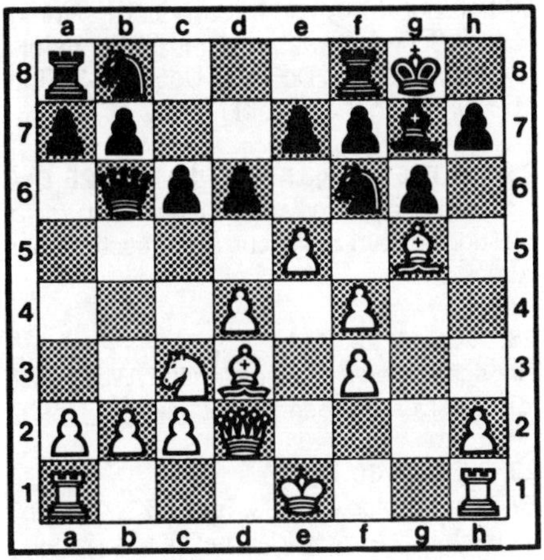

Und nun: Miles – Bernstein, Manila 1974: 10. . . . Sh5?! 11. Le7: Te8 12. Ld6: Dd4: 13. Se2! Db2: 14. Kf2 Db6+ 15. Kg2 Dd8 16. Sg3! Dh4 17. Sh5: Dh5: 18. Tab1 b6 19. Df2 Sd7 20. Dg3 g5? *Besser war 20. . . . Lf8!* 21. Tb4 mit aktivem weißem Spiel.

Mestel – Lambert, London 1977: 10. . . . Sd5! 11. Sd5: cd5: Hier einigten sich die Gegner bedauerlicherweise bereits auf Remis, obwohl die Stellung besser für Schwarz sein dürfte, z. B.: 12. Le7? Te8! oder 12. 0–0–0 de5:!, in beiden Fällen mit ausgezeichnetem schwarzem Spiel.
Die beste Fortsetzung 12. c3! f6 13. ef6: ef6: 14. Lh4 f5 ergibt Ausgleich.

8. Dd2 Lg4!

Schwarz bemüht sich um aktives Spiel, was besser ist als 8. . . . Sbd7?! 9. e5! b4? 10. Se2 de5: 11. fe5: Sd5 12. Lh6 f5? 13. h4 e6 14. h5 mit starkem weißem Angriff, Bisguier – Tarjan, USA 1973.
Der Zug 9. e5! dürfte stärker sein als 9. 0–0 Sb6 10. Tae1 b4 11. Sd1 c5 12. c3 bc3: 13. bc3: cd4: 14. cd4: d5!? 15. e5 Se4 16. Le4: de4: 17. Te4: La6 mit Kompensation für den geopferten Bauern, Byrne – Portisch, Hastings 1970/71.

9. f5

Nach 9. 0–0 Db6! erhält Schwarz vollwertiges Spiel.

9. . . . b4

Diese Fortsetzung ist mit einem Bauernopfer verbunden. Beachtung verdient auch 9. . . . Sbd7.

10. Se2 Sbd7!?

Diagramm Nr. 48:

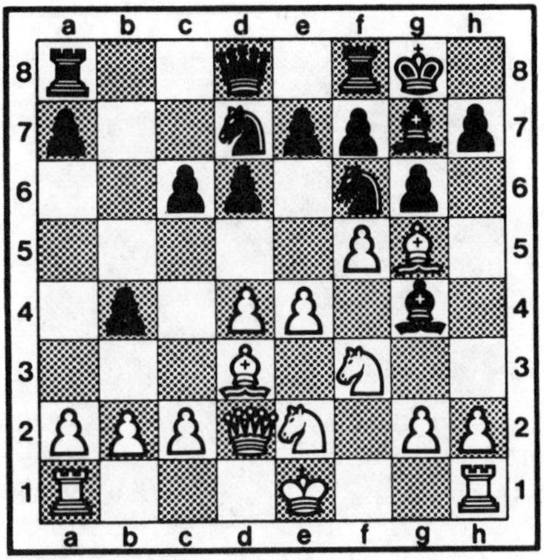

In der Partie Mestel – Quinteros, London 1977, spielte Schwarz Hasard: 10. . . . d5 11. e5!? Se4 12. Db4: c5 13. Db7 Sg5: 14. Sg5: c4 15. h3! cd3: 16. hg4: de2: 17. Th7: Sd7 18. fg6: Sb6 19. gf7:+ Tf7: 20. Sf7: Kf7: 21. Da6 e6 22. De2: Weiß hat seinen Vorteil festhalten können. Vermutlich konnte er vorher sein Spiel sogar noch verbessern.

11. 0–0

Falls Weiß das Bauernopfer annimmt, muß er mit schwarzem Gegenspiel auf den schwarzen Feldern rechnen: 11. Db4:?! c5! 12. Dd2 cd4: 13. Sed4: Sc5! mit ausgezeichneter Kompensation.

11. . . . c5

Auch die andere Möglichkeit, 11. . . . d5!? 12. ed5: Sd5: 13. h3 Lf3: 14. Tf3: Db6 ergibt kompliziertes Spiel, wo Weiß leicht besser steht.

12. c3 bc3: 13. bc3: Da5 14. Df4 cd4: 15. cd4: Da4

Dies richtet sich gegen den Vorstoß e4 – e5. Weiß steht etwas besser, und Schwarz muß am Königsflügel ständig alle Durchbruchsmöglichkeiten im Auge behalten.

16. Kh1 Tab8 17. Lh6

Der weiße Plan nimmt Gestalt an, denn es droht 18. Lg7: mit nachfolgendem e4 – e5.

17. . . . Da3!

Der beste Zug.

18. Tad1 Tb4

Auch dies richtet sich gegen e4 – e5.

19. Dg5

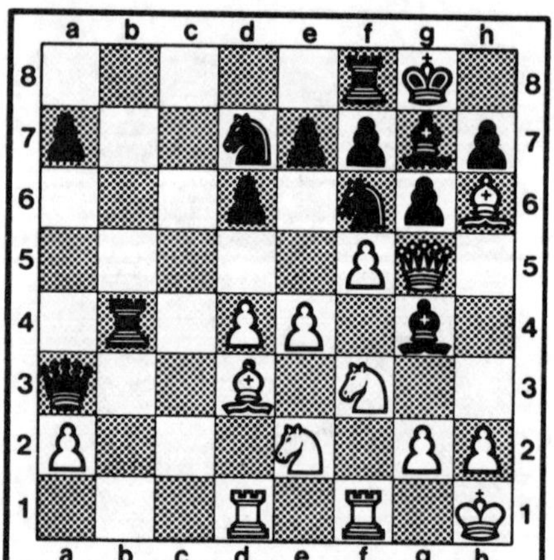

Diagramm Nr. 49 (siehe linke Spalte):

19. . . . Da4!

Wieder ein guter Verteidigungszug, nach dem in einigen Varianten der Turm d1 hängen könnte.

20. fg6: fg6: 21. Lg7: Kg7: 22. e5?!

Weiß hätte besser mit 22. Td2!? weiter abwarten sollen, wonach die Stellung ausgeglichen ist.

22. . . . de5: 23. de5: Lf3:! 24. gf3:

Nach 24. ef6:+? gf6:! gewinnt Schwarz. Es zeigt sich nun, daß die schwarze Dame von a4 aus zwei wichtige Funktionen erfüllt: Der Sd7 ist gedeckt und der Turm f1 ist gebunden.

24. . . . Sg8

Nicht 24. . . . Sd5? wegen 25. Lg6:!

25. Tg1?!

Die beste Chance für Weiß war 25. e6! Sdf6 26. Lg6: hg6: 27. Tg1 Sg4! 28. fg4: und es ist fraglich, ob Schwarz etwas anderes als die Remisfortsetzung 28. . . . Dc6+ 29. Dd5 Dd5: 30. Td5: Tb2 zur Verfügung gehabt hätte.

25. . . . Tb6 26. Sg3 Kh8 27. Le4 Sc5 28. De3

Der weiße Angriff verlief im Sande und in seiner Stellung blieben zahlreiche Bauernschwächen zurück.

28. . . . Se4: 29. Se4:

Ein schlechteres Endspiel hätte Weiß nach 29. De4: De4: 30. Se4: Tf3: erhalten.

29. . . . Da2: 30. Sg5

Ein Zeitnotfehler. Auch 30. Ta1 Dd5 31. Ta7: Tb3 gibt Schwarz entscheidenden Vorteil.

30. . . . Tb2! 31. Tg3 Th2:+ 32. Kg1 Dc2 33. Te1 Th5?!

Sofort entschieden hätte hier 33. . . . Sh6! mit der Drohung 34. . . . Sf5.

34. Tg2 Df5 35. e6 Sf6 36. Sf7+ Kg7 37. Da7: Sd5 38. Dd4+ Df6 39. Se5.

Das Endspiel nach 39. Df6:+ Kf6: wäre für Weiß verloren.

39. . . . Sf4 40. Tg4 Tg5 41. Te4?

Diagramm Nr. 50:

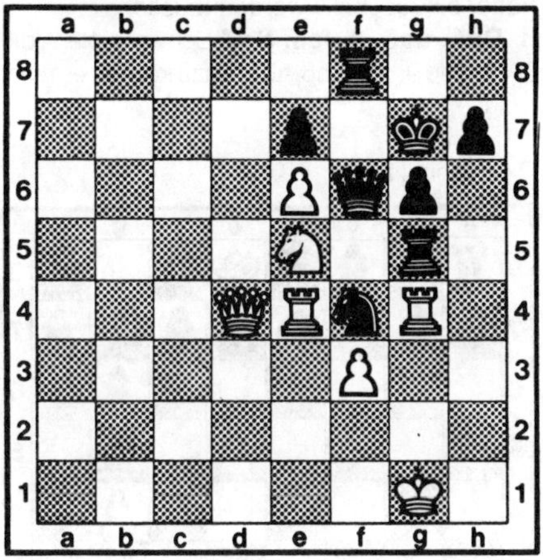

Dies ermöglicht dem Schwarzen einen sehenswerten Abschluß.

41. . . . Tg4:+ 42. fg4: Se2+!!
Schwarz gewinnt Material und erhält Mattangriff.
43. Te2: Df1+ 44. Kh2 De2:+ 45. Kg3 De1+ 46. Kh3 Df1+ 47. Kg3 Df6 48. Kh3 g5 49. Dc3 Df1+ 50. Kg3 Df2+
Weiß gab auf, da 51. Kh3 Dh4+ 52. Kg2 Tf2+ 53. Kg1 Dh2 matt die Folge wäre.

Musterpartie III/2

Liberzon – Torre, Nizza 1974
1. e4 d6 2. d4 Sf6 3. Sc3 g6 4. Lg5 c6 5. Dd2 b5 6. Ld3 h6 7. e3 Sg4 8. Lf4 e5 9. de5: de5: 10. Lg3 h5 11. Sf3

Diagramm Nr. 51 (siehe nächste Spalte):

Es zeigt sich, daß das vorangegangene Spiel des Schwarzen zu optimistisch war, denn der Bauer e5 ist schwach und nur der Königsspringer ist entwickelt. Der ganze Aufbau mit 5. . . . b5 und folgender Jagd auf den Läufer ist nicht im Sinne der Eröffnung. Torre findet noch die beste Fortsetzung. **11. . . . h4!?**

Diagramm Nr. 51:

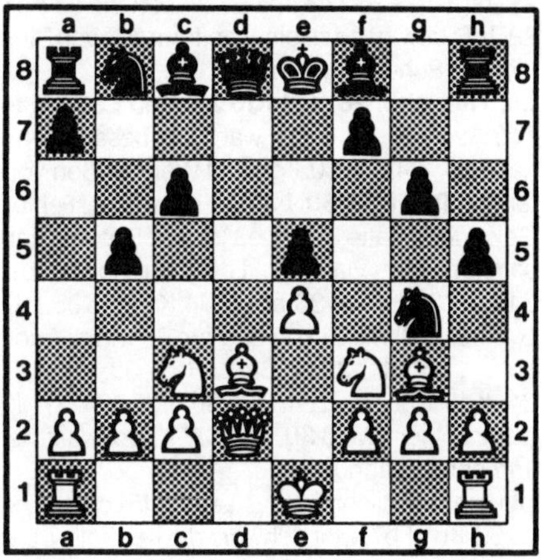

In der Partie Tal – Gufeld, UdSSR 1968, spielte Schwarz 11. . . . Lg7 und nach 12. h3! erhielt die Stellung die für Tal typische Schärfe. Es folgte: 12. . . . h4 13. hg4: hg3: 14. Th8:+ Lh8: 15. Dh6 gf2:+ 16. Ke2! Lf6 17. g5 Le7 18. Dh8+ Lf8 19. De5:+ Le6 20. Sb5: cb5: 21. Lb5:+ Sd7 22. Td1 und erst hier verdarb Schwarz seine Stellung mit dem Zug 22. . . . De7?.

Ausgleich ergab laut Tal 22. . . . Le7. Nach 23. Td7:! Ld7: 24. Ld7: Kd7: 25. Dd5+ konnte Schwarz aufgeben. Diese Partie hat eine gewisse theoretische Bedeutung, aber es scheint, daß nur Weiß das Spiel verbessern könnte.

12. Le5: Se5: 13. Se5: Df6 14. f4 Nicht 14. Sf3 wegen 14. . . . h3! usw. **14. . . . Lh6 15. Se2 De5:** Schwarz kann mit der Ausnutzung der Fesselung nicht länger warten, da auf 15. . . . 0–0 16. Dc3 Lf4: 17. Sc6:! folgt, wonach die weißen Chancen besser sind. **16. fe5: Ld2:+ 17. Kd2: Sd7?!**
Die andere Möglichkeit war 17. . . . Th5 wonach der weiße Vormarsch e5 – e6 verhindert wäre, aber nach 18. Thf1! Te5: 19. Tf4 g5 20. Tf6! behielte Weiß die aktivere Figurenstellung. **18. e6 fe6: 19. Sd4** Stark war auch 19. b4 und falls 19. . . . a5?, so folgt 20. a4! mit guten Gewinnchancen. **19. . . . Se5 20. Sf3 Sf3:** Hier war 20. Th5 mit weiterer Aktivierung einer Figur besser. **21. gf3: e5 22. a4! b4 23. Thg1 Kf7**

24. Tg5 Th5 Erzwungen, denn 24. . . . Kf6 25. Tag1 Tg8 26. Lc4 Tg7 27. f4 ef4: 28. e5 Ke7 29. Tg6: usw. hätte zu einer hoffnungslosen Stellung für Schwarz geführt.

25. Th5: gh5: 26. Tg1 Kf6 27. Ke3 Le6 28. f4 Tg8 Auch 28. . . . ef4:+ war nicht besser, denn nach 29. Kf4: Tf8 30. Tg5! hat Weiß großen Vorteil. **29. Tg8: Lg8: 30. b3?** Ein lehrreicher Fehler. Gewonnen hätte 30. f5! b3 31. c3 c5 (sonst entscheidet der Plan 32. La6, 33. Kd3 nebst 34. Lc4). 32. Lb5 c4 33. a5 Lf7 34. Kf3 Kg5 35. Ld7 Lg8 36. Le8! mit Zugzwang für Schwarz. Auch 30. . . . Lf7 31. b3 Le8 32. La6 c5 33. Lb5! Lf7 34. Kd3 Kg5 35. Lc4 Le8 36. Ld5 Kf4 37. f6 gewinnt für Weiß. **30. . . . Lf7?** Schwarz ist immer noch ahnungslos.

Liberzon empfiehlt 30. . . . Le6! 31. f5 Lc8 32. Lc4 c5 33. Kd3 Lb7, weil Schwarz die Kontrolle über das Feld c4 behält. **31. Lc4 Le8 32. f5 Ld7 33. Kd3??** Auch Großmeister können im Endspiel völlig daneben greifen. Weiß versäumt den Gewinn, der laut Liberzon mit 33. La6! zu erreichen war. Schwarz hätte die Kontrolle über das Feld c4 verloren: 33. . . . c5 34. Lb7 c4 Sonst entscheidet der Marsch des Königs von e3–d3 nach c4. 35. bc4: La4: 36. c5 Lc2: 37. c6 b3 38. c7 b2 39. c8D b1D 40. Df8+ Kg5 41. Dg7 matt, oder 34. . . . Le8 35. Kd3 Lf7 36. La6 Le8 37. Lb5 Lf7 38. Lc4 Le8 39. Ld5 Kg5 40. Kc4 und Weiß gewinnt.

33. . . . Lc8! 34. c3 c5 35. Lb5 a5! 36. cb4: cb4: 37. Ke3 Lb7 remis.

Musterpartie III/3

Vasjukov – Pribyl, Zalaegerszeg 1977

1. e4 d6 2. d4 Sf6 3. Sc3 g6 4. Lg5 Sbd7 5. f4 c5?! Ein neuer Zug, der jedoch nicht zu empfehlen ist. **6. e5 Sh5 7. g4!?** Die stärkste Fortsetzung. **7. . . . cd4:?** Bedauerlicherweise verdirbt Schwarz schon sehr früh diese interessante Stellung, denn er übersieht den weißen Zwischenzug. Besser war 7. . . . Sg7 und falls 8. ed6:?, folgt 8. . . . Se6! mit Initiative für den geopferten Bauern.

Weiß konnte hingegen stärker mit 8. Lc4! fortsetzen und nach 8. . . . cd4: 9. Dd4: de5: 10. fe5: Se6 11. Le6: fe6: entsteht eine komplizierte Stellung, in der die weißem Chancen wiederum höher eingeschätzt werden müssen.

8. Dd4: de5: 9. fe5: Sg7 Schwarz plant die Blockade 9. . . . Se6, aber dazu kommt es nicht mehr.

Diagramm Nr. 52:

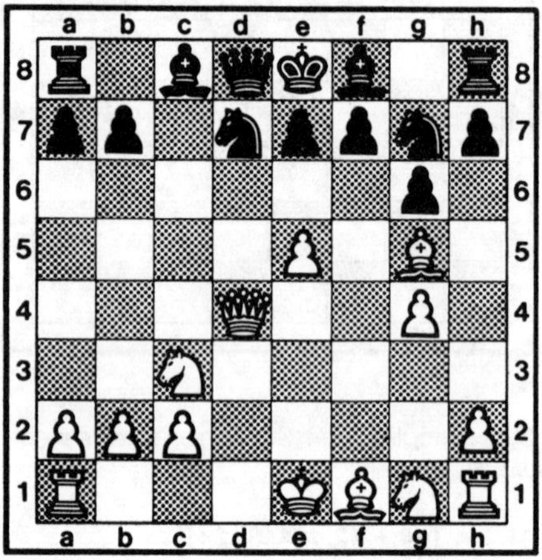

10. e6! Nach diesem starken Bauernopfer kommen alle weißen Figuren aktiv ins Spiel. Das schwarze Qualitätsopfer ist erzwungen, da seine Stellung nach 10. . . . fe6: völlig trostlos wäre. **10. . . . Se6: 11. Dh8: Sg5: 12. 0–0–0** Materialmäßig steht Schwarz beinahe noch ausgeglichen, er kommt jedoch nicht mehr zu einer gesunden Entwicklung.

12. . . . a6?! Mehr Widerstand hätte Schwarz mit 12. . . . Da5 13. Td5 Db6 leisten können, allerdings stünde Weiß weiterhin deutlich besser.

13. h4! Se6 14. Lc4 Db6 15. Sh3! Alle weißen Figuren kommen a tempo ins Spiel.

15. . . . h6 16. The1 Sdc5 Schwarz ist verloren, da sich seine Figuren gegenseitig im Wege stehen. **17. Sd5 Da7?** Dies ermöglicht dem Weißen einen eleganten Abschluß.

Etwas länger hätte sich Schwarz nach 17. . . . Dc6 halten können.

18. g5 h5 19. Sc7+! Die Krönung.

19. . . . Sc7: 20. Te7:+! und Schwarz gab auf, ohne sich das Matt in zwei Zügen zeigen zu lassen.

Musterpartie III/4

Savon – Kuzmin, UdSSR 1975
1. e4 d6 2. d4 Sf6 3. Sc3 g6 4. Lg5 Lg7 5. Dd2 h6 6. Lh4 c6 7. f4 0–0 Gufeld empfiehlt hier 7. . . . b5!?. aber nach 8. Ld3 steht Weiß besser. **8. Sf3 Sa6** Dieser schwache Zug verschlimmert nur noch die Lage des Schwarzen, der mit 5. . . . h6 seine Rochadestellung schon ernstlich geschwächt hatte. **9. e5! de5: 10. fe5: Sd5 11. Sd5: cd5:** Keine Kompensation für den Bauern hätte Schwarz nach 11. . . . Dd5: 12. Le7: Te8 13. Lh4 usw. **12. Ld3 Le6 13. Lf2!** Führt den Läufer wieder auf die stärkere Diagonale. **13. . . . Db6 14. c3 Lg4 15. Le3 Kh7 16. 0–0** Die schwarze Stellung ist strategisch verloren. **16. . . . e6** Schwarz bereitet sich auf eine lange Verteidigung vor. Schnell verloren hätte 16. . . . Lf3:? 17. Tf3: Sc7 18. Lh6:! Lh6: 19. Th3 usw. **17. Sh4!** Mit diesem Zug wird der Königsangriff verschärft. **17. . . . Dd8 18. Df2 Sc7 19. Tae1 Lf5 20. Sf5: ef5: 21. Lc1 Se6 22. De2!** Ein sehr feiner Zug. Schwarz kam zwar zur Springerblockade auf e6, kann jedoch die Öffnung der Diagonale b1–h7 nicht mehr verhindern. **22. . . . Dh4** Dies unterbindet momentan den Vorstoß g2–g4, aber die Schattenseiten dieses Zuges werden von Weiß sehr drastisch nachgewiesen. **23. g3 Dh3** Nach 23. . . . De7 wäre 24. g4! wieder möglich gewesen.

Diagramm Nr. 53:

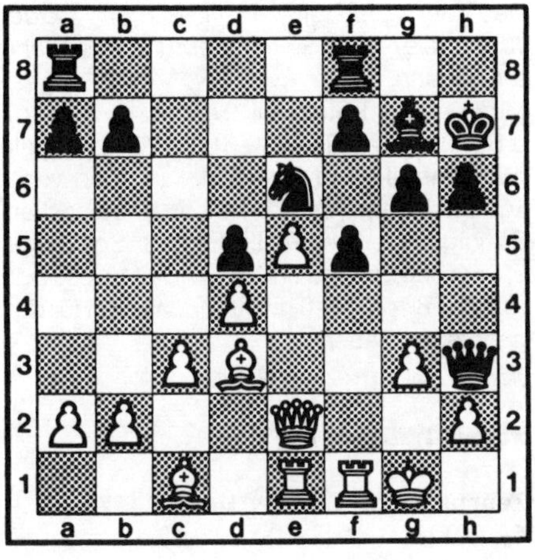

24. Tf5:!! Eine sehenswerte taktische Wendung. Schwarz bekommt zwar beide Türme für die Dame, aber die Stellung nach **24. . . . gf5: 25. Tf1 Kh8 26. Lf5: Df1:+ 27. Df1:** ist hoffnungslos. Deshalb gab Schwarz auf.

Musterpartie III/5

Lipski – Filipovicz, Polen 1976
1. e4 d6 2. d4 Sf6 3. Sc3 g6 4. Lg5 Lg7 5. f4 h6 Diese Fortsetzung ist zweischneidig. Solider wäre 5. . . . 0–0.
6. Lh4 c5 Dieser bizarre Zug stammt von dem polnischen Meister Pytel. **7. e5 Sh5 8. dc5: Sf4: 9. ed6: g5 10. Lf2 Sc6 11. Dd2**

Diagramm Nr. 54:

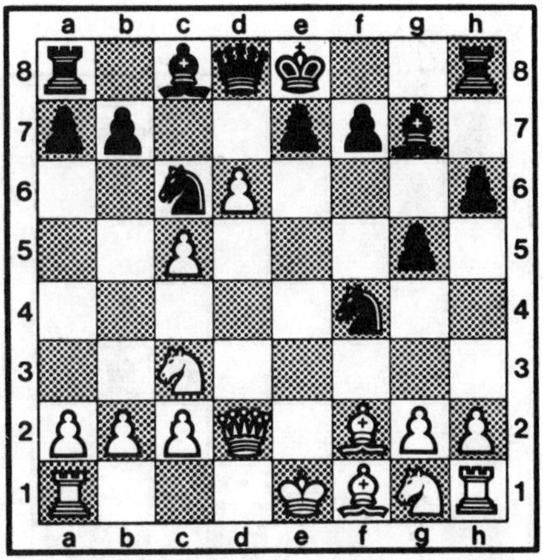

Die kritische Stellung. **11. . . . 0–0?!** In dieser komplizierten Stellung hätte 11. . . . ed6:! den Weißen vor eine schwere Wahl gestellt. Nach dem besten Zug 12. 0–0–0! wäre 12. . . . dc5:?! schlecht wegen 13. De3+ De7 14. De7:+ Se7: 15. Sb5 Se6 (oder 15. . . . 0–0? 16. Sc7 Tb8 17. Lc5: mit entscheidendem weißem Vorteil). 16. Sd6+ Kf8 17. Lc4 und Weiß bekommt für den geopferten Bauern eine starke Initiative. Besser war 12. . . . Da5. Danach wäre 13. cd6:? fehlerhaft wegen 13. . . . 0–0 mit starkem schwarzem

Angriff, und auch das bessere 13. a3 Lc3: 14. Dc3: Dc3: 15. bc3: Ld7 überläßt Schwarz eine gute Stellung. **12. 0–0–0 ed6:?** Zu spät! Besser war 12. . . . Lg4!? und falls 13. Le2, so 13. . . . Se2: 14. Sge2: ed6: 15. cd6: Da5 mit vielen Drohungen; nach 13. de7: De7: 14. Te1 Df6 (14. . . . Dc7? 15. Sb5 mit weißem Vorteil) 15. Dd6 Se6 und Schwarz hat aktives Spiel für den Bauern.
13. h4! Weiß hat nun das Aktionstempo auf seiner Seite. **13. . . . Da5** Es verlor auch 13. . . . Lg4 14. hg5: hg5: 15. g3! mit entscheidender Initiative am Königsflügel. **14. hg5: hg5: 15. g3 Sb4** Auch andere Züge sind nicht besser, z.B. 15. . . . Lc3: 16. Dc3: Dc3: 17. bc3: Se6 18. cd6: und Weiß gewinnt.
16. Ld4! Lg4 Oder 16. . . . Sa2:+ 17. Sa2: Da2: 18. Dh2! mit Mattangriff.

Diagramm Nr. 55:

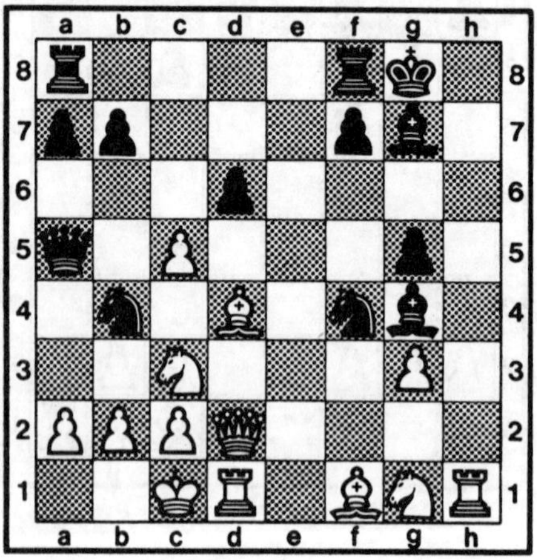

17. Lc4! Dies stoppt den schwarzen Gegenangriff endgültig und die Partie neigt sich dem Ende zu. **17. . . . dc5: 18. Lg7: Kg7: 19. gf4: Ld1: 20. Dd1: Th8 21. Sh3** Einfacher war 21. Th8: Th8: 22. Dd7, aber auch der Textzug verdirbt nichts. **21. . . . Dd8 22. Dg4 Th4 23. Dg3 De7 24. Tg1 Te8 25. Sg5: Tg4** Es herrscht hochgradige Zeitnot! **26. Se6+ De6: 27. Dg4:+ Dg4: 28. Tg4: Kf6 29. Tg5** Schwarz gab auf.

IV. Das Läufersystem:

1. e4 d6 2. d4 Sf6 3. Sc3 g6 4. Lc4

Dieses System mit der Entwicklung des Läufers c4 hat in letzter Zeit an Beliebtheit verloren, was unserer Meinung nach nicht gerechtfertigt ist, da der Aufbau hier für Weiß nicht schlechter ist, als in der Variante 1. e4 g6 2. d4 Lg7 3. Sf3 d6 4. Lc4 Sf6 5. De2 usw. der modernen Verteidigung. Die Fortsetzung 4. Lc4 wird in der Theorie allgemein als Cholmov-Variante bezeichnet. Der sowjetische Großmeister Cholmov hat diesen Aufbau in die Praxis eingeführt und in der ersten Zeit damit große Erfolge verzeichnet, wohl nicht zuletzt deswegen, weil die schwarzen Verteidigungssysteme kaum ausgearbeitet waren. Bald zeigte sich jedoch, daß auch Weiß sich um Verstärkungen des Spiels bemühen mußte, da Schwarz in einer der Hauptvarianten mit dem taktischen Schlag 6. . . . Se4:! ausgezeichnetes Spiel erreichen kann.
Es folgen einige Partiebeispiele, in denen Schwarz die Entwicklung seines Königsspringers zurückstellt:

Ljubojevic – Ciocaltea, Vrsak 1971:
1. e4 g6 2. d4 d6 3. Sc3 Lg7 4. Lc4 c6?! 5. Df3! Schwarz mußte bereits 5. . . . e6 spielen, was natürlich nicht in das strategische Konzept paßt. Es folgte 6. Sge2 Sd7 7. a4 a5 8. h4 Sgf6 9. La2! h5 10. Lg5 e5 11. 0–0 De7 12. Dg3 ed4: 13. Sd4: De5? 14. Sf5! gf5: 15. Lf4 Sg4 *Oder 15. . . . De7 16. Ld6:!* 16. Le5: und Weiß stand auf Gewinn.
Murej – Gufeld, Suchumi 1972: 1. e4 g6 2. d4 Lg7 3. Sc3 c6 4. Lc4 d6 5. Df3! e6 6. Lf4 Weiß vertraute auf seine aktivere Figurenstellung und verlor keine Zeit damit, den Zentralbauern zu decken. Es folgte 6. . . . d5 7. Lb3 Sf6 8. Sge2 Se4: 9. Se4: de4: 10. Dg3 Sd7 11. Lc7 De7 12. Ld6 Dd8 13. h4 Sf6 14. 0–0–0 mit Kompensation für den geopferten Bauern.

Musterpartie IV/1

Zeschkowski – Zidkov, UdSSR 1972
4. . . . Lg7

Nichts erreichte Schwarz in der Partie Westerinen – Kavalek, Amsterdam 1971, mit 4. . . . Sc6 5. Sf3 Lg7 6. d5 Sb8 7. 0–0 c6 8. a4 Lg4 9. h3 Lf3: 10. Df3: Sbd7 11. De2 a5 12. Le3 und Weiß hatte mit seinem Läuferpaar ein sehr aussichtsreiches Spiel.

Verfrüht ist der Zug 4. . . . c6!?, denn nach 5. De2! hat Schwarz keine andere Wahl, als mit 5. . . . Lg7 6. e5 Sd5 7. Ld2 usw. in die Musterpartie IV/2 Tan – Smyslow, Seite 62, einzulenken.

Nach 5. De2! darf Schwarz nicht 5. . . . d5? fortsetzen, da Weiß mit 6. ed5: cd5: 7. Ld5: Sd5: 8. Db5+ einen gesunden Mehrbauern bekommt. In der Partie Medina – Rijmsdijk, Wijk aan Zee 1972, kannte Weiß diesen taktischen Trick nicht, und die Partie ging nach 5. . . . d5? 6. Lb3 Lg7 7. Sf3 in normale Bahnen über.

A 5. Sf3

Die andere, sehr vielversprechende Möglichkeit, nach der Schwarz kein leichtes Spiel hat, ist **B** 5. De2

B1: 5. . . . 0–0?! 6. e5! Se8 7. Lg5 Sc6 8. 0–0–0 und Weiß steht laut Fridstein leicht besser. Keene gibt hier eine andere Variante an: 5. . . . 0–0!? 6. e5! Sfd7 7. e6 fe6: 8. Le6:+ Kh8 9. Sf3 mit großem weißem Vorteil.

B2: 5. . . . e5?! 6. de5: de5: 7. Lg5 c6 8. f4 Sbd7 9. 0–0–0, Tenenbaum – Haritonow, Moskau 1967, ebenfalls mit besserer Stellung für Weiß.

B3: 5. . . . c6 6. e5 Sd5 7. Ld2! 0–0 8. Lb3 a5 9. a4 de5: 10. de5: Sa6 11. Sf3 Sc5 12. Ld5:! cd5: 13. Le3 Se4 14. Ld4, siehe Musterpartie IV/2 Tan – Smyslow, Seite 62. Weiß beherrscht die wichtigen schwarzen Felder und steht besser. Überhaupt hat Weiß es nach der Fortsetzung 7. Ld2! nebst langer Rochade sehr bequem.

B4: 5. . . . Sc6!? Diese Fortsetzung, in der Weiß drei Figuren und zwei Bauern für die Dame erhält, wird von Keene empfohlen, dürfte jedoch für Weiß vorteilhaft sein, z. B.: 6. e5 Sd4: 7. ef6: Se2: 8. fg7: Tg8 9. Sge2: Tg7: 10. Lh6 Tg8 11. 0–0–0 e6 12. h4! und Schwarz behält seine Sorgen um die Entwicklung. Vielleicht kann das schwarze Spiel nach 6. e5!? durch den Springerrückzug 6. . . . Sd7!? verbessert werden.

Diagramm Nr. 56:

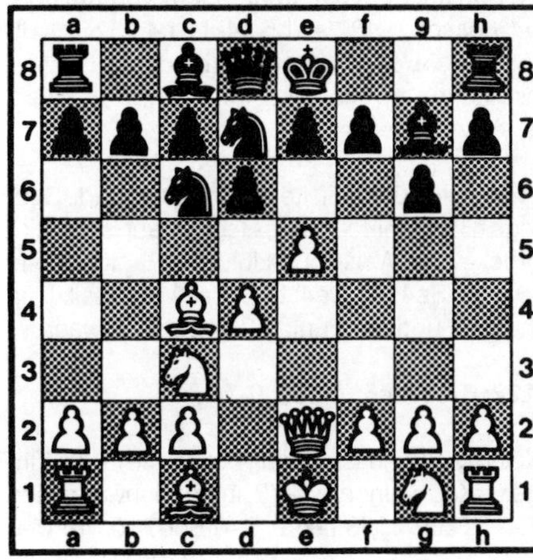

7. Lf7:+! ***Dies ist erzwungen, denn nach 7. e6? fe6: 8. De6:? Sde5! gewinnt Schwarz.***
7. . . . Kf7: 8. e6+ Kg8 9. ed7: Hier kann Schwarz zwischen 9. . . . Ld7: oder 9. . . . Dd7: wählen. In beiden Fällen verfügt er über das Läuferpaar, muß jedoch eine sehr anfällige Königsstellung in Kauf nehmen. Weiß kann in der Folge mit 10. Sf3!? den Bauern d4 opfern, mit sehr unklarem Spiel.

Zuletzt sei erwähnt, daß das Spiel nach 5. f4 in das Kapitel VIII – 1. e4 d6 2. d4 Sf6 3. Sc3 g6 4. f4 Lg7 5. Lc4 usw. – übergeht.

A1: 5. . . . 0–0

Ganz schlecht wäre hier 5. . . . Se4:? 6. Lf7:+ Kf7: 7. Se4: Tf8 8. h4! mit guten weißen Angriffsaussichten.

Gut spielbar ist allerdings

A2: 5. . . . c6

Und nun:

A21: 6. Lb3

Hier kann Schwarz am einfachsten folgendermaßen ausgleichen: 6. . . . 0–0 7. De2 Lg4 8. h3 Lf3: 9. Df3: e6 10. Lg5 h6 11. Lh4 Sbd7 12. 0–0–0? ***Besser war 12. 0–0 mit unklarem Spiel.***

12. ... Da5 13. De2 ***Hier war 13. g4 nebst 14. Lg3 mit dem nachfolgendem Vorstoß h3 – h4 besser.*** 13. ... b5 14. f4 b4 15. Sb1 d5 16. Sd2 c5!, und in der Partie Medina – Botwinnik, Palma de Mallorca 1967, stand Schwarz ausgezeichnet.

In der Folge überspielte der hervorragende Stratege Botwinnik seinen Gegner auf sehr eindrucksvolle Weise. 17. Lf6: Sf6: 18. dc5: de4:! 19. Se4: Se4: 20. De4: Dc5: Schwarz besitzt die Initiative und der Punkt b2 ist sehr schwach.

A22: 6. e5! de5: 7. Se5: 0–0

Keine große Aussagekraft besitzt die Partie Kluger – Kapu, Ungarn 1972, in der Schwarz nach 7. ... Sd5 8. Df3 Le6 9. 0–0 Sbd7 10. Te1 0–0 11. Sd5:? Se5:! 12. de5: Ld5: 13. Ld5: Dd5: leicht ausglich.
Weiß hätte besser 11. Lg5! spielen sollen statt des wenig energischen Abtauschs im Zentrum: 11. Sd5:?

8. 0–0 Sbd7 und nun:

A221: 9. f4 Dc7 10. Df3 a6 11. Te1 e6 12. Lb3 c5 13. Le3 cd4: 14. Ld4: Se5: 15. fe5: Sd7 16. Se4 Le5: 17. Le5: De5: 18. Tad1 und Weiß erhielt in der Partie Tal – Bilek, Miskolc 1963, gefährliche Initiative. Tal selbst empfahl später für Schwarz zwei Verbesserungen und zwar 11. ... b5 und 13. ... b6!? Er gibt dazu folgende Varianten an: 11. ... b5 12. Sc6: bc4: 13. Se7:+ Kh8 14. Da8: Lb7 15. Da7 Ta8 und Schwarz gewinnt. 13. ... b6!? 14. dc5: Sc5: 15. Da8: Lb7 mit gut spielbarer schwarzer Stellung.

A222: 9. De2 Dieser Zug geschah in der Partie Padevski – Petrosjan, Tel Aviv 1964, die wie folgt verlief: 9. ... a5 10. a3 Sb6 11. La2 Lf5 ***Nicht 11. ... Dd4:? 12. Sf7: Tf7: 13. Le3 Dd8 14. Lb6: Db6: 15. De7: Sd5 16. Sd5: und Weiß gewinnt.*** 12. Te1 a4 13. Le3 Sfd5 14. Sd5: Sd5: 15. c4 Se3: 16. De3: Dc7 17. c5 und Weiß steht leicht besser. Die Beurteilung der Fortsetzung 9. De2 hängt von der Variante 9. ... Sb6 10. Lb3 Dd4: 11. Td1 Dc5 ab. Für den geopferten Bauern hat Weiß nur geringfügige Kompensation.

A223: 9. Lg5!? Sb6 ***Ein besseres Endspiel erhält Weiß nach 9. ... Se5: 10. de5: Sg4 11. e6 Le6: 12. Le6: Dd1: 13. Tad1: fe6: 14. Td7. Fehlerhaft ist auch 9. ... c5? 10. Sd7: Ld7: 11. dc5: Dc7 12. Lf6: Lf6: 13. Sd5 Dc5: 14. Sf6:+ ef6: 15. Dd7: Dc4: 16. c3 und Weiß hat einer Analyse von Cholmov zufolge großen Vorteil.*** 10. Lb3 a5 11. a4 ***11. a3!?*** 11. ... Sfd5! ***Es droht 12. ... f6*** 12. Sd5: cd5: 13. Lf4 f6 14. Sd3 Te8 15. Te1 Sc4 16. Df3 e6 17. c3 Ta7 18. Te2 b6 19. Tae1 Tae7 Perez – Tringov, Havanna 1965. Die entstandene Stellung ist äußerst schwer zu beurteilen. Allerdings war die Fortsetzumg 11. a3!? besser, da dem schwarzen Springer ständig das Feld b4 verwehrt geblieben wäre.

A23: 6. De2
Hiernach kann das Spiel mit 6. ... 0–0 7. e5 in die Hauptvariante übergehen. Sehr riskant für Schwarz ist die Fortsetzung 6. ... b5?! 7. e5! bc4: 8. ef6: Lf6: 9. Lh6 und nach Fridstein hat Weiß für den geopferten Bauern sehr gute Chancen. Weiß kann jedoch auch ohne Bauernopfer mit 7. Lb3 fortsetzen. In der Partie Evans – Winslow, Chicago 1973, folgte 7. ... b4 8. Dc4! d5 9. ed5: bc3: 10. dc6: Da5 ***Es drohte 11. c7!*** 11. Df7:+ Kd8 12. 0–0 Se8 13. c7+! Dc7: 14. Lf4 Db7 15. Sg5 Tf8 16. Te1! h6 17. Df8: hg5: 18. Df7 gf4: 19. Ld5 Dc7 20. La8: und Weiß gewinnt. In der Partie Fernandez – Böhm, Las Palmas 1974, geschah der Rückzug des Läufers 7. Ld3 und nach 7. ... a6 8. a4 b4 9. Sd1 0–0 10. Lg5 h6 11. Lf6: Lf6: 12. Dd2! Lg4 13. Db4: Sd7 14. Dd2 Lf3: 15. gf3: Ld4: 16. Dh6: Lg7 17. Dg5 e5 18. Dd8: Tfd8: 19. a5 hatte Schwarz für den Bauern nur geringe Kompensation.

A11: 6. De2!
Nach dieser Fortsetzung, die unseres Erachtens die beste ist, muß Schwarz äußerst genau spielen, denn der taktische Schlag Se4: mit folgendem d5 ist verhindert, und der weiße Vorstoß e4 – e5 wird vorbereitet. Andere Fortsetzungen sind hier:

A12: 6. Lb3
Boleslawski gibt die Variante 6. ... Lg4 7. Le3 Sc6 8. h3 Lf3: 9. Df3: e5 10. de5: de5: 11. Se2 Sa5

12. Td1 De7 13. 0–0 Sb3: 14. ab3: Tfd8 mit Ausgleich an.
Elastischer dürfte die Fortsetzung 6. . . . Sc6 7. h3 Sa5 8. Lg5 *8. Le3 c6 9. 0–0 d5 10. e5 geschah in der Partie Sacharow – Wasjukow, Moskau 1963, in der Schwarz nun laut Keene mit 10. . . . Se8 ein gutes Spiel erhalten konnte.*
8. . . . h6 9. Le3 Sd7 10. 0–0 a6 11. Dd2 Kh7 12. Tad1 e6 13. Se2 Sb3: 14. ab3: De7 15. Sg3 b6 16. c4 Lb7 17. d5 a5 18. Tfe1 e5 19. h4 f5 sein, wonach Schwarz in der Partie Espig – Jansa, Sotschi 1974, ausgezeichnetes Spiel erhielt.

A13: 6. e5
Dieser Vorstoß, der nach 5. . . . c6 wirksam wäre, bringt dem Weißen hier nichts ein. Nach 5. . . . 0–0 spart Schwarz jedoch ein Tempo und kann nach Abtausch des weißen Zentralspringers e5 leicht ausgleichen. In der Partie Malinov – Tarme, Gomel 1968, geschah 6. . . . de5: 7. Se5: Sbd7 8. 0–0 c5 9. Le3 cd4: 10. Ld4: Se5: 11. Le5: Lg4 mit Ausgleich.
Eine bessere Möglichkeit für Schwarz wurde in der Partie Ljubojevic – Planinc, Madrid 1973, demonstriert: 6. . . . de5: 7. Se5: Sfd7!? 8. De2 *8. f4 Se5: 9. fe5: d5!* 8. . . . Sb6 9. Lb3 Sc6 10. Sc6: bc6: 11. Le3 a5! 12. a4 La6 13. Dg4 Lc4 und Schwarz hatte ein vollwertiges Spiel.
Bei den anderen Fortsetzungen, die alle nicht auf die schwarze taktische Drohung Se4: eingehen, kann Weiß durchweg nicht auf Vorteil hoffen.

A14: 6. Le3
6. . . . Lg4 7. h3 Lf3: 8. Df3: Sc6 9. Lb5 Sd7 10. Td1 e5 11. Lc6: bc6: 12. 0–0 Db8 13. b3, und nun kann Schwarz mit 13. . . . Db4! 14. Se2 Tfe8 leicht ausgleichen. In der Partie Cholmov – Fromm, Kapfenberg 1970, geschah indessen schwächer 13. . . . Db7? 14. d5! c5 15. g4 mit weißem Positionsvorteil. Statt 6. . . . Lg4 ist auch 6. . . . Se4:! gut spielbar.

A15: 6. Lg5
Danach gleicht Schwarz am besten mit dem bekannten Motiv aus: 6. . . . h6 7. Lf4 Se4:!? 8. Se4: d5 9. Ld3 de4: 10. Le4: Sd7 11. Dd2 g5! 12. Le3 Sb6 13. Ld3 f5 mit aktivem schwarzem Spiel, Golovko – Murej, Moskau 1963.

A16: 6. h3
6. . . . Se4:! 7. Lf7:+ *Diese Fortsetzung ist sehr verpflichtend für Weiß, allerdings bereitet die andere Möglichkeit, 7. Se4: d5 8. Ld3 de4: 9. Le4: c5! 10. dc5: Dc7 11. 0–0 Sd7 12. c6 bc6: dem Schwarzen kaum Sorgen. So folgte zum Beispiel in der Partie Hort – Adorjan, Luhacovice 1973: 13. Ld3 Sc5 14. Lc4 Sa4! 15. c3 Sb6 16. De2 Sc4: 17. Dc4: Le6 18. Dh4 Ld5 mit leichtem schwarzem Vorteil, oder in der Partie Ghizdavu – Botterill, Graz 1972: 13. Sd4 Lb7 14. c3 Sc5 15. Lc2 e5 16. Sb3 Se6 17. De2 Tfe8 18. Tfe1 f5 und die schwarze Stellung verdient den Vorzug.* 7. . . . Tf7: 8. Se4: d5 *8. . . . c6? 9. Dd3 Da5+ 10. Ld2 Df5 11. Sh4 Dd5 12. Le3 b5 13. Sc3 Dh5 14. Sf3 Df5 15. Dd2! und in der Partie Cholmov – Sacharow, Lvov 1973, gelang es dem Schwarzen nicht, sein Figurenspiel zufriedenstellend zu koordinieren.* 9. Sc3 Sc6 10. 0–0 Dd6 11. Sb5 Dd7 12. c3 a6 13. Sa3 h6? Hier sollte laut Cholmow 13. . . . e5!? mit zufriedenstellendem Spiel für Schwarz geschehen, siehe Musterpartie IV/3, Cholmov – Rukavina, Seite .

A17: 6. 0–0 Se4:!
Dies dürfte auch hier die beste Fortsetzung sein, wenngleich auch 6. . . . Sc6 gut spielbar ist, wonach der spanische Meister Medina in zwei Partien in Nachteil geriet: Medina – Parma, Tunis 1973: 7. h3? Se4:! 8. Lf7:+ Tf7: 9. Se4: d5 10. Seg5? ***10. Sc3 war noch das Beste*** 10. . . . Tf8 11. Te1 Dd6 12. c4 h6 13. cd5: Dd5: 14. Se4 Df7 15. Le3 Lf5 16. Sg3 Lh3:! und Schwarz steht deutlich besser.
Medina – Larsen, Las Palmas 1973:
7. h3? Se4:! 8. Lf7:+ Tf7: 9. Se4: d5 10. Sc5 Dd6 11. Le3 e5 12. de5: Se5: 13. Se5: Le5: 14. c3 c6 15. Sd3 Lg7 16. Dd2 Lf5 17. Lc5 Dc7 wiederum mit schwarzem Vorteil. Nach 6. . . . Sc6 gewährt Schwarz dem Weißen allerdings den Zug 7. d5, was den taktischen Schlag Se4: verhindert.

Durchaus spielbar ist aber 6. . . . Lg4 z.B. Medina – Padevski, Kapfenberg 1970:
7. h3 Lf3: 8. Df3: Sc6 9. Le3 Sd7 10. Tad1 e5 11. de5: de5: 12. Sd5 Sd4 mit Ausgleich.

A171: 7. Lf7:+?!

7. Se4: d5 8. Ld3 de4: 9. Le4: c5! 10. dc5: Dc7 11. c3 Sd7 12. b4 a5! 13. Tb1 Sf6 14. Ld3 (oder 14. Lc2 Le6 15. Lb2 La2: mit schwarzem Vorteil, Estrin – Gusev, Riga 1951) 14. . . . Td8! 15. Dc2 Td3:! 16. Dd3: Lf5 und Schwarz stand in der Partie Lechtinski – Kubitschek, CSSR 1972, auf Gewinn. 7. . . . Tf7: 8. Se4: h6 9. h3 und nun: Medina – Andersson, Las Palmas 1972: 9. . . . d5 10. Sc5 ***10. Sc3!?*** 10. . . . Sc6 11. c3 Df8 12. Se5 Se5: 13. de5: c6 14. f4 b6 15. Sb3 g5 16. Sd4 mit Ausgleich.

Honfi – Adorjan, Budapest 1974
Hier zeigte Schwarz den bestmöglichen Plan: 9. . . . Df8! 10. Te1 Sc6 11. d5 ***Nicht besser ist 11. c3 d5! 12. Sc5 e5! und Schwarz steht deutlich besser.***

Diagramm Nr. 57:

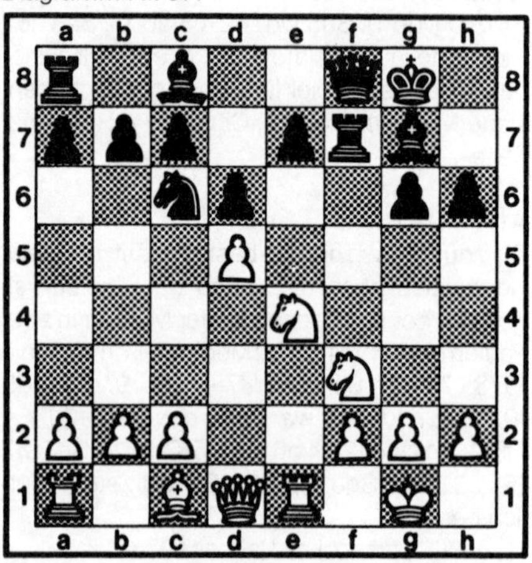

11. . . . Tf3:! Ein korrektes Qualitätsopfer, nach dem Schwarz eine gefährliche Initiative erhält. 12. gf3: Sd4 13. Kg2 g5 14. c3 Sf5 15. Th1 Sh4+ 16. Kf1 Sf3: Siehe Musterpartie IV/4, Seite .

A111: 6. . . . 6

Die andere Möglichkeit ist

A112: 6. . . . Lg4?!

Die Partie Hort – Keene, Teeside 1975, war deshalb besonders bemerkenswert, weil hier die Autoren zweier Bücher über die Pirc-Ufimzew-Verteidigung aufeinandertrafen. Dort folgte 7. e5 Se8? 8. Lg5 Sc6 9. 0–0–0 Kh8 10. The1 Dc8 11. Ld5! mit weißem Raumvorteil, siehe Musterpartie IV/5, Seite 64. Später gelang es dem erfindungsreichen Jugoslawen Planinc, das ganze System für Schwarz zu verbessern:
Hort – Planinc, Portoroz 1977:
7. . . . Sh5!? 8. h3 Lf3: 9. Df3: de5: 10. Db7: Sd7 11. de5: Se5: 12. Le2 Sf6 mit sehr verwickeltem Spiel. Der Zug 7. . . . Sh5!? ist auf jeden Fall besser als Keene's passives 7. . . . Se8?

A1111: 7. e5

Das Beste. Weniger versprechen die anderen Möglichkeiten:

A1112: 7. 0–0 Lg4 8. h3 ***8. Lg5 Da5! 9. De3? Lf3: 10. gf3: Sbd7 11. Tfd1 Tfe8 12. Lf1 Sf8 mit leichtem schwarzem Vorteil, Szekely – Csom, Budapest 1968.*** 8. . . . Lf3: 9. Df3: e5 10. de5: de5: 11. Lg5 Sbd7 12. a4 De7 13. De3 b6 14. Tab1 Sc5 15. b4 Se6 16. Le6: De6: 17. b5 Tac8 18. Tfd1 19. Td3 Ted8 20. Tbd1 Td3: 21. Dd3: b6 22. Le3 Lf8 remis, Kovacevic – Marangunic, Zagreb 1971.

A1113: 7. Lg5 b5 8. Lb3 Dc7 9. e5 de5: 10. De5:? Dd8! 11. Df4 Sa6 12. h3 Sc7 13. Se2 c5 14. dc5: Se6 15. De3 Sd5 16. Dd2 Sc5: mit schwarzem Vorteil, Balogh – O'Kelly, Fernpartie 1960/61.
7. . . . Dc7 8. 0–0 b5 9. Ld3 a6?! 10. e5 de5: 11. de5: Sg4 12. Tfe1 mit geringem weißem Raumvorteil, Day – Jackson, Kanada 1973.

7. . . . Sd5

Kaum spielbar dürfte 7. . . . de5: 8. de5: Sd5 9. Ld2 Sc3: 10. Lc3: b5 11. Ld3 Db6 sein, wenngleich auch einige Theoriewerke unter Bezugnahme auf die Partie Vesely – Marschallek, Ostrava 1960, darauf hinweisen. Bei genauerer Betrachtung wird jedoch schnell das fehlerhafte weiße Spiel deutlich. Nach 12. b4? Lg4 geriet Schwarz tatsächlich in Vorteil, weshalb Weiß besser 12. a4! b4 13. a5 Db7 14. Ld2 Lg4 15. h3 Lf3: 16. gf3: c5 17. Le4 Sc6 18. f4 Dc7 19. Dc4 spielen sollte. Mit weißem Vorteil – Analyse Hort – Pribyl.

Auch die ruhige Fortsetzung 12. h3 führt zu leichtem weißem Vorteil.

Diagramm Nr. 58:

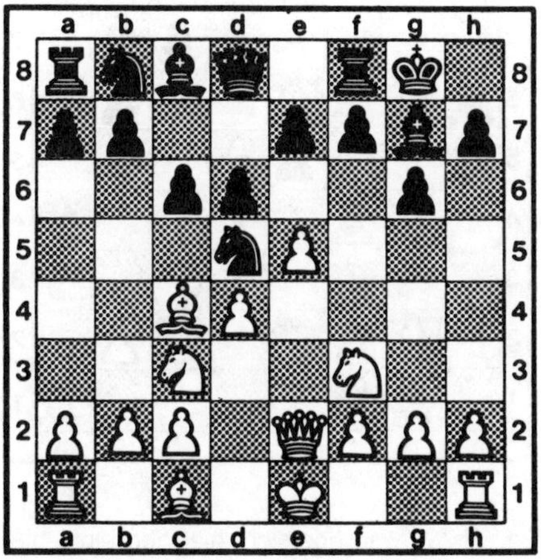

8. ed6:

Mit diesem Zug sichert sich Weiß einen mimimalen, aber dauerhaften Vorteil.
In Betracht kommt auch die ehrgeizigere Fortsetzung 8. Ld2! Sc3: 9. Lc3: b5 10. Ld3 a5 *Es droht 11. . . . a4* 11. h4 Lg4 12. h5! mit gefährlichem weißem Angriff. Unzureichend hingegen ist 8. 0–0? und hier hat die Theorie offenbar recht, wenn sie nach 8. . . . Sc3:! 9. bc3: Lg4 10. Lf4 Sd7! der schwarzen Stellung den Vorzug gibt.

8. . . . Dd6:

Erzwungen, denn nach 8. . . . Sc3: 9. de7:! Se2: 10. ed8:D Td8: 11. Ke2:! Ld4: 12. Td1 Te8+ 13. Kf1 Lf6 14. Sg5 Lg5: 15. Lg5: hat Weiß ein vorteilhaftes Endspiel. Auch nach 8. . . . ed6: 9. Ld5: cd5: 10. Sd5: Te8 11. Le3 Da5+ 12. Sc3 f5 13. Db5! erhält Schwarz Ausgleich.

9. Se4 Dc7 10. 0–0 Lg4 11. Seg5 Sbd7

Die einzige Möglichkeit, denn 11. . . . Ld4:? scheitert an 12. De4 Lf3: 13. Dd4: Lh5 14. g4! und 11. . . . h6 12. h3 gibt Weiß Vorteil.

12. h3 Lf3: 13. Sf3: Tae8 14. Td1 S5b6

Nach der anderen Fortsetzung 14. . . . e5 15. Ld5: cd5: 16. de5: Se5: 17. Se5:! Le5: 18. Dd3! bekommt Schwarz Sorgen mit seinem Isolani, und Weiß steht deutlich besser.

15. Lb3 e5 16. de5: Se5: 17. Lf4 Sf3:+ 18. Df3: Le5 19. Le3! Td8

Nicht 19. . . . Lb2: 20. Tab1 Lg7 21. Lc5 mit Qualitätsgewinn.

20. c3

Gegen das weiße Läuferpaar muß Schwarz sich in dieser taktischen Stellung sehr genau verteidigen.

20. . . . Kg7

Ein anderer Plan bestand in 20. . . . Sc8 21. a4 a5.

21. a4 Sc8 22. Td8: Td8: 23. a5 a6 24. h4 h5 25. Te1 Td7

Diagramm Nr. 59:

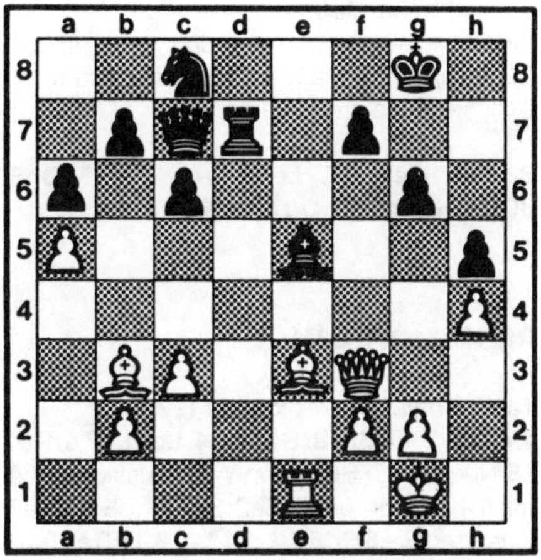

Schwarz verteidigt sich sehr erfindungsreich, denn 25. . . . Lf6? hätte wegen 26. Lh6+! schon zum Verlust geführt. Allerdings ist die Stellung immer noch nicht ausgeglichen, da dem Weißen hier statt des Textzuges die bessere Möglichkeit 26. Lc5! zur Verfügung stand, wonach eine schwarze Verteidigung kaum zu sehen ist, z. B.: 26. . . . Lf6? 27. Lf8+ oder 26. . . . Td2? 27. Te5:! Da der Springer c8 über keinen Zug verfügt, müßte Schwarz sich mit 26. . . . Kh7 27. Lc2 Kg7 in eine passive Verteidigung begeben. Zum Glück für Schwarz ließ sich Weiß hier von einer interessant scheinenden Qualitätsopfermöglichkeit verführen.

26. g4!? Dd8 27. Lg5
Immer noch ist Weiß von seinem Qualitätsopfer fasziniert, wohl auch, weil er die Fortsetzung 27. gh5: Dh4: 28. Lh6+ Kh6: 29. Te5: Te7 nicht für ausreichend zum Gewinn einschätzte.

27. . . . Lf6 28. Te8!? De8: 29. Lf6:+ Kh7 30. gh5:
Schwarz findet nun das einzige Manöver, das auf originelle Weise seine Dame aktiviert.

30. . . . De1+ 31. Kg2 Db1! 32. De2 Df5 33. Lg5 Sd6 34. hg6:! Dg6:
Nach dem Qualitätsopfer waren alle Züge erzwungen, denn auch 34. . . . fg6:? scheiterte an 35. Le6! mit weißem Gewinn.

35. Lc2 f5 36. De5
Weitere weiße Gewinnversuche wären zu optimistisch, da Schwarz sich gerade noch rechtzeitig konsolidieren konnte.

36. . . . Se4 37. Le4: fe4: 38. h5 Dh5: 39. Df5+ Kg8 40. Dd7: Dg5:+ remis.

Musterpartie IV/2

Tan – Smyslow, Petropolis 1973
1. e4 d6 2. d4 Sf6 3. Sc3 g6 4. Lc4 Lg7 5. De2 c6 Nach 5. . . . Sc6 kann Weiß aussichtsreich mit 6. e5!? Sd4 7. ef6: Se2: 8. fg7: Tg8 9. Sge2: fortsetzen **6. e5 Sd5 7. Ld2! 0–0 8. Lb3 a5 9. a4 de5: 10. de5: Sa6 11. Sf3 Sc5** Besser war 11. . . . Lg4, weil Weiß nach dem Textzug auf den schwarzen Feldern spielen kann.
12. Ld5: cd5: 13. Le3 Se4 14. Ld4 Sc3: 15. Lc3: b6? Weiß steht etwas besser, weil seine Figuren über das Feld d4 verfügen. Smyslow wählt zudem einen zu optimistischen Plan. **16. Dd2 La6 17. h4! Dd7 18. h5 Dg4 19. 0–0–0 Da4:** Die andere Möglichkeit war hier 19. . . . Dg2:, aber nach 20. De3! d4 21. Sd4: Lb7 22. h6 Lh8 23. f3 Dg3 24. Sf5! gewinnt Weiß. Auch nach dem Textzug sollte Schwarz eigentlich verlieren, aber er hatte schon keine bessere Möglichkeit mehr. **20. Kb1 Tfc8 21. Th4 De8 22. hg6: hg6: 23. Tdh1 Tc4**

Diagramm Nr. 60:

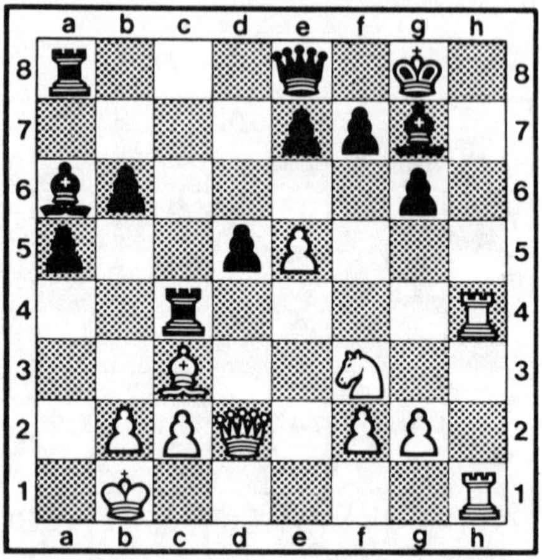

24. Th7? Weiß übersieht hier den einfachen Gewinn 24. Th8+! Lh8: 25. Th8:+ Kh8: 26. Dh6+ Kg8 27. e6 Tc3: 28. Sg5! mit unvermeidlichem Matt. **24. . . . Df8 25. e6 Tc3: 26. ef7:+?** Hier gewann immer noch die Fortsetzung 26. Sg5! f6 27. Dc3: Le2 (Falls 27. . . . fg5: so 28. Th8 matt.) 28. Sf7 Lh5 29. T7h5: gh5: 30. Th5: oder auch 30. Dh3, und Schwarz ist hilflos. **26. . . . Df7: 27. bc3: Td8 28. Se5 Df6**

Diagramm Nr. 61:

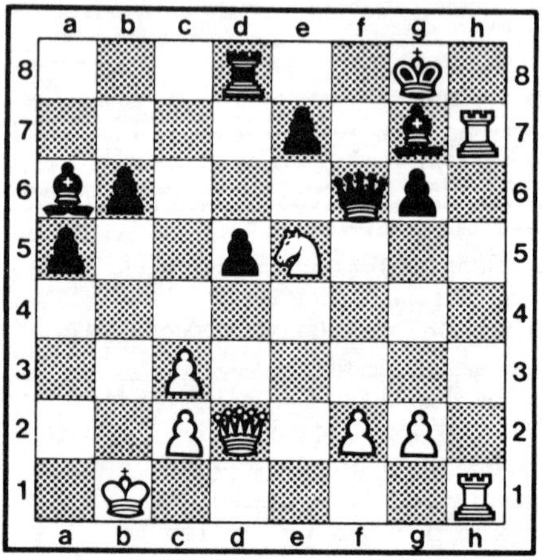

29. f4? Der letzte Fehler von Weiß, der mit 29. Sg4 Dc3: 30. Dc3: Lc3: 31. Te7: Lg7 32. Sh6+ Lh6: 33. Th6: Td6 34. Thh7 oder 29. . . . Dd6 30. Tg7:+ Kg7: 31. Dd4+ e5 32. Se5: Df6 33. Th6! immer noch gute Gewinnchancen behalten konnte. Die Partie bietet ein treffliches Beispiel dafür, welchen Einfluß die Zeitnot auf eine gut angelegte Partie haben kann.

29. . . . d4 30. g4 Lb7 31. T1h3 Td5 32. cd4:? Ein weiterer Fehler von Weiß, der den Faden völlig verloren hat. **32. . . . Dd6 33. Dh2 Db4+ 34. Ka2 Da4+ 35. Ta3 Dd4: 36. Tg7:+ Kg7: 37. Th3** und Weiß überschritt die Zeit.

Musterpartie IV/3

Cholmow – Rukavina, Dubna 1973
1. e4 g6 2. d4 Lg7 3. Sf3 d6 4. Lc4 Sf6 5. Sc3 0–0 6. h3 Se4:! 7. Lf7:+ Tf7: 8. Se4: d5 9. Sc3 Sc6 10. 0–0 Dd6 11. Sb5 Dd7 12. c3 a6 13. Sa3 h6?! Schwarz brauchte nicht mit dem Vorstoß 13. . . . e5 zu zögern, z. B. 14. de5: Se5: 15. Sg5 Tf8 16. f4 Sf7! oder 16. Te1 h6 17. f4 hg5: 18. fe5: Df5! 19. Dd5: Le6 20. De4 Df2 21. Kh1 g4! usw. **14. Sc2 Dd6 15. Se3 Le6 16. Se1** Im folgenden dreht sich alles um das Zentralfeld e5. **16. . . . Taf8 17. Sd3 g5 18. Ld2** Weiß macht sich die Sache zu einfach. Mit 18. Te1!? Lc8 19. Sg4 Lg4: 20. Dg4: e5 21. de5: Se5: 22. Se5: Le5: 23. Le3 war eher ein Vorteil zu erzielen. **18. . . . Lc8 19. Dh5 e5 20. de5: Se5: 21. Se5: Le5: 22. Tae1!?** Damit stellt Weiß seinem Gegner eine schlaue Falle. Schwarz besitzt zwar das Läuferpaar, jedoch ist seine Königsstellung sehr schwach. **22. . . . Lh2+ 23. Kh1 Tf2:?** Schwarz hat die Drohung nicht erkannt. Es hätte 23. . . . Lf4 geschehen sollen. **24. Tf2: Tf2:**

Siehe Diagramm nächste Spalte

25. Sd5:! Lg3 Plötzlich stehen alle schwarzen Figuren schlecht, denn auch 25. . . . Dd5: 26. Dg6+ oder 25. . . . Td2: 26. De8+ Df8 27. Dg6+ Kh8 28. Te8 oder 25. . . . Le5 26. De8+ Tf8 27. De5: Tf1+ 28. Kh2 Te1: 29. Dd6: hätte nicht gerettet. **26. Lg5: De6** Das Figurenopfer durfte nicht angenommen werden wegen

Diagramm Nr. 62:

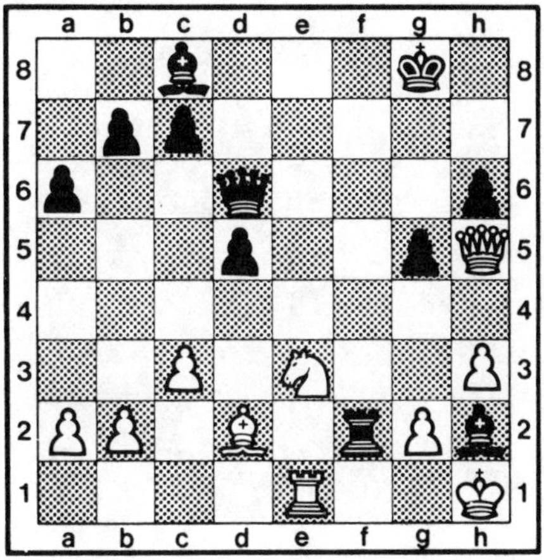

26. . . . hg5: 27. Te8+ Tf8 28. Dg5:+ Kh8 29. Tf8:+ Df8: 30. Dg3: und Weiß gewinnt. **27. Dd1!** Danach hat die schwarze Dame kein geeignetes Rückzugsfeld. **27. . . . Dd6 28. Le7 Dc6** 28. . . . Dg6 29. Lc5! und Weiß gewinnt. **29. Te3!** Der letzte schöne Zug der Partie. **29. . . . Dg6 30. Sf6+ Kf7 31. Dd5+** Schwarz gab auf.

Musterpartie IV/4

Honfi – Adorjan, Ungarn 1974
1. e4 g6 2. d4 Lg7 3. Sf3 d6 4. Lc4 Sf6 5. Sc3 0–0 6. 0–0 Se4:! 7. Lf7:+ Tf7: 8. Se4: h6 9. h3 Df8! 10. Te1 Sc6 Nicht gut ist 10. . . . Lh3:? 11. Sfg5 hg5: 12. gh3: und Weiß steht besser. **11. d5?** Hier überschätzt Weiß eindeutig seine Stellung. Es hätte besser 11. c3 geschehen sollen, und nach 11. . . . d5 12. Sd2 hätte Weiß eine annehmbare Stellung erhalten. Schwarz konnte seinerseits jedoch chancenreicher 11. . . . e5!? 12. d5 Se7 fortsetzen, wonach er bei freierem Spiel über das Läuferpaar verfügte. **11. . . . Tf3: 12. gf3:** Was sonst? Das Wiederschlagen mit der Dame gibt Schwarz nach 12. . . . Df3: 13. gf3: Sd4! usw. fast schon eine Gewinnstellung, und auch die Fortsetzung 12. dc6: Tf5! bringt Schwarz in Vorteil. **12. . . . Sd4 13. Kg2 g5!**

Diagramm Nr. 63:

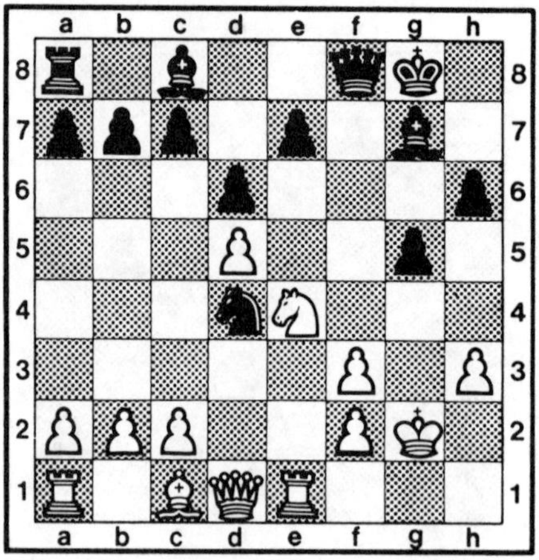

Nach dem Qualitätsopfer besteht die weiße Stellung nur noch aus Schwächen. **14. c3** Nicht 14. Sg3? Sf3:! und Schwarz gewinnt. **14. . . . Sf5 15. Th1** Weiß mußte die ersten konkreten Drohungen parieren. So verbot sich 15. f4 wegen 15. . . . Sh4+ 16. Kh2 (16. Kg3? Df5 17. Dg4 Dg6! und Schwarz gewinnt.) 16. . . . Df5 17. Dd3 gf4: 18. Tg1 Kh8! mit der Drohung 19. . . . Le5, wogegen auch 19. Tg4 nicht hilft wegen 19. . . . Dh5! 20. Tf4: Le5 21. Sg3 Lf4: 22. Lf4: Sf3 und Schwarz gewinnt. **15. . . . Sh4+ 16. Kf1 Sf3: 17. Le3 Ld7 18. Sd2 Sh4 19. Db3 b6 20. Ke2 Df7 21. Tag1 e6!** Nachdem auch der weißfeldrige Läufer von Schwarz eingreift, hat Weiß kaum noch Hoffnung auf Rettung. **22. de6: Le6: 23. Da4 Ld5 24. Kd1** Weiß kann seinen Materialvorteil nicht behaupten: 24. Th2 Sf3! 25. Sf3: Lf3:+ 26. Kd2 Le5 27. Tg3 Dd5+ **24. . . . Lh1: 25. Th1: c5 26. Kc1 d5 27. Kb1** Endlich gelangt der weiße König in Sicherheit, aber der schwarze Vorteil ist entscheidend. **27. . . . d4! 28. cd4: b5! 29. Db5: cd4: 30. Dc6 Dg6+** Eleganter war die Lösung 30. . . . Tb8 31. Dd6 Db7! usw. **31. Dg6: Sg6: 32. Lg5: hg5: 33. Se4 Te8 34. f3 d3 35. Tg1 Sh4 36. Tg5: Tb8 37. b3 Sf3: 38. Td5 Sd4 39. Kc1 Te8 40. Sg5 Se2+ 41. Kd2 Lc3+** Schwarz gab auf.

Musterpartie IV/5

Hort – Keene, Teeside 1975
1. e4 g6 2. d4 Lg7 3. Sf3 d6 4. Lc4 Sf6 5. Sc3 0–0 6. De2 Lg4?! 7. e5 Se8?! 8. Lg5 Sc6 Nicht besser ist der verfrühte Tausch irn Zentrum 8. . . . de5:? 9. de5: Sc6 10. Td1 Dc8 11. Ld5 mit weißem Vorteil. **9. 0–0–0 Kh8** Schwarz bereitet f7–f6 vor. **10. The1 Dc8?!** Das schwarze Spiel ist zu gekünstelt. **11. Ld5 Df5 12. De3!**

Diagramm Nr. 64:

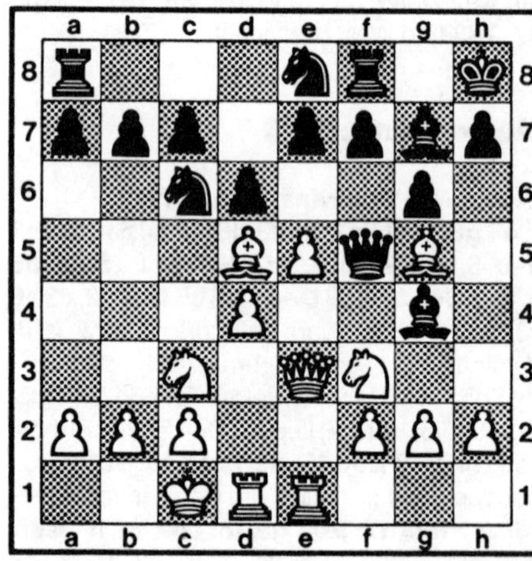

12. . . . de5:? Ein Fehler, aber Schwarz wollte unbedingt das schlechtere Endspiel nach 12. . . . f6 13. ef6: Sf6: 14. Le6 De6: 15. De6: Le6: 16. Te6: usw. vermeiden. **13. Lc6:! bc6: 14. Le7:** Dies hatte Schwarz wohl gesehen, ging jedoch von der irrigen Annahme aus, daß er ausreichende Kompensation für die geopferte Qualität erhalten würde. **14. . . . ed4:** Schlecht war 14. . . . Tg8 15. de5: und Weiß gewinnt. **15. Sd4: Dh5 16. Lf8: Lf8: 17. Sde2 Lh6 19. h3 Le6 20. Sd4! Sf5** Auch nach 20. . . . Sc4 21. De4! Ld5 22. Sd5: cd5: 23. Df3 Df3: 24. Sf3: Lf4:+ 25. Kb1 Tb8 26. b3 behält Weiß seinen großen Vorteil. **21. Sf5: Df5: 22. Td4!** Weiß führt Angriff und Verteidigung gleichzeitig. **22. . . . c5** Nach 22. . . . Lg7 23. g4 Da5 24. Ta4! erzwingt Weiß den Damentausch. **23. Te4 Tb8?** Verliert sofort, aber es gab keine Rettung mehr. **24. g4 Df6 25. g5** Schwarz gab auf.

V. Das Geller-System

1. e4 g6 2. d4 Lg7 3. Sf3 d6 4. c3 Sf6 5. Sbd2

Das Geller-System, das in den Theoriewerken allgemein als „ruhig" charakterisiert wird, ermöglicht es ganz besonders, den Entwicklungsweg einer Variante nachzuvollziehen. Sie wird im allgemeinen mit Vorliebe von Positionsspielern bevorzugt. Die strategischen Ziele von Weiß liegen hier hauptsächlich am Damenflügel, während auf den Zentrumsvorstoß e4–e5 und auf jeglichen Königsangriff verzichtet wird. Daraus ergibt sich, daß die weißen Figuren sich vornehmlich zum Damenflügel orientieren. Jefim Petrovic Geller konnte in den Jahren 1965–1970 sehr viele Erfolge mit dem von ihm ausgearbeiteten System erzielen, wohl auch, weil keine klaren Ausgleichsfortsetzungen für Schwarz bekannt waren. Später wurde das schwarze Spiel jedoch verbessert, und es war Weiß, der neue Wege zur Erlangung eines Eröffnungsvorteils suchen mußte. So experimentierte man z. B. mit der Entwicklung des Läufers 6. Ld3 statt 6. Le2. Den letzten Versuch in der Reihe der Verbesserungen stellt die Partie Larsen – Kavalek, Manila 1974, dar, wo Weiß den Zug c2–c3 einsparen und den Gegner am Vorstoß e7–e5 hindern wollte. Diese Partie, die am Ende des Kapitels aufgeführt ist, ist natürlich nur ein Mosaikstein zur Beurteilung der gesamten Variante. Eine wichtige strategische Grundregel für Schwarz ist, daß nach dem schwarzen Zentrumsvorstoß e7–e5 und dem Abtausch d4:e5 Schwarz mit einer Figur auf e5 zurückschlagen sollte.

5. Ld3!? ist ein Versuch, frühzeitig den weißen Aufbau zu verbessern. In der Partie Benkö – Jansa, Siegen 1970, erreichte Weiß sein Ziel nach 5. . . . 0–0 6. 0–0 Sc6 7. Sbd2 e5 8. de5:! Se5: 9. Se5: de5: 10. Sc4! ***Schwächer ist hier 10. De2 Lh6! 11. Td1 De7 12. b4 Lg4 13. f3 Le6 14. Lb2 a5 15. a3 Sh5 16. g3 Tfd8, Andersson – Hartston, Hastings 1972/73*** 10. . . . Sd7 11. b4 Te8 12. Lc2 De7 13. Le3 Sb6? 14. Sa5 Tb8 15. Lb3 Le6 16. De2 c6 17. g3 Dc7 18. Le6: Te6: 19. Tfd1 Tee8 20. Td3 Tbd8 21. Tad1 mit klarem Vorteil für Weiß. Es folgte 21. . . . Lf6 22. c4! Td3: 23. Td3: Td8? 24. c5 Sc8 ***Oder 24. . . . Sd7 25. Dd2 Sf8 26. Td8: Ld8: 27. Sb7: und Weiß gewinnt.*** 25. Sc4 Td3: 26. Dd3: a6 27. Ld2 Kf8 28. Lc3 Ke7 29. Kg2 Lg7 30. f4 f6 31. fe5: fe5: 32. h4 Sa7 33. a4 Sc8 34. Dd2 Ke6 35. Da2 Ke7 36. De2 h5 37. Dd2 Lf8 38. Dg5+ Ke6 39. Dg6: Ke7 40. Dh5: Schwarz gab auf.
Der schwarze Fehler lag im 7. Zug, wo besser 7. . . . Sd7!? oder 7. . . . Te8!? hätte geschehen sollen. Von theoretischem Interesse sind auch die drei folgenden Partiebeispiele:
Bednarski – Andersson, Skopje 1972: 5. Ld3 Sc6 ***5. . . . 0–0 6. 0–0 Sbd7? 7. Sbd2 e5 8. Te1 c6 9. a4 a5 10. Dc2 Dc7 11. b3 Te8 12. La3 b6 13. Lf1 Lb7 14. de5: de5: 15. Sc4 Lf8 16. Lf8: Kf8: 17. b4! mit weißem Vorteil, Karpov – Kirilov, Daugavpils 1971.*** 6. Sbd2 0–0 7. 0–0 e5 8. de5: Se5: 9. Se5: de5: 10. Sc4 Sh5 ***10. . . . De7 11. De2 Sd7 12. b4 Td8 13. Lc2 Sf8 remis, Bednarski – Bilek, Skopje 1972.*** 11. g3 De7 12. De2 Td8 13. Td1 Le6 14. b4 c6 15. Lc2 Td1: 16. Ld1: Td8 17. Lb3 Sf6 18. f3 Se8 19. Le3 b6 20. Td1 Td1: 21. Dd1: Lf8 22. Dd3 Lc8 remis.

In diesen drei Partien hatte Weiß jeweils einen verschwindend kleinen Vorteil erzielt.

5. . . . 0–0 6. Le2
Dieser Zug stellt die eigentliche Idee Gellers dar.

6. . . . Sc6!?
Dies ist eindeutig der beste Zug, denn die folgenden Beispiele zeigen, daß in allen Aufbauten mit Sbd7 und c7–c6 oder c7–d5 Schwarz an Raummangel leidet und zu keinem aktiven Spiel kommt.

Geller – Ree, Wijk aan zee 1969: 6. . . . c6 7. 0–0 Sbd7 8. Te1 Dc7 9. Lf1 e5 10. a4! Weiß hält die Zentrumsspannung aufrecht und wartet mit dem Abtausch auf den günstigsten Augenblick. 10. . . . Te8 ***Chancenreicher war 10. . . . a5!*** 11. a5 Tb8 12. Sc4 b5 ***Nach 12. . . . ed4: war 13. Lf4! sehr stark.*** 13. ab6: ab6: 14. de5: de5: 15. Dd6! Db7 16. Da3 Dc7 17. Sd6 Tf8 18. Lc4 b5

Diagramm Nr. 65:

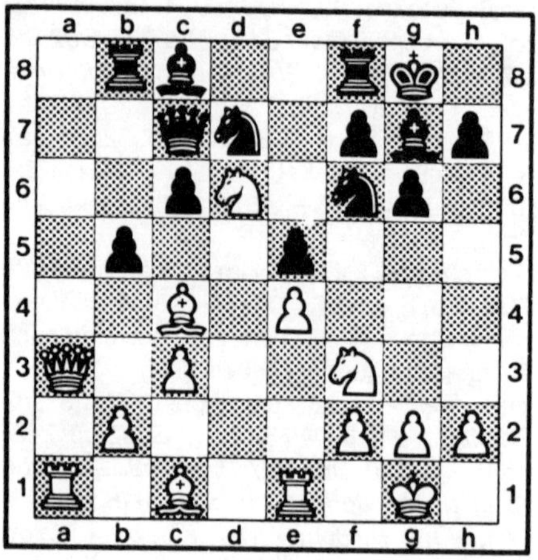

19. Lf7:+! Kh8 *19. . . . Tf7: 20. Sf7: Kf7: 21. Sg5+ Ke8 22. Se6.* 20. Sc8: Tf7: 21. Sg5 Tf8 22. Sd6 Sb6 23. Le3 b4 24. Lb6: Db6: 25. Sdf7+ Kg8 26. Db3 Schwarz gab auf.

Geller – Raschkowski, UdSSR 1974:
1. e4 g6 2. d4 c6 3. Sf3 Lg7 4. c3 d6 5. Le2 Sf6 6. Sbd2 0–0 7. 0–0 c5?! Ein zweifelhafter Tempoverlust, 8. dc5: dc5: 9. Dc2 b6 10. Te1 Lb7 11. a4 Dc7 12. Lf1 Sc6 13. Sc4 Sg4! 14. h3 Sge5 15. Sfe5: Se5: 16. Lg5 Mit geringem, aber dauerhaftem weißem Vorteil.
Velimirovic – Nunn, Moskau 1977:
6. . . . b6 7. 0–0 Lb7 8. Dc2 e6 9. a4 c5 10. a5 ba5: 11. dc5: d5 12. ed5: Dd5: 13. Sb3 Sbd7 14. Tfd1 De4 15. Ld3 Dg4 16. h3 Dh5 17. Sg5! Schwarz gab auf.
Furman – Ljubojevic, Madrid 1973:
1. d4 g6 2. e4 Lg7 3. Sf3 d6 4. Le2 c6 5. 0–0 Sd7 6. Sbd2 Dc7 7. a4 Sgf6 8. c3 0–0 9. Te1 Te8 10. Lc4!? ***Eine neue Idee. In der gleichen Stellung spielte Geller gegen Ree, Wijk aan Zee 1969, 10. Lf1*** 10. . . . e5 11. Lb3 Sf8 12. de5: de5: 13. Sc4 Le6 14. Sg5 ***Nicht 14. Sfe5:? b5! mit schwarzer Gewinnstellung.*** 14. . . . Tad8 15. Dc2 b6 16. h3 Te7 17. Le3 Ted7 18. Tad1 h6 19. Se6: Se6: 20. Td7: Td7: 21. Sd2 Weiß hat mit seinem Läuferpaar geringen Vorteil.

Geller – Csom, Amsterdam 1970:
1. e4 c6 2. d4 g6 3. Sf3 Lg7 4. Le2 d6 5. 0–0 Sf6 6. Sd2 0–0 7. a4 Sa6 8. c3 Sc7 9. h3 Se6 10. Te1 b6 11. Dc2 Lb7 12. b4 Tc8 13. b5! Weiß steht klar besser.

Andersson – Suttles, Skopje 1972:
1. e4 g6 2. d4 d6 3. Sf3 Lg7 4. Le2 Sd7 5. 0–0 e5 6. c3 Sgf6 7. Sdb2 0–0 8. Te1 a5 ***In der Partie Torre – Suttles, Skopje 1972, versuchte Schwarz 8. . . . Te8 9. Lf1 b6 10. a4 a5? (Besser war 10. . . . Lb7 und Weiß muß den Bauern e4 decken.) 11. Lb5 Lb7 12. de5: de5: 13. b4! ab4: 14. cb4: Te7 15. Db3 und Weiß steht besser.*** 9. a4 b6 10. Dc2 Lb7 11. Lf1 h6 12. b3 Te8 13. La3 Db8? 14. Lb5 Da7 15. d5! Weiß erreichte sein strategisches Ziel und verfügte über Raumvorteil am Damenflügel.

Tatai – Ivkov, Benadky 1969:
1. e4 g6 2. d4 Lg7 3. c3 d6 4. Sf3 Sf6 5. Sbd2 0–0 6. Le2 Sbd7 7. 0–0 e5 8. de5: de5: ***Besser ist 8. . . . Se5:*** 9. Te1 b6 10. Lf1 Lb7 11. Dc2 Te8 12. b4 a5 13. Lb2 De7 14. a3 Tec8 15. Sc4 Se8 16. Sfd2 Sdf6 17. f3 Lh6 18. Sb3 mit geringem weißem Vorteil.

Gipslis – Barczay, Havanna 1971:
1. e4 g6 2. d4 Lg7 3. Sf3 d6 4. c3 Sf6 5. Sbd2 c6 6. Le2 0–0 7. 0–0 Dc7 8. Te1 Sbd7 9. Lf1 b5? 10. a4 ba4: 11. Da4: Sb6 12. Da5 Le6 13. h3 h6 14. b4 und Weiß stand positionell ausgezeichnet.

Petrosjan – Mecking, Palma de Mallorca 1969:
1. d4 g6 2. e4 Lg7 3. Sf3 d6 4. c3 Sf6 5. Sbd2 0–0 6. Le2 c5?! 7. dc5: dc5: 8. 0–0 Sc6 9. Dc2 b6 10. Sc4 Lb7 11. a4 Dc7 12. Te1 Sa5 ***Besser war 12. . . . Sg4!? analog der Partie Geller – Raschkowski, UdSSR 1974.*** 13. Lf1 Sc4: 14. Lc4: Sg4 15. a5 Lc6 16. De2 Se5 17. Se5: Le5: 18. g3 Lg7 19. Lf4 e5? 20. Lc1 und Weiß behielt Positionsvorteil.

7. 0–0

Eine interessante Möglichkeit, die von amerikanischen Spielern, allen voran Benkö, ausgearbeitet wurde, ist 7. b4!?

Diagramm Nr. 66:

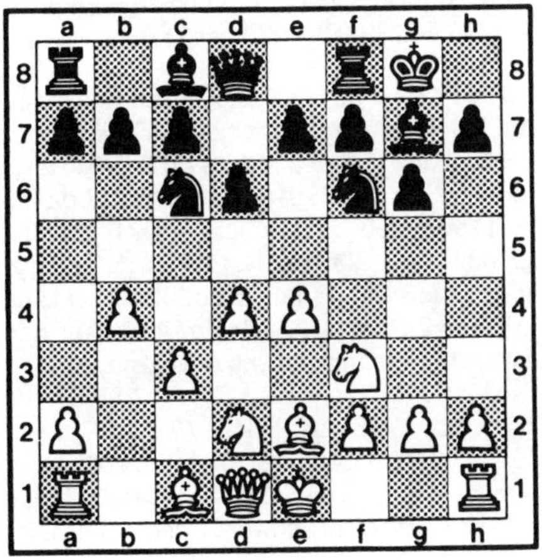

Weinstein – Vadasz, Wijk aan Zee 1975: 7. . . . e5 8. b5! *8. de5: Se5: 9. Se5: de5: 10. 0–0 c6 11. Dc2 Dc7 12. Sc4 Le6 13. a4 Tfd8 14. a5 Sh5 15. Lh5: Lc4: 16. Le2 Le6 17. Le3 f5 remis. Langeweg – Hartoch. Wijk aan Zee 1973.* 8. . . . ed4:!? 9. cd4: ***Nach der Annahme des Figurenopfers mit 9. bc6: dc3: 10. Sb3 Se4: erhält Schwarz ausreichende Kompensation.*** 9. . . . Sb8 10. 0–0 a6 11. Te1 Te8 12. Dc2 Ld7 13. Tb1 ab5: 14. Lb5: Sc6 15 h3 remis.

A: 7. . . . Te8
Nach der anderen Fortsetzung

B: 7. . . . e5 8. de5: Se5: 9. Se5: de5: 10. Dc2 ergeben sich folgende Möglichkeiten.

Siehe Diagramm nächste Spalte

B1: 10. . . . Lh6!?
Wahrscheinlich der beste Zug. Die Partie Petrosjan – Suttles, San Antonio 1972, endete hier, die Partie Pytel – Nicevski, Lublin 1974, sogar einen Zug früher remis. Eine mögliche Fortsetzung zeigt die Partie Fuchs – Matulovic, Kapfenberg: 11. Td1 De7 12. Sc4 Lc1: 13. Tac1: b6 14. Td2 Lb7 15. Lf3 Tfd8 mit unklarem Spiel.

Diagramm Nr. 67:

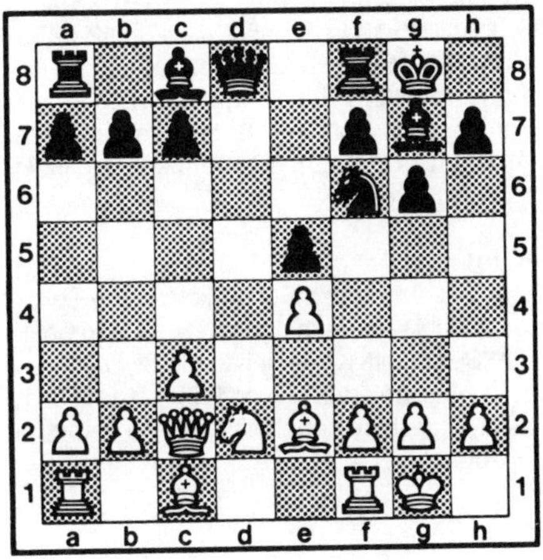

B2:
10. . . . b6 11. Te1 Lb7 12. Lf1 Dd7 13. Sc4 Tfe8 14. f3 a5 15. Le3 Dc6 16. Sa3 Ted8 17. Tad1 Lf8 18. Lb5 De6 19. Db3 und Weiß stand in der Partie Tatai – Timman, Amsterdam 1972, deutlich besser.

B3:
10. . . . De7 11. a4 Td8 12. a5 ***Besser ist 12. Sc4*** 12. . . . Ld7 13. Te1 Lh6 14. Sf3 Lc1: 15. Tac1: remis, Tringov – Hübner, Skopje 1972.

B4:
10. . . . Le6?! 11. Sf3 Sd7 12. Sg5 De7 13. Td1 Tfd8 14. Le3 Sf8 15. Se6: Se6: 16. Db3 b6 17. Lc4 mit Vorteil für Weiß, Larsen – Quinteros, Las Palmas 1974. 13. . . . Tfd8 14. Se6: De6: 15. Db3! Db3: 16. ab3: mit besserem Endspiel für Weiß, Benkö – Barczay, Vrnjacka Banja 1971.

All diese Beispiele zeigen, daß Schwarz nicht auf Gegenspiel hoffen kann, wenn er auf e5 mit dem Bauern zurückschlägt. Auch in einer Partie Kjarner – Tal, UdSSR 1972, wo Weiß statt 10. Dc2 mit 10. a4!? fortsetzte, mußte Schwarz um Ausgleich kämpfen. Es folgte, 10. . . . a5 11. Te1 b6 12. b3 Lb7 13. La3 Te8 14. Lb5 c6 15. Lf1 Dc7 16. Sc4 La6 17. Df3 Te6 18. Tad1 Lf8 19. Lf8: Tf8: 20. De3 Tb8 und nun hätte Weiß statt 21. Td2? mit 21. b4! seine Chancen auf Vorteil wahren können.

Interessant setzte Petrosjan mit Schwarz gegen Furman, Moskau 1969, fort: 7. . . . Sfd7!? 8. a4 e5 9. de5: Sce5: 10. Se5: Se5: 11. Sc4 Te8 12. Se3 a5 13. f3 Sd7 14. Dc2 Sc5 15. Te1 Le6 16. Lc4 Dh4 Schwarz stand befriedigend. Nach Keene konnte Weiß aber mit 8. b4! die schwarzen Aktionen im Zentrum einschränken und in Vorteil kommen.

8. Te1

Die Fortsetzung von Schamkovich 8. e5 bringt Weiß nichts ein, wohingegen 8. b4!? zu unklarem Spiel führt. Kavalek hält die Stellung nach 8. b4 e5 9. b5 ed4:!? 10. cd4: Sb8 11. Dc2 a6 für nicht schlechter für Schwarz, Benkö – Kavalek, USA 1972.

8. . . . e5

Diagramm Nr. 68:

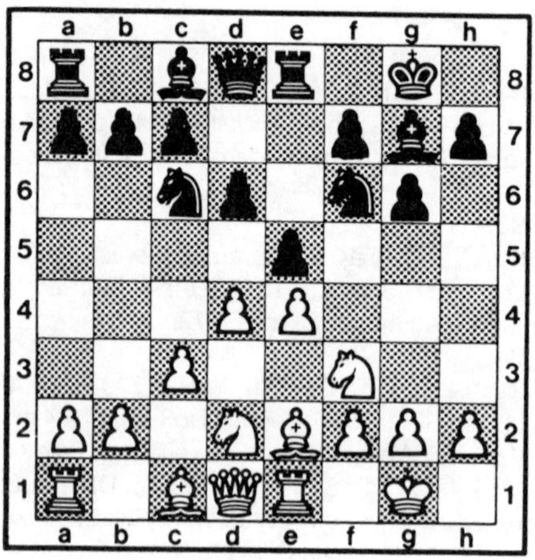

Es sind nun folgende Fortsetzungen bekannt:

a. 9. de5:?! Se5: 10. Se5: Te5: 11. Lf3 *11. f4 Te7! 12. Dc2 Ld7 13. Lf3 Lc6 14. h3 De8! 15. Te2 Lh6 16. g3 Dd7 17. Kg2 Tae8 18. b3 Sh5! 19. Lh5: gh5: 20. Lb2 f5 21. Tae1 fe4: 22. Kh2 Df5 23. Te3 h4 24. Tf1 Tg7 25. g4 Lf4:+ 26. Kh1 Dg5 und Weiß gab in der Partie Arvanitis – Nurmi, auf.* 11. . . . De8! 12. c4 Te6 13. Dc2 Ld7 14. Sf1 La4 15. Dd3 Lc6 16. Sg3 De7 17. Lg5 h6 18. Lf6: Df6: 19. Te2 Tae8 20. Tae1 Dd4! und Weiß stand in der Partie Gipslis – Hort, Havanna 1971, deutlich besser: (Musterpartie V/3 Seite 70)

Auch mit dem weißen Läufer auf d3 statt auf e2 hat Schwarz gute Aussichten, z. B. Hlousek – Jansa, Luhacovice 1971: 1. e4 d6 2. d4 g6 3. c3 Sf6 4. Ld3 Lg7 5. Sf3 0–0 6. 0–0 Sc6 7. Sbd2 Te8 8. Te1 e5 9. de5: Se5: 10. Se5: Te5:!? 11. Sf3 Lg4! 12. h3 Lf3: 13. Df3: Sd7 14. Lf4 Th5 15. Tad1 Df6 16. De3 Te8 17. Lg3 Ta5 18. Lb1 Sb6 19. Dd3 h5 20. f3 h4 21. Lf2 Lh6 22. Ld4 De7 23. b4 Th5 und Schwarz hatte mindestens Ausgleich.

b. 9. Lf1 ed4:! 10. Sd4: ***10. cd4: Lg4!*** 10. . . . Sd4: 11. cd4: c5 12. d5 a6 13. a4 Ld7 14. a5 Lb5 15. f3 Sh5 16. g4 Sf4 17. Sc4 Lc4: 18. Lf4: Lf1: mit gutem Spiel für Schwarz, Cobo – Ghizdavu, Timisoara 1972.

c. 9. d5 Sb8 10. Lf1 c6 Das Spiel läuft in ganz anderen strategischen Bahnen. 11. dc6: Sc6: 12. Lc4 h6 13. h3 De7 ***13. . . . Le6!?*** 14. Sf1 Le6 15. Le6: fe6: ***Nicht 15. . . . De6: 16. Se3!*** 16. Sg3 Tad8 17. Dc2 Kh7 18. Le3 d5 19. Tad1 Sg8 20. ed5:?! ed5: 21. Da4 remis, Geller – Parma, Siegen 1970.

Ganz außergewöhnlich verlief die folgende Partie, in der Weiß versuchte, ohne den Zug c2–c3 auszukommen.

Musterpartie V/1

Larsen – Kavalek, Manila 1974:
1. Sf3 g6 2. e4 Lg7 3. d4 d6 4. Sbd2 Sf6 5. Ld3!? 0–0 6. 0–0 Sc6 7. Te1 Te8 Schwarz bereitet den Vorstoß e7–e5 vor. **8. d5?** Nach dem Normalzug 8. c3 hätte das Spiel in bekannte Bahnen gelenkt werden können, (nur daß der Läufer hier auf d3 steht) wie in der Musterpartie Ljubojevic – Keene. Zagreb 1975, Seite oder auch in der Partie Hlousek – Jansa. Interessant ist, daß der Zug d4–d5 in ähnlicher Stellung schon einmal gespielt wurde, und zwar Keres – Olaffson, Wijk aan Zee 1969: 1. e4 g6 2. d4 Lg7 3. Sf3 d6 4. Le2 Sf6 5. Sbd2 0–0 6. 0–0 Sc6 7. d5!? Sb8 8. Lc4?! c6 9. Te1 Sbd7 10. De2 Sb6 11. dc6: bc6: 12. La6 Sfd7 13. Sb3 La6: 14. Da6:

Dc8 remis gegeben. Auch Keres erreichte mithin nichts mit dem Versuch, den Zug c2–c3 einzusparen. **8. . . . Sb8 9. Sb3** Zu prüfen ist 9. c4 mit der Idee 9. . . . e5 10. b4!? Schwarz kann aber besser 9. . . . Sbd7 fortsetzen. **9. . . . e5 10. de6:** Weiß öffnet die Stellung, um den Springer b3 aktivieren zu können. **10. . . . Le6: 11. Sg5** Auf 11. Sbd4 folgt einfach 11. . . . Ld7 **11. . . . Sc6 12. Sc6: Te6: 13. Lg5** Eine sehr scharfe Stellung entsteht nach 13. f3 d5!? 14. Sc5 Te8, wonach Weiß kaum 15. Sb7:?! wegen 15. . . . Db8! spielen kann. Larsen tut also gut daran, zunächst seine Entwicklung zu beenden. **13. . . . h6 14. Lh4 g5 15. Lg3**

Diagramm Nr. 69:

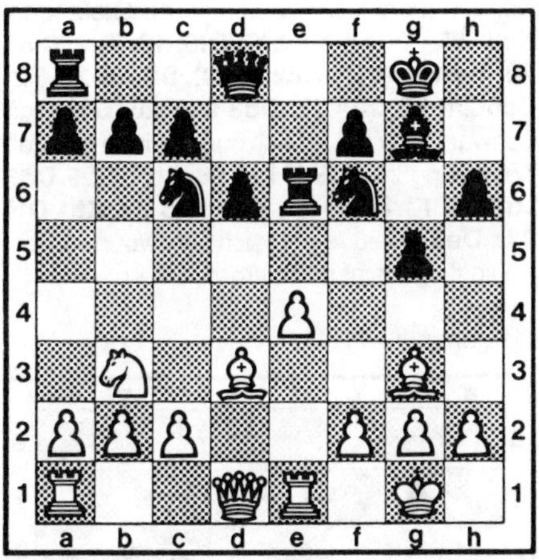

15. . . . De7!? So verfolgt Schwarz konsequent seine schwarzfeldrige Strategie. Vorsichtiger war indessen 15. . . . De8 um dem Turm e6 das Rückzugsfeld e7 zu erhalten. **16. f3?** Ein schwacher Zug! Zu Komplikationen und möglicherweise zu weißem Vorteil hätte 16. c3! geführt. Nach 16. . . . Se4: (Nicht 16. . . . d5?! wegen 17. e5! Se5: 18. Lf5 mit Qualitätsgewinn.) 17. Lc4 d5! 18. Dd5: (18. Ld5: Td8! und Schwarz steht etwas besser.) 18. . . . Sc3:?! 19. De6:!! fe6: 20. Te6: Df7 (Nach dem schwächeren 20. . . . Db4? gewinnt Weiß mit 21. Te8+ Kh7 22. Ld3+) 21. Tc6:! Se2+ (21. . . . Sd5? 22. Tc7:! mit weißer Gewinnstellung) 22. Kf1 Sg3:+ 23. hg3: bc6: 24. Lf7:+ Kf7: 25. Tc1! und Weiß hat das bessere Endspiel. Schwarz kann nur versuchen, mit 18. . . . Sc5 auszugleichen, und nicht etwa mit dem zu scharfen 18. . . . Sc3: Aus diesen Varianten geht hervor, daß 15. . . . De8 tatsächlich besser gewesen wäre. **16. . . . Sh5! 17. Lc4 Tg6 18. Lf2** Der Bauer b2 wird geopfert. Larsen wollte hier nicht 18. c3 Sg3: 19. hg3: h5! fortsetzen, wonach Schwarz mit dem Plan Le5, Kg7, Th8 gute Angriffsaussichten am Königsflügel erhalten hätte. **18. . . . Lb2: 19. Tb1 Lc3! 20. Te3 Le5 21. c3 Df6 22. Ld5 Sf4** Der beste Zug, denn nach 22. . . . Lc3:?! 23. Lc6: bc6: 24. Dc2! hätte Weiß Gegenspiel auf den weißen Feldern erhalten. **23. Sd2 Lc3:!** Dieser Zug erforderte genaueste Berechnung. **24. Tb7: Ld4!**

Diagramm Nr. 70:

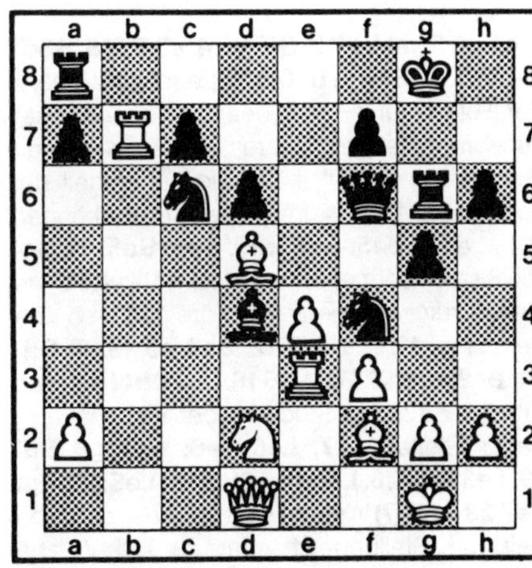

Durch diesen taktischen Witz gewinnt Schwarz die Qualität, denn auf 25. Lc6:? folgt 25. . . . Le3: 26. Le3: Dc3! mit Doppelangriff. **25. Tc7: Sd5: 26. ed5: Le3: 27. Le3: Se5?!** Schwarz konnte hier seinen Materialvorteil am einfachsten mit 27. . . . Sb4 28. Db3 De5 29. Sc4 Da1+ 30. Kf2 Sd5: realisieren. Nach 28. Se4 Df5! wäre der Bauer d5 verloren gegangen. **28. Dc2?** Hier hätte 28. Se4! wesentlich hartnäckigeren Widerstand geleistet. Z. B. 28. . . . Df5! (28. . . . Dd8?! 29. Dc2! mit unklarem Spiel) 29. h3 (29. Ld4 g4!) 29. . . . a5! wonach die schwarze Gewinnführung nicht so leicht gewesen wäre, wie nach Larsens fehlerhaftem Textzug. **28. . . . Te8! 29. Tc8**

Weiß hätte eine letzte Falle stellen können, denn nach 29. Se4 Sf3:+? 30. gf3: Df3: 31. Ld4! hätte Schwarz wegen des Grundlinienmatts den Springer nicht schlagen dürfen. Statt 29. ... Sf3:+? hätte Schwarz jedoch mit 29. ... Df5! mit der Drohung g5–g4 die Partie für sich entscheiden können. **29. ... Tc8: 30. Dc8:+ Kh7 31. Se4 Sf3:+ 32. Kf2** Es verliert auch 32. gf3: Df3: 33. Ld4 Dd1+! **32. ... Db2+ 33. Kf3: g4+ 34. Kg3 De5+ 35. Lf4 De4:** Weiß gab auf.

Musterpartie V/2

Furman – Petrosjan, Moskau 1969

1. e4 g6 2. d4 Lg7 3. Sf3 d6 4. c3 Sf6 5. Sbd2 0–0 6. Le2 Sc6 7. 0–0 Sd7 Petrosjans Idee, in der Folge auf e5 mit dem Springer wiederzunehmen, ist sehr interessant. **8. a4** Nur die Fortsetzung 8. b4!? hätte die Korrektheit des schwarzen Planes in Frage stellen können. **8. ... e5 9. de5: Sce5: 10. Se5: Se5: 11. Sc4** Weiß spielt sehr anspruchslos, wohl weil er mit Remis zufrieden gewesen wäre. Nicht so aber Petrosjan. **11. ... Te8 12. Se3 a5 13. f3 Sd7 14. Dc2 Sc5 15. Td1 Le6 16. Lc4 Dh4!** Schwarz arbeitet Stück für Stück an der Verbesserung seiner Stellung. **17. Le6: fe6: 18. Sg4 Sd7 19. Le3 Se5 20. Lf2 Dh5 21. Se5: Le5: 22. Lg3 Te7 23. Le5:?!** Weiß ist sich der Ausgeglichenheit der Stellung offenbar zu sicher, aber Schwarz steht besser. **23. ... De5: 24. Df2 Tf8 25. Te1 Tef7 26. Tad1 b6 27. Kh1 Tf4 28. Dd4 Dh5 29. Df2** Weiß fehlt jegliches Gegenspiel, um die schwarze Initiative am Königsflügel zu neutralisieren. **29. ... g5 30. Dg3 Dg6 31. h3 h5 32. b4 Ta8** Jetzt kann Schwarz die Klärung der Situation am Damenflügel erzwingen.

33. b5 e5 34. Te3 Taf8 35. Kh2 g4! Schwarz hat systematisch sein Spiel am Königsflügel organisiert, und die Partie bietet ein kurioses Beispiel für einen Minoritätsangriff auf dem Königsflügel. **36. fg4: hg4: 37. Tde1 Kg7 38. hg4: Tg4:** Weiß überschritt die Bedenkzeit. Er ist allerdings verloren, denn auf 39. Dg4: Dg4: 40. Tg3 entscheidet 40. ... Th8+

Musterpartie V/3

Gipslis – Hort, Havanna 1970

1. e4 d6 2. d4 g6 3. Sf3 Sf6 4. Sbd2 Lg7 5. Le2 0–0 6. 0–0 Sc6 7. Te1 Te8! 8. c3 e5 9. de5: Weiß konnte hier mit 9. Dc2 die Zentrumsspannung aufrechterhalten, wonach ihm aber die Fortsetzung 9. ... ed4: 10. cd4: Sb4 11. Db1 c5 wohl nicht zusagte. **9. ... Se5: 10. Se5: Te5: 11. Lf3 De8!** Schwarz beginnt mit dem Druckspiel gegen die Schwäche e4 und hat schon leichten Vorteil. **12. c4 Te6 13. Dc2 Ld7 14. Sf1 La4! 15. Dd3 Lc6 16. Sg3 De7 17. Lg5** Um den Druck gegen e4 abzuschwächen, ist Weiß bereit, sich von seinem Läuferpaar zu trennen, wonach jedoch der Läufer g7 zur Großmacht wird. **17. ... h6 18. Lf6: Df6: 19. Te2 Tae8 20. Tae1 Dd4 21. Dc2 a5 22. Sf1 h5 23. Td1 Dc5 24. h3 Db4 25. Dd3 Dc5 26. Dc2 Dg5** Schwarz entscheidet sich nun für einen direkten Königsangriff. **27. Sd2 Le5 28. Sf1 Tf6 29. Dd3 Ld7 30. Kh1 Dh4 31. Kg1 Dg5 32. Kh1 Df4 33. De3** Weiß sieht sich gezwungen, am Königsflügel einen Bauern zu opfern.

Diagramm Nr. 71:

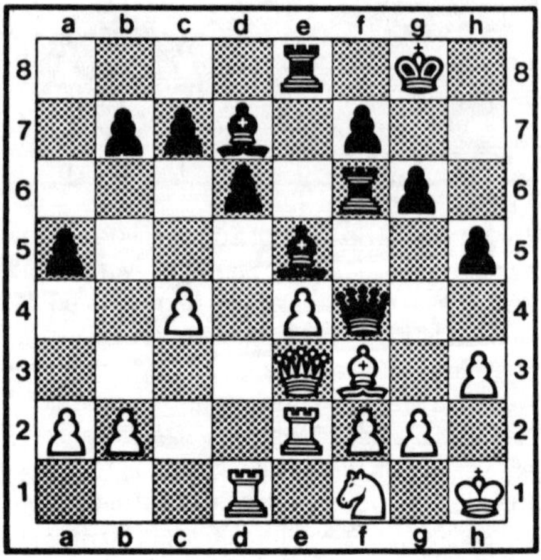

33. ... Lh3:! 34. Df4: Tf4: 35. gh3: Auch 35. Se3 Le6 36. Sd5 Ld5: 37. cd5: g5 war nicht besser. **35. ... Tf3: 36. Kg2 Tf6 37. Se3 c6 38.**

Td3 Lf4?! Viel besser war 30. . . . Tfe6!, wonach der folgende weiße Springermarsch verhindert worden wäre. **39. Sc2 Te5 40. Sd4 a4 41. Ta3** In Zeitnot hat Schwarz seine Chancen fast vergeben und die spätere Analyse zeigte, daß Weiß gute Remisaussichten besaß. **41. . . . Tg5+ 42. Kh1 Ta5 43. b4 Ta8 44. b5 c5 45. Sf3 Te6 46. Sg1 Lc1!** Danach geht es mit dem schwarzen Spiel wieder aufwärts. **47. Tc3 Lf4 48. Ta3 Kg7 49. Kg2 g5 50. Kf1 Kf6 51. Tf3 Kg6 52. Ta3 f6 53. f3?** Der entscheidende Fehler. Weiß schwächt unnötig seine Bauernstruktur und nimmt dem eigenen Springer das wichtige Feld f3. Es hätte besser 53. Kg2 mit Abwartetaktik folgen sollen. Der Rest ist Technik. **53. . . . f5! 54. ef5:+ Kf5: 55. Td3 a3! 56. Tc2 Te3 57. Td5+ Ke6 58. h4 Te5 59. Sh3 Td5: 60. cd5:+Kf5 61. hg5: Lg5: 62. Te2 Ta5 63. Te8 Tb5: 64. Tf8+ Lf6 65. Sf2 Tb1+ 66. Ke2 Tb2+67. Ke3 Tf2:** und Weiß gab auf, da gegen den schwarzen Vormarsch b7–b5–b4–b3 nichts auszurichten ist.

Musterpartie V/4

Ljubojevic – Keene, Zagreb 1975

1. e4 g6 2. d4 d6 3. Sf3 Sf6 4. Sbd2 Lg7 5. Ld3 0–0 6. 0–0 Sc6 7. c3 Te8 8. Sc4

Auf diese Weise will Weiß verhindern, daß Schwarz in der Folge mit einer Figur auf e5 zurückschlagen kann. Es sei daran erinnert, daß hier 8. . . . Se4:? an dem einfachen Zwischenzug 9. d5! mit Figurengewinn scheitert. **8. . . . Sd7 9. b4 a6 10. a4 e5 11. Lg5** Weiß hatte keine Zeit zu b4–b5 und versucht mit dem letzten Zug, etwas für den Bauern b4 zu tun. Statt dessen war aber 11. d5!? mit Abriegelung des Zentrums zu empfehlen. **11. . . . Lf6** Nach 11. . . . f6 12. Ld2! hat Weiß Vorteil. **12. Lf6: Df6: 13. d5** Eine schwere Entscheidung, aber die andere Fortsetzung 13. b5 Se7 14. de5: Se5: 15. Sfe5: de5: 16. Se3 versprach dem Weißen auch nicht viel. Nach dem Textzug sollte Schwarz leicht ausgleichen können. **13. . . . Se7 14. a5 Dg7 15. Se3 f5!**

Gerade rechtzeitig kommt Schwarz zu seinem Gegenspiel am Königsflügel, wonach die Stellung an die Blockadevariante der königsindischen Verteidigung erinnert, mit dem Unterschied, daß die schwarzfeldrigen Läufer abgetauscht sind und Weiß noch nicht zu dem Vorstoß c2–c4–c5 gekommen ist. **16. Db3** Nichts bringt 16. ef5: wegen 16. . . . Sf6! **16. . . . f4?!** Übereilt, denn Schwarz vergißt seine einzige Schwäche auf c7. Viel besser war 16. . . . Sf6! 17. Sd2 f4 18. Sc2 g5 19. Dc4 Sg6 mit ausgezeichnetem Spiel für Schwarz. Nach dieser Ungenauigkeit kommt Weiß in Vorteil. **17. Sd1 g5?**

18. Dc4 Wie soll jetzt der Bauer c7 verteidigt werden? **18. . . . g4 19. Sd2 Dh6** Schwarz versucht noch, den Bauernverlust als Bauernopfer zu tarnen. Sein symbolischer Angriff bleibt indessen bald stecken, da die weiße Dame von c7 aus das schwarze Spiel lähmt. **20. Dc7: Tf8 21. Sc4 Tf6** Der nächste Zug sorgt für klare Verhältnisse.

22. Sde3! fe3: 23. fe3: g3 Schwarz konnte nichts gegen die Drohung 24. Dd8+ Kf7 25. Sd6:+ erfinden und versucht noch, etwas im trüben zu fischen. **24. hg3: Sg6 25. Tf6: Sf6: 26. Tf1 Lf5** Nach 26. . . . Sg4 gewinnt Weiß sofort mit 27. Df7+ Kh8 28. De8+ nebst Matt im nächsten Zug, und auch nach 26. . . . Sf4 27. Dd6: gewinnt Weiß leicht. **27. Tf5: Sg4 28. Dd6: Dh2+ 29. Kf1 Dh1+ 30. Ke2 Dg2:+ 31. Ke1 Kh8** Schwarz besinnt sich auf die eigene Verteidigung, da 31. . . . Dg3:+ den weißen König nur in Sicherheit getrieben hätte. **32. Le2 De4: 33. Lg4: Dc4:** Es verliert auch 33. . . . Dg4: 34. Df6+ Kg8 35. De6+ Kh8 36. Tf8+**34. Tf7 Dc3:+ 35. Kf1 e4 36. Df6+ Df6: 37. Tf6:** Das Endspiel ist hoffnungslos verloren. **37. . . . Se5** Nach 37. . . . Td8 38. Le6 Se5 39. Tf4 gewinnt Weiß leicht. **38. Lf5 Sf3 39. Ke2 Te8 40. Te6 Td8 41. Te4:** und Schwarz gab auf.

VI. Das Sax-System

1. e4 d6 2. d4 Sf6 3. Sc3 g6 4. Le2 Lg7 5. h4!?

Dieser sofortige Angriff auf dem Königflügel stellt die schärfste Vorgehensweise gegen die Pirc-Ufimcev-Verteidigung dar. Als ältestes Beispiel für diese Angriffsmethode gibt Keene in seinem Buch „Pirc Defence" die Partie Spasski – Ufimcev, Moskau 1958 an, die wie folgt verlief: 1. e4 d6 2. d4 g6 3. h4 Lg7? 4. h5 c5 5. d5 gh5: 6. Sc3 Lc3:+?! 7. bc3: Sf6 8. f3 Tg8 9. Se2 Da5 10. a4 b5 11. Ld2 ba4: 12. c4 Da6 13. Sc3 Ld7 14. Kf2 Dc8 15. Lf4 a5 16. Ld3 Sa6 17. e5! de5: 18. Le5: Sb4 19. Lf6: ef6: 20. Lh7: Tg7 21. Th5: Kf8 22. Dd2 Lg4 23. Lf5! Lf5: 24. Th8+ Tg8 25. Dh6+ Ke7 26. Te1+ Kd7 27. Df6: und Schwarz gab auf. Spasski gewann diese Partie, weil er besser spielte als sein Gegner, nach dem die ganze Eröffnung in vielen Ländern benannt wurde. So ist die Partie von geringem theoretischen Wert. Es ist interessant zu beobachten, daß die Wegbereiter eines Systems oft ganz andere Vorstellungen und Ideen entwickeln, als in der Folge die Nachahmer. Ufimcev machte den Fehler, daß er den weißen Vorstoß h4–h5 einfach ignorierte, statt ihn mit 3. . . . Sf6! zu erschweren. Außerdem trennte er sich viel zu leichtfertig von seinem schwarzfeldrigen Läufer.
Schwarz hat jetzt drei Haupfortsetzungen zur Verfügung:

A: 5. . . . h5!? **B:** 5. . . .c5 **C:** 5. . . . Sc6

Musterpartie VI/1

Sax – Kestler, Nizza 1974

A: 5. . . . h5!?

Dies verhindert zwar auf Dauer den Vorstoß h4–h5, schafft jedoch auf g5 eine Felderschwäche, was die weißen Figuren in der Folge auszunutzen versuchen können. Die folgenden Beispiele zeigen, daß auch andere Fortsetzungen für Schwarz gut spielbar sind.

B: 5. . . .c5
Der direkteste Versuch, im Zentrum zu kontern. 6. dc5: Öffnet die Stellung. 6. . . . Da5 7. Kf1 *Schwächer ist das von Mikenas empfohlene 7. cd6:?! Se4: 8. de7: Lc3:+ 9. bc3: Sc6! mit gutem schwarzem Spiel.* 7. . . . Dc5: 8. Le3 Da5 9. h5 *Oder 9. Dd2 h5 10. f3 Sc6 11. Sh3 Ld7 12. Sf4 Tc8 13. Td1 0–0 und Schwarz erhielt in der Partie Hug – Enklaar, Las Palmas 1975, bequemes Spiel.* 9. . . . gh5: 10. Lh5:? *Hier bietet sich 10. f3!? an, wonach Weiß in der Partie Mesing – Rukavina, Sarajewo 1971, besseres Spiel erhielt. Dort folgte 10. . . . Sc6 11. Sh3 Lh3:?! (Besser 11. . . . Tg8 12. Sf4 Lh6 mit unklarem Spiel.) 12. Th3: 0–0–0 13. Tg3 Thg8 14. Tg5 Dc7 15. Sd5 Dd7 16. Lb5* 10. . . . Sc6 11. Le2 Le6 12. Sh3 0–0–0 13. Sf4 d5! mit schwarzer Initiative, Mikenas – Gaprindaschwili, Minsk 1964.
6. d5 Diese Fortsetzung, mit der Weiß das Zentrum abriegelt, bevor er seinen Flügelangriff fortsetzt, sieht strategisch gesünder aus. 6. . . . 0–0 *6. . . . h5!?* 7. h5 b5! ein typischer Vormarsch, um sich am entgegengesetzten Flügel Entlastung zu verschaffen. *8.* Lb5: Se4: 9. Se4: Da5+ 10. Sc3 Lc3:+ 11. bc3: Db5: 12. Lh6 *12. Sh3 Dc4!* 12. . . . Te8 13. hg6: fg6: 14. Th4! Sd7 15. Sf3 Tb8 16. Dd2 La6 17. c4 Db4 und unserer Meinung nach steht Schwarz nach dem Damentausch besser, Mesing – Gipslis, Riga 1968.

C: 5. . . . Sc6
Diese Fortsetzung ist sehr beliebt, obwohl sich die Theorie bisher nur mit der Partie Keres – Bouwmeester, Haag 1962, beschäftigte, in der Schwarz nach 6. Le3 e5 7. d5 Sd4 8. Ld4: ed4: 9. Dd4: 0–0 10. Dd2 Te8 11. f3 Sh5 12. g4 Sg3 13. Th3 Se2: 14. Sge2: c5 15. 0–0–0 Kompensation für den geopferten Bauern hatte. Noch interessanter verlief die Partie Sax – Adorjan, Wijk aan Zee 1973: 6. h5!? Sh5: 7. Lh5: gh5: 8. Le3 e5 9. d5 *9. Sge2 ed4: 10. Sd4: Se5 11. Th5: Le6 mit scharfem Spiel, Klaman – Kotov, UdSSR 1956* 9. . . . Sd4 10. Th5 f5 11. ef5: Sf5: 12. Dd3 Df6 13. 0–0–0 Se3: Mit diesem Zug will Schwarz den Damentausch erzwingen. 14. fe3: Dg6! *Nicht 14. . . . Lg4? 15. Tf1! mit weißem Vorteil.* 15. Dg6: hg6: 16. Th8:+ Lh8: 17. Sf3 und die Gegner einigten sich auf Remis,

was wohl aus turniertaktischen Gründen geschah, denn Weiß hat wegen der geöffneten h-Linie und wegen seines Entwicklungsvorsprungs leichten Vorteil.

In der Partie Sax – Simic, Vrnjacka Banja, 1974, Musterpartie VI/2, Seite , hielt Schwarz eine Verbesserung bereit: 6. h5!? gh5:!? 7. Le3 Sg4 8. Th5: Se3: 9. fe3: e6! 10. Dd2 Ld7 11. 0–0–0 De7 12. Sf3 0–0–0 13. Tdh1 h6 14. Sh2 Tdg8 Schwarz konnte rechtzeitig seine Figuren umgruppieren und stand nicht schlechter.
Hinzuzufügen bleibt, daß ein schwarzer Aufbau mit Sbd7 nicht viel versprechen kann, da das weiße Zentrum nicht angegriffen wird. Z. B. Mesing – Rakic, Jugoslawien 1972: 1. e4 g6 2. d4 Lg7 3. Sc3 d6 4. Le2 Sd7 5. h4 e5 6. d5 Sdf6 ***Besser war 6. . . . h5*** 7. h5 gh5: 8. Lh5: Sh5: 9. Dh5: Ld7 10. Lg5 Lf6 11. Le3 De7 12. Sge2 Df8 13. g4! und Weiß hatte positionellen Vorteil.

6. Lg5
Hier kommt auch 6. Sh3 stark in Betracht mit der Absicht, auf g5 einen Springer zu postieren. In diesem Fall kommt es zu lebhaftem Spiel, wenn der Schwarze sich neu orientiert und den Vorstoß e7–e5 anstrebt, z. B. 6. . . . Sc6!? 7. Sg5 ***7. Le3 0–0 8. Dd2 e5 9. d5 Sd4 10. f3 c6! und Schwarz gelang es, das weiße Zentrum zu unterminieren, Lombard – Keene, Viden 1972.*** 7. . . . 0–0 8. Le3 e5 9. d5 Sd4! ***Zu passiv ist 9. . . . Se7?!, Nurmamedov – Kjarner, Leningrad 1969.*** 10. Ld4: ed4: 11. Dd4: c6 12. dc6: ***Nach Fridstein verdient 12. Dd2 den Vorzug.*** 12. . . . bc6: 13. 0–0? ***Und hier wäre 13. Dd2 besser.*** 13. . . . Sd5! und in der Partie Wade – Smyslow, Havanna 1965, erhielt Schwarz Initiative für den Bauern und kam zu einem schnellen Sieg nach 14. Dc4 Sf4 15. Dc6:? ***Besser 15. Lf3 Db6 16. Db3*** 15. . . . Lc3: 16. Lf3 Lb2: 17. Da8: La1: 19. Ta1: Db6! Die weiße Dame sitzt in der Falle. 19. e5 d5 20. g3 Lg4 21. Df8:+ Kf8: Es hat den Anschein, daß Schwarz für den Bauern ausreichend Kompensation erhält, wenngleich mehr Partiematerial hierzu wünschenswert wäre.

6. . . . c6
Möglich ist auch 6. . . . Sc6 7. Dd2 Sh7!? 8. Le3 e5 mit kompliziertem Spiel. Weiß kann ferner 7. Sf3 mit der Idee 7. . . . Lg4 8. d5 Lf3: 9. gf3:!? wählen.
7. Dd2 Dc7!

Diagramm Nr. 72:

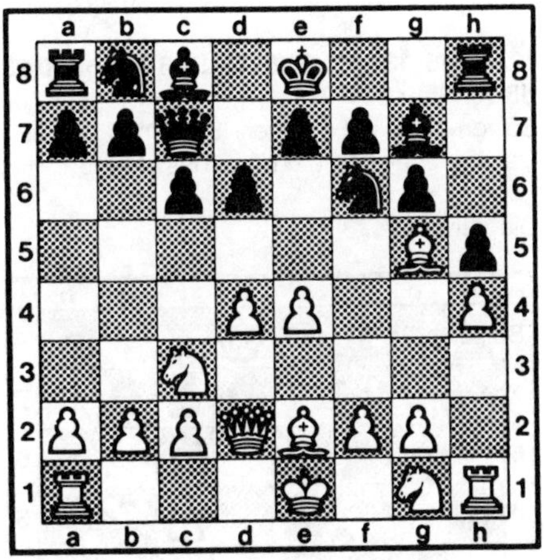

Dies richtet sich gegen die Drohung e4–e5. Möglich ist auch:

a. 7. . . . b5 8. e5! b4! ***Schlechter ist 8. . . . de5: 9. de5: Dd2:+ 10. Ld2: Sg4 11. f4 und Weiß hat angesichts der Drohung 12. Sb5: das bessere Spiel.*** 9. ef6: ef6: ***Nicht 9. . . . bc3: 10. De3! mit weißer Gewinnstellung.*** In dieser komplizierten Stellung halten sich die Chancen etwa die Waage.

b. 7. . . . Da5 Wohl zu optimistisch. Nach 8. Sh3 kann Weiß ungehindert den Standardplan f2–f3; Sh3–f2; g2–g4 folgen lassen.

8. 0–0–0 Sbd7
Das sofortige 8. . . . b5 scheitert an 9. e5! b4 10. ef6: und Weiß hat im Vergleich zu der Anmerkung **a.** zum 7. Zug von Schwarz ein Tempo mehr.

9. f4 b5 10. Lf3
Was sonst? Nach 10. e5? b4 11. ef6: bc3: erhält Schwarz die Initiative.

10. . . . b4 11. Sce2 a5

Schwarz hat nun eine sehr elastische Stellung und Weiß kommt weder mit 12. e5 Sd5! noch mit dem Standardmanöver 12. Kb1 Sb6 13. Sc1 d5! weiter. Sax versucht seinem Stil getreu, um jeden Preis einen Königsangriff zu entfesseln.

12. f5 gf5: 13. ef5: Sb6! 14. Sg3 Sc4 15. De2 d5 16. Sh5:

So gewinnt Weiß einen Bauern, aber der Damenflügel ist in der Hand des Gegners.

Diagramm Nr. 73:

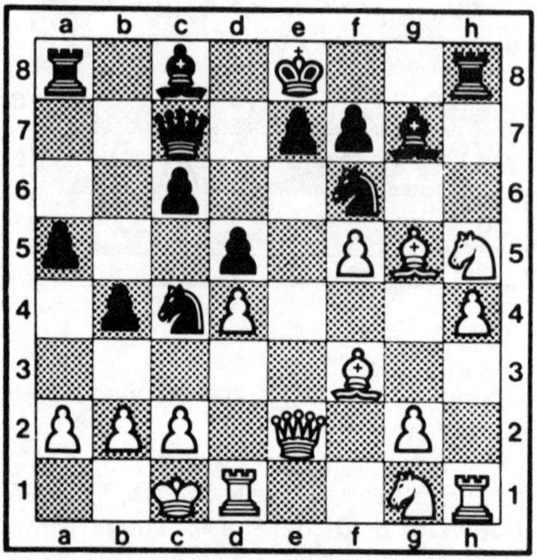

16. . . . Th5:! 17. Lh5: a4 18. Sh3

Nicht besser ist 18. b3 ab3: 19. cb3: Sh5: 20. Dh5: *20. bc4:? Sg3 mit schwarzem Vorteil.* 20. . . . Ta2: 21. bc4: Da5 und Schwarz hat entscheidenden Angriff. Falls aber 18. Lf6: Lf6: 19. Dg4 *19. b3 Df4+! mit großem schwarzem Vorteil.* 19. . . . b3 20. Dg8+ Kd7 und der schwarze Angriff müßte entscheiden.

18. . . . b3 19. cb3:

Es geht nicht 19. a3? bc2:! 20. Te1 Lf5: usw.

19. . . . ab3: 20. a3 Ta3:!!

Durch dieses zweite Turmopfer wird der schwarze Angriff unparierbar.

21. ba3: Da5

Es droht 22. . . . Dc3+ 23. Kb1 Sa3: matt.

Außerdem hängt der Bauer f5. Drei weiße Figuren – Th1, Sh3 und Lh5 stehen außer Spiel, weshalb es keine ausreichende Verteidigung mehr gibt.

22. Td3 Da3:+ 23. Kb1

Noch schneller verliert 23. Kd1 Da1+ 24. Lc1 b2!

23. . . . Lf5: 24. Sf2 b2!

Diagramm Nr. 74:

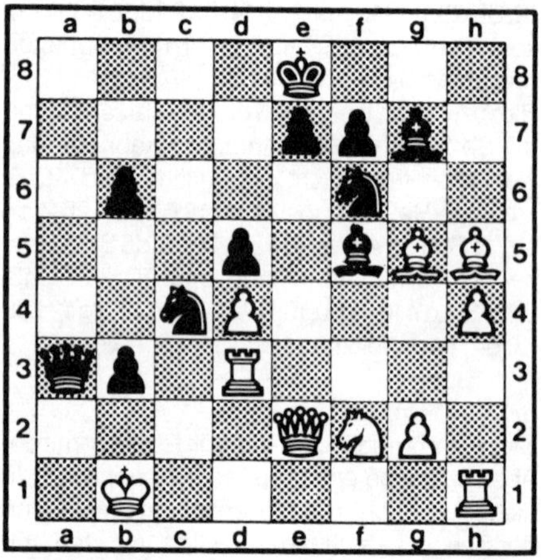

Aus diesem Mattnetz gibt es kein Entrinnen mehr. Die Hauptdrohung besteht in 25. . . . Db3 nebst 26. . . . Sa3 matt. In der Stellung wimmelt es von eleganten Motiven, z. B. 25. Te1. Noch das Beste. 25. . . . Se4! 26. Ta3: Sc3 matt, oder 25. Kc2 Db4! mit der vernichtenden Drohung 26. . . . Sa3+.

25. Lf7:+

Ein Verzweiflungsopfer. Weiß hätte aufgeben sollen.

25. . . . Kf7: 26. Lf6: Da1+ 27. Kc2 b1D+! 28. Tb1: Da2+ Weiß gab auf. Nach unserer Meinung verdiente diese Partie einen der Schönheitspreise bei der Schacholympiade in Nizza 1974.

Zusammenfassung:

Mit dem System 5. h4!? legt Weiß es bewußt auf einen hochtaktischen Kampf an, in dem der bessere Taktiker die Chancen auf seiner Seite hat. Bei genauer Veteidigung ist der weiße Aufbau jedoch nicht zu fürchten. Nach 5. . . . h5 kann das Spiel in die Varianten des Kapitels II –

1. e4 d6 2. d4 Sf6 3. Sc3 g6 4. f3 c6 5. Le3 – Seite übergehen. Von Nachteil ist hier für Weiß, daß die Entwicklung des Läufers nach e2 dem Königsspringer nur die Entwicklungsmöglichkeit über h3 läßt.

Musterpartie VI/2

Sax – Simic, Vrnjacka Banja 1974

1. e4 d6 2. d4 Sf6 3. Sc3 g6 4. Le2 Lg7 5. h4 Sc6 6. h5 gh5:!? 7. Le3 Eine andere Möglichkeit für Weiß ist nicht zu sehen, da Schwarz nach 7. f3 e5 8. d5 Se7 eventuell Zeit für Sg6 und h5–h4 erhält. **7. . . . Sg4!? 8. Th5: Se3: 9. fe3: e6!** Ein strategischer Fehler wäre 9. . . . e5? wegen 10. d5 gewesen, wonach Weiß auf Gewinn steht. **10. Dd2 Ld7 11. 0–0–0 De7 12. Sf3 0–0–0 13. Tdh1 h6 14. Sh2 Tdg8 15. Lf3** Nicht gleich ist 15. Sg4 wegen 15. . . . Lf8! **15. . . . Df8 16. Df2 Le8! 17. Th3 f5 18. ef5: Df5: 19. De2 Da5** Schwarz steht mit seinem Läuferpaar leicht besser. **20. Lg4 Sd8 21. Dc4** Vorsichtiger war 21. Kb1. **21. . . . h5 22. Lf3** Es ging nicht 22. Le6:+? Se6: 23. De6:+ Ld7! mit Qualitätsverlust. **22. . . . b5!?** Dies nutzt die unglückliche Stellung der weißen Dame aus. Eigentlich schade, daß Schwarz seine gute strategische Konzeption zwei Züge später verdirbt. **23. Db3 b4 24. Se4 d5?** Ein Versehen. Die logische Folge war 24. . . . Sb7, wonach wiederum 25. De6:+? an 25. . . . Ld7 mit Qualitätsverlust scheitert. Weiß hätte aber mit 25. c3! bc3: 26. Sc3: Db6! fortgesetzt, wonach Schwarz nur ein geringer Vorteil verblieben wäre. **25. Sc5 Lf8** Diese Stellung verdient wegen ihrer Originalität und wegen der starken taktischen Fortsetzung ein Diagramm.

Siehe Diagramm nächste Spalte

26. Se6:! Se6: 27. Ld5: Nach dem schwarzen Fehler im 24. Zug hat sich das Blatt gewendet und Weiß einen Bauern gewonnen. Die Partie bleibt aber weiter sehr spannend, da das schwarze Läuferpaar die Realisierung des weißen Vorteils sehr schwer macht. **27. . . . Sd4:**

Diagramm Nr. 75:

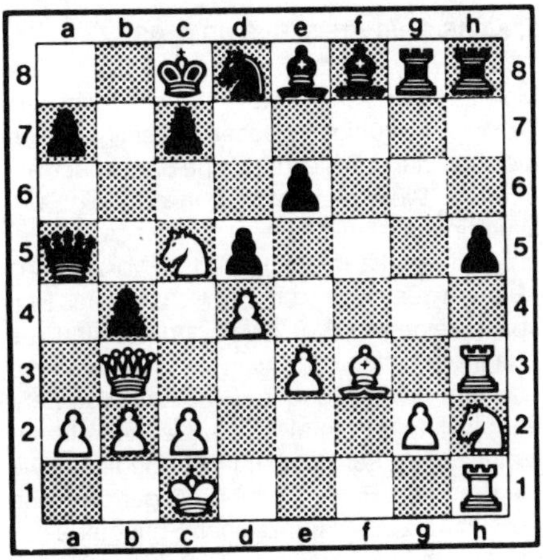

28. ed4: La4 29. Df3 Tg5 30. Lc4 Wahrscheinlich stärker war 30. Le6+ Kb8 31. Sf1, wonach der weiße Springer rechtzeitig ins Spiel kommt. Sax verfolgt jedoch eine andere Idee. **30. . . . Kb8 31. Kb1 Db6 32. Df2 Dg6 33. Tg1 Ld6 34. Sf3 Tg4 35. Ld3 Dg7 36. Lf5 Tf4 37. Le6 Te4 38. Ld5 Te7 39. Df1** In der Zeitnotphase hat sich Weiß Chancen auf den weißen Feldern verschafft. Schwarz verteidigt sich aber sehr gut. **39. . . . Dg6! 40. Dc4** Ganz schlecht war 40. Da6? Dc2:+ 41. Ka1 c6! und auch 40. b3?! Ld7 41. Da6 c6 42. Lc6: Lh3: hätte dem Weißen keinen Vorteil versprochen. **40. . . . a6! 41. Lc6 Lc6: 42. Dc6: Te2 43. g4** Falls 43. Se5, so folgt 43. . . . De4! mit guten Remisaussichten. Der schwarze Turm auf e2 steht ausgezeichnet. **43. . . . Tg8 44. g5 Df5 45. Thh1!** Die Schwäche der weißen Grundreihe würde in der Variante 45. Th5:? Tf8 46. Se1 Df2 47. Thh1 Lh2! 48. Sd3 Lg1: 49. Sf2: Te1+ nebst matt deutlich. **45. . . . Tf2 46. Dc4! Tg7 47. Se5 Tg5: 48. Tg5: Dg5: 49. Da6:** Nach 49. Sc6+ Kb7 50. Sb4: Db5! 51. Db5:+ ab5: 52. Sd3 Th2! wäre Remis das wahrscheinliche Ergebnis gewesen. **49. . . . Le5: 50. Db5+ Kc8 51. de5: Dd2! 52. Dc6 Te2!** Dieser letzte gute Zug von Schwarz, der natürlich 53. . . . Te1+ droht, zwingt den Weißen, seinerseits Dauerschach zu geben.
Remis.

VII. Das Fianchetto-System

1. e4 d6 2. d4 Sf6 3. Sc3 g6 4. g3

Man kann diesen Aufbau mit der Fianchetto-Variante der königsindischen Verteidigung vergleichen, nur daß hier der weiße Bauer noch auf c2 steht. Weiß bemüht sich in der Folge um Druck in der d-Linie, und da der Königsspringer auf e2 steht, kann auch mit dem Vorstoß des f-Bauern gearbeitet werden. Die folgenden Beispiele zeigen, daß Schwarz am ehesten auf Ausgleich hoffen kann, wenn er Aufbauten mit Sc6 und nachfolgendem Druck auf das Zentrum wählt. Alles in allem ist das theoretische Material nicht sehr umfangreich. Beginnen wir mit der Partie Ribli – Forintos, Ungarn 1972, in der Schwarz einen frühzeitigen Springerausfall wählte: 1. e4 g6 2. d4 Lg7 3. Sc3 d6 4. g3 Sc6?! 5. d5 Sd4?! 6. a4! und dem schwarzen Springer fehlten die Rückzugsfelder. Es folgte 6. . . . c5?! 7. Sb1! f5 8. c3 fe4: 9. cd4: cd4: 10. a5 und Weiß gewann eine Figur und in der Folge die Partie. Der Verlustzug war 6. . . . c5?!, der besser durch 6. . . . c6 hätte ersetzt werden sollen. Aber auch dann steht Weiß nach 7. Le3 c5 8. Sb1! Db6 9. Ta2! Ld7 10. a5 Dd8 11. c3 Sb5 12. Sd2 deutlich besser.

Musterpartie VII/1

Minic – Hulak, Vinkovci 1974

4. . . . Lg7
Schlecht ist 4. . . . c5?, was in einer Partie Bednarski – Peev, Lublin 1973 vorkam. Nach 5. dc5: Da5 6. cd6: Se4: 7. Dd5! Dd5: *7. . . . Sc5? 8. Lb5+! und Weiß gewinnt.* 8. Sd5: Le6 9. Sc7+ usw. gewann Weiß schnell.

5. Lg2 0–0 6. Sge2 e5
In der Partie Bednarski – Saidy, Lublin 1973, spielte Schwarz zu bescheiden: 6. . . . c6 7. 0–0 Sbd7 *Nach dem Zeitverlust 7. . . . Db6? kam Weiß in der Partie Gliksman – Ivanovic, Sarajewo 1973, zu einer sehr dynamischen Figurenaufstellung mit 8. b3 Td8 9. h3 Sbd7 10. Le3 Dc7 11. Dd2 e5 12. a4* 8. a4 Dc7? *Besser 8. . . . a5* 9. a5 Tb8 10. Te1 b5 11. ab6: ab6: 12. d5! und Weiß hatte sein strategisches Ziel erreicht, nämlich die Schwächung der weißen Felder. Nach 12. . . . e5 13. dc6: Dc6: gelang Weiß auf taktischem Wege die Besetzung des Feldes d5.

Diagramm Nr. 76:

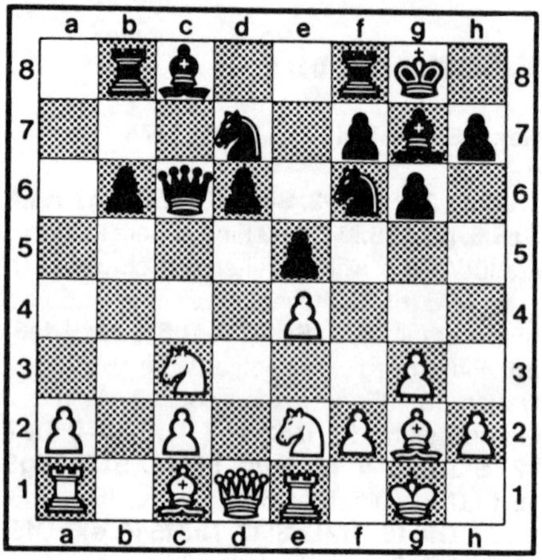

14. Sf4! (14. . . . ef4: 15. e5!)

In den folgenden beiden Partiebeispielen konzentrierten sich die Schwarzspieler auf den Vorstoß c7–c5.

Dely – Ljubojevic, Pula 1971: 1. e4 g6 2. d4 Lg7 3. Sc3 d6 4. Sge2 Sd7 5. g3 c5!? 6. dc5: Sc5: 7. Lg2 Sf6 8. 0–0 0–0 9. Le3 Ld7 10. a4 Lc6 11. f3 b6 mit winzigem weißem Vorteil.
Minic – Hort, Zagreb 1970:
1. e4 g6 2. d4 Lg7 3. Sc3 d6 4. Sge2 Sf6 5. g3 0–0 6. Lg2 Sbd7 7. 0–0 c5 8. b3 *8. dc5:!?* 8. . . . Tb8 9. a4 b6 10. Lb2 Lb7 11. Te1 a6 12. d5 Se8 13. Sf4 b5 mit Ausgleich.

7. 0–0 Sc6
Mit diesem Zug will Schwarz den Vorstoß d4–d5 provozieren, aber Weiß braucht sich nicht aus dem Konzept bringen zu lassen. Andere Möglichkeiten für Schwarz sind hier:

a. 7. . . . c6
Nach diesem Zug entsteht ein kompliziertes Spiel, in dem Weiß aber Vorteil zu haben

scheint. Als Beispiel diene die Partie Hübner – Donner, Skopje 1972; 8. a4 a5 9. h3 Te8 10. Lg5! Sbd7 11. Dd2 Dc7 12. Tad1! Sb6? ***Der folgende Plan von Donner ist fehlerhaft, aber auch die andere Möglichkeit 12. . . . b6?! 13. d5 gibt Weiß Vorteil wegen der Beherschung der weißen Felder.*** 13. b3 ed4: 14. Sd4: d5 15. Lf6: Lf6: 16. ed5: cd5: 17. Sbd5! Dc5 18. Sd5: Sd5: 19. Dd5: Dd5: ***Nicht 19. . . . Dc2:? wegen 20. Tc1 nebst 21. Sc7 und Weiß gewinnt.*** 20. Td5: Le6 21. Td6 und Weiß hatte materiellen und positionellen Vorteil.

Es ergibt sich letzlich der Eindruck, daß der schwarze Aufbau mit 7. . . . c6 nicht zu verstärken ist.

b. 7. . . . Sd7!?
Hartoch – Vadasz, Sombor 1974:
8. a4 a5 9. h3 ed4:!? 10. Sd4: Sc5 11. Te1 Te8 12. Sdb5? ***12. f4!*** 12. . . . Ld7 13. g4 Lb5: 14. ab5: a4 15. Ta3 h5 16. g5 Sfd7 17. Sd5 c6 und Schwarz stand befriedigend.
Eising – Ciocaltea, Wijk aan Zee 1974:
1. d4 Sf6 2. g3 g6 3. Lg2 Lg7 4. e4 d6 5. Sge2 0–0 6. h3 e5 7. Sbc3 Sbd7 8. 0–0 Te8 9. a4 a5 10. de5:?! de5: 11. Le3 c6 12. Dd2 De7 13. Tad1 Db4 14. b3 Sc5 15. Sc1 Sfd7 16. Sd3 Sd3: 17. Dd3: Sc5 18. Dd2 Se6 19. Se2 Lf8 20. f4 Lc5 21. Kf2 f6 22. f5 remis.

8. de5:
Dieser Abtausch wirkt unlogisch, aber der Versuch 8. d5 Se7 9. f4 ef4: 10. Lf4: ***10. gf4:?! c6!*** 10. . . . Sg4! ergibt nichts.
8. . . . de5:
8. . . . Se5:?! 9. f4 Sed7 10. h3 Te8 11. Le3 mit weißem Vorteil.
9. Lg5
Dies ist besser als der Versuch, mit 9. Dd8:? Kapital aus der Stellung zu schlagen. In einer Partie Cobo – Andersson, Camaguey 1974, folgte 9. . . Td8: 10. Lg5 Le6! 11. f4? ***Nach dem besseren 11. Sd5 Ld5: 12. ed5: Sd4 13. Sd4: ed4: 14. Tfe1 h6 wäre die Stellung ausgeglichen gewesen. 11. . . . ef4: 12. Sf4: 12. Tf4: Sh5! und Schwarz steht deutlich besser.*** 12. . . . Lc4 13. Sd3 ***Weiß gewann zwar eine Qualität, aber der Preis war entschieden zu hoch.***

Diagramm Nr. 77:

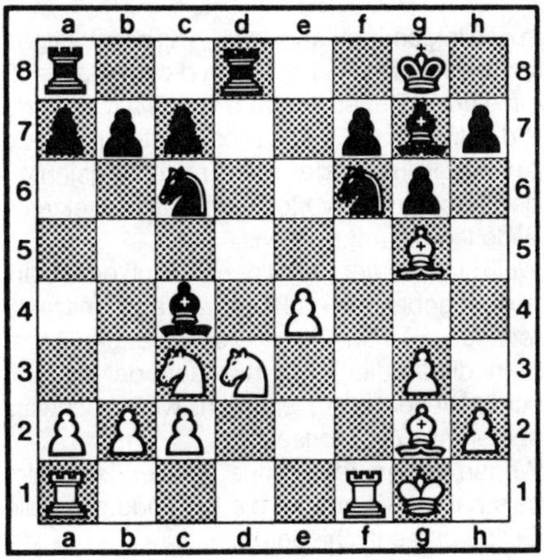

13. . . . Sg4! 14. Ld8: Td8: 15. h3? ***Ganz schlecht, aber auch nach dem besseren 15. Lf3 Se3 16. Tf2 Ld3: 17. cd3: Td3: hat Schwarz ausreichende Kompensation.*** 15. . . . Se3 16. Tf2 Ld3: 17. cd3: Td3: 18. Sd5? ***18. Kh1!*** 18. . . . Ld4! 19. Kh1 ***Nach 19. Sf4? gewinnt Schwarz einfach mit 19. . . . Td1+!*** 19. . . . Sd5: 20. ed5: Lf2: 21. dc6: bc6: 22. g4 Ld4 23. Tb1 Td2 24. b3 Ta2: 25. Lc6: Kg7 26. Te1 Lc5 27. Ld5 Ld6 28. Te3 Th2+ 29. Kg1 Td2 Weiß gab auf.

9. . . . Sd4!
Der einzige Zug, der aber ausreichend ist.

10. Sd4: ed4: 11. Sd5 c6?
Dies ist bereits der Verlustzug. Ausgleich ergab dagegen die Fortsetzung 11. . . . Le6!, z. B. 12. Dd4: Sd5: 13. Ld8: Ld4: 14. ed5: Tad8: 15. de6: fe6: 16. Lb7: Lb2: 17. Tad1 Ld4 18. Kg2 Lb6. Auch nach 12. e5 Ld5: 13. ef6: Lh8 14. Dd4: Lg2: 15. Dd8: Tfd8: 16. Kg2: Td6 17. Tad1 Tad8 erreicht Weiß nichts. So endete die Partie Sikora – Pribyl, CSSR 1973, an dieser Stelle remis.

12. e5! cd5: 13. Dd4: Le6 14. Lf6: Lf6: 15. ef6: Tc8 16. c3 b6 17. Tad1 Tc5 18. Df4 h6 19. h4 Te8 20. Td4 Kh7 21. Tfd1 b5 22. Le4! Dc8 23. Lf3 Dc6 24. g4 Td8 25. Te1 Dd7 26. Te5 Dc7 27. Le2 Dd7 28. Th5! Schwarz gab auf.

Der Drei-Bauern-Angriff

In den folgenden Kapiteln VIII – XII beschäftigen wir uns mit den Aufbauten, in denen Weiß sich ein starkes Bauernzentrum verschafft, 1. e4 d6 2. d4 Sf6 3. Sc3 g6 4. f4 –. Dieser Aufbau hat viele Anhänger und wurde in den Entstehungsjahren der Pirc-Ufimcev-Verteidigung als direkteste Widerlegung angesehen.
Weiß strebt in der Regel den Vorstoß e4–e5 an, aber gegebenfalls muß Schwarz auch mit f4–f5 rechnen. Es kann ferner zu Stellungen kommen, die an die Drachenvariante der sizilianischen Verteidigung erinnern, wenn Schwarz später mit c7–c5 fortsetzt.
Wegen der großen Menge anfallenden Materials haben wir uns für die folgende sinnvolle Gliederung entschieden.

Kapitel VIII

1. e4 d6 2. d4 Sf6 3. Sc3 g6 4. f4 Lg7 5. Sf3 0–0 6. e5 anhand der Musterpartie Estrin – Sanokajev, Fernpartie 1971, Seite 78.

Kapitel IX

1. e4 d6 2. d4 Sf6 3. Sc3 g6 4. f4 Lg7 5. Sf3 c5 6. dc5: anhand der Musterpartie Gligoric – Hort, Skopje 1972, Seite 95.

Kapitel X

1. e4 d6 2. d4 Sf6 3. Sc3 g6 4. f4 Lg7 5. Sf3 c5 6. Lb5+ anhand der Musterpartie Hartston – Suttles, Nizza 1974, Seite 104.

Kapitel XI

1. e4 d6 2. d4 Sf6 3. Sc3 g6 4. f4 Lg7 5. Sf3 0–0 6. Le2 anhand der Musterpartie Filippovicz – Ozvath, Budapest 1976, Seite 112.

Kapitel XII

1. e4 d6 2. d4 Sf6 3. Sc3 g6 4. f4 Lg7 5. Sf3 0–0 6. Ld3 anhand der Musterpartie Adorjan – Wright, England 1975, Seite 117.

VIII. Der Drei-Bauern-Angriff

Musterpartie VIII/1

Estrin – Sanokajev, Fernpartie 1971

1. e4 d6 2. d4 Sf6 3. Sc3 g6 4. f4 Lg7 5. Sf3 Der logische Zug. Die anderen Möglichkeiten sind

a. 5. e5 **b.** 5. Lc4

a. 5. e5
Dieser etwas ungeduldig wirkende Zug kam bereits im Jahre 1904 in einer Partie Marshall – Pilsburry, Cambridge Springs, vor. Das damit zusammenhängende System wurde vor allem von dem sowjetischen Großmeister David Bronstein ausgearbeitet. Schwarz kann nun zwischen zwei Fortsetzungen wählen.

a1. 5. . . . Sfd7 **a2.** 5. . . . de5:

a1. 5. . . . Sfd7
Schwarz weicht dem Damentausch aus und bereitet den Flügelangriff c7–c5 vor. Die Beispiele aus der Turnierpraxis sprechen eher für die schwarze Strategie.

Bronstein – Etruk, UdSSR 1962:
6. Se4 0–0 7. Sf3 c5 8. c3 cd4: 9. cd4: Sb6 10. Le2 Sc6 11. 0–0 Le6 mit etwa gleichem Spiel.

Gurgenidse – Timman, Tiflis 1971:
6. Le3 c5 7. Lb5 0–0 8. Sf3 cd4: 9. Ld4: de5: 10. fe5: a6 11. La4 Sb6 12. Lb3 Sc6 mit gutem schwarzem Figurenspiel.

Rosenberg – Kremeneckij, UdSSR 1972:
6. e6?! fe6: 7. Sf3 Sf6 8. Sg5 0–0 9. Le3 Sd5 mit nicht zureichender Kompensation für den geopferten Bauern.

Wichtig hinzuzufügen, daß das Spiel nach 5. e5 Sfd7 6. Le3 c5 7. ed6:!? 0–0 8. Sf3 in das Kapitel X übergehen kann, siehe Musterpartie X/2, Matulovic – Sigurjonsson, Seite 110.

Dieser Übergang ist für Weiß durchaus empfehlenswert.

a2. 5. . . . de5:

Dies führt zu Vereinfachungen. 6. de5: *Nach 6. fe5:?! hat Schwarz keine Probleme, z. B. 6. . . . Sd5 7. Sf3 und nun hätte in der oben genannten Partie Marshall – Pilsburry 7. . . . c5!? oder 7. . . . 0–0 nebst c7–c5 folgen sollen. Dort geschah 7. . . . Sc6?! 8. Lc4 e6 9. Lg5 Sc3: 10. bc3: Se7 11. 0–0 a6 12. Lf6 Lf6: 13. ef6: Sf5 14. De2 Df6: 15. g4 Sd6 16. Se5 De7 17. Ld3 0–0 18. Tf2 Kg7 19. Taf1 Ld7 20. Tf6 mit starkem weißem Angriff. Diese Partie zeigt, daß mancher alte Meister es mit der Strategie nicht so genau nahm.*

Jedoch darf Schwarz auch in der Variante 6. fe5: nicht zu sorglos spielen, z. B. 6. . . . Sd5 7. Lc4!? Sc3: 8. bc3: 0–0 9. Sf3 Sc6! (Viel schlechter wäre 9. . . . c5?! 10. 0–0 cd4: 11. Sg5! mit ausgezeichneten weißen Angriffsaussichten.) Schwarz muß zuerst mittels Sc6–a5 den starken weißen Läufer von der Diagonale a2–g8 vertreiben, bevor er das weiße Zentrum mit c7–c5 oder f7–f6 angreift. 6. . . . Dd1:+ 7. Kd1: *Nach 7. Sd1: Sd5 braucht Schwarz mit dem Zentralspringer d5 nichts mehr zu befürchten.* 7. . . . Sg4 *Nach der anderen Möglichkeit 7. . . . Sfd7 kann Weiß auf Raumvorteil hoffen. Z. B.: 8. Sf3 c6 9. Le3 Sb6 10. Ld3 0–0 11. a4 Lg4 12. Ke2 f6 13. ef6: mit leichtem weißem Vorteil, Jansa – Vadasz, Vrnjacka Banja 1975 oder 8. Sd5 Kd8 9. Sf3 c6 10. Se3 f6 11. ef6: Lf6:! (Schwächer wäre 11. . . . ef6: 12. Sc4 Sc5 13. Sd6 Le6 14. f5! mit weißer Initiative, Adorjan – Vadasz, Ungarn 1970.) 12. Sg4 Sf8 mit leichtem weißem Vorteil, Adorjan – Karpov, Amsterdam 1973. Falls Weiß um jeden Preis den Bauern e5 behaupten will, kann es nach den Zügen 8. Sd5 Kd8 9. Sf3 c6 10. Se3 f6 11. b3!? zu aktivem Figurenspiel kommen, z. B. 11. . . . Sc5 12. Lb2 Le6 13. g4 fe5: 14. f5 gf5: 15. gf5: Ld5 16. Sd5: cd5: 17. Tg1 Lf6 18. Le5: Sbd7 mit völligem Ausgleich, Adorjan – Petran, Ungarn 1976.* 8. Ke1 f6 Folgende drei Alternativen scheinen nicht zum Ausgleich geeignet zu sein:

Siehe Diagramm nächste Spalte

Diagramm Nr. 78:

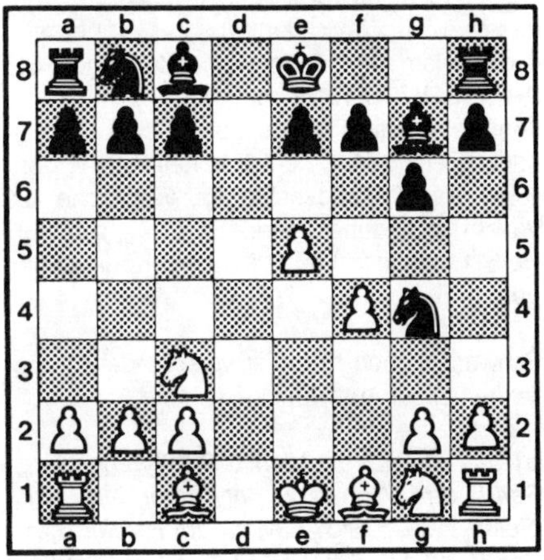

a2a. 8. . . . Sc6 9. h3 Sh6 10. Sd5 Sd4?! 11. Sc7:+ Kd8 12. Sa8: Sc2:+ 13. Kf2 Sa1: 14. Le3 f6 15. Sf3 fe5: 16. Lb5! und Weiß stand auf Gewinn, Lukin – Zejtlin, UdSSR 1972.

a2b. 8. . . . h5 Eine Empfehlung des amerikanischen Großmeisters Benkö. In der Partie Poljak – Bondarewski, UdSSR 1975, geschah aber 9. Sd5 Kd8 10. Sf3 c6 11. Se3 f6 12. h3 Sh6 13. Ld3 Sf5 14. Sf5: gf5: 15. e6! Le6: 16. Sd4! und Weiß gewann den Bauern bei besserem Spiel zurück.

a2c. 8. . . . c6 9. h3 Sh6 10. g4! f6 11. ef6: ef6: 12. Lc4 f5 13. g5 Sf7 14. Th2! und laut Parma hat Weiß das bessere Spiel, angesichts der schwarzen Felderschwächen e5, e6, e7. Das Turmmanöver Th1–h2–e2 wandte als erster Bronstein in seiner bekannten Partie gegen Benkö, Monte Carlo 1969, an. Es zeigte sich, daß das System mit 5. e5 dem Schwarzen durchaus gefährlich werden kann. Dort geschah 12. . . . Sf7? ***Besser 12. . . . f5*** 13. Th2! Sd6 14. Lb3 Kd8 15. f5! Te8+ 16. Kf1 g5? 17. h4 h6 18. Sf3 Sd7 19. Ld2 Kc7 20. Te1! und Weiß hatte bedeutenden Vorteil im Endspiel.
Auch Weiß kann andere Fortsetzungen versuchen, und zwar 10. ef6: ***Ausgleich ergibt laut Parma 10. Sd5 Kd8 11. ef6: ef6: 12. Kf2 Le6.*** 10. . . . ef6: 11. g4 Le6 12. Sf3 Sc6 13. Le3 0–0–0 und Schwarz hatte in der Partie Tompa – Sapi, Budapest 1970, keine Probleme.

b. 5. Lc4
Die Fortsetzung des jugoslawischen Großmeisters Ljubojevic dürfte nach Meinung seines Landsmannes Parma in der Zugfolge 5. Sf3 0–0 6. Lc4!? noch giftiger sein. Diese Meinung können wir nicht teilen, denn Schwarz kann nach 6. . . . Se4:! 7. Lf7:+ vorteilhaft mit dem Turm auf f7 zurückschlagen, vergleiche die Variante **b3.,** siehe unten, – 5. Lc4 Se4: 6. Lf7:+, wo Schwarz den Läufer mit dem König schlagen muß.

Schwarz stehen nun vier verschiedene Möglichkeiten zur Auswahl:

b1. 5. . . . 0–0 6. e5 ***Nicht 6. Sf3?! wegen 6. . . . Se4:! und Schwarz hat mehr als Ausgleich.*** 6. . . . Sfd7 ***Nicht gut ist hier 6. . . . Se8?! 7. Sf3 c6 8. Le3 a5 9. a4 mit weißem Raumvorteil, Selijanowski – Judovic, UdSSR 1964, und auch das Endspiel nach 6. . . . de5:?! 7. de5: Dd1:+ 8. Kd1: Se8 9. Le3 Sc6 10. Ld5 ist eindeutig besser für Weiß, Ljubojevic – Vadasz, Vrnjacka Banja 1971.*** 7. e6 fe6: 8. Le6:+ Kh8 9. Sf3 c5. Die entstandene Stellung wird später in der Variante **A14** – 5. Sf3 0–0 6. e5 Sfd7 7. Lc4 – Seite 86 untersucht.
b2. 5. . . . d5 Mit dieser Idee, die von englischen Spielern stammt, will Schwarz mit einem vorübergehenden Bauernopfer das weiße Zentrum zerschlagen. 6. ed5: Sbd7 7. Sf3 0–0 8. Se5 Sb6 9. Lb3 a5 10. a3 a4 ***Nicht 10. . . . Sbd5: 11. Sd5: Sd5: 12. 0–0 c6 13. c4 Sc7 14. Le3 Le6 15. Tc1 mit geringem weißem Vorteil, Ljubojevic – Hartoch, Amsterdam 1972.*** 11. La2 Sbd5: 12. Sd5: Sd5: 13. 0–0 e6!? 14. Ld2 Sf6 15. Lb4 Te8 und nun konnte Weiß in der Partie Ljubojevic – Keene, Palma de Mallorca 1971, laut Parma mit der Fortsetzung 16. c4 klaren Positionsvorteil erzielen.
b3. 5. . . . Se4: So bringt Schwarz sich auf Kosten der Entwicklung in den Besitz des Läuferpaares. 6. Lf7:+ Kf7: 7. Se4: Te8 Schwarz kann in Ruhe künstlich rochieren. 8. Sf3 Kg8 9. 0–0 Sd7 10. c3 b6! ***Dies ist eine wichtige Verbesserung gegenüber der alten Fortsetzung 10. . . . Sf6 11. Db3+ d5 12. Sf2, in der Weiß Positionsvorteil erhält, siehe Musterpartie VIII/2, Ljubojevic – Donner, Seite 92.*** Donner selbst verbesserte sein Spiel in einer weiteren Partie Ljubojevic – Donner, Wijk aan Zee 1972. Dort folgte 11. Db3+ e6 12. Sfg5 Sf8 13. Le3 h6 14. Sf3 Lb7 mit ungefährem Ausgleich.

b4. 5. . . . c5 Dies wird von vielen Theoriewerken empfohlen. 6. d5 ***6. e5 Sfd7 7. Sf3 cd4: führt zu Kapitel X, Variante B1 – 7. Lc4 –, Seite und bringt Weiß nichts ein.*** 6. . . . 0–0 7. Sge2 ***Die Schablonenfortsetzung 7. Sf3 ist hier nicht gut wegen 7. . . . b5! 8. Lb5: Se4: mit leicht besserem Spiel für Schwarz.*** 7. . . . e6 8. de6 Le6: 9. Le6: fe6: 10. 0–0 Sc6 11. h3 d5 mit gutem Spiel für Schwarz Ljubojevic – Donner, Amsterdam 1972.
Wenig empfehlenswert für Weiß ist der Abtausch 6. dc5:, denn nach 6. . . . Da5 7. Ld2 Dc5: 8. De2 0–0 9. 0–0–0 Lg4 10. Sf3 Sc6 erinnert die Stellung an die sizilianische Drachenvariante. Schwarz steht hier allerdings günstiger.

5. . . . 0–0
Zu passiv ist die Fortsetzung 5. . . . c6?! 6. Ld3 Lg4 7. h3 Lf3: 8. Df3: Db6 9. e5! mit weißem Vorteil, Darga – Llado, Tarragona 1957.

A: 6. e5
Eine andere wichtige Fortsetzung, die in der letzten Zeit sehr häufig angewandt, von der Theorie aber sehr stiefmütterlich behandelt wird, ist hier:

B: 6. Le3!?
Schwarz kann nun zwischen nicht weniger als sechs Fortsetzungen wählen.

B1: 6. . . . c6
Dies dürfte auch hier zu passiv sein, und Weiß kann mit ganz natürlichen Zügen positionellen Vorteil erlangen. 7. Ld3 ***Nach 7. Dd2 Sbd7 spielte Weiß in der Partie Lein – Savon, UdSSR 1971, zu voreilig 8. e5?! und geriet nach 8. . . . Sg4 9. Lg1 c5! in eine schlechtere Stellung.*** 7. . . . Sbd7 8. h3 Dc7 9. g4 e5 10. de5: de5: 11. f5 Weiß steht besser, denn er droht 12. g5 mit nachfolgendem f5–f6 und Schwarz ist ohne Gegenspiel, Hort – Bengtson, Eröbrö 1966.

B2: 6. . . . Sbd7
Der Springer will von d7 aus den Vorstoß c7–c5 unterstützen, kann aber in der Folge der harmonischen Entwicklung der schwarzen Figuren im Wege sein. 7. Dd2 *Zu nichts führt hier 7. e5?! Sg4 8. Ld2?! c5! 9. ed6: cd4: 10. Sd4: Sf2! und Schwarz gelangte in der Partie Enklaar – Donner, Holland 1976, durch diese effektvolle Kombination in Vorteil.* 7. . . . c5 8. 0–0–0 *In Betracht kommt auch 8. dc5:!? Sc5: 9. Lc5: dc5: 10. 0–0–0 denn das schwarze Läuferpaar spielt hier keine besondere Rolle, da nach dem Vorstoß e4–e5 der Wirkungskreis des Läufers g7 stark eingeengt ist. Hingegen würde Weiß völlig das Feld d5 beherrschen.* 8. . . . Da5 9. Kb1 Te8 10. h3 Tb8 11. e5 Weiß steht deutlich besser, Capece – Alexander, Ybs 1968.

B3: 6. . . . c5
Bei richtigem Spiel führt diese Fortsetzung zum Ausgleich. 7. dc5: Da5 8. Ld3 *Schlecht ist 8. Dd2?! dc5: 9. Ld3 Td8 10. e5 c4! mit gutem schwarzem Spiel, Randulov – Timman, Skopje 1972. Das gleiche Motiv kann auch in einer anderen Zugfolge entstehen, nach 8. Dd2?! dc5: 9. e5 Td8! 10. Ld3 usw.* 8. . . . Sg4!? *Zu passiv ist hier 8. . . . dc5: und Schwarz leidet an Raummangel, z. B. 9. e5 Sd5 10. Ld2 Sc3: (Falls 10. . . . Sb4?! so folgt 11. Lc4 und Weiß steht deutlich besser, da er über die Drohungen 12. Sd5 und 12. a3 verfügt, Radulov – Parma, Montilla 1974.) 11. Le3: Dc7 12. De2 Sc6 13. h4 und Weiß hat die Initiative und die besseren Aussichten, Kurajica – Eising, Wijk aan Zee 1974.* 9. Ld2 Dc5: 10. De2 Sf6!? *Diese Fortsetzung ist wesentlich stärker als 10. . . . Sc6 11. h3 Sh6? 12. g4! mit weißem Vorteil, was sich in der Fernpartie Heilino – Redyemit 1956 ereignete.* 11. Le3 Diese Stellung kann auch über andere Zugfolgen entstehen, siehe Musterpartie VIII/3 Mecking – Pfleger, Seite 92.

B4: 6. . . . Sc6
Schwarz entwickelt eine weitere Figur. Die folgenden Beispiele zeigen, daß Weiß einen kleinen Vorteil behalten kann, da den schwarzen Springern feste Stützpunkte im Zentrum fehlen. 7. Le2 *Das Beste, denn nach 7. Dd2 ist 7. . . . e5!? 8. fe5: de5: 9. d5 Sd4!? 10. Se5: Se4: 11. Se4: Dh4+ 12. Sf2 Lf5: mit Ausgleich möglich, Kotkov – Rasuvajew, Moskau 1971.*

Hier steht Schwarz noch einmal am Scheideweg.

B41: 7. . . . e5 Dies ist zweifelhaft wegen der Folge 8. de5: de5: 9. Dd8: Td8: 10. fe5: Sg4 11. Lg5 Td7 12. Sd5 Sce5: 13. Se5: Se5: 14. 0–0 c6 15. Sf6+ und laut Parma hat Weiß Positionsvorteil.

B42: 7. . . . e6? bringt Schwarz in Schwierigkeiten, Byrne – Lombardy, USA 1975: 8. 0–0 b6 9. h3 Lb7 10. e5 Sd5 11. Sd5: ed5: 12. Dd2 f6 13. ef6: mit weißem Vorteil.

B43: 7. . . . Lg4 Auch dieser Zug ist nicht empfehlenswert, z. B. Byrne – Keene, Hastings 1971: 8. e5 de5: 9. de5: Sd7 10. h3! Lf3: 11. Lf3: Sb6 12. 0–0 Sc4?! *12. . . . f6!?* 13. Lc5 und Weiß beherrscht die wichtigen Diagonalen.
Smejkal – Knaak, Sandomierz 1976, siehe Musterpartie VIII/4: 8. e5 Sd7 9. e6! Sb6 10. ef7:+ Kh8 11. Sg5 und Weiß gewann im direkten Königsangriff.

B44: 7. . . . Sg4 *Dies ist chancenreicher als 7. . . . Lg4?!, auch wenn Schwarz in der Folge mit seinem Springer Tempi verlieren wird.* Nach 8. Lg1 e5 entsteht die kritische Stellung der Variante **B44.**

Diagramm Nr. 79:

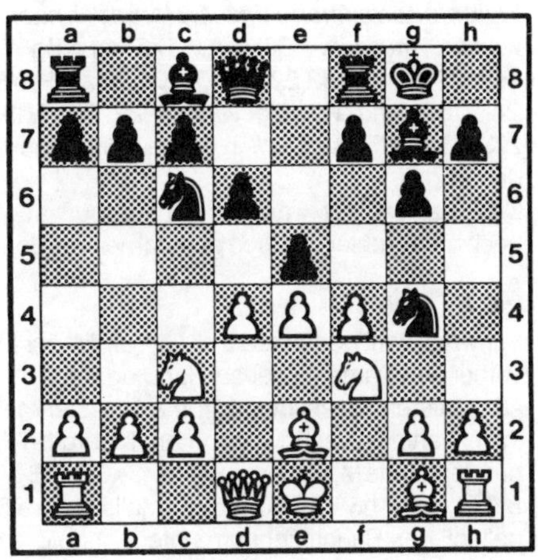

Vitolins – Cikovani, UdSSR 1975:
9. de5: de5: 10. Dd8: Td8: 11. h3 Sf6?! 12. fe5: Sfd7 13. 0–0–0! mit besserem Endspiel für Weiß. Sowohl nach 13. . . . Sce5: als auch nach 13. . . . Sde5: folgt 14. Sd5! mit Vorteil. Statt des unmotivierten Springerrückzuges im 11. Zuge war wohl 11. . . . Sh6!? besser.

Bednarski – Sznapik, Polen 1975:
9. d5 Se7 10. h3 Sf6 11. fe5: de5: 12. Lh2 Sd7 13. 0–0 b6 *Der jugoslawische Kommentator Bozic empfiehlt hier 13. . . . a6!?* 14. Lc4 h6? 15. d6 Sc6 16. Ld5 Lb7 17. Sb5 und Weiß stand praktisch auf Gewinn.

Balaschov – Zeschkowski, UdSSR 1976:
9. fe5: de5: 10. d5 Sb8!? Schwarz plant c7–c6 und gewährt seinem Damenspringer von b8 aus bessere Entwicklungsmöglichkeiten als von e7. 11. h3 Sf6 12. Le3 *Dies ist besser als 12. Lh2.* 12. . . . c6 13. 0–0 cd5: 14. ed5: e4 15. Se5!? Mit diesem scheinbar unverständlichen Zug bereitet Weiß ein Figurenopfer vor. 15. . . . Sh5 ***Nach 15. . . . Te8 16. Ld4! Sbd7 17. Sc4! erhält Weiß für den Springer einen sehr gefährlichen Freibauern auf der d-Linie und das ideale Blockadefeld e3.*** 16. Sf7:! Tf7: 17. Tf7: Kf7: 18. Se4: De7 ***Es ging nicht 18. . . . Kg8 wegen 19. Lh5: gh5: 20. Dh5: mit starkem weißem Angriff.*** 19. Ld3 Lf5 ***Dieser Zug führt schnell zu einer Verluststellung. Nach dem besseren Zug 19. . . . Kg8!? hatte Weiß die Korrektheit seines Opfers noch nachweisen müssen.*** 20. Df3 Sf6 21. Sg5+ Ke8 ***21. . . . Kg8? 22. d6! Dd6: 23. Lc4+ Kf8 24. Db7: und Weiß gewinnt.*** 22. Te1 Ld3: 23. cd3: Sbd7 24. d6! Weiß hat gewinnbringenden Angriff.
Das Figurenopfer war sehr mutig, muß aber noch genau unter die Lupe genommen werden.

B5: 6. . . . b6
Schwarz plant den Vorstoß c7–c5, und möchte vorher den Damenläufer auf der Diagonale h1–a8 postieren. Diese Idee wurde zum erstenmal in der Partie Balaschov – Timman, Tilburg 1977, probiert, siehe Musterpartie VIII/5: 7. e5! Sg4 8. Lg1 c5 9. h3 Sh6 10. d5 und falls es Weiß gelingt, das Bauernzentrum unter Kontrolle zu halten, kann er auf Vorteil hoffen. In der genannten Partie geschah dies.

Parma erwähnt noch die schwächere weiße Fortsetzung 7. Ld3 c5 8. h3 cd4: 9. Sd4: Lb7 und weist darauf hin, daß die Stellung an die sizilianische Drachenvariante erinnert, wo Schwarz nach dem Manöver Sb8–d7–c5 gutes Spiel erhält, da er gegen den Punkt e4 drücken kann.

B6: 6. . . . Sa6
Dies ist der aktuellste Versuch von Schwarz in dieser Variante, der bei strengem Positionsspiel des Weißen allerdings zu weißem Vorteil führen sollte. 7. h3 dürfte nicht die beste Fortsetzung für Weiß sein, denn die entstehenden Verwicklungen nach 7. . . . c5 8. e5 Sh5!? 9. La6: sind kaum zu beurteilen.

Diagramm Nr. 80:

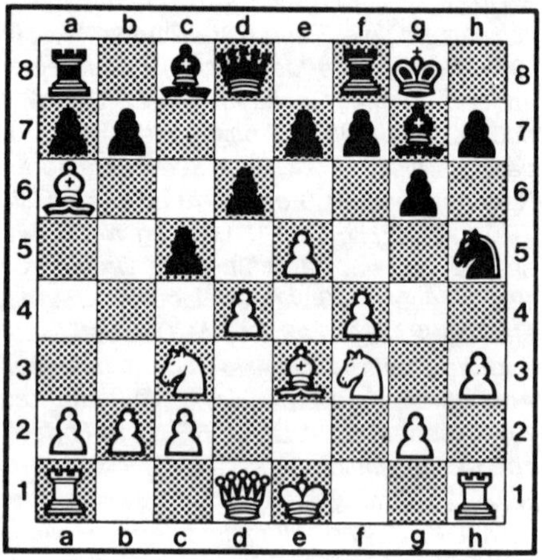

9. . . . Sg3? 10. Lf1! Sh1: 11. g4! Sg3 12. Lg2 cd4: 13. Dd4: de5: 14. fe5: Dd4: 15. Ld4: h5 16. Kf2 mit zwei Figuren für den Turm, Ligterink – Nunn, Amsterdam 1975.
9. . . . ba6:! 10. g4 cd4: 11. Dd4: Lb7 12. Kf2 Sf4: Dieses erzwungene Figurenopfer führt zu unklarem Spiel. 13. Lf4: ***Falls 13. Df4: de5: 14. Db4 Tb8 mit ausreichender Initiative für das geopferte Material.*** 13. . . . g5?! ***Schade, daß Schwarz die theoretisch interessante Par-***

tie verdirbt. Laut Adorjan hätte hier 13. . . . f5! 14. g5 Lf3: 15. Kf3: de5: 16. Dd8: Tfd8: 17. Le3 Tdc8! 18. Ke2 e4 19. Ld2 Tab8 ausreichende Kompensation für die Figur ergeben. 14. Sg5:? *Entscheidenden Vorteil für Weiß hätte hier 14. Lg5:! f6 15. ef6: Lf6: 16. Lf6: Tf6: 17. Sd5 Tf3: 18. Kf3: e6 19. Kg3! Ld5: 20. Thf1 gebracht.* 14. . . . f6!! Die Öffnung der f-Linie ändert die Situation schlagartig. 15. Se6 fe5: 16. Dc4 Db6+ 17. Ke2 Tac8 18. Dd3 ef4: 19. Sf8: Tf8: und Schwarz hatte zwar die Qualität weniger, aber entscheidenden Angriff gegen den weißen König, Nunn – Adorjan, London 1975.

In der Partie Byrne – Botterill, Haifa 1976, spielte Weiß ohne Zeitverlust 7. e5! Sg4 8. Lg1 c5 9. h3 cd4: 10. Dd4: Sh6 11. g4!, wonach der schwarze Springer außer Spiel geriet. Nach 11. . . . Ld7 12. Lc4 Lc6 13. Ld5: Da5 14. Lc6: bc6: 15. 0–0–0 blieb der weiße Vorteil bestehen.

A1: 6. . . . Sfd7
Die anderen Fortsetzungen sind

A2: 6. . . . Se8?! **A3:** 6. . . . de5:
A2: 6. . . . Se8?!
Diese Fortsetzung ist kaum empfehlenswert.

A21: 7. Le3 c5!? Dieser Zug ist mit einem Bauernopfer verbunden, denn nach anderen Fortsetzungen bliebe das schwarze Spiel zu passiv. 8. dc5: Sc6 9. Le2 ***9. Lb5!? Lg4 10. cd6: ed6: 11. 0–0 Da5 12. h3 Lf3: 13. Df3: Tc8 14. Tad1 de5: 15. Lc6: Tc6: 16. Sd5 Tc2: 17. f5! mit starkem weißem Angriff, Szmetan – Garcia, Argentinien 1975.*** 9. . . . Da5 10. cd6: ed6: 11. Dd5 Dd8 ***Ganz schlecht wäre der Damentausch 11. . . . Db4? 12. Db5! de5: 13. Db4: Sb4: 14. 0–0–0. In der Partie Estrin – Karasev, UdSSR 1968, erhielt Weiß ein gewonnenes Endspiel.*** 12. 0–0–0 Le6 13. Db5 Dc8 und Schwarz hat laut Parma Kompensation für den geopferten Bauern. Die Partie Lepeschkin – Gufeld, UdSSR 1966, ging wie folgt weiter: 14. Sd4 Ld7 15. Db3 de5: 16. Sc6: Lc6: 17. Sd5 remis. Es ist kaum zu glauben, daß die schwarze Stellung, in der fast alle Figuren auf der Grundreihe stehen, ausgeglichen sein soll.

A22: 7. h4! Eine logische Reaktion. Parma führt nun die Partie Gipslis – Czerniak, Pecz 1964, an, um zu beweisen, daß Weiß besser steht. Nach 7. . . . Lg4 8. Le2! Sd7 9. Sg5 Le2: 10. De2: h6 11. Sf3 c6 12. h5! hatte Weiß einen starken Angriff. Auch 7. . . . c5 erleichtert das schwarze Spiel nicht. Weiß hat Zeit genug, die Klärung im Zentrum einen Zug lang aufzuschieben. Nach 8. h5! cd4: 9. Dd4: Sc6 10. Df2! kommt die weiße Dame rechtzeitig zum Königsflügel, und gegen den Angriff in der h-Linie ist keine Verteidigung zu sehen. Auch der Damentausch nach 8. . . . de5: 9. de5: Dd1:+ 10. Kd1: ändert nichts, da Weiß h5–h6 droht, wonach der schwarze Königsläufer für lange Zeit außer Spiel geraten kann. Dies zeigt, daß der Zug 7. h4! als direkte Widerlegung von 6. . . . Se8?! angesehen werden kann.

A3: 6. . . . de5:
Schwarz räumt das Feld d5 gegebenenfalls für den Springer, und ist zu Vereinfachungen bereit. Weiß hat nun zwei Hauptfortsetzungen zur Verfügung.

A31: 7. fe5: **A32:** 7. de5:
A31: 7. fe5:
7. Se5: gibt Schwarz eine gute Stellung. Die Textfortsetzung 7. fe5: genießt keinen guten Ruf, aber unsere Beispiele zeigen, daß Schwarz es mit dem Ausgleich nicht leicht hat. Parma gibt in der Schachenzyklopädie die Fortsetzung 7. . . . Sd5 8. Lc4 Le6 9. De2 c5 10. Ld5: Ld5: 11. Sd5: Dd5: 12. c4 Dd7 13. d5 e6 14. d6 f6 mit geringem weißem Vorteil an. Nach den weiteren Zügen 15. Lf4 Sc6 16. 0–0–0 scheint dieses Urteil sogar noch schmeichelhaft für Schwarz zu sein, da er ohne aktives Spiel bleibt und der weiße Bauer d6 eine ständige Gefahr bedeutet, Szily – Sandor, Ungarn 1956. An welcher Stelle soll das schwarze Spiel verbessert werden können? Parma schlägt 8. . . . Sb6 9. Lb3 Sc6 mit dem folgenden Manöver Sc6–a5: b3 nebst eventuell f7–f6 vor; zu passiv ist 8. . . . c6?! 9. 0–0 a5 10. Lg5 h6 11. Ld2 Le6 12. Sd5: Ld5: 13. Ld5: cd5: 14. c3 Ta6 15. Se1 mit weißem Raumvorteil, Unzicker – Matanovic, Berlin 1971: Aufmerksamkeit verdient Adorjans Plan 8. . . . Sc3:!? 9. bc3: Sc6 10. 0–0 Sa5 11. Ld3 c5 12. De1 und es

ist schade, daß die Partie Pokojowczyk – Adorjan, Sotschi 1976, hier remis endete.
In der Schlußstellung scheint Weiß gute Angriffsaussichten am Königsflügel zu haben.

A32: 7. de5: Dd1:+ 8. Kd1:

Diagramm Nr. 81:

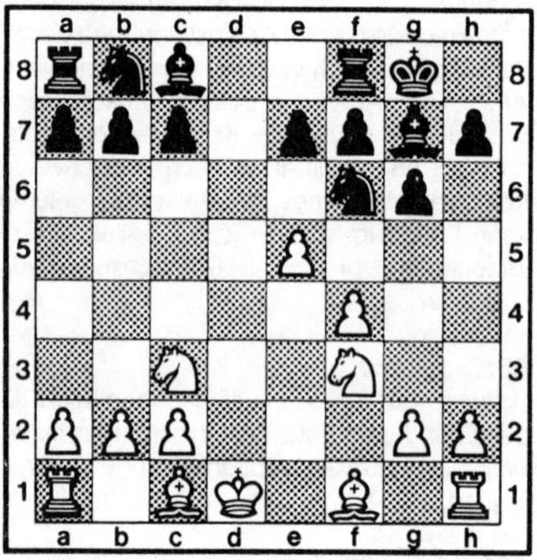

Schwarz hat hier drei Fortsetzungen:

A321: 8. . . . Td8+
A322: 8. . . . Sg4
A323: 8. . . . Sh5

A321: 8. . . . Td8+ Dies wird am häufigsten gespielt.
Estrin – Kubitschek, Olomouc 1973:
9. Ld2 Se8 ***Nicht 9. . . . Sd5? 10. Sd5: Td5: 11. Lc4 Td8 12. Sg5 e6 13. h4! mit großem Vorteil Letzelter – Sepp, Straßburg 1972.*** 10. Lc4 Lg4 11. Tf1 Sc6 12. h3 Lf3:+ 13. Tf3: Td4 14. Ld3 und nun kann Schwarz laut Parma mit 14. . . . f6!? fortsetzen, wonach er für das verlorene Läuferpaar Kompensation besitzt.
Bronstein – Vasjukov, UdSSR 1966: 9. Ke1 Sd5 10. Sd5: Td5: 11. Lc4 Td8 12. Sg5! e6 13. Le3 b6 14. Kf2 Sc6 15. Le2 Lb7 16. Lf3 mit kleinem, aber dauerhaftem weißen Vorteil.

Zuravlev – Etruk, UdSSR 1967: 9. Ke1 Se8!? 10. Le3 ***Schwächer ist 10. Lc4 Lf5 11. Le3 Sc6 12. Tc1 Sa5 13. Le2 f6! mit gutem Spiel für Schwarz, Tatai – Keene, Skopje 1972.*** 10. . . . Sc6 11. Lb5 f6 12. Lc6: bc6: und laut Parma ist die Stellung schwer einzuschätzen. Das intakte weiße Bauernzentrum scheint aber schwerer zu wiegen, als das schwarze Läuferpaar. Auch ist der schwarze Springer e8 schwer zu reaktivieren.

Gligoric – Keene, Hastings 1971/72: 9. Ld3 Dies dürfte in Verbindung mit den folgenden Zügen die beste weiße Fortsetzung sein. 9. . . . Se8 ***Auch hier führt der Zug 9. . . . Sd5 nicht zum Ausgleich, nach 10. Sd5: Td5: 11. Ke2 Lf5 12. Lf5: gf5: 13. Tg1 f6 14. g4 fe5: 15. fe5: Sc6 16. gf5: Kh8 17. Lf4 Tf8 18. Tad1 stand Weiß in der Partie Jansa – Szabo, Luhacovice 1971, besser.*** 10. Ke2 Sc6 11. Le4 ***Nach 11. Le3 Sb4! 12. Le4 f5! glich Schwarz in der Partie Bellin – Keene, England 1969, aus.*** 11. . . . f6! 12. Ld5+ Kh8 13. Le3 Lg4 und die Gegner einigten sich auf Remis. Beachtenswert sind auch zwei Partien des jugoslawischen Theoretikers Parma.

Barczay – Parma, Jugoslawien 1971: 9. Ld3 Se8 10. Ke2 Sc6 11. Le3 Sb4! 12. Lc4 Ein interessantes Bauernopfer. 12. . . . Sc2: 13. Tad1 Lg4 14. Lc5 Lf8 15. Lb3 b6 16. Lc2: bc5: 17. Sd5 Tab8 18. b3 Sg7 19. Sc7: Tdc8 20. Sd5 Se6! mit mindestens Ausgleich.

Velimirovic – Parma, Jugoslawien 1975: 9. Ld3 Se8 10. Ke2 Sc6 11. Le4 Lg4? 12. Lc6: bc6: 13. h3 Lf3:+ 14. Kf3: f6 15. The1! und Schwarz hatte keine Kompensation für die schlechte Bauernstellung.

A322: 8. . . . Sg4 Eine selten angewandte Fortsetzung, die schwer zu beurteilen ist. Parma hält sich an die Partie Westerinen – Jansson, Stockholm 1970/71: 9. Ke1 Sc6 ***Nicht 9. . . . c5? 10. h3 Sh6 11. Le3 b6 12. Sd5 mit weißem Vorteil, Ree – Pfleger, Bad Aibling 1968, und auch nicht 9. . . . h5? 10. Sd5! Sc6 11. Lb5 Ld7 12. h3 Sh6 13. Kf2 Tfd8 14. Lc6: mit besseren weißen Aussichten, Velimirovic – Tringov, Havanna 1971.*** 10. h3 ***In der Partie Shamkovich – Tukmakov, UdSSR 1971, opferte***

Schwarz nach 10. Lc4 Sb4 11. Lb3 Le6 12. Le6: fe6: 13. Ke2 Sc2: 14. Tb1 Tad8 15. Se4 Sd4+ 16. Sd4: Td4: 17. Sg5 17. . . . Tdf4:!? die Qualität und erhielt etwa gleiches Spiel. 10. . . . Sh6 *Fridstein empfiehlt 10. . . . Sb4 mit guten praktischen Chancen für Schwarz.* 11. Le3 f6 12. Lc4+ Kh8 13. ef6: ef6: 14. Kf2 Sa5 Weiß hatte die etwas bessere Bauernstruktur, aber die schwarze Stellung war ungeschwächt, so daß der weiße Vorteil nicht ins Gewicht fiel.

A323: 8. . . . Sh5 Bei dieser neueren Fortsetzung geht Schwarz davon aus, daß der Springer auf h5 besser steht als auf e8. Tatsächlich erreichte Weiß in der Partie Christiansen – Adorjan, Teeside 1974, keinen Vorteil: 9. Tg1 *Es droht 10. g4 mit Figurengewinn.* 9. . . . Lg4 10. Le2 Sc6 11. h3 Tad8+ 12. Ke1 Lf3: 13. Lf3: Sd4 14. Ld1 Sg3 15. Kf2 Sdf5 und Schwarz konnte zufrieden sein. Genauere Auskunft über die Fortsetzung 8. . . . Sh5 gibt die Musterpartie VIII/ 6, Martin – Dschindschiaschwili, Haifa 1976, Seite

Bei falschem weißem Spiel kann das Zentrum sehr schnell gesprengt werden, z. B. 9. Lc4 Sc6 10. Le3 Lg4 11. Le2?! Tad8 gefolgt von f7–f6 mit besserem schwarzem Spiel, Redgard – Schüssler, Schweden 1974.

A11: 7. h4

Der typische Rochadeangriff.

Diagramm Nr. 82:

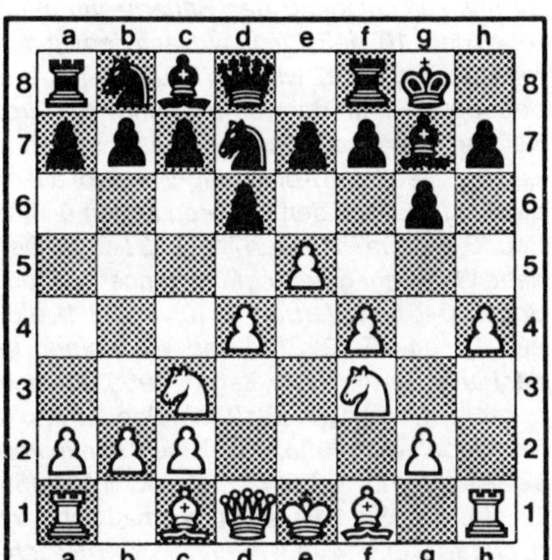

Andere Möglichkeiten für Weiß sind:

A12: 7. Sg5
A13: 7. e6
A14: 7. Lc4

All diese Züge stellen den Schwarzen vor verschiedenartige Probleme und erfordern eine exakte Verteidigung.

A12: 7. Sg5

Nun droht Weiß zwar 8. e6, aber der Springerzug sieht wie ein Zeitverlust aus.

7. . . . Sb6 *In der Partie Murej – Gufeld, UdSSR 1968, opferte Schwarz eine Figur für die Zentrumsbauern, und nach 7. . . . c5?! 8. e6 cd4: 9. ed7: Ld7: 10. Sce4 d5 11. Sg3 f6 (Nach einem Springerrückzug hätte Schwarz mit dem starken Zug 12. . . . e5 gute Kompensation erhalten.) 12. Sh7:! Kh7: 13. h4 mit guten weißen Angriffsaussichten.* 8. Ld3 Sc6 *Fehlerhaft war 8. . . . de5:?! 9. de5: Lf5 10. Lf5: Dd1:+ 11. Kd1: gf5: 12. e6 mit besserem Endspiel für Weiß.* 9. d5 Sb4 10. e6 Ld3:+ 11. Dd3: fe6: 12. de6: De8 13. Dh3 h6 14. Sf7 Tf7:! erhielt er in der Partie Eropov – Kjarner, UdSSR 1966, ausgezeichnetes Gegenspiel.

A13: 7. e6?!

Mit diesem Bauernopfer will Weiß den schwarzen Schutz um den König zerschlagen, was aber bei eigener Unterentwicklung kaum erfolgreich sein kann. 7. . . . fe6: 8. h4 *Nach 8. Sg5 Sf6 9. Lc4 d5 oder auch 9. . . . Sd5! 10. Ld3 c5 11. dc5: Sc6 steht Schwarz befriedigend.* 8. . . . Sf6 9. Ld3 c5 *In der Partie Rasuvajew – Kremeneckij, UdSSR 1968, spielte Schwarz 9. . . . Sc6 und nach 10. h5!? gh5: 11. a3 Ld7! 12. De2 Dc8 13. Se4 Le8 hatte Weiß gewisse Angriffsaussichten am Königsflügel. Es ist indessen fraglich, ob diese Initiative zwei Bauern wert ist.* 10. h5 *Nach 10. dc5: erhält Schwarz gutes Gegenspiel im Zentrum: 10. . . . d5 11. Sg5 Sc6 12. h5 gh5: 13. Th5: h6 14. Th1 e5!, Szell – Petran, Ungarn 1971.* 10. . . . gh5: 11. Se4 h6 12. dc5: Se4: 13. Le4: Da5+ 14. Kf2 Dc5:+ 15. Le3 Db4 16. Dd3 Sd7, Novak – Banas, CSSR 1972.

Der weiße Angriff blieb aus, allerdings bot die geschwächte schwarze Stellung noch taktische Ansatzpunkte.

A14: 7. Lc4
Die solideste Fortsetzung, mit der Weiß die Entwicklung beendet und 8. e6 droht. Außerdem behält er sich die kurze Rochade vor.
A141: 7. . . . e6 ***Dieser Zug verhindert zwar die Möglichkeit e5–e6, schwächt jedoch die schwarzen Felder.*** 8. Le3 a6 9. a4 ***In der Partie Zejtlin – Kremeneczkij, UdSSR 1972, erhielt Schwarz ausgezeichnetes Gegenspiel im Zentrum nach 9. h4?! b5 10. Ld3 c5 11. Le4 b4!? 12. Sb1?! cd4: 13. Ld4: d5 14. Ld3 Sc6 15. c3 f6! Weiß hätte besser das Qualitätsopfer mit 12. La8:!? bc3: 13. bc3: d5 14. dc5:! oder 13. . . . cd4: 14. Ld4:! annehmen sollen und sich von Schwarz die Korrektheit des Opfers beweisen lassen sollen.*** 9. . . . b6 10. h4 Die weiße Stellung ist vorzuziehen, da die Angriffsaussichten am Königsflügel mit h4–h5 Gestalt annehmen, während das schwarze Gegenspiel am entgegengesetzten Flügel zu langsam ist.
A142: 7. . . . de5: Damit gibt Schwarz das Zentrum auf und kann kaum auf Ausgleich hoffen. 8. de5: Sb6 9. Dd8: Sb6 9. Dd8: ***Auch nach 9. Ld3!?, was in der Partie Minev – Padevski, Bulgarien 1966, vorkam, behält Weiß einen gewissen Vorteil. Es könnte folgen 9. . . . Lf5 10. Lf5: Dd1:+ 11. Sd1: gf5: 12. Se3 e6 13. Tg1! nebst g2–g4 mit guten Chancen am Königsflügel.*** 9. . . . Td8: 10. Lb3 c6 ***10. . . . c5?! 11. Le3! mit großem Vorteil für Weiß.*** 11. Le3 Weiß ist besser entwickelt und sein starkes Bauernzentrum sichert ihm das bessere Endspiel, Zhavskij – Tarrasov, UdSSR 1957.
A143: 7. . . . c5 ***Ein interessanter Zug, mit dem Schwarz den Vorstoß e5–e6 ignoriert.*** 8. e6 fe6:! ***Früher hielt man 8. . . . Sb6?! für die einzige schwarze Alternative, die sich allerdings als schlecht herausstellte: 9. ef7:+ Kh8 10. Le2! cd4: 11. Sd4: Sc6 12. Le3 Tf7: 13. 0–0 (Nichts für Weiß ergibt 13. Sc6:?! bc6: 14. h4 Kg8 15. h5 und nun hätte Schwarz in der Partie Minic – Gipslis, Lvov 1972, mit 15. . . . e5!? 16. hg6: hg6: 17. Dd2 ef4: 18. Lf4: Df6 ausgezeichnetes Spiel erhalten können). 13. . . . Ld7 (oder 13. . . . Df8 14. Dd2 Sd4: 15. Ld4: Ld7 16. Sb5 Lb5: 17. Lb5 Tc8 18. c3 und Weiß stand besser in der Partie Unzicker – Botterill, Hastings 1971/72.) 14. Dd2 Tc8 15. Tae1 und wegen der Unbeweglichkeit der schwarzen Bauern ist die weiße Stellung vorzuziehen. Die halboffene f-Linie gibt Schwarz kein ausreichendes Gegenspiel! In der Partie Cholmov – Gipslis, UdSSR 1958, hatte Weiß nach 15. . . . Sd4: 16. Ld4: e5 17. fe5: Tf1:+ 18. Tf1: Sc4 19. Lc4: Tc4: 20. b3 entscheidenden Vorteil. Sehr beachtlich ist auch die Idee des jugoslawischen Großmeisters Velimirovic: 10. h4!? Sc4: 11. h5 Tf7: (Das Beste, denn 11. . . . Lf5? 12. g4! gibt dem Weißen großen Vorteil.) 12. hg6: Tf6 13. Sg5 Lf5 14. Sd5 Dd7! mit äußerst unklarem Spiel und beiderseitigen Chancen. Viel schwächer spielte Schwarz in der Partie Velimirovic – Rajkovic, Skopje 1971: 10. h4!? Lg4? 11. h5! gh5: (Schwarz hat keine Zeit, den Läufer zu nehmen, da Weiß nach 11. . . . Sc4:? 12. hg6: h5 13. Dd3 Sb6 14. Th5:+! Lh5: 15. Df5 entscheidenden Angriff hat.) 12. Le2 Dd7 13. Sg5 Ebenfalls mit sehr starkem weißem Angriff.***
9. Le6:+ Kh8 10. d5 Sa6! 11. Sg5 Sc7 12. h4!? ***Nach 12. Sf7+ Tf7: 13. Lf7: Sf6 oder auch 13. . . . Df8 erhält Schwarz laut Parma ausreichende Kompensation für die geopferte Qualität.*** 12. . . . Sf6 13. h5 gh5: 14. Sh7:! Kh7: 15. Th5:+ und Weiß kann nur Dauerschach erzwingen, Smit – Dschindschiaschwili, UdSSR 1974.

A144: 7. . . . Sb6!? Objektiv die beste Fortsetzung. 8. Lb3 ***Etwa gleiches Spiel ergibt 8. Ld3 Sc6 9. 0–0 (Falls 9. Le3 folgt am besten 9. . . . f6! mit Zerschlagung des Bauernzentrums.) 9. . . . de5: 10. de5: Lf5 usw. Nach dem anderen Rückzug 8. Le2 wird am häufigsten 8. . . . de5: gespielt. (In der Partie Trifunovic – Pirc, Belgrad 1954, schwächte Schwarz mit dem Zug 8. . . . e6? den Königsflügel und vor allem das Feld f6. Nach den weiteren Zügen 9. 0–0 Sc6 10. Se4 Se7 11. c3 Ld7 12. Ld3 Lc6 13. De1 hatte Weiß sehr gute Angriffschancen.) 9. fe5: Sc6 10. 0–0 Lg4 (Verfrüht ist 10. . . . f6?! 11. ef6: ef6: 12. a4 a5 13. Sb5! und Weiß stand in der Partie Bertok – Pirc, Zagreb 1955, deutlich besser.) 11. Le3 f6 (In der Partie Bogdanovic – Pirc, Jugolawien 1955, erhielt Weiß minimalen Vorteil nach 11. . . . Sb4 12. h3 Lf5 13. Tc1 S6d5!) 12. ef6: ef6: 13. a4 (Gutes Spiel erhält Schwarz nach 13. h3 Lf3: 14. Lf3: f5!) 13. . . . Te8 (Beachtenswert ist hier 13. . . . Sa5!?) 14. Lf2 a5 15. h3***

Le6 mit mindestens ausgeglichenem Spiel, Ribli – Timman, Helsinki 1972. 8. . . . Sc6 *Ein viel schlechter stehendes Endspiel erhält Schwarz nach 8. . . . c5 9. dc5: dc5: 10. Dd8: Td8: 11. Le3 Sa6 12. a4!, aber die Fortsetzung 8. . . . Sa6!? 9. Se4?! Lf5 10. Sg3 Lg4 11. h3 Lf3: 12. Df3: de5: 13. Db7: ef4: 14. Se2 Dc8 ist gut spielbar, Sajzev – Savon, UdSSR 1970. Nach 8. . . . Sa6!? ist 9. Le3! mit leichtem Vorteil für Weiß am besten.* 9. Le3! *Wiederum die beste Möglichkeit, denn nach dem schwächeren 9. Se2?! Sa5 10. c3 Sb3: 11. ab3: f6! erhält Schwarz Vorteil, Padevski – Donner, Amsterdam 1972. Auch nach 9. 0–0 Sa5 10. Se4 Sb3: 11. ab3: f6 bekommt Schwarz eine gute Stellung, Minev – Tringov, Bulgarien 1969, nach 10. De2 empfiehlt Boleslawski 10. . . . c5!? mit ungefährem Ausgleich.* 9. . . . Sa5 10. De2 Sb3: 11. ab3: f6 12. 0–0 c6 13. h3 Le6 14. Lf2 Dd7 15. Tfe1 fe5: 16. fe5: Sd5 Der weiße Raumvorteil wird durch das schwarze Läuferpaar aufgewogen, Unzicker – Tringov, Ljubljana 1969. Nach Parma war 16. . . . d5!? besser.

A11: 7. h4 c5

Diese logische Reaktion folgt den strategischen Grundsätzen, nach denen der Königsflügelangriff durch einen Konter im Zentrum gestört werden soll.

In der Partie Gufeld – Botwinnik, Moskau 1975, spielte Schwarz schlechter: 7. . . Sb6? 8. h5 Lg4 9. hg6: fg6: 10. Le2 de5: 11. Sg5! Lf5 12. fe5: *Auch die Angriffsfortsetzung 12. g4!? ed4: 13. Sa4! Dd5 (Die Annahme des Springeropfers 13. . . . Sa4: war wegen 14. Lc4+! schwächer.) 14. Lf3 Da5+ 15. Ld2 Da4: 16. gf5: war erfolgversprechend.* 12. . . . h5 13. g4 hg4: und nun konnte Weiß mit 14. Le3 nebst 15. Dd2 gutes Spiel erhalten.

A111: 8. e6

Ein selten gespielter Zug von unklarem Wert, nach dem sich die Chancen etwa die Waage halten dürften. Ganz anders verläuft das Spiel nach der zweiten Hauptfortsetzung.

A112: 8. h5 cd4:

Das Spiel erhält nun forcierten Charakter, und Schwarz muß sich präzise verteidigen. Wir untersuchen

A1121: 9. hg6: und **A1122:** 9. Dd4:

A1121: 9. hg6:

Diagramm Nr. 83:

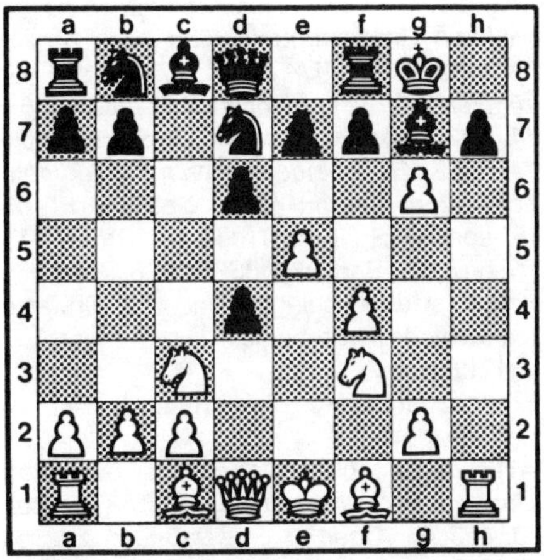

9. . . . dc3: *Die Annahme des Figurenopfers ist erzwungen, da Schwarz nach 9. . . hg6: 10. Dd4: in ernsthafte Schwierigkeiten gerät, z. B. 10. . . . Db6? 11. Sd5! und Weiß gewinnt, und auch in der Partie Nikolajev – Dragomireczkij, UdSSR 1969, hatte Weiß nach 10. . . . Te8? 11. f5 Se5: 12. Se5: Da5 13. Lb5 entscheidenden Angriff. Andere Fortsetzungen sind:*

Eales – Littlewood, England 1967:
10. . . . de5: 11. fe5: e6 12. Lg5 Db6 13. Dh4 mit gewinnbringendem weißem Angriff.
Kaganowski – Makarov, UdSSR 1963:
10. . . . Sc6!? 11. Df2 de5: *Nach 11. . . . e6 12. Dg3! entscheiden die Drohungen 13. Dh2 und 13. Dh3.* 12. Dh4 Sf6 13. fe5: Sh5 14. g4! und Schwarz hat keine ausreichende Kompensation für das geopferte Material.

A1121: 10. gf7:+ Tf7:

Es verliert sofort 10. . . . Kh8? 11. Th7:+! *Stark ist auch 11. Sg5!? h6 12. Dh5!* 11. . . . Kh7: 12. Sg5+ Kh6 13. Dd3 und das Matt ist nicht zu parieren.

Weiß hat drei Angriffsfortsetzungen.

A11211: 11. Sg5?! Diese Fortsetzung ist mangelhaft und führt forciert zum Verlust. 11. . . . cb2:! 12. Lc4 *Auch nach 12. Lb2:?! Da5+! gewinnt Schwarz leicht.* 12. . . . Se5:! *Die Annahme der weiteren Opferangebote führt nach 12. . . . ba1:D 13. Lf7:+ Kf8 14. Sh7:+ Kf7: 15. Sg5+ nur zum remis.* 13. Dh5 *Nicht etwa 13. fe5:?! Da5+ 14. Ld2 De5:+ oder aber 13. Sf7:?! Da5+ 14. Ld2 Sc4:!, in beiden Fällen mit sofortigem schwarzem Gewinn.* 13. . . . Da5+ 14. Kf1 d5 15. Lb2: Tf4:+ 16. Sf3 dc4: 17. Dh7:+ Kf8, Bychovskij – Bebcuk, UdSSR 1966. Der weiße Angriff ist abgeschlagen, und der schwarze Materialvorteil entscheidet.

A11212: 11. e6

Schwarz hat nun zwei gleichwertige Fortsetzungen:

A112121: 11. . . . cb2: 12. ef7:+ Kf8! *Selbstverständlich verbietet sich 12. . . . Kh8? wegen 13. Ld3 h6 (Oder 13. . . . Da5+ 14. Ld2 h6 15. La5: ba1:D 16. Th6:! mit entscheidendem weißen Angriff.) 14. Lb2: 15. Th6:+ mit entscheidendem weißem Angriff.* 13. Lb2: Lb2: 14. Lc4 *Nicht besser ist 14. Th7:?! Da5+ 15. Kf2 Dc5+ 16. Kg3 Sf6! und Schwarz behält seinen Materialvcrteil; auch nach dem scheinbar besseren 14. Tb1!? behält Schwarz gute Aussichten nach 14. . . . Da5+ 15. Kf2 Dc5+ 16. Kg3 Sf6! 17. Ld3 Ld4! Natürlich verbietet sich 17. Tb2:?! wegen 17. . . . Se4+ 18. Kh2 Dh5+ 19. Kg1 Dh1:+! 20. Kh1: Sf2+ 21. Kg1 Sd1: mit schwarzem Gewinn.* 14. . . . Da5+ 15. Kf1 Sf6! *Die Annahme des Qualitätsopfers wäre nach 15. . . . La1:? 16. Da1: Sf6 17. Th7:! zu gefährlich für Schwarz.* 16. Sg5 *Falls 16. Tb1 Dc3! nebst 17. . . . Lg4 und der weiße Angriff ist abgeschlagen.* 16. . . . Db4 In der enstandenen komplizierten Stellung, Zuravlev – Vitolins, UdSSR 1967, hat Schwarz laut Parma die besseren Aussichten.

A112122: 11. . . . Tf6 *Andere Turmzüge sind ungenügend, z. B. 11. . . . Tf8?! 12. ed7: mit der entscheidenden Drohung 13. Lc4+. Oder 11. . . . Tf5, was Boleslawski empfiehlt, 12. ed7: cb2: (Auch 12. . . . Dd7: 13. b3 gibt Weiß starken Angriff, während Weiß nach 12. . . . Ld7: 13. b3! deutlich besser steht.) 13. Lc4+ (Nach 13. dc8:D Dc8: 14. Lb2: Lb2: kommt Schwarz zuerst.) 13. . . . Kf8 (Nicht 13. . . . Kh8? 14. Th7:+!) 14. Sd4!? (Nach 14. dc8:D Dc8: 15. Lb2: Lb2: 16. Dd3 La1: 17. Sd4 d5 hat Schwarz laut Boleslawski die besseren Aussichten.) 14. . . . Ld7: 15. Lb2: Da5+ 16. c3 Tf4: 17. Th5 und Weiß hat Kompensation für den geopferten Bauern.*

12. ed7: Ld7: 13. Ld3 *In der Fernpartie Russ – Judovic, 1969, spielte Weiß schwächer 13. Sg5? und nach 13. . . . cb2: 14. Lc4+ d5!! 15. Ld5:+ e6 war er ohne Kompensation für das verlorene Material.* 13. . . . h6 *Nun war 13. . . . cb2:?! schwächer wegen 14. Lb2: Te6+ 15. Kf1 Lb2: 16. Tb1 Lf6 17. Lc4 und in Anbetracht der schlechten schwarzen Figurenstellung ist der weiße Angriff sehr gefährlich.* 14. bc3: Sc6 15. Th4 Db6 16. g4 Taf8 17. f5 e6 18. Kf1 und nun konnte Schwarz in der Partie Karlsson – Mucnik, UdSSR 1967, mit 18. . . . Se5! aktives Gegenspiel erhalten. Schwarz behielt die bessere Bauernstruktur, und die weiße Königsstellung blieb sehr anfällig.

A11213: 11. Lc4

Diagramm Nr. 84:

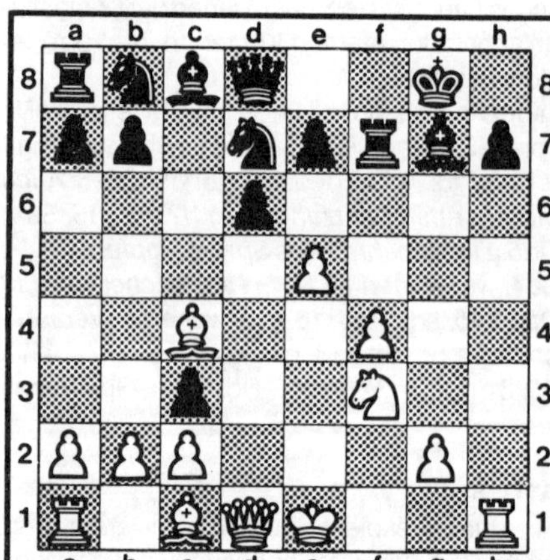

In der Diagrammstellung wäre 11. . . . cb2:? schlecht wegen der Folge 12. Lf7:+ Kf8 13. Lb2: Da5+ 14. Kf2 *Möglich ist auch 14. Dd2 Dd2: 15. Kd2: Kf7: 16. e6+! und Schwarz hat keine Kompensation für das verlorene Material.*

14. . . . de5: 15. fe5: Sc6 16. Lb3 mit klarem weißem Vorteil, Norkin – Malisov, UdSSR 1963. Schwarz stehen aber zwei andere Verteidigungsmöglichkeiten zur Verfügung.

a. 11. . . . Sf8 12. Lf7:+ *12. Sg5 e6 führt durch Zugumstellung zu der folgenden Variante* **b.** *11. . . . e6* 12. Kf7: 13. Sg5+ Kg8 14. Dh5 h6! *Die beste Verteidigung, denn nach dem schwächeren 14. . . . de5:? 15. Df7+ Kh8 16. Db3! und nach dem ebenfalls schwächeren 14. . . . cb2:? 15. Df7+ Kh8 16. Lb2: Da5+ 17. c3 Da4 18. Sh7: De4+ 16. Lb2: Da5+ 17. c3 Da4 18. Sh7: De4+ 19. Kf2 erhält Weiß entscheidende Drohungen, Konikovski – Plater, Polen 1968.* 15. Df7+ *Unzureichend wäre 15. Sf7?! Da5! 16. Sh6:+ Lh6: 17. Dh6: cb2:+ 18. Kf2 ba1:D 19. Dg5+ Kf7 20. Dh5+ Ke6 und Weiß erhält nicht einmal Dauerschach.* 15. . . . Kh8 16. Db3! *Schwach ist 16. f5? Da5! mit deutlich besserer Stellung für Schwarz. In der Fernpartie Olexa – Hosnedl 1971, einigten sich die Gegner nach 16. Le3 cb2: 17. Td1 Lg4 18. Db3 Da5+ 19. Ld2 Da6 20. Sf7+ auf remis. 16. . . . Da5 17. Sf7+ Kh7 18. Sg5+ und Weiß muß* die Züge wiederholen.

b. 11. . . . e6!? *Die Idee dieses Zuges wird nach 12. Le6: Se5:! oder 12. Dd6: Dd6! deutlich.* 12. Sg5 *Unklare Verwicklungen ergibt 12. f5 Se5: 13. fe6: Te7!, und die Fortsetzung 13. . . . Sf3:+ 14. Df3: Te7 15. Df5 h6 16. Th6:! De8 17. Dh7+ Kf8 18. Df5+ ergibt nur remis, Filipov – Efremov, UdSSR 1970.* 12. . . . Sf8 *Gut ist hier auch 12. . . . Se5:!? 13. Dh5 (Nach 13. fe5:? cb2: 14. Dh5 Dg5:! gewinnt Schwarz.) 13. . . . h6 (In der Fernpartie Sorokin – Dubrovnik, 1968, geriet Schwarz nach 13. . . . Da5?! 14. fe5: De5:+ 15. Le2 Tf5 16. g4! in eine Verluststellung.) 14. fe5: hg5: 15. Dh7+ Kf8 16. Dh8+! Lh8: 17. Th8:+ Kg7 18. Td8: und nun erhält Schwarz laut Keene nach 18. . . . Sc6 das bessere Endspiel, z. B. 19. Td6: Se5: 20. Le6: (20. Lb3 Ld7!) 20. . . . Te7! oder 19. Te8 Se5: 20. Le6: Le6:! 21. Ta8: Lc4.* 13. Sf7: *Schlecht ist sowohl 13. f5?! cb2:! als auch 13. Dh5?! Tf5 (Laut Fridstein ist 13. . . . Tc7!? noch besser.), und nach 14. Se6: Th5: 15. Sd8: Le6! erhält Schwarz materiellen Vorteil.* 13. . . . Kf7: 14. Dh5+ *Möglich ist auch 14. f5!?, aber nach 14. . . . cb2:!? oder 14. . . . Kg8!? entstehen Komplikationen, die eher für Schwarz günstig sind, z. B. 14. . . . cb2:!? 15. fe6:+ Le6: 16. Tf1+?! Kg8 17. Tf8:+ Kf8: 18. Df3+ Df6!! 19. ef6: ba1:D 20. fg7:+ Kg7: 21. Db7: Sd7 und Schwarz steht auf Gewinn, Demicev – Seredenko, UdSSR 1966; auch nach dem besseren 16. Dh5+ Ke7! steht Schwarz besser. – 14. . . . Kg8!? 15. Dh5 Da5! 16. fe6: cb2:+ 17. Ke2 (Oder 17. Kd1 Le6 18. Le6:+ Se6: 19. Dh7:+ Kf8 20. Df5+ Ke7! 21. ed6:+ Kd6: 22. Da5: ba1:D und Schwarz gewinnt.) 17. . . . Dc7! 18. Lb3 d5! 19. Lb2: Le6: 20. Taf1 Sbd7 21. Tf3 Sc5 22. Kd1 Tc8! und Schwarz kommt zu entscheidendem Gegenangriff, Schneider – Forgacs, Ungarn 1975. Eine interessante Fortsetzung nach 14. f5!? ist auch 14. . . . Da5!? 15. fe6:+ Ke8 16. Dh5+ Sg6 17. ed6: cb2:+ mit entscheidendem schwarzem Vorteil, Tarrakanov – Kanev, Fernpartie 1971. Schlecht wäre hingegen 14. . . . d5? 15. f6! und in der Partie Borda – Toth, Ungarn 1971, erhielt Weiß sehr gefährlichen Angriff.*

14. . . . Kg8 15. Ld3 h6 16. g4 Ld7 17. g5 Le8 18. Dh3 h5 Laut Fridstein hat Schwarz gute Verteidigungschancen, z. B. 19. g6 de5: 20. Dh5: *20. f5?! e4!* 20. . . . ef4: und mit zwei Figuren für den Turm bei insgesamt fester Stellung bleibt der schwarze Vorteil erhalten.

A1122: 9. Dd4: de5:

Diagramm Nr. 85:

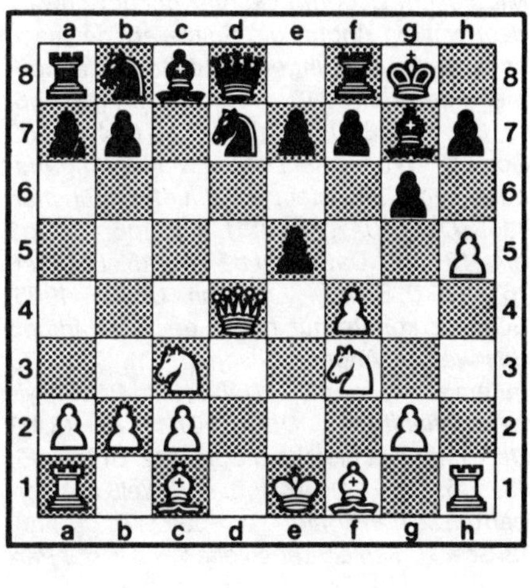

In der Diagrammstellung hat Weiß drei Möglichkeiten.

A11221: 10. fe5:?!
Eine offensichtlich schlechte Fortsetzung. Nach 10. . . . Se5:! 11. Dh4 Lf5 12. hg6: Sf3:+ 13. gf3: Lg6: 14. Ld2 e6! ist der weiße Angriff am Ende, und Schwarz behauptet seinen Materialvorteil, Sipos – Liberzon, UdSSR 1962.

A11222: 10. Dg1
Mit der deutlichen Absicht, die Dame zum Angriff auf die h-Linie zu führen, womit erste konkrete Drohungen aufgestellt würden. 10. . . . e4! 11.. Se4: Sf6 *Hier zeigt sich die Pointe des Zuges 10. . . . e4!, denn Schwarz erhält Gegenspiel in der e-Linie.* 12. Sf6:+ ef6: 13. hg6: Te8+ *In der Partie Ghizdavu – Balaschov, Riga 1967, spielte Schwarz 13. . . . De7+ und nach 14. De3 De3:+ entstand ein gleiches Endspiel.* 14. Kf2 hg6: *Nach dem schwächeren 14. . . . Db6+?! 15. Kg3 kann Schwarz nicht die Damen tauschen, da Weiß das wichtige Zwischenschach 16. gf7:+ zur Verfügung hat. Zu unklarem Spiel führt die Fortsetzung 14. . . . fg6: 15. Dh2 Db6+ 16. Kg3 h5 17. Lc4+ Le6 18. Te1 Sa6.* 15. Dh2 Sd7 16. Dh7+ Kf8 17. b3 Sc5 Gasic – Keene, Bognor Regis 1967. Der weiße Angriff ist beendet und seine Dame steht auf h7 außer Spiel, wogegen die schwarze Initiative entscheidend ist.

A11223: 10. Df2 e4
Mit diesem Bauernrückopfer bricht Schwarz dem weißen Angriff die Spitze ab, der nach anderen Fortsetzungen hätte Gestalt annehmen könne, z. B. 10. . . . ef4:? 11. hg6: hg6: 12. Lf4: Sf6 13. Dh4 Da5 14. Sg5 Lg4 15. Ld3 Sbd7 16. 0–0 mit sehr guten weißen Angriffsaussichten, Bronstein – Palmiotto, München 1958. Oder 10. . . . e6?! 11. hg6: fg6: 12. Dg3 ef4: 13. Lf4: Da5 14. Ld2 Sf6 15. Lc4 Sc6 16. 0–0–0 Stein – Liberzon, UdSSR 1965. Schwarz konnte nur hilflos der Verstärkung des weißen Angriffs zusehen. 11. Sg5 *Zu gutem schwarzem Spiel führt 11. Se4: Sf6 (Byrne empfiehlt 11. . . . Db6 12. Dh4 Da5+ 13. c3 Dh5: mit etwa gleichem Spiel.) 12. Sf6:+ ef6: 13. hg6: Te8+ 14. Le3 hg6: und Weiß hat Sorgen um seinen König.* 11. . . . Sf6! 12. hg6: hg6: 13. Sce4: *Schlechter spielte Weiß in der Partie Padevski – Matanovic, Havanna 1966: 13. Dh4?! Dd4! 14. Sb5 (Nach 14. Sh7 oder 14. Sce4: kann Schwarz mit 14. . . . Td8! in Vorteil kommen.) 14. . . . Db6 15. Lc4 Lg4 Schwarz steht besser, denn Weiß hat für den geopferten Bauern keine ausreichende Kompensation.* 13. . . . Se4: 14. Se4: Dd4 Schwarz erzwingt Damentausch und führt ein etwa ausgeglichenes Endspiel herbei.

Kehren wir zurück zu der Hauptvariante nach 8. e6.

8. . . . fe6:

Diagramm Nr. 86:

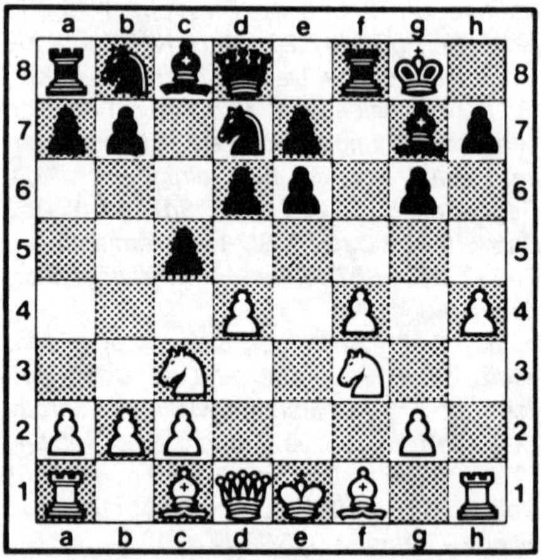

In der Partie Williams – Tate, England 1968, nahm Schwarz das Bauernopfer nicht an. Nach 8. . . . Sf6 9. ef7:+ Tf7: 10. h5 Lf5 endete die Partie zwar remis, aber die schwarze Stellung ist wegen ihrer vielen Schwächen – insbesondere das Feld g5 – deutlich schlechter.

9. h5 gh5:
Nach 9. . . . Sf6?! 10. hg6: hg6: 11. Ld3 kann Schwarz den Bauern g6 nicht mehr gut verteidigen. In einer Partie Kinley – Trevelyan, England 1975, erhielt Weiß nach 9. . . . cd4: 10. Sd4: Ld4:?! 11. Dd4: Sc6 12. Df2! entscheidenden Angriff.

10. dc5:
Aufmerksamkeit verdient auch das sofortige 10. Th5:!? Nach 10. . . . Sf6 11. Th4 cd4: 12. Sd4:

e5 13. Lc4+ d5 *Schlecht ist 13. . . . Kh8?! 14. fe5: de5: 15. Sf3 Dd1:+ 16. Kd1 mit besserem Endspiel für Weiß.* 14. Sd5: e6! *14. . . . Sd5:? 15. Dh5 h6 16. fe5:! und Weiß gewinnt.* 15. Sf6:+ Df6: 16. Sf3 e4 17. Sg5 h6 18. Dh5 Dd4! *18. . . . hg5:? 19. Dh7+ Kf7 20. fg5: mit entscheidendem weißen Angriff.* 19. Le6:+ Le6: 20. Se6: Dg1+ übernimmt Schwarz laut Fridstein die Initiative.

10. . . . Sc5:
In der Partie Christiansen – Botterill, Graz 1972, gelang es Schwarz, zunächst die Rochadestellung zu verteidigen. Nach 10. . . . Sf6!? 11. Ld3 Sc6 12. a3 h6 13. Ld2 b6 14. cd6: ed6: hatte Schwarz alle Eröffnungsprobleme bewältigt und das Spiel war ausgeglichen. Die bessere Zentrumsformation entschädigte Schwarz für den verdoppelten h-Bauern.

11. Th5: Sbd7 12. Ld3 Sf6 13. Th4 Ld7 14. Le3
Schwarz hat ein gutes Figurenspiel und gute Angriffsaussichten am Damenflügel. Weiß strebt die lange Rochade an, um dann seinen Rochadeangriff zu verstärken. Die Stellung ist ausgeglichen.

14. . . . Sd3:+ 15. Dd3: De8 16. 0–0–0 Dg6 17. De2
Der Damentausch wäre eindeutig besser für Schwarz, der über das Läuferpaar verfügt und in der halboffenen c-Linie und mit seinen Damenflügelbauern gute Angriffschancen erhielte.

17. . . . Tfc8 18. Ld4
Weiß muß bereits mit dem typischen schwarzen Qualitätsopfer auf c3 rechnen.

18. . . . b5 19. g4 b4 20. g5!
Nach anderen Zügen hätte Schwarz die Initiative übernommen.

20. . . . Sh5 21. f5!
Nach 21. Se4?! Tc2:+ 22. Kc2: *22. Dc2:?! Tc8! und Schwarz steht deutlich besser.* 22. . . . Sg3! erhält Schwarz starken Gegenangriff.

21. . . . Df5:
Praktisch erzwungen, denn nach 21. . . . ef5:? 22. Sd5! steht Weiß deutlich besser.

22. Th5: bc3: 23. Lg7:

Diagramm Nr. 87:

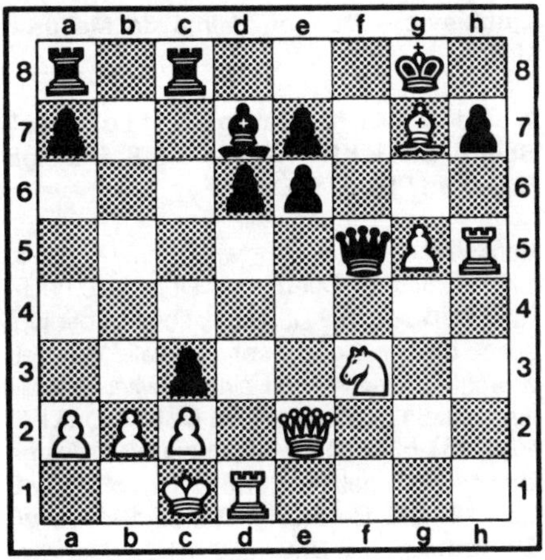

23. . . . Le8!
Nach 23. . . . Kg7:?! 24. Sd4 erhält Weiß sehr starken Angriff.

24. g6!!
Nach 24. Sd4? Lh5: 25. Dh5: Df7 gewinnt Schwarz.

24. . . . cb2:+ 25. Lb2:
Nach 25. Kb1 kann Schwarz mit 25. . . . Dc2:+ 26. Dc2: Lg6:! 27. Dg6: hg6: 28. Tg5 Kg7 fortsetzen, wonach seine Bauern dem weißen Springer deutlich überlegen sind.

25. . . . Tc2:+ 26. Dc2: Dc2:+ 27. Kc2: Lg6:+ 28. Kd2 Lh5:
Schwarz hat nun vier Bauern für die Figur, aber seine unsichere Königsstellung hindert ihn daran, diesen Materialvorteil zu realisieren.

29. Tg1+ Lg6 30. Sh4 Tb8 31. Lc3 Tb1
Nach 31. . . . Kf7 32. Sg6: hg6: 33. Tf1+ Ke8 34. Tg1 Kf7 35. Tf1+ hätte Weiß Remis durch Zugwiederholung erzwungen.

32. Tg4!
Viel schwächer war 32. Tg2 Kf7 33. Sg6: hg6: 34. Tf2+ Ke8 35. Tg2 Th1! und Schwarz behielte große Gewinnchancen.

32. . . . e5
Nun folgt auf 32. . . . Kf7 33. Sg6: hg6: 34. Ta4! Tb7 35. Tf4+ Ke8 36. Tg4 mit folgender Zugwiederholung.

33. Sg6: hg6: 34. Tg6:+ Kf7 35. Tg4
Remis.

Musterpartie VIII/2

Ljubojevic – Donner, Palma de Mallorca 1971

1. e4 d6 2. d4 Sf6 3. Sc3 g6 4. f4 Lg7 5. Lc4 Se4: 6. Lf7:+ Kf7: 7. Se4: Te8 8. Sf3 Kg8 9. 0–0 Sd7 10. c3 Sf6?

Besser ist hier 10. . . . b6!, wie Donner selbst in einer späteren Partie gegen Ljubojevic nachwies. **11. Db3+ d5?** Der Bauer sollte unbedingt auf d6 bleiben. Besser war jedenfalls 11. . . . e6 obwohl Schwarz schon eine schwierige Stellung hatte. **12. Sf2 c6 13. Te1 Db6 14. Da3 Lf8 15. Se5! Dc7 16. Db3** Weiß überführt die Dame zum Königsflügel. **16. . . . b6 17. Dd1 c5 18. Le3 Lb7 19. Df3** Bereitet f4–f5 vor. **19. . . . e6 20. Tad1 Lg7 21. Dh3** Weiß will das Manöver Sf2–g4–h6 folgen lassen. **21. . . . Te7 22. Sfg4 Sg4: 23. Dg4:**

Jetzt muß Schwarz etwas gegen den Angriff h2–h4–h5 unternehmen. **23. . . . Tf8 24. h4 Kh8** Nach 24. . . . Tf5 25. Dh3 nebst 26. g4 ist der weiße Angriff nicht zu stoppen. **25. h5 gh5: 26. Dh5: Kg8** Ganz indiskutabel war der Abtausch 26. . . . Le5: 27. fe5:, wonach die schwarzen Felder im schwarzen Lager katastrophal schwach werden.

Diagramm Nr. 88:

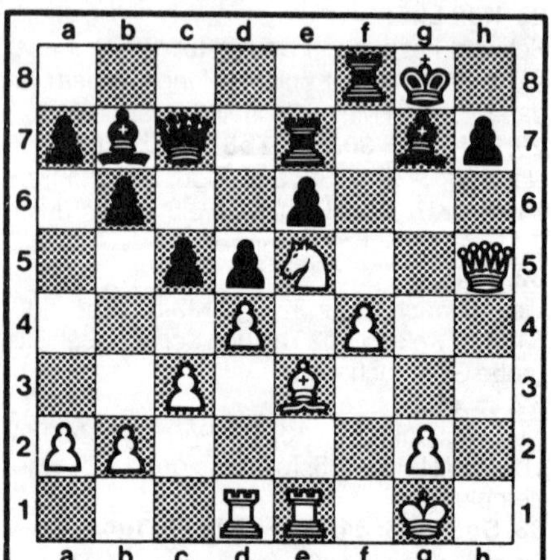

27. Dg4! Nun droht Le3–f2–h4. **27. . . . Kh8 28. Dh3 Kg8 29. Lf2 Lc6** Natürlich verliert 29. . . . Tf4:? 30. Lg3 Te4 31. Sg6 **30. Lh4 Tee8 31. Lg5 Lb5 32. Te3! a5 33. Tg3 Tf5 34. Dh4!** Mit der konkreten Drohung 35. Lf6. **34. . . . Tg5: 35. Dg5: Tf8 36. Te1 Le8 37. Sg4 Lg6 38. Te6 Df4: 39. Tg6: hg6: 40. Dg6:** Schwarz gab auf.

Musterpartie VIII/3

Mecking – Pfleger, Manila 1975

1. e4 d6 2. d4 Sf6 3. Sc3 g6 4. f4 Lg7 5. Sf3 0–0 6. Le3 c5 7. dc5: Da5 8. Ld3 Sg4!? Zu passiv ist 8. . . . dc5:?! 9. e5 Sd5 10. Ld2 Sc3: 11. Lc3: Dc7 12. De2 Sc6 13. h4 h5 (Nach 13. . . . Lg4 14. h5! erhält Weiß entscheidenden Angriff.) 14. Le3 Lg4 15. Dc4 b6 16. 0–0–0 Tad8 17. Da4 Sd4? 18. Ld4: mit weißem Vorteil, Kurajica – Eising, Wijk aan Zee 1974. **9. Ld2 Dc5: 10. De2 Sf6 11. Le3 Da5 12. 0–0 Sc6** Besser wäre 12. . . . Lg4!? **13. h3! e5?** Statt dieses schlechten Zuges, der den Schwarzen in Nachteil bringt, sollte besser 13. . . . Ld7 geschehen. **14. Df2 Ld7** In Verbindung mit dem vorangegangenen Zuge hat dieser Zug keinen Sinn. Besser war 14. . . . ef4: 15. Lf4: d5!? usw.

15. Tad1 Tad8 16. fe5: de5:

Diagramm Nr. 89:

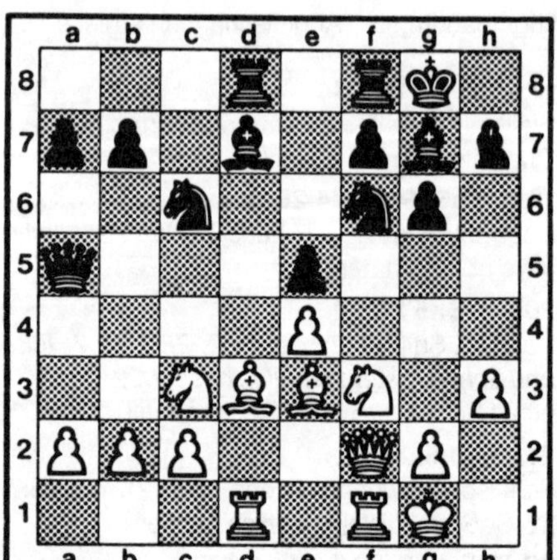

17. Sd2! Nun droht Weiß unter anderem 18. Lg5, 18. Sc4 und 18. Lc5. **17. . . . Le6** Schwarz opfert die Qualität, aber Mecking läßt sich die Partie nicht mehr aus der Hand nehmen. **18. Lg5 Sh5 19. Ld8: Td8: 20. Sb3 Dc7 21. Sc5 Sd4 22. Se6: fe6: 23. Sb5! Dd7 24. Le2 Tf8 25. De3 Sf4?** Zum Schluß noch ein Fehler von Schwarz. **26. Sd4: ed4: 27. Tf4:** Schwarz gab auf.

Musterpartie VIII/4

Smejkal – Knaak, Sandomierz 1976

1. d4 g6 2. e4 d6 3. Sc3 Lg7 4. f4 Sc6 5. Le3 Sf6 6. Sf3 0–0 7. Le2 Lg4 8. e5 Sd7 9. e6 Sb6 In der Partie Gipslis – Olafsson, Tallin 1975, machte Schwarz nach 9. . . . Lf3 ähnlich schlechte Erfahrungen wie in der Musterpartie. Dort folgte nämlich 10. Lf3: Sb6 11. d5 Sc4 12. dc6: Se3: 13. ef7:+ Kh8 14. cb7:! Tb8 15. Dd3 und Schwarz konnte aufgeben. **10. ef7:+ Kh8 11. Sg5 Le2: 12. De2: Dd7 13. 0–0–0 Sd8** Schwarz gewinnt zwar den Bauern zurück, aber Weiß kann den Zeitverlust ausnutzen, um einen starken Königsangriff einzuleiten. **14. h4! Sf7: 15. Sf7: Tf7: 16. h5 gh5:** Auch 16. . . . Kg8 versprach Schwarz kaum Rettung. **17. Th5: Tf5 18. Tdh1 h6 19. Tf5: Df5: 20. g4 Df6**

Diagramm Nr. 90:

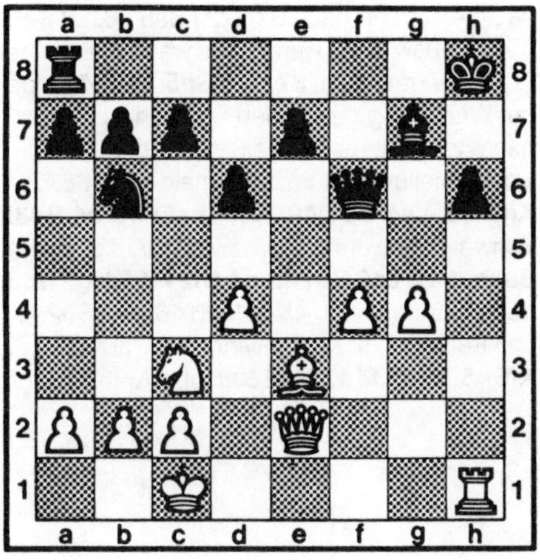

21. f5! d5 Die Überführung des Springers von c3 nach e4 mußte verhindert werden. Der Textzug schafft aber neue Schwächen. **22. Dh2! Kh7 23. Dc7: Tc8 24. Db7: Dd6 25. g5! Tb8 26. Da6 Kg8 27. f6 ef6: 28. gh6: Lf8 29. Da7:** Schwarz gab auf.

Musterpartie VIII/5

Balaschov – Timman, Tilburg 1977

1. e4 d6 2. d4 Sf6 3. Sc3 g6 4. f4 Lg7 5. Sf3 0–0 6. Le3 b6!? 7. e5 Sg4 8. Lg1 c5 9. h3 Sh6 Nicht 9. . . . cd4:? 10. Dd4: Sh6 11. Dd5! und Weiß gewinnt. **10. d5** Eine außergewöhnliche Stellung, in der Weiß auf Vorteil hoffen kann, wenn er sein starkes Bauernzentrum erhalten kann. **10. . . . Sf5 11. Lf2 de5: 12. fe5: Sd7 13. De2!**

Diagramm Nr. 91:

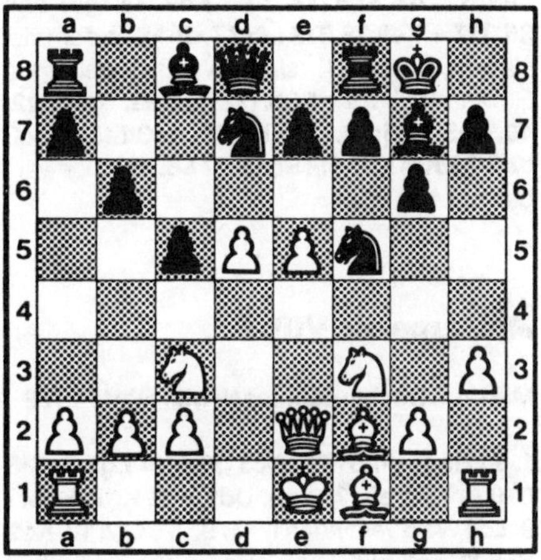

13. . . . Lb7?! In dieser kritischen Stellung findet Schwarz nicht die richtige Fortsetzung. Nach dem besseren 13. . . . Dc7!? 14. Sb5 Db8 15. g4 a6 16. gf5: ab5: sehen die weißen Bauern zwar gefährlich aus, aber Weiß ist unterentwickelt. Diese Fortsetzung sollte in der Praxis überprüft werden. **14. 0–0–0 Db8 15. g4 Sd4 16. Sd4: cd4: 17. Ld4: Le5: 18. Lg2** Schwarz konnte zwar das imposante weiße Zentrum unter Kontrolle bringen, jedoch hat Weiß weiter die besseren Aussichten wegen der Möglichkeit, gegen den Punkt e7 zu spielen. **18. . . . Ld4: 19. Td4: Dd6 20. Te1 Tfe8** Es verbot sich 20. . . . e5 wegen 21. de6:! Dd4: 22. Lb7: Tab8 23. Ld5 Sf6 24. ef7:+ Kg7 25. Lb3 mit großem weißen Vorteil. **21. Sb5 Dg3?!** Noch am besten war 21. . . . Db8. Aber Timman befürchtete wohl die Variante 22. d6! Lg2: 23. Dg2: ed6: 24. Tf1 mit positionellem weißem Druckspiel. Der Textzug ist schwächer und verliert einen Bauern. **22. De3! Dh2** Nicht 22. . . . Dg2:? 23. Td2; auch nach 22. . . . Db8 23. Df4! behält Weiß seinen Vorteil. **23. Df4!** Nun ist der Damentausch erzwungen, denn auf 23. . . . Dg2:? folgt 24. Td2 Dh3: 25. Th2 **23. . . . Df4:+ 24. Tf4: Tac8** Schwarz muß einen Bauern hergeben, und versucht wenigstens, seine Figuren zu aktivieren. **25. Sa7 Ta8 26. Sc6! Ta2: 27. Te7: Ta1+ 28. Kd2 Te7: 29. Se7:+ Kf8 30. Sc6 Tg1 31. Tf2 La6 32. b3 Sc5 33. Se5 Ke7 34. g5! Lc8 35. Tf7:+ Ke8 36. Tf2 Lf5 37. d6** Nach dem viel stärkeren 37. b4! stand Weiß bereits auf Gewinn. **37. . . . Le4 38. b4 Tg2: 39. Tg2: Lg2: 40. bc5: bc5: 41. h4 Lh3 42. Ke3 Lf5 43. c3 Kd8 44. Kf4 Ke8 45. Sc4 Kd7 46. Ke5** Schwarz gab auf.

Musterpartie VIII/6

Martin – Dschindschiaschwili, Haifa 1976

1. e4 d6 2. d4 Sf6 3. Sc3 g6 4. f4 Lg7 5. Sf3 0–0 6. e5 de5: 7. de5: Dd1:+ 8. Kd1: Sh5!? 9. Lc4 Weiß verhindert f7–f6 **9. . . . Lg4 10. Ke2 Sc6 11. Le3 g5!?** Dieser starke Zug erschüttert die weiße Bauernkette. Es verbietet sich jetzt 12. g3? wegen 12. . . . Le5:! 13. fe5: Lf3:+ 14. Kf3: Se5:+ 15. Ke2 Sc4: mit schwarzer Gewinnstellung. **12. fg5: Le5: 13. Kf2 Lf3: 14. gf3: Tad8 15. Tad1 Sf4 16. Td8:?!** Dies leitet einen falschen Plan ein. Nach 16. h4 wäre ein sehr kompliziertes Endspiel entstanden. **16. . . . Td8: 17. Td1 Td1: 18. Sd1: Kg7 19. Sc3 Sh3+ 20. Kg2 Sf4+ 21. Kf2** Schwarz will Zeit gewinnen, um den richtigen Plan zu finden.

Diagramm Nr. 92:

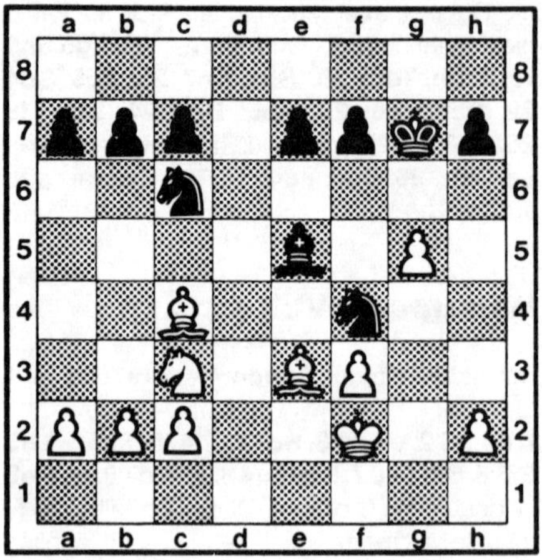

21. . . . e6! 22. Lf4: Damit nimmt Weiß eine bleibende schlechte Stellung in Kauf, aber nach der anderen Fortsetzung 22. Se4 Sd5! hätte der schwarze König ungehindert ins Zentrum gehen können. **22. . . . Lf4: 23. h4 Se5 24. Lf1 Sg6 25. Se2 e5!** Wieder ein sehr unangenehmer Zug für Weiß. Nichts ergab 25. . . . Le2 26. h5 Sf4 27. Sf4: Lf4: 28. g6 und Weiß hätte Remischancen gehabt. **26. h5 Sf8 27. Sf4: ef4: 28. Kg2 f6 29. h6+ Kg6 30. gf6: Kf6: 31. Kh3 Kg5 32. Ld3 b6 33. Le4 a5 34. c3 c5 35. a3 Sd7 36. Lh7: Kh6: 37. Lf5?** Die erste Ungenauigkeit, denn nach 37. Le4! Se5 38. b3 Kg5 39. Kg2 usw. wäre Remis das wahrscheinliche Ergebnis gewesen. **37. . . . Se5 38. b4?** Nun hat Weiß völlig den Faden verloren, aber auch nach dem besseren 38. b3 Kg5 39. Le4 war die weiße Stellung kaum zu verteidigen. **38. . . . Kg5 39. Le4 Sc4 40. ba5: ba5: 41. a4 Se3!** Schwarz gewann nun zwangsläufig einen Bauern. **42. Lc6 Sd1 43. c4 Sf2+ 44. Kg2 Sd3 45. Kh3** Auch nach 45. Kf1 Kf6 46. Ke2 Sb2 47. Lb5 Ke5 48. Kd2 Kd4 gewinnt Schwarz. **45. . . . Kf6 46. Lb5 Kf5 47. Kh4 Se5** und Weiß gab auf.

IX. Der Drei-Bauern-Angriff

1. e4 d6 2. d4 Sf6 3. Sc3 g6 4. f4 Lg7 5. Sf3 c5 6. dc5:

Musterpartie IX/1

Gligoric – Hort, Skopje 1972

6. . . . Da5 7. Ld3

Nach anderen Fortsetzungen kann Weiß nicht auf Vorteil hoffen, z. B. 7. Lb5+ Ld7 8. Ld7:+ Sbd7: 9. 0–0 Dc5:+ 10. Kh1 0–0 11. De2 Tac8 12. Le3 Db4 Honfi – Hort, Monaco 1969, und Schwarz hatte aktives Spiel am Damenflügel. – 7. Sd2 Dc5: 8. Sb3 Dc7 9. Le2 Sbd7 10. Le3 Sb6 11. Ld4 0–0 12. 0–0 Ld7 13. Kh1 Lc6 14. Ld3 e5 mit Ausgleich, O'Kelly – Fare, Mallaga 1961. – 7. Dd3 Dc5: 8. Le3 Da5 9. Sd2 *Diese Fortsetzung ist viel besser als 9. Db5+?! Db5: 10. Lb5:+ Sc6 11. 0–0–0 a6 12. Ld3 Sg4 13. Lb6 0–0 14. h3 Sf6 15. g4 Sd7 16. Le3 Tb8 17. Se2 b5 und Schwarz hatte in der Partie Radulov – Spasski, Amsterdam 1973, das viel bessere Endspiel.* 9. . . . 0–0! *Schlecht ist 9. . . . Sc6 10. Sc4 Dc7? 11. Sb5 Db8 12. Sbd6:+! und Weiß bekam in der Partie Saizew – Karasev, UdSSR 1970, sehr starken Angriff.* 10. Sb3 Dh5! 11. Le2 Lg4 12. h3 Sc6 13. a3 e5 mit besserem Spiel für Schwarz, Klovan – Vitolins, UdSSR 1971.

7. . . . Dc5: 8. De2 0–0

Hier ist auch 8. . . . Sc6 gut spielbar, wonach die Partie aber wieder in die Textfortsetzung münden kann, z. B. 9. Le3 Da5 *9. . . . Db4? 10. 0–0 Db2: 11. Sb5 mit den beiden Drohungen 12. Sc7+ und 12. Tfb1 und Weiß gewinnt.* 10. 0–0 *Nach 10. h3 besteht die beste schwarze Fortsetzung in 10. . . . Sh5!? 11. Df2 Lc3:+ 12. bc3: Dc3:+ 13. Ke2 e5! mit kompliziertem Spiel, wobei Weiß kaum Kompensation für den geopferten Bauern hat.* 10. . . . Lg4 usw. Andere Fortsetzungen von Schwarz sehen hier nicht vertrauenerweckend aus, z. B. 8. . . . Sg4? 9. Sd5! e6 10. b4! Df2+ *10. . . . Dc6? 11. Lb5 und Weiß gewinnt.* 11. Df2: Sf2: 12. Kf2: cd5: 13. Tb1 mit deutlich besserem weißem Endspiel, oder 8. . . . Sfd7?! 9. Le3! Lc3:+ 10. bc3: Dc3:+ 11. Kf2 mit Kompensation für den geopferten Bauern. Nach 8. . . . Sbd7 erinnert die Stellung wieder einmal an die sizilianische Drachenvariante.

9. Le3 A: 9. . . . Da5

Die beiden anderen Möglichkeiten sind **B:** 9. . . . Db4 oder **C:** 9. . . . Dc7

B: 9. . . . Db4 10. 0–0! *Andere Züge sind wohl schwächer, z. B. 10. a3 Db2: (Sonst wäre der Zug 9. . . . Db4 sinnlos gewesen.) 11. Kd2 Se4:+! 12. Se4: d5 13. Thb1 de4:! 14. Tb2: ed3: nebst 15. . . . Lb2: und Schwarz erhielt in der Partie Tolonen – Kirpicnikov, UdSSR 1974, ausreichende Kompensation für die geopferte Dame. – 10. 0–0–0? Se4:! 11. Le4: Lc3: 12. bc3: De4: 13. Sg5 Da4 mit großem schwarzem Vorteil. – 10. Tb1? Se4:! 11. 0–0 Sc3: 12. bc3: Dc3: und Weiß hatte in der Partie Ree – Suttles, Lugano 1968, keine Kompensation für die beiden geopferten Bauern.* 10. . . . Db2: *Schwarz muß diesen Bauern nehmen, da alle anderen Fortsetzungen schwächer wären. Es folgt auf 10. . . . Sc6 11. a3 Da5 und Weiß hat den Zug a2–a3 gratis; Schwarz darf natürlich nicht 11. . . . Db2:?? spielen, da er nach 12. Sa4 die Dame verliert.* 11. Sb5 Se8 Die Doppeldrohung 12. Sc7 und 12. Tfb1 mußte pariert werden.

Diagramm Nr. 93:

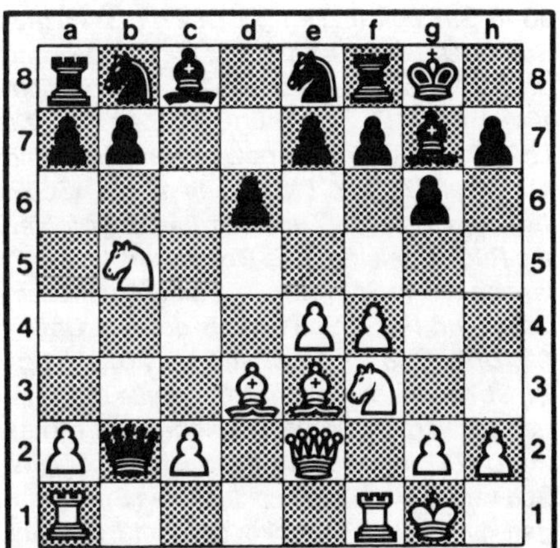

Weiß hat jetzt drei interessante Fortsetzungen:

B1: 12. Sa7: **B2:** 12. e5!? **B3:** 12. a3!

B1: 12. Sa7: *Nach 12. Tfb1 Df6! hat Weiß für den Bauern keine Kompensation.* 12. . . . Sc6 13. Tab1 Da2: 14. Sc8: Tc8: 15. Tb7: Sf6 *In der Partie Rusakov – Zeschkowski, UdSSR 1973, geschah: 15. . . . Tc7 16. Tb6 Sf6 17. Ta6 Db2 18. Tb6 Da2 mit Zugwiederholung.* 16. Sd4 Da8 17. Dfb1 Tb8 18. Tb8: Tb8: 19. Tb8:+ Sb8: mit geringem schwarzen Positionsvorteil, Feldmann – Saposnikov, Fernpartie 1974.

B2: 12. e5!? *Dies droht natürlich 13. Tfb1 mit Damenfang.* 12. . . . Db4 13. Sa7: Sc6 *Dies ist besser als 13. . . . Lg4 14. Tfb1 Da5 15. Tb7: mit unklarem Spiel, wo Parma die weißen Aussichten für besser hält.* 14. Tfb1! Dc3! *Besser als 14. . . . Da5 15. Sc8: Tc8: 16. Tb5 Dc3 17. Tab1 de5: 18. Tc5!? mit geringem weißen Vorteil.* 15. Sc8: Tc8: 16. Ld2 Dc5+ 17. Le3 Dc3 und Weiß hat nichts besseres, als die Züge zu wiederholen.

B3: 12. a3! Wir folgen nun der Analyse von Saposnikov und Fridstein. 12. . . . Df6!? *Fehlerhaft ist 12. . . . a6? wegen 13. e5! und Schwarz ist hilflos gegen die Doppeldrohung 14. Ld4 und 14. Tfb1 mit Damenfang. Interessant ist 12. . . . Da1:, wonach die Autoren der Analyse folgende Varianten geben: 13. Ta1: La1: 14. c3 a6 15. Sa7 Lg4 16. De1 (16. Dc2?! Lf3: 17. gf3: Sd7 18. Dc1 Sc5 19. Lc5: dc5: 20. Da1: Ta7: mit großem schwarzem Vorteil.) 16. . . . Sd7 (Nicht 16. . . . Lf3:? 17. Sc8 Sc6 18. Sb6 Td8 19. gf3: Lb2 20. Sc4 und Weiß gewinnt entscheidend Material.) 17. Da1: Lf3: (Nach 17. . . . Sc5?! 18. Lc5: dc5: 19. Se5! und dem Läufer g4 fehlen die Rückzugsfelder.) 18. Db1! (Nicht 18. gf3:?! wegen 18. . . Sc5!) 18. . . . Lg4 (Zu unklarem Spiel führt 18. . . . Sc5 19. Lc5: dc5: 20. Db6! – 20. Db7: Sd6 21. De7: Le4:! – 20. . . . Lg4 21. Db7: Sd6 22. De7: und die weiße Dame ist den schwarzen Türmen überlegen.) 19. h3 Le6 20. Db7: Die weiße Stellung ist besser, weil Schwarz seine Türme schlecht ins Spiel bringen kann.* 13. e5! *Verlockend sieht 13. f5?! aus, aber nach 13. . . . gf5: 14. Lg5 De6 15. Sbd4 Dd7 kann Schwarz sich nach Ansicht der beiden sowjetischen Theoretiker verteidigen.* 13. . . . De6 *Der Tausch im Zentrum 13. . . . de5:?! ist nur günstig für Weiß, da auch der Turm f1 aktiv steht, z. B. 14. fe5: De6 15. Lc4 Dg4 16. Sbd4 Sc6 17. Sc6: bc6: 18. Lc5 Dd7 19. Sg5! mit Angriff gegen den schwachen Punkt f7.* 14. Lc4 Dd7 15. Sg5! *Nun droht 16. e6! und sowohl nach 15. . . . Dg4 16. Lf7:+ Tf7: 17. Dc4! Df5 18. Sd4 als auch nach 15. . . . Sc7 16. f5! erhält Weiß eine Gewinnstellung.* 15. . . . e6 16. Sd6: Sd6: 17. Tfd1 Hier endet die russische Analyse mit dem Urteil, daß Weiß den Bauern bei besserer Stellung zurückgewinnt, weswegen die Fortsetzung 9. . . . Db4 nicht empfehlenswert ist.

C: 9. . . . Dc7 10. 0–0 Sbd7

Diagramm Nr. 94:

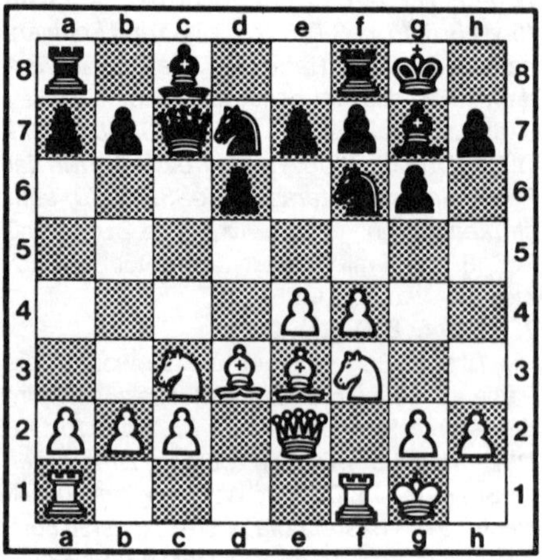

Schwächer ist hier 10. . . . a6? wegen 11. e5! Sfd7 12. Sd5 Dd8 13. ed6: ed6: 14. f5! mit starkem weißem Angriff, Lein – Nikolajewski, UdSSR 1969. Interessant ist aber 10. . . . Lg4. In den zwei folgenden Partiebeispielen erreichte Weiß nur minimalen Vorteil:

Kupreichik – Rasuvajew, UdSSR 1969:
11. h3 Lf3: 12. Df3: Sbd7 13. Df2 a6 14. a4 e6 mit widerstandsfähiger schwarzer Stellung.

Ljubojevic – Marangunic, Jugoslawien 1977: 11. Sb5!? Da5 12. b4 Dd8 13. c4 Sc6 14. Tab1 a5! und Schwarz erhielt gute Aussichten in der a-Linie, siehe Musterpartie IX/2, Seite 101.

C1: 11. Tad1 Nach diesem Tempoverlust kann Schwarz seine Stellung konsolidieren. 11. . . . a6 12. Kh1 e5! 13. a4 b6 14. De1 Lb7 15. Dh4 Tae8 16. fe5: *16. f5 d5!* 16. . . . de5: 17. h3 Sh5! und in der Partie Sznapik – Peev, Polen 1975, kam der weiße Königsangriff wegen der idealen schwarzen Figurenaufstellung nicht weiter.

C2: 11. h3 a6 12. a4
Sicher besser als 12. Df2 b5 13. Dh4 Lb7 14. f5 b4 15. Se2 d5!, wonach Schwarz in der Partie Ritman – Kaplan, Portorico 1971, zu aktivem Spiel fand. 12. . . . b6 13. Df2 Lb7 14. Dh4 *In der Partie Timman – Sirgurjonson, Wijk aan Zee 1977, konnte Schwarz sich nach 14. f5 e6! ausreichend verteidigen. Dort folgte 15. Dh4 Tae8 16. Lh6 Dc5+ 17. Kh1 Db4! 18. Ta3 ef5: 19. Sa2 Dc5! (19. . . . Db2:? 20. Lc1!; 19. . . . Da5? 20. b4!, in beiden Fällen mit weißem Gewinn.) 20. Tc3 Da5 mit mehr als zufriedenstellendem Spiel für Schwarz.* 14. . . . Sc5 *In der Partie Balaschov – Zejtlin, UdSSR 1971, plante Schwarz den Vorstoß b7–b5. Nach 14. . . . Sc6?! 15. f5 b5 16. fg6: hg6: 17. Sg5 bekam jedoch Weiß gefährliche Initiative am Königsflügel.* 15. f5 b5 16. ab5: ab5: *Verfrüht ist 16. . . . Sd3: wegen des weißen Zwischenzuges 17. b6! Nach 17. . . . Dc4 18. Sd2 Sb4 19. cd3: Db2: 20. Tfc1 behält Weiß den gefährlichen Bauern b6 und die schwarze Dame steht sehr gefährdet.* 17. Sb5: Dd7? 18. Ta8: Ta8: 19. Lc5: mit weißem Vorteil, Tal – Gufeld, UdSSR 1971. Statt des schwachen Zuges 17. . . . Dd7? war 17. . . . Dc6 besser, und laut Kotov hätte Schwarz für den geopferten Bauern Kompensation besessen. Nach dem weiteren 18. Sbd4! scheint die weiße Stellung aber doch den Vorzug zu verdienen.

C3: 11. Kh1! Vermutlich der stärkste Zug, der den König im Mittelspiel aus der gefährlichen Diagonale g1–a7 entfernt und gleichzeitig das Feld g1 für den Läufer räumt. 11. . . . a6 *Dies erlaubt den gefährlichen weißen Vorstoß im Zentrum, aber auch 11. . . . e5 12. fe5: de5: 13. De1!? b6?! 14. Dh4 Lb7 15. Lg5 war nachteilig für Schwarz, siehe Musterpartie IX/3, Zeschkowski – Peev, Seite 102. Statt des geradlinigen 13. De1!? empfiehlt Parma 13. Lc4 und gibt zwei Beispiele:*
Maric – Parma, Skopje 1968:
13. . . . Sb6 14. Lb3 und Janson – Tatai, Skopje 1972: 13. . . . a6 14. Sg5 b5 15. Lf7:+ Tf7: 16. Sf7: Kf7: 17. Sd5, und in beiden Fällen war Schwarz nicht zu beneiden.
12. a4 b6 13. e5!
Mit diesem Zug erreicht Weiß positionellen Vorteil. In der Partie Jansa – Novak, CSSR 1972, folgte: 13. . . . de5: *Nicht 13. . . . Sg4? 14. e6! fe6: 15. Sg5 mit großem weißem Vorteil!* 14. fe5: Se5: 15. Lf4 Sfd7 16. Tad1 f6 17. Le5: Se5: 18. Sd5 Dd6 10. Se5: fe5: 20. Tf8:+ usw.

10. 0–0
Weiß kann die folgende Fesselung mit 10. h3 verhindern. Nach 10. . . . Sh5! 11. Df2 *11. Dd2 Sg3 12. Tg1 f5! mit leichtem schwarzem Vorteil.* 11. . . . Lc3:+ 12. bc3: Dc3:+ 13. Ke2 e5 sind beide Stellungen geschwächt, und Weiß hat gewisse Kompensation für den geopferten Bauern.

Diagramm Nr. 95:

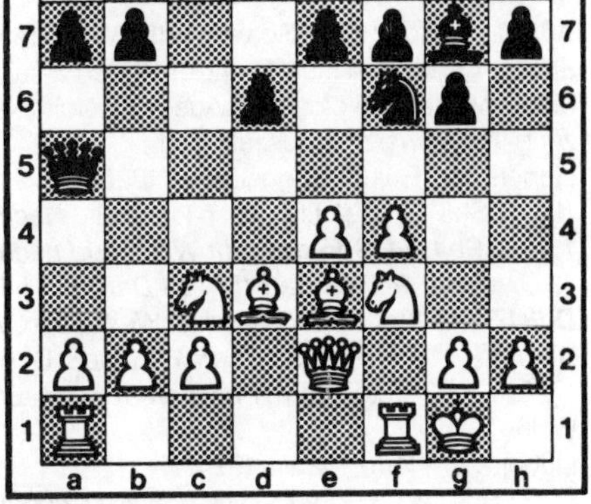

A1: 10. . . . Lg4
Schwarz gibt das Läuferpaar auf, um auf den

schwarzen Feldern ein aktives Gegenspiel zu organisieren. Die anderen Möglichkeiten sind:

A2: 10. . . . Sbd7 **A3:** 10. . . . Sc6

A2: 10. . . . Sbd7
Schwarz verfolgt die gleiche Idee, wie in der Variante **C,** Seite 96, nur daß hier seine Dame auf a5 statt auf c7 postiert ist. 11. Tab1 ***Es ist auch möglich, die Dame sofort zum Königsangriff zu bringen. In der Partie Ree – Benkö, Wijk aan Zee 1969, geschah: 11. h3 a6 12. Df2 e5 13. fe5: de5: 14. Dh4 b5 15. Lh6 Lb7 16. Sg5 Db4 17. a3 De7 18. g4 Tfe8 19. Tf2 Lh6: 20. Dh6: Df8 und Schwarz wehrte den Angriff ab. Trotzdem sollte die Damenüberführung zum Königsflügel genauer untersucht werden.*** 11. . . . a6 12. a4 Dc7 13. Kh1! Nun muß Schwarz sich entscheiden. Nach 13. . . . b6 erinnert die Stellung an die Variante **C3,** Seite 97. Weiß kann aber auch anders fortsetzen, wie in der Partie Tatai – Kaplan, Siegen 1970: 14. e5! Se8 ***Oder 14. . . . de5: 15. fe5: Se5: 16. Lf4 mit großem weißem Vorteil.*** 15. Sd5 Dd8 16. Le4 e6 ***Falls 16. . . . Tb8, so 17. Sb4! ebenfalls mit klarem weißem Vorteil.*** 17. Sf6+ Lf6: 18. La8: de5: 19. fe5: Se5: 20. Se5: Le5: 21. Lb6: und Weiß verfügte über eine Qualität mehr. Fridstein empfiehlt die Fortsetzung 13. . . . e5, die der Leser in der Musterpartie IX/3, Zeschkowski – Peev, Seite 102, findet.

A3: 10. . . . Sc6 11. h3! So verhindert Weiß den Zug Lg4, und es ist nicht leicht, unter den vielen Möglichkeiten die sicherste Ausgleichsfortsetzung für Schwarz herauszufinden.
Ljubojevic – Bujupi, Jugoslawien 1975:
11. . . . Sh5 12. De1 Lh6 13. b4!? Dd8 ***Nach 13. . . . Sb4: 14. Sd5 gewinnt Weiß, und nach 13. . . . Db4: 14. Tb1 Da3 15. Tb3 Da5 16. Tb5 Dd8 17. Th5:!? gh5: 18. Dh4 erhält Weiß starken Angriff.*** 14. b5 Sb4 15. f5 Le3:+ 16. De3: Db6 17. Sd4 Sd3: 18. Sd5! mit besserem Spiel für Weiß.
Ljubojevic – Torre, Manila 1974:
11. . . . Sb4 12. a3 Sd3: 13. cd3: Ld7 14. Df2 b6?! 15. e5! Se8 16. b4 Da6 17. Sd5 e6 18. Se7+ Kh8 19. Sg5 h6 20. Dh4 Dd3: 21. Tf3 und Weiß erhielt für den geopferten Bauern starken Angriff.

Olafsson – Benkö, Wijk aan Zee 1969:
11. . . . Ld7 12. a3 Tfc8 13. Df2 Le8 14. f5 mit kompliziertem Spiel, und gewissen weißen Aussichten am Königsflügel.
Hort – Szabo, Leningrad 1967:
11. . . . e5 12. fe5: de5: 13. De1 Le6 14. Dh4 Sd4?! 15. Sd4: ed4: 16. Ld4: mit weißem Vorteil, denn Schwarz hat für den geopferten Bauern keinerlei Kompensation.
Velimirovic – Tringov, Skopje 1971:
11. . . . Ld7 12. a3 Tac8 13. Df2 Dd8? 14. Dh4 e6 15. f5 Se8 16. Lg5 f6 17. fg6: hg6: 18. e5 Schwarz stand auf Verlust.

A11: 11. Tad1

Die anderen Möglichkeiten sind:
A12: 11. h3 **A13:** 11. De1 **A14:** 11. a3
A15: 11. Lc4 **A16:** 11. Df2 **A17:** 11. Kh1

A12: 11. h3 Lf3: 12. Df3: Sc6
In dieser kritischen Stellung teilt sich der Variantenkomplex noch einmal auf.

A121: 13. Lc4. Die Partie Lohner – Aitkamen, Fernschach 1973, verlief wie folgt: 13. . . . Tac8 14. Lb3 Sd7 15. f5 Sf6? 16. Df2 mit weißem Vorteil. Auch die Partie Korenski – Dontschenko, UdSSR 1973, brachte Schwarz in Nachteil. 13. . . . Db4 14. Lb3 Sd4 15. Dd1 e5 ***Nicht 15. . . . Sb3: 16. ab3: Se4:? 17. Sd5! und Weiß gewinnt.*** 16. Dd3 Sd7 17. Sd5 mit strategischer Gewinnstellung von Weiß. Parma empfiehlt, mit 13. . . . Sd7 die Hauptvariante anzusteuern.

A122: 13. a3 Weiß sichert seinen Damenflügel und die kritische Stellung entsteht nach den weiteren Zügen 13. . . . Sd7 14. Ld2 Db6+ ***Schwächer spielte Schwarz in der Partie Unzicker – Timman, Nizza 1974. Nach 14. . . . Dd8?! 15. Kh1 Tc8 16. Tab1 Sb6 17. Se2 Sd4 18. Sd4: Ld4: 19. e5! hatte Weiß mit seinem Läuferpaar die besseren Aussichten.*** 15. Kh1 Sc5 16. Tab1 ***Oder 16. b4 Sd3: 17. Dd3: Dd4! mit gleichem Spiel. Hort – Suttles, Zagreb 1972.*** 16. . . . Sd3: 17. cd3: e6! ***Schwächer ist 17. . . . Db3?! 18. f5! Tfe8 19. Lg5 Tac8 20. Sd5 mit weißer Initiave, Adorjan – Suttles, Hastings 1973/74.***

Diagramm Nr. 96:

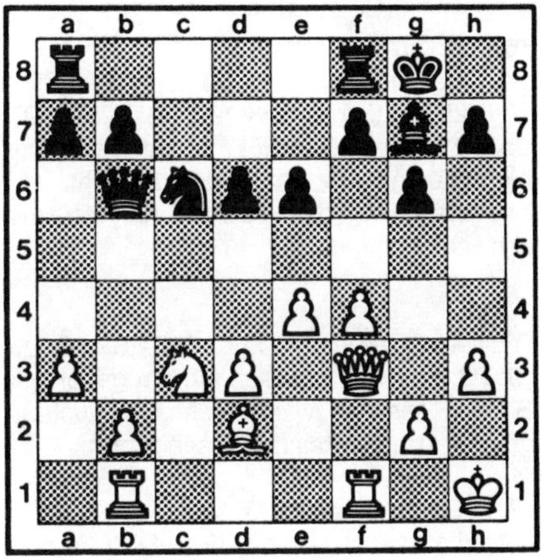

Die Diagrammstellung dürfte ausgeglichen sein. Es liegen folgende Beispiele vor:
Spasski – Bronstein, Tallin 1973:
18. Le3 Da5 remis.
Balaschov – Timman, Bugonjo 1978:
18. Se2 Tfe8 19. Lc3 Tac8 20. Dg3 mit kompliziertem Spiel und verteilten Chancen.
Einen originellen Verlauf nahm die Partie Ljubojevic – Torre, Manila 1975, wo Weiß ein Opfer brachte, das jedoch bisher keine Nachahmer fand. 13. a3 Sd7 14. b4!? Dd8 15. Se2?! La1: 16. Ta1: e6 17. Td1 a6 18. c3 De7 19. Lc2.

A123: 13. f5 Se5 14. Df2 b5! 15. Lg5 *Nicht 15. Lb5:?! Tab8 Schwarz steht besser.* 15. . . . b4 Botterill – Levy, England 1971. Die schwarze Stellung war wegen der Beherrschung der wichtigen schwarzen Felder voll verteidigungsfähig.
A124: 13. Tad1 Sd7 14. Lc4 Sc5 *Parma hält 14. . . . Lc3: 15. bc3: Dc3: für besser.* 15. e5!? de5: 16. f5 Db4? 17. Dd5 brachte Schwarz in der Partie Benrehouma – Parma, Tunis 1972/73 große Probleme.
A125: 13. Df2 Sd7 *Gute Möglichkeiten sind ferner 13. . . . Sb4!? oder 13. . . . e6* 14. f5 Sf6 15. Lc4 Se4: 16. Se4: d5 17. f6! ef6: 18. Sf6:+ Lf6: 19. Df6: dc4: 20. Lh6 mit Qualitätsgewinn, Wahlbom – Ljundquist, Schweden 1975.

A13: 11. De1 Weiß will das Tempo h2–h3 einsparen und dieses Feld eventuell für den Turm freihalten. Nach 11. . . . Sc6 12. Sd2 Ld7 hat Weiß aber nichts besseres, als 13. h3, wonach 13. . . . Sb4 möglich ist. In der Partie Kavalek – Torre, Manila 1976, versuchte Weiß 13. a3?, aber nach 13. . . . Sg4! 14. Sc4 Dh5 15. h3 Se3: 16. Se3: Dc5 stand Schwarz besser, siehe Musterpartie IX/4, Seite 102.

A 14: 11. a3 Sc6 12. Tab1 Sd7 13. b4 Dd8 *13. . . . Da3?? 14. Tb3! und Weiß gewinnt.* 14. Dd2 Lf3: 15. Tf3: Sd4 16. Th3 Tc8 17. Sd1 e6 18. c3 Sc6 19. Sf2 d5 20. e5 f5! Ljubojevic – Rukavina, Krk 1976, mit kompliziertem Spiel.
A15: 11. Lc4 Der Versuch, den Zug Tad1 einzusparen, brachte in der Partie Hort – Pfleger, Amsterdam 1978, nur Ausgleich nach 11. . . . Sc6 12. Lb3 Sd7 13. Ld2 Sd4 14. Df2 Lf3: 15. gf3: a6 16. Sd5 Dd8.
A16: 11. Df2!? Die richtige Reaktion auf diesen giftigen Zug zeigte Schwarz in der Partie Ljubojevic – Timman, Tilburg 1978: 11. . . . Lf3:! 12. Df3: Sc6 Nun ähnelt die Stellung der Variante **A12,** Seite 98, nur daß hier das Feld h3 frei ist. 13. Se2?! Verfolgt einen fehlerhaften Plan. 13. . . . Sd7 14. c3?

Diagramm Nr. 97:

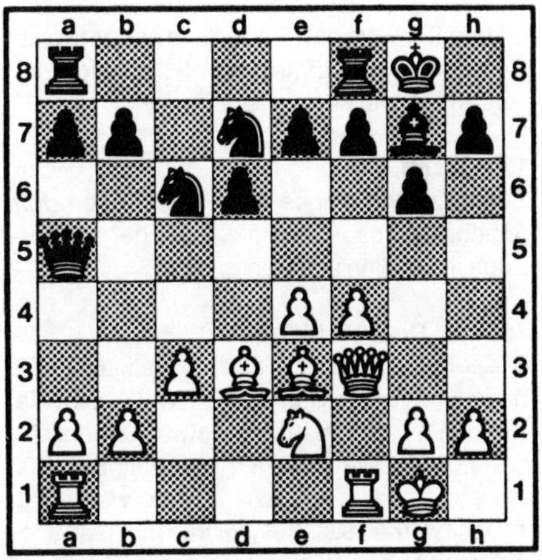

14. . . . Sde5! und Weiß verlor ersatzlos einen Bauern.

A17: 11. Kh1 Sc6 12. Df2 In der Partie Sznapik – Pribyl, Lodz 1978, hatte Weiß mit diesem Zug Erfolg. Nach 12. . . . Tad8? *Besser 12. . . . Lf3:!* 13. Sd4! *Nun droht 14. f5 mit Aussperrung des Läufers g4 und außerdem ist der Bauer a7 in Gefahr.*
13. . . . Lc8 14. h3! Td7 15. Sdb5! Schwarz steht strategisch auf Verlust, da seine Dame in Schwierigkeiten kommt und der Bauer a7 hängt.

11. . . . Sc6
Überprüft werden muß 11. . . . Sbd7 12. h3 Lf3: 13. Df3: Tac8 14. g4?! Sb6 15. Ld2 Sc4!, und die schwarzen Aussichten waren in der Partie Kuindzi – Zejtlin, UdSSR 1973, kaum schlechter.

12. Lc4 Sh5!?
Fischers Idee aus seinem Wettkampf gegen Spasski, Reikjavik 1972. Schwarz kontrolliert die wichtige Diagonale a1–h8 und verhindert 13. h3.

13. Lb3!?
Keinen Vorteil erzielt Weiß mit 13. Td5!? Dc7 und nun hält der sowjetische Großmeister Krogius die schwarze Stellung nach 14. Tg5!? für leicht besser. Krogius führt folgende Variante an: 14. . . . Lf3: 15. Tf3: *Falls 15. gf3: Sd4 16. Dd3 Tac8! 17. Ld5 Se6 mit Ausgleich.* 15. . . . Sd4 16. Ld4: Ld4:+ 17. Kh1 Sf4:! 18. Tf4: Lc3: 19. bc3: d5 und Schwarz hat mindestens ausgeglichen. Der Ausflug des Turms nach g5 sieht nicht sehr vertrauenerweckend aus.

13. . . . Lc3:
Schwarz muß konsequent das Bauernopfer annehmen, da sonst die vorangegangenen Züge ihren Sinn verlören.

14. bc3: Dc3: 15. f5!? Sa5
In der Partie Spasski – Fischer, Reikjavik 1972, geschah: 15. . . . Sf6 16. h3 Lf3: 17. Df3: Sa5 18. Td3 Dc7 19. Lh6 Sb3: mit etwa ausgeglichener Stellung, siehe Musterpartie IX/5, Seite 103. Interessant ist auch 15. . . . Se5, was einige Theoriewerke als Ausgleichsfortsetzung für Schwarz angeben mit der Variante 16. Ld4 Sf4! 17. Df2 Sf3:+ 18. gf3: Sh3+ oder 17. De3 De3: 18. Le3: Lf3: Laut Parma ist aber 16. Kh1! besser, wonach Weiß gute Angriffsaussichten am Königsflügel erhält.

16. Ld4 Dc7
Schwarz weicht dem Endspiel nach 16. . . . Sf4?! 17. Df2! Df3: 18. gf3: Sh3! 19. Kg2 Sf2: 20. Tf2: Sb3: 21. cb3: Lh5 22. f6! aus, denn trotz des Mehrbauern steht Schwarz angesichts der Abseitsstellung des Läufers h5 weiterhin schlechter.

17. h3
Fridstein empfiehlt 17. De3!? Sb3: 18. cb3: Lf3: 19. Tf3: mit Kompensation für den geopferten Bauern. Dies mag zwar stimmen, aber auch Gligoric' Textzug ist keinesfalls schlechter.

17. . . . Sb3: 18. cb3: Lf3:
Fehlerhaft war 18. . . . Sg3? 19. De1: Sf1: 20. hg4: und der Springer f1 ist nicht zu retten.

19. Df3:
Nach 19. Tf3: droht zwar 20. Tc3 mit nachfolgendem 21. Dh5: gh5: 22. Tg3 matt, aber nach dem einfachen 19. . . . Sf6! ist keine Angriffsfortsetzung für Weiß zu sehen.

19. . . . Sf6
Schwarz kann nicht aktiv 19. . . . e5? spielen, da er nach 20. Le3 f6 21. Td5 viel schlechter stehen würde. Auch 19. . . . Tac8 ist nicht besser, denn nach 20. De3 mit der Doppeldrohung 21. La7: und 21. Dh6: hat Schwarz Sorgen.

20. Df4 Sh5
Dieser Zug kommt einem Remisangebot gleich, aber Schwarz hat nichts besseres. So würde er nach 20. . . . Sd7 21. Dh6 Se5 22. Tf4 in einen Mattangriff geraten.

21. Dh6 Dc2 22. Tde1 Sf6?!
An dieser Stelle war 22. . . . Tad8!? eine bessere Verteidigungsmöglichkeit.

23. e5! de5: 24. Te5: Tad8 25. De3?
Damit vergibt Weiß seinen Vorteil. Besser war 25. fg6:! hg6:
25. . . . Td4:?? 26. Tf6:! hg6: 27. Th5! Td1+ (Falls 27. . . . gh5:? 28. Dh5+ und Weiß

gewinnt.) 28. Kh2 Dc7+ 29. Tf4! gh5: 30. Dg5+ Kh8 31. Dh5:+ Kg7 32. Dg4+ Kh6 33. Dh4+ Kg6 34. Dg3+! Kh6 35. Th4 matt. 26. Te7: Td4: 27. Tf6: Td1+ 28. Kh2 Db1 *Nach anderen Zügen, z. B. 28. ... Td2 29. Tg6:+ Dg6: 30. Dd2: steht Schwarz angesichts der schlechten Königsstellung weiterhin schlecht.* 29. Tff7: Th1+ 30. Kg3 Th3:+! *Nicht 30. ... Dd3+ 31. Te3 Dd6+ 32. Df4 mit besserem Endspiel für Weiß.* 31. gh3: Dg1+ 32. Kh4 Dd4+ 33. Df4 *33. Kg5 Dg1+!* 33. ... Df4:+ 34. Tf4: Tf4:+ 35. Kg5 Tf7! 36. Te6 Tf2 mit ausgeglichenem Endspiel.

25. ... Sd5 26. Df3 e6! 27. f6?

Mit 27. fe6:! hätte Weiß noch Ausgleichschancen behalten. Gligoric vergißt aber, daß die schwarzen Felder im schwarzen Lager hinreichend bewacht werden.

27. ... Dd2! 28. Te4 Tc8 29. Kh2 Tc1

Jede Vereinfachung ist vorteilhaft für Schwarz. Der Bauer a7 ist kaum zu nehmen, da nach b7–b6 der weiße Läufer eingesperrt wäre.

30. Tc1: Dc1: 31. Dg4

Mit der taktischen Drohung, 32. Te6:! fe6: 33. De6:+ Tf7 34. De8+ Tf8 35. f7 matt.

31. ... Te8

Interessant ist, daß die einsetzende Zeitnot den weiteren Partieverlauf kaum beeinflußt.

32. Dh4 h5 33. Dg3 Kh7 34. Te5

Dies ist praktisch die letzte weiße Drohung in der Partie.

34. ... Df4 35. Df4: Sf4: 36. Tc5

Nach 36. La7: Ta8 37. Le3 Sd5 38. a4 Tc8 steht Schwarz ebenfalls besser.

36. ... Sd5 37. h4 Td8 38. Le5 a6?!

Viel besser war 38. ... g5! 39. hg5: Kg6 mit sofortiger Aktivierung des schwarzen Königs.

39. Kg3 Te8 40. Kf3 Td8

Die Zeitnot ist vorüber, und Schwarz muß sein Mehrmaterial verwerten.

41. Ke4 Kg8

Jetzt war 41. ... g5?! 42. hg5: Kg6 43. Lf4! nicht mehr gut.

42. a3 Kf8 43. b4 Ke8 44. a4 Kd7 45. b5 ab5: 46. Tb5:

Falls 46. ab5: folgt 46. ... Ta8!

46. ... Kc6 47. Ta5 Kb6 48. Tb5+ Kc6 49. Ta5 Kb6 50. Tb5+ Ka6 51. Tc5 b6 52. Tc1 Kb7 53. Ta1 Ta8

Schwarz muß den Abtausch der letzten Bauern auf dem Damenflügel verhindern.

54. g3 Ta5 55. Ld4 Kc6 56. Tc1+ Kd7 57. Tc4

Nach 57. Ta1 gewinnt Schwarz mit 57. ... Kd6 58. Le5+ Kc6 59. Ld4 Kb7! und falls 60. Le5, so entscheidet 60. ... Tc5.

57. ... Ta8 58. Ke5 Ta7!

Weiß kann dem Turmtausch nicht mehr ausweichen. Nicht gut war das sofortige 58. ... Tc8?! 59. Tc8: Kc8: 60. Kd6!

59. g4?!

Verzweiflung, aber nach anderen Zügen hätte 59. ... Tc7 entschieden.

59. ... hg4: 60. Lg1 Ta5 61. Td4 g3 62. Ke4 Ta4:!

Weiß gab endlich auf.

Musterpartie IX/2

Ljubojevic – Marangunic, Jugoslawien 1977

1. e4 d6 2. d4 Sf6 3. Sc3 g6 4. f4 Lg7 5. Sf3 c5 6. dc5: Da5 7. Ld3 Dc5: 8. De2 0–0 9. Le3 Dc7 10. 0–0 Lg4 11. Sb5!?

Ein sehr ehrgeiziger Zug. Solider ist 11. h3. **11. ... Da5 12. b4 Dd8 13. c4** Nach 13. Sa7?! Sh5! 14. Tab1 Sf4: gewinnt Schwarz das Material bei besserer Stellung zurück. **13. ... Sc6 14. Tab1 a5!** Sehr gut gespielt. Das schwarze Gegenspiel läuft nun über die a-Linie. **15. a3 ab4: 16. ab4: Ta4 17. Dd2 Lf3: 18. gf3:** Nach 18. Tf3: Sg4! käme Schwarz zum Tausch des Läufers e3. **18. ... Sh5 19. Tfd1** Besser war 19. Kh1. **19. ... Lh6 20. Lc2 Ta8 21. Kh1** Nach 21. c5?! Dc8! bekommt Schwarz starkes Gegenspiel am Königsflügel. **21. ... Dc8 22. f5!** Noch der beste Zug, sonst hätte die weiße Stellung ihre ganze Dynamik verloren. **22. ... Le3: 23. De3: Se5 24. Lb3 Kh8!** Schwarz vermeidet die Falle 24. ... Sc4:? 25. Dg5! mit verschiedenen weißen Drohungen. **25. Tbc1** Nicht 25. fg6: fg6:! mit entscheidendem schwarzem Vorteil. **25. ... gf5: 26. Dg5 Sg7**

Diagramm Nr. 98:

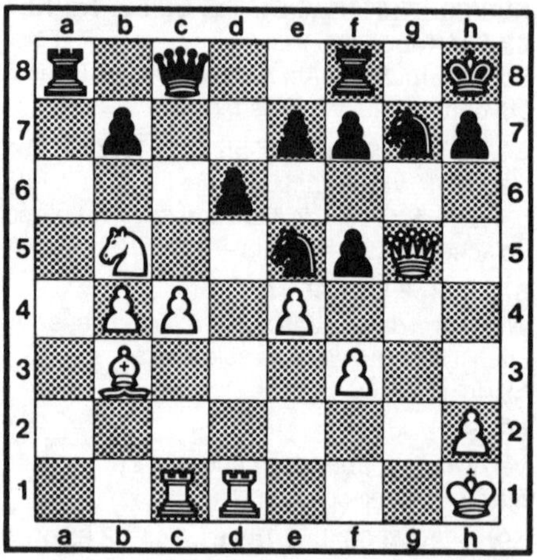

27. c5? Hier überzieht Ljubojevic. Nach 27. De7: fe4: 28. Sd6: Dh3 29. De5: Df3:+ 30. Kg1 De3+ wäre Remis durch Dauerschach der zu erwartende Ausgang der Partie gewesen. **27. . . . Sf3:! 28. Df4 fe4: 29. cd6:** Falls 29. De4:? Dh3! 30. Tc2 Sh5! mit entscheidendem Angriff.

29. . . . Dd7! 30. de7: De7: 31. Sd6 f5 Schwarz hat zwei Bauern mehr und die weißen taktischen Drohungen sind am Ende. **32. Tc2 Df6 33. Tc7 Se6 34. Le6: De6: 35. De3 Df6 36. Dc5 Ta2 37. Se7+ Tf7:** Weiß gab auf.

Musterpartie IX/3

Zeschkowski – Peev, Moskau 1977

1. e4 d6 2. d4 Sf6 3. Sc3 g6 4. f4 Lg7 5. Sf3 c5 6. dc5: Da5 7. Ld3 Dc5: 8. De2 Sbd7 9. Le3 Dc7 10. 0–0 0–0 11. Kh1! e5 12. fe5: de5: 13. De1! Schwarz steht vor dem Problem, den weißen Rochadeangriff zu parieren. Der sowjetische Theoretiker Judovic empfiehlt 13. . . . Sc5 aber nach 14. Dh4 mit der Drohung 15. Sg5 steht Weiß trotzdem besser. **13. . . . b6 14. Dh4 Lb7 15. Lg5**

Diagramm Nr. 99:

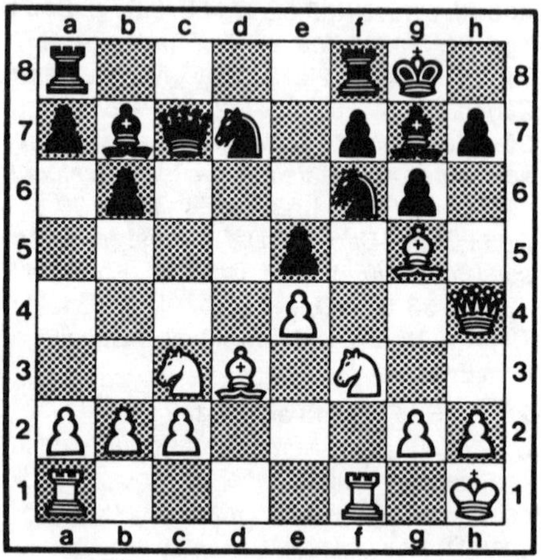

15. . . . a6? Mit diesem schwachen Zug ignoriert Schwarz völlig das weiße Spiel am Königsflügel. Es ist aber schwierig, eine bessere Möglichkeit für Schwarz anzugeben. Nach z. B. 15. . . . Sh5 16. Le7! Te8 17. Sd5 hat Weiß weiterhin alle Angriffstrümpfe in der Hand. Am besten dürfte 15. . . . Kh8 16. Sd2 Sg8 17. Lc4! f6 18. Le3 sein, wonach Weiß zwar einen kleinen Vorteil hat, aber noch kein direkter Gewinn in Sicht wäre. **16. Sd2! b5?** Schwarz hätte sich mit 16. . . . Dd6 zäher verteidigen sollen. **17. Lf6: Sf6: 18. Tf6: Lf6: 19. Df6:** Mit zwei Figuren für den Turm steht Weiß natürlich auf Gewinn. **19. . . . Tad8 20. Tf1 Tfe8 21. Sd1 Td6 22. Df2 f5? 23. ef5: e4 24. fg6:!** Schwarz gab auf, in Anbetracht der Drohung 25. Df7+.

Musterpartie IX/4

Kavalek – Torre, Manila 1976

1. e4 d6 2. d4 Sf6 3. Sc3 g6 4. f4 Lg7 5. Sf3 c5 6. dc5: Da5 7. Ld3 Dc5: 8. De2 0–0 9. Le3 Da5 10. 0–0 Lg4 11. De1 Eine Neuerung, die sich nicht besonders bewährt. **11. . . . Sc6 12. Sd2 Ld7** Es drohte 13. f5 mit Aussperrung des Läufers g4. **13. a3?** Nach diesem Fehler verliert Weiß den wichtigen Läufer e3. Erforderlich war

13. h3 Sb4 mit etwaigem Ausgleich. Schwarz kommt nun jedoch schnell in Vorteil. **13. . . . Sg4! 14. Sc4 Dh5!** Weiß findet keine Zeit, den Läufer zurückzuziehen. **15. h3 Se3: 16. Se3: Dc5**

Diagramm Nr. 100:

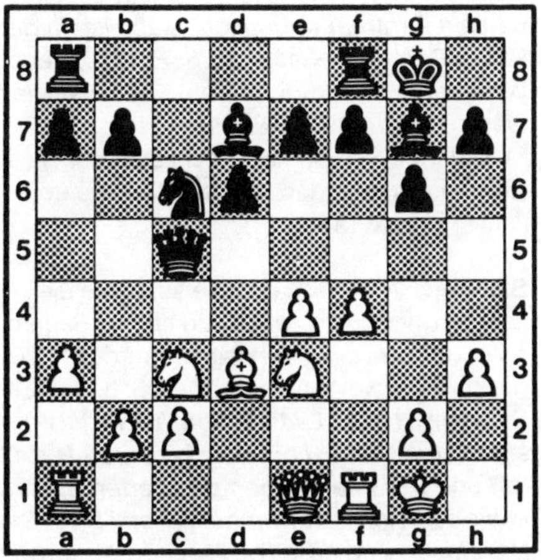

17. f5? Weiß verliert die Geduld. Richtig war 17. Scd1, denn nun wird die weiße Bauernstellung völlig entwertet. **17. . . . Lc3: 18. bc3: Se5 19. Kh1 Lc6 20. h4 f6 21. Tf4 Kh8 22. fg6: Sg6:** Dies ist besser als 22. . . . hg6:, weil Schwarz auf der halboffenen g-Linie bequem seine Türme aktivieren kann. **23. Tf5 Se5 24. Tf4 Tg8 25. Dd2 Ld7 26. Sd5 Tg7 27. Tf2 Tag8 28. De1 Le6** Stärker war 28. . . . Tg4 29. Te2 T8g7!, aber Schwarz kann zwischen verschiedenen Gewinnwegen auswählen. **29. Sf4 Tg4 30. Tf1** Nicht 30. Se6:? Th4:+ 31. Kg1 Sf3+ und Schwarz gewinnt. **30. . . . Ld7 31. Le2 Tg3 32. Lf3 Sc4** Hier hätte 32. . . . Lb5! schneller gewonnen. **33. Sd5 T8g7 34. Df2** Das Endspiel ist natürlich genauso hoffnungslos für Weiß, wie das Mittelspiel, denn es ist nur eine Frage der Zeit, wann sich die Schwäche des weißen Damenflügels auswirken wird. **34. . . . Df2: 35. Tf2: Se5 36. Sf4** Die Drohung 37. Sh5 ist leicht zu parieren, **36. . . . Tg8 37. Tb1 b6 38. Sh5 T3g6 39. Sf4 T6g3** Eine Zugwiederholung in Zeitnot. **40. Se2 T3g7 41. Tb3 Tc8** Nun wendet sich Schwarz dem Damenflügel zu. **42. Sf4 La4 43. Tb4 Ld7 44. Tb3 Tc4 45. Sd3 Le6 46. Sf4 Lf7** Der Bauer a3 geht bald verloren. **47. Td2 Tg8 48. Se2 Ta4 49. Tb1 Ta3: 50. Tdd1 Tc8 51. Ta1 Ta1: 52. Ta1: a5 53. Kg1 Ta8 54. Sd4 a4 55. Sb5 Ta5 56. Sa3 Tc5 57. Sb1 b5 58. Kf2 Kg7 59. Le2 Lc4 60. Lf3 Kf7 61. Ke3 Ke6 62. Sa3 Kd7 63. Kd2 Kc6 64. Th1 Kb6 65. Kc1 Tc8 66. Kb2 Kc5 67. h5 h6 68. Sb1 Tg8** Nun bricht auch der weiße Königsflügel zusammen. **69. Sd2 Le6 70. Th2 Tg3 71. Th1 Tg5 72. Th2 Lg4 73. Ka2 Sc4 74. Sc4: Kc4: 75. Kb2 a3+** Weiß gab auf.

Musterpartie IX/5

Spasski – Fischer, Reikjavik 1972

1. e4 d6 2. d4 g6 3. Sc3 Sf6 4. f4 Lg7 5. Sf3 c5 6. dc5: Da5 7. Ld3 Dc5: 8. De2 0–0 9. Le3 Da5 10. 0–0 Lg4 11. Tad1 In Verbindung mit dem folgenden Zug die anspruchsvollste Fortsetzung. **11. . . . Sc6 12. Lc4!** Weiß spielt konsequent auf Angriff. **12. . . . Sh5** Fehlerhaft war 12. . . . Db4? 13. a3 Db2: 14. Sa4 Da3 15. Ta1 Db4 16. Ld2 Sd4 17. Dd3! und Weiß hätte Material gewonnen. **13. Lb3** Zu unüberschaubaren Verwicklungen hätte 13. Td5 nebst 14. Tg5 geführt, aber auch der Textzug ist sehr gut. **13. . . . Lc3: 14. bc3: Dc3: 15. f5 Sf6 16. h3 Lf3: 17. Df3: Sa5** Schwarz will unbedingt einen der beiden weißen Läufer tauschen. **18. Td3 Dc7 19. Lh6 Sb3: 20. cb3:** Nach 20. Lf8: Sc5 stand Schwarz auf Gewinn. **20. . . . Dc5+ 21. Kh1** Steht Weiß nun besser? **21. . . . De5!?** Dieses Qualitätsopfer bringt Schwarz gute Remischancen. Hätte er versucht, seinen Materialvorteil zu bewahren, so hätte Weiß laut Parma nach 21. . . . Tfc8 22. fg6: fg6: 23. g4! starke Initiative erhalten. Fischer, in dessen gesamter Turnierpraxis kein Beispiel von passiver Verteidigung bekannt ist, hatte in dieser Variante wohl Sorgen um das schwache Feld f7. **22. Lf8: Tf8: 23. fg6: hg6: 24. Te3 Tc8** Schwarz hat für die Qualität einen Bauern bei schwächenloser eigener Bauernstellung. **25. Df4 Df4:** Schwarz war mit Remis einverstanden, sonst hätte er das ehrgeizigere 25. . . . De6 versucht. **26. Tf4: Sd7 27. Tf2 Se5 28. Kh2 Tc1 29. T3e2 Sc6** Die Stellung ist ausgeglichen, und keine Seite kann gefahrlos Gewinnversuche unternehmen. Mit dem letzten Zug verhinderte Schwarz das Manöver Turm e2–c2–c7, damit die weißen Türme keine offene Linie finden. **30. Tc2 Te1 31. Tfe2 Ta1 32. Kg3 Kg7 33. Tcd2 Tf1 34. Tf2 Te1 35. Tfe2 Tf1 36. Te3 a6 37. Tc3 Te1 38. Tc4 Tf1 39. Tdc2 Ta1!** So verteidigt sich Schwarz gegen die Drohung 40. Tc6:, die der Weiße sich mühsam aufgebaut hat. Weiß hat keine Fortschritte gemacht. **40. Tf2 Te1 41. Tfc2** Hier wurde die Partie abgebrochen, und Weiß konnte nur noch hoffen, die Partie durch Bildung eines Freibauern am Königsflügel für sich zu entscheiden. Fischer erkannte sofort die Gefahr und nach seinem Abgabezug wurde auch diese letzte weiße Hoffnung zunichte gemacht. **41. . . . g5! 42. Tc1 Te2 43. T1c2 Te1 44. Tc1 Te2 45. T1c2** Remis.

X. Der Drei-Bauern-Angriff

1. e4 d6 2. d4 Sf6 3. Sc3 g6 4. f4 Lg7 5. Sf3 c5

Musterpartie X/1

Hartston – Suttles, Nizza 1974

A: 6. Lb5+
In letzter Zeit wird auch die Fortsetzung

B: 6. e5
häufiger angewandt. Danach ist der Rückzug 6. . . . Sfd7 wohl erzwungen, denn auf 6. . . . de5:? folgt 7. de5: *Gut ist auch 7. Lb5+ Sfd7 8. de5: 0–0 9. 0–0 a6 10. Ld3 Sc6 11. Le4 mit gutem weißem Spiel.* 7. . . . Dd1:+ 8. Kd1: Sg4 9. Ke1 Sc6 10. Lb5 mit vorteilhaftem weißem Endspiel, Perez – Domnitz, Natanya 1969.
Weiß muß nun zwischen vier Fortsetzungen entscheiden.
B1: 7. Lc4
B2: 7. e6
B3: 7. ed6:!?
B4: 7. dc5:

B1: 7. Lc4 cd4:! *Schlecht ist 7. . . . 0–0?!, was in Kapitel VIII, Seite analysiert wurde.* 8. Dd4: 0–0! *Dies pariert die weiße Drohung 9. Lf7:+! die beispielsweise nach 8. . . . Sc6 9. Lf7:+! Kf7: 10. Dd5+ Ke8 11. Sg5 dem Weißen einen gewinnbringenden Angriff beschert hätte.* 9. De4 *Weiß kann auch nicht mit 9. h4 einen Königsangriff einleiten, da sein Zentrum noch nicht stabil ist. In der Partie Beshan – Sasin, UdSSR 1969, verlor Weiß nach 9. . . . de5: 10. fe5: Se5:! ersatzlos einen Bauern.* 9. . . . Sc6 10. e6 fe6: 11. Le6:+ Kh8 12. De2 Sc5 Schwarz steht sehr gut, da er viele wichtige Felder kontrolliert, Ljubojevic – Jansa, Skopje 1972.

B2: 7. e6 Ein interessanter Versuch, um die Initiative zu kämpfen, wobei durch ein Bauernopfer der schwarze Schutzring um den König geschwächt werden soll. 7. . . . fe6: 8. Sg5 Sf6 *Schlecht ist 8. . . . Ld4:? 9. Sb5! (Nicht gut wäre allerdings 9. Se6: Lc3:+ 10. bc3: Da5 11. Ld2 Sf6 und Weiß hat für den geopferten Bauern keine ausreichende Kompensation.) 9. . . . Sf6 Der einzige Zug. 10. c3 e5 11. cd4: ed4: und die weiße Figur ist mehr wert als die drei Bauern.* 9. dc5: Sc6 10. cd6:! *Schwächer spielte Weiß in der Partie Hartston – Timman, Hastings 1973/74: 10. Ld3 dc5: 11. 0–0 0–0 12. De1 Sb4! 13. Se6: Sd3: 14. cd3: Le6: 15. De6:+ Kh8 16. Le3 Tc8 17. Tad1 Tc6 18. Da3 Sd5! und Weiß kam in Schwierigkeiten. Es sollte besser 10. Lc4!? d5 11. Lb5 mit verteilten Chancen geschehen, wie z. B. in einer Partie Vasjukov – Zeschkowski, UdSSR 1975, in der folgte: 11. . . . d4! 12. Lc6:+ bc6: 13. Se2 Da5+ 14. Dd2 Dc5: 15. Sd4: Dd5 16. c3 0–0 17. 0–0 Sh5 18. De2 e5! mit Ausgleich.* 10. . . . ed6: 11. Ld3 0–0 12. 0–0 Die weißen Figuren sind ausgezeichnet zentralisiert, und ein auf g5 auftauchender weißer Springer kann nicht gut mit h6 vertrieben werden, da nach dem Springerrückzug der Bauer g6 sehr schwach würde. Weiß steht besser.

B3: 7. ed6:!? 0–0! *Schwächer ist 7. . . . cd6:?, denn nach 8. De2+ De7 (8. . . . Kf8 9. Le3 nebst 10. 0–0–0 bringt Schwarz in eine kritische Situation.) 9. Sd5 De2:+ 10. Le2: erhält*

Weiß das bessere Endspiel. 8. Le3! *Wenn Weiß den Bauern e7 schlägt, erhält Schwarz gute Kompensation, z. B. 8. de7: De7:+ 9. Le2 cd4: 10. Sb5 (Falls 10. Sd4: so folgt Sc5! nebst 11. ... Td8 und gutem schwarzem Spiel.) 10. ... Sc6 11. 0–0 a6 mit schwarzem Vorteil, denn die Folge 12. Sbd4: Sd4: 13. Sd4: Ld4:+ 14. Dd4: De2: 15. Ld2 Db5 ist nicht spielbar. Weiß hat für das geopferte Material keine Kompensation, Pfleger – Torre, Manila 1974.* 8. ... ed6: *Schlecht ist 8. ... Db6? 9. de7: Te8 10. Dd2! (In der Partie Matulovic – Adorjan, Wijk aan Zee 1974, erhielt Schwarz gutes Spiel nach 10. Lc4? Db4 11. Le2 Db2:! 12. Sd5 Sc6) 10. ... Db2 (Die Annahme dieses Bauernopfers ist erzwungen, denn es droht 11. 0–0–0.) 11. Tb1 Da3 12. Tb3 Da5 13. Sd5 Da2: 14. Lb5! mit weißer Gewinnstellung, Matanovic – Rukaniva, Jugoslawien 1975.* 9. Dd2 Sc6 Weiß hat Entwicklungsvorsprung, aber es ist fraglich, ob seine Stellung wirklich besser ist, da bei gleichseitigen Rochaden ein Angriff am Königsflügel sehr schwer realisierbar ist. Auch ist die Wirkung des Läufers e3 durch den Bauern f4 eingeschränkt. In der Musterpartie X/2, Matulovic – Sigurjonsson, Warschau 1975, Seite 110, setzte Weiß 10. Lb5!? fort und nach 10. ... Db6 11. 0–0–0 Sf6 12. dc5: dc5: 13. Lc6: Dc6: war das Spiel ausgeglichen.

B4: 7. dc5: de5: 8. fe5: 0–0 ***Nach 8. ... Se5: 9. Dd8:+ Kd8: bekommt Schwarz Sorgen um die Aufstellung seines Königs. Die bessere Bauernstruktur ist dafür keine Kompensation. Gut sieht indessen der Zug 8. ... Sc6!? aus.*** 9. e6 Ein positionelles Bauernopfer, nach dem Weiß einen Angriff in der halboffenen e-Linie plant. 9. ... fe6: 10. Lc4 Sc5: 11. De2 Sc6 12. Le3 Weiß steht besser, Bronstein – Tringov, Reikjavik 1974.

6. ... Ld7

Ganz schlecht sind die anderen drei Möglichkeiten:

a. 6. ... Sbd7? 7. e5 Sg48. e6 fe6: 9. Sg5 und Weiß gewinnt.

b: 6. ... Kf8? 7. e5 de5: 8. fe5: Sg4 9. h3 Sh6 10. dc5: mit weißer Gewinnstellung, Lengyel – Ozsvath, Ungarn 1962.

c. 6. ... Sfd7? 7. Le3 *Gut ist auch 7. dc5: dc5: 8. 0–0* 7. ... 0–0 8. Dd2 a6 9. Ld7: Sd7: 10. h4 Weiß hat einen sehr vielversprechenden Angriff, Pupel – Kampenus, UdSSR 1958.

7. e5

Nichts erreicht Weiß mit 7. Ld7:+ Sfd7:! 8. d5 Sa6! 9. ... 0–0 0–0 10. De2 ***Oder 10. Le3 Sc7 11. Dd2 b5 12. Tae1 Sb6 13. Df2 b4 mit der Idee c5–c4 und Schwarz bekommt starkes Gegenspiel, Zuravlev – Gipslis, UdSSR 1969. Oder 10. f5 Db6 11. Kh1 Sc7 12. Se2 (Fridstein gibt 12. De1 an.) 12. ... c4 13. Sg3 a5 mit gutem schwarzem Spiel, Savon – Hort, Petropolis 1973.*** 10. ... Sc7 11. Td1 *In der Partie Hort – Torre, Polanika Zdroj 1977, erreichte Weiß positionellen Vorteil mittels 11. a4!? a6 12. Td1 Tb8 13. a5 b5 14. ab6: Sb6: 15. Ld2 Dc8 16. Le1 Dd7? 17. Dd3!* 11. ... b5! Mit einer Bauernstruktur, die an Benoni erinnert. Schwarz hat gutes Spiel am Damenflügel, Savon – Korchnoi, UdSSR 1973. Nach 12. Sb5: Sb5: 13. Db5: Tb8 14. De2 Lb2: 15. Lb2: Tb2: hatte Schwarz leichte Initiative.

7. ... Sg4

Diagramm Nr. 101:

A11: 8. h3

In der Diagrammstellung sind noch drei andere Fortsetzungen möglich:

A12: 8. Sg5 **A13:** 8. Ld7:+ **A14:** 8. e6!?

A12: 8. Sg5 Lb5: *Oder 8. ... Sh6 9. Ld7:+ Dd7: 10. e6 fe6: 11. dc5: Sc6 12. 0–0 0–0 13. Le3 Tad8, Petran – Sapi, Budapest 1976.* 9. Dg4: *Nach 9. Sb5: kann Schwarz entweder 9. ... de5: 10. Dg4: Da5+ 11. Ld2 Db5: 12. de5: Sc6 13. Lc3 Dc4 14. g3 Td8 Christiansen – Miles, Teeside 1974, oder 9. ... Da5+ 10. Sc3 cd4:! fortsetzen, in beiden Fällen mit gutem Spiel.* 9. ... Ld7 10. e6 Le6: *Schlecht ist 10. ... fe6:? 11. Sh7:? und Weiß stand auf Gewinn in der Partie Burger – Suttles, USA 1965.* 11. Se6: fe6: 12. dc5: Lc3:+! *Weniger gut ist 12. ... Dd7? In der Partie Estrin – Sasin, Moskau 1969, hatte Weiß nach 13. cd6: ed6: 14. Ld2 Sc6 15. 0–0–0 0–0–0 16. Se4 deutlich besseres Spiel.* 13. bc3: Da5 14. Lb2 Dc5: 15. De6: Df5 mit Ausgleich, Barreras – G. Garcia, Cienfuegos 1973.

A13: 8. Ld7:+ Dd7: 9. d5 *Schlecht ist 9. Sg5 cd4: 10. e6 fe6: 11. Dg4: dc3: 12. Se6: cb2: – Die Zugfolge war erzwungen. – 13. Sg7:+ Kf7 14. Dd7: bc1:D+ 15. Tc1: Sd7: und Weiß gab auf. Purdy – Byrne, USA 1968.* 9. ... de5: *Interessant ist der Zug 9. ... Sa6!? 10. h3 Sh6 und in der Partie Filippovicz – Sapi, Budapest 1976, kam Weiß in Vorteil nach 11. Le3!? Sf5 12. Lf2 h5 13. De2 0–0–0 14. 0–0–0 The8 15. g4. Gut ist auch 11. g4!? 0–0–0 12. Le3 e6 13. De2! f5 14. 0–0–0 Sc7 15. de6: De6: 16. Sg5 De7 17. Sd5! mit weißer Initiative, Filippovicz – Heidelberg, Gausdal 1977.* 10. h3 e4 11. Se4: Sf6 12. Se5 *Spielbar ist 12. Sf6:+ Lf6:! 13. 0–0 0–0 14. c4 mit winzigem weißem Vorteil, Adorjan – Pfleger, Lanzarote 1975. In der Partie Balaschov – Zeschkowski, UdSSR 1974, geschah 14. Se5 Dd6 15. Sg4 Ld4+ 16. Kh1 f5 17. Se4 Sd7 18. c3 Le3: Le3: Sf6 mit Ausgleich. In dieser Variante wäre 12. Sc5:?! schlecht gewesen, denn nach 12. ... Dd5: 13. Dd5: Sd5: 14. Sb7: Sb4 hätte Schwarz ausreichende Kompensation für den geopferten Bauern bekommen.* 12. ... Da4! *Weniger stark ist 12. ... Dd8 13. Sf6:+ Lf6: 14. 0–0 0–0 15. c4 mit weißem Positionsvorteil, was in zwei Partien vorkam: Maciewski – Pribyl, Polanika Zdroj 1973, und Filippovicz – Drozd, Polen 1974. Möglich ist auch zunächst 12. ... Dc7 und erst nach 13. d6 Dd8!?* In der Partie Wittmann – Parma, Graz 1974, geschah nun 13. Sc3, und nach 13. ... Da6 war die Stellung ausgeglichen. Falls 13. Sf6:+ geschehen wäre, hätte 13. ... ef6:! folgen können.

A14: 8. e6!? Lb5: *Es verliert 8. ... fe6:? 9. Sg5!* 9. ef7:+ *Nun wäre 9. Sg5? schlecht wegen 9. ... f5!, wonach Weiß Material verliert, z. B. 10. Sb5: Da5+ 11. Sc3 cd4: usw.* 9. ... Kd7 *Sofort gewinnt Weiß nach 9. ... Kf7:? 10. Sg5+* 10. Sb5: *Ein fehlerhaftes Opfer brachte Weiß in der Partie Jensen – Keene, Den Haag 1967, nach 10. Sg5? h5 11. Sb5: Da5+ 12. Sc3 cd4: 13. De2 dc3: 14. De6+ Kd8 hatte Weiß für das geopferte Material keine Kompensation.* 10. ... Da5+ 11. Sc3 cd4: 12. Sd4:

Diagramm Nr. 102:

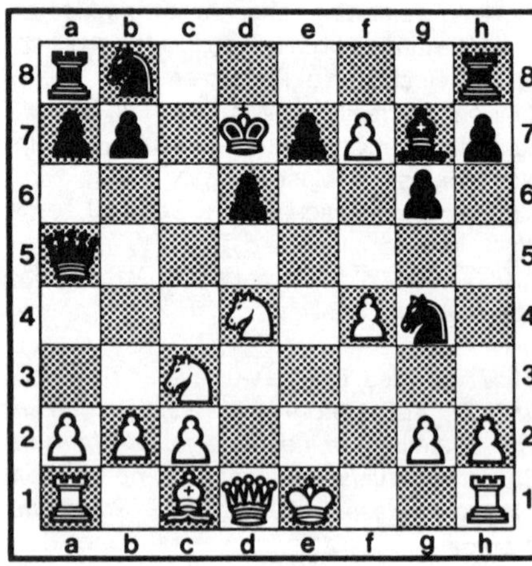

In dieser scharfen Stellung hat Schwarz zwei Fortsetzungen:

A141: 12. ... Dh5
A142: 12. ... Ld4:

A141: 12. ... Dh5 Schwarz spielt auf Damentausch, wonach der Rochadeverlust nicht mehr so stark ins Gewicht fallen würde. Weiß versucht, dies zu verhindern. 13. Se4! ***Nichts bringt 13. Dd3 Sc6 14. Sce2 Sh6!, wonach Schwarz den Bauern zurückgewinnt und gutes Figurenspiel hat, Krogius – Polugajewski, UdSSR***

1958. 13. . . . Sc6 *Der englische Theoretiker Barden empfiehlt hier 13. . . . Sh6, aber nach 14. Dh5: gh5: 15. f5! Sf7: 16. f6 (Es geht auch 16. Le3 Sc6 17. 0–0–0 mit besserem Endspiel für Weiß, Lein – Kampenus, UdSSR 1959.) 16. . . . Lf6: 17. Sf6:+ ef6: 18. 0–0 hat Schwarz nur schwache Bauern, und Weiß steht besser.* 14. Sg3 *Nach 14. Sc5+ dc5: oder 14. Sc6: bc6: 15. h3 Sf6 ist die Stellung etwa ausgeglichen.* 14. . . . Dh4 *Eine andere Möglichkeit ist hier 14. . . . Da5+ 15. Ld2 Se3 16. La5: (Nach 16. Sc6: ist 16. . . . Dc5! gut.) 16. . . . Sd1: 17. Sc6: Sb2: 18. Se5: de5: 19. Lc3 Sa4 und nun hätte Weiß in der Partie Filippovicz – Suttles, Tel Aviv 1964, mit 20. 0–0–0+ Ke6 21. Le5: Le5: 22. The1 gutes Spiel erhalten können.* 15. Sf3 Df6 16. Sg5 Sh6 17. c3 Die schwarzen Figuren stehen schlecht, und angesichts der vielen Drohungen steht Weiß besser.

A142: 12. . . . Ld4:!? Schwarz gibt den starken Läufer ab, um a tempo den Damenspringer und die anderen Figuren entwickeln zu können. 13. Dd4: *Nach 13. Dg4:+ Df5 14. Df3 (Der Damentausch wäre vorteilhaft für Schwarz, da er im Endspiel besser stände.) 14. . . . Sc6 15. Se2 De6, Tringov – Benkö, Sarajewo 1967 hat Schwarz die Initiative.* 13. . . . Sc6

Diagramm Nr. 103:

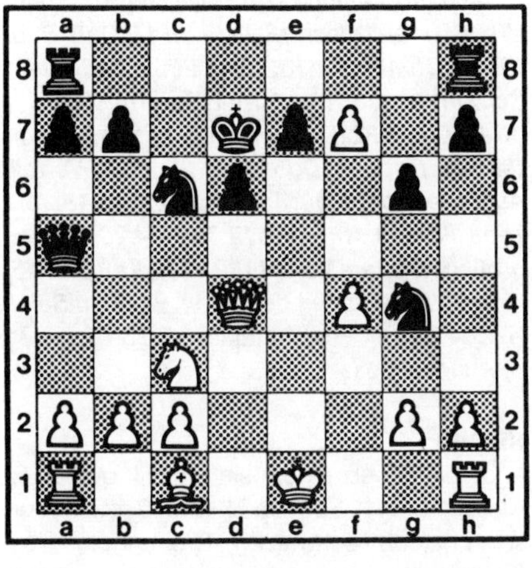

Die kritische Stellung zur Beurteilung der Variante **A14:** 8. e6!?. Im Laufe der Zeit wurde abwechselnd die weiße oder die schwarze Stellung für besser gehalten. Weiß hat nun folgende Möglichkeiten:

a. 14. Dd5?! *Ganz schlecht wäre 14. Dg7?, denn nach 14. . . . Dc5 15. Tf1 Sd4 mußte Weiß in der Fernpartie Ehred – Koch, 1972, angesichts der Doppeldrohung 16. . . . Sc2:+ und 16. . . . Sf5 aufgeben.* 14. . . . Dd5: Der Damentausch ist günstig für Schwarz, da sein König sich bereits günstig in der Brettmitte aufhält. 15. Sd5: Sd4 16. Kd2 Dieser merkwürdige Königszug ist der einzige. 16. . . . Thf8 Das Spiel ist ausgeglichen, Zuidema – Suttles, Havanna 1966.

b. 14. Dd2 Thf8 15. h3 Sf6 16. b3 Tf7: 17. g4 *Um 17. . . . Sh5 zu verhindern.* 17. . . . h5 18. g5 Se8 19. Lb2 Sg7 Wegen des schwachen Feldes f5 hat Schwarz gute Aussichten, Zuckermann – Benkö, New York 1967.

c. 14. Dd1 Ein sicherlich guter Zug, mit dem Weiß seine Dame ganz zurückzieht. 14. . . . Df5 *Schlecht ist 14. . . . h5?! 15. h3 Sf6 16. 0–0 Dc5+ 17. Tf2 Taf8 18. Df3 mit weißem Vorteil, Bogdanovic – Saidy, Sarajewo 1977; besser ist jedoch 14. . . . Sf6 15. 0–0 Dc5+ 16. Kh1 Thf8 17. Db3 Tf7: 18. Le3 Dh5 und Schwarz hatte in der Partie Yepez – Sigurjonsson, Caracas 1968, ausgeglichen. Auch nach 14. . . . Dh5 15. Df3 Thf8 16. Ld2 Sf6 ist das Spiel gleich.* 15. h3 *Ganz schlecht ist 15. 0–0? wegen 15. . . . Dc5+!* 15. . . . De6+! *Weniger gut ist 15. . . . Sf6 16. 0–0 Thf8 17. Le3 h5 18. Dd2, Karasev – Gipslis UdSSR 1970. Die schwarze Königsstellung ist gefährdet, und der Damentausch läßt sich nicht erzwingen.* 16. De2 De2:+ mit ausgeglichenem Endspiel, Keres – Benkö, Winipeg 1967.

d. 14. Dc4!? Ein sehr starker Zug, der zum erstenmal in der Partie Balaschov – Sigurjonsson Cienfuegos 1975, vorkam. Dort folgte: 14. . . . Thf8 15. Ld2 Tac8 und laut Balaschov hätte nun 16. Sd5! geschehen sollen, z. B.: 16. . . . Dc5 *Nach 16. . . . Sb4? 17. Lb4: Tc4: 18. La5: Tc5 19. h3 Sh6 (Oder 19. . . . Ta5: 20. hg4: Td5: 21. Th7: mit gewonnenem weißem Endspiel.) 20. Lc3 Td5: 21. Lg7 und Weiß gewinnt.* 17. Dc5: dc5: 18. h3 Die weiße Stellung ist besser, denn

Schwarz hat die schlechtere Bauernstruktur und eine schlechte Königsstellung. In der Musterpartie X/3, Bednarski – Rukavina, Decin 1977, Seite 110, versuchte Schwarz, das Spiel zu verstärken, aber nach 14. . . . Df5 15. h3 Sf6 16. 0–0 De6 17. Db5 Tab8 18. f5! hatte Weiß starken Angriff. Bei der gefährdeten schwarzen Königsstellung ist an Gegenspiel nicht zu denken. Erfolglos endete auch ein Eröffnungsexperiment in der Partie Skrobek – Pribyl, Decin 1978: 15. . . . Da6!? 16. Sb5! ***Nach dem Damentausch 16. Da6: ba6: ist das Endspiel trotz der schlechten schwarzen Bauernstruktur ausgeglichen.*** 16. . . . Tac8 17. De2! Sf6 18. 0–0! Weiß hat starken Angriff und braucht den taktischen schwarzen Gegenschlag 18. . . . Sd4?! nicht zu fürchten, denn nach 19. Sd4: De2: 20. Se2: Tc2: 21. Tad1 Se4 22. Sg3!! behält Weiß eine Figur mehr, z. B.: 22. . . . Sd2: 23. Tf2 Tb2: 24. Td2: Td2: 25. Td2: Tf7: Für die verlorene Figur hat Schwarz nur zwei Bauern und kaum Aussichten auf Rettung.

8. . . . cd4:

So löst Schwarz die gespannte Situation im Zentrum und verschafft sich ausreichendes Gegenspiel. Interessant ist auch die Idee des sowjetischen Meisters Murej 8. . . . Lb5: Nach 9. Sb5: de5:!? *In der Partie Levy – Peev, Cienfuegos 1973, erlangte Weiß einen kleinen Vorteil nach 9. . . . Da5+ 10. Sc3 cd4: 11. Dd4: Sc6 12. De4 Sh6 13. Ld2 0–0–0 14. g4 f5 15. ef6: ef6: 16. 0–0–0* 10. hg4: *Nach 10. fe5: kann Schwarz gut 10. . . . cd4:! und nach 10. 0–0 e4 spielen. In beiden Fällen hat Schwarz keine Probleme im Zentrum mehr.* 10. . . . Da5+ 11. Ld2 *Falls 11. Sc3?, spielt Schwarz vorteilhaft 11. . . . ed4:! und falls 11. Kf2 folgt 11. . . . e4! mit gutem Spiel für Schwarz. Besser für Weiß ist 11. c3!? Db5: 12. de5: In der Partie Fedorov – Zejtlin, UdSSR 1977, spielte Schwarz 11. . . . e4 und nach dem folgenden 12. De2! ef3: 13. Sd6+ Kd7 14. Sb7: Db6 15. Df3: cd4: entstand eine komplizierte Stellung.* 11. . . . Db5: 12. de5: Db2: *In der Partie Christiansen – Miles, Teeside 1974, stand Weiß nach 12. . . . Sc6 13. Lc3 Dc4 14. g3 Td8 15. De2 De6 16. g5 h5 17. gh6: Th6: 18. Kf2 besser.* 13. Tb1 Da2: 14. Tb7: Dd5, Klowan – Kuindzi, UdSSR 1973. In dieser scharfen Stellung sind die Chancen ausgeglichen.

9. Dd4: de5:

Die beste schwarze Fortsetzung. Nach der anderen Möglichkeit 9. . . . Sh6 bleibt der Springer lange außer Spiel, was in der Musterpartie X/4, Sirgurjonsson – Westerinen, Genf 1977, Seite 111, verdeutlicht wurde. zu großen Komplikationen führt 9. . . . Lb5: 10. Sb5: Sc6 11. De4 Sh6 12. g4 Da5+ 13. Sc3 0–0–0 14. Ld2 *In der Partie Timman – Sigurjonsson, Genf 1977, brachte Weiß eine theoretische Neuerung. Nach 14. 0–0!? de5: 15. fe5: setzte Schwarz ungenau fort mit 15. . . . The8?! 16. Te1! Sg8 17. a3 und Weiß stand deutlich besser. Später gab Sirgurjonsson als Verbesserung 15. . . . f5!? 16. ef6: ef6: 17. De6+ Td7 an, aber auch hier steht Weiß nach 18. Lf4 Dc5+ 19. Kh1 De7 20. Dc4! besser.* 14. . . . f5!? *In der Partie Ljubojevic – Benkö, Skopje 1972, spielte Schwarz schlechter: 14. . . . de5:?! 15. fe5: Se5:? 16. Se5: Td2: (Dieses Qualitätsopfer ist erzwungen, weil der Springer h6 hing. Die schwarze Initiative ist nur vorübergehend, und Weiß kann nach Konsolidierung seiner Stellung den Mehrbauern behaupten.) 17. Kd2: Le5: 18. Tad1 f5 19. ef5: Sf5: 20. Kc1 Weiß kann seinen Materialvorteil realisieren. Der Textzug ist eine Empfehlung von Boleslawski.* 15. ef6: ef6: 16. 0–0–0 *Nach 16. Dd5 f5! 17. Da5: Sa5: 18. g5 The8+ 19. Kf2 Sf7 20. b3 d5 steht Schwarz besser.* 16. . . . The8 *Denn nach 16. . . . d5 17. De6+ Kb8 kommt Weiß mit 18. The1 d4 19. Se4 Dd5 20. Dd5: Td5: 21. c4 in Vorteil. Außerdem geht laut Tschechov auch 18. f5!? The8 (Falls 18. . . . g5, so 19. The1 d4 20. Se4 mit großem weißem Vorteil.) 19. Lf4+ Ka8 20. Td5: in beiden Fällen mit besserem weißem Spiel.* 17. Dc4 Levy – Peev Cienfuegos 1973. Die weiße Stellung ist besser.

10. Dd5

Andere Fortsetzungen sind nicht gut, z. B. 10. De4? Lb5: 11. Sb5: Da5+ 12. Sc3 ef4: mit entscheidenden schwarzen Drohungen, oder 10. fe5: Lb5:! mit schwarzem Vorteil. Auch 10. Dc4 e4!? 11. hg4: ef3: 12. gf3: Sc6 13. Ld2 a6

14. Lc6: Lc6: brachte in der Partie Klowan – Gofstein, Rostov 1976, nur Ausgleich. Beachtung verdient aber 11. Sg5!? und nach 11. . . . Sh6 12. Le3 kann man die schlechte Stellung des Randspringers ausnutzen.

10. . . . e4

Nach einem Rückzug des Springers könnte Weiß mit 11. Db7: Material gewinnen.

11. Sg5 Sh6

Ganz schlecht war 11. . . . 0–0? 12. hg4: Lc3: 13. bc3: Da5 14. Dd4! mit entscheidenden weißen Drohungen. Nach 14. . . . Lb5: gewinnt 15. Th7:! und nach 14. . . . Db5: folgt 15. Sh7: mit der Drohung 16. Sf6+. Möglich ist aber 11. . . . Lc3:+!? 12. bc3: Sh6 13. Se4: ***13. Db7: führt nach Zugumstellung in die Textvariante. Aufmerksamkeit verdient aber die Empfehlung von Fridstein, 13. Lc4 0–0 mit elastischer schwarzer Stellung.*** 13. . . . Lb5: 14. Db5: Dd7 mit ausgeglichenem Spiel.

12. Db7:

Statt dieses scharfen Zuges kann Weiß auch wie in der Partie Gaprindaschwili – Keene, Tiflis 1974, ruhiger mit 12. Sge4:!? fortsetzen. Nach 12. . . . Sc6 13. Sc5 a6 14. La4 b5 15. Lb3 e6 16. Dd7:+ Dd7: 17. Sd7: Kd7: 18. g4 hatte Weiß ein vorteilhaftes Endspiel.

12. . . . Lc3:+! 13. bc3: Lb5: 14. Db5:+

Nach 14. Da8: ist 14. . . . Dc7? ungenügend wegen 15. Tb1! Dc3:+ 16. Ld2 Dg3+ 17. Kd1 Le2+ 18. Ke2: Dg2:+ 19. Kd1 Dh1:+ 20. Le1 und Weiß gewinnt. Besser ist aber 14. . . . Lc6!?, was in der Musterpartie X/4, Sigurjonsson – Vogt, Cienfuegos 1976, Seite 111, vorkam.

14. . . . Dd7 15. Dd7:+ Kd7:

Nach Fridstein bot 15. . . . Sd7:! bessere Aussichten auf Ausgleich.

16. Se4: Tc8

Das Endspiel ist etwa ausgeglichen, da Schwarz seine Stellung konsolidieren kann und der weiße Mehrbauer keine praktische Bedeutung hat, da er als isolierter Doppelbauer besteht.

17. 0–0 Tc4

Spielbar war auch 17. . . . Sc6 nebst 18. . . . Tab8.

18. Td1+ Kc6!

Schlecht war 18. . . . Ke8?!, denn nach 19. Te1 konnte Weiß den Springer a tempo schützen schützen, wegen der Drohung 20. Sd6+.

19. Sd2

Nach 19. Td4 muß Schwarz 19. . . . Td4: 20. cd4: Kd5 21. Sc3+ Kc4 fortsetzen, und die aktive Königsstellung garantiert ausreichende Kompensation für den Bauern.

19. . . . Tc3: 20. Sb3 Kb7 21. La3

Weiß gibt den Bauern zurück, und seine Figuren stehen nun etwas aktiver.

21. . . . Sc6 22. Td7+ Kc8 23. Tad1 Sf5 24. g4 Se3 25. T1d3 Tc2:!?

Auch nach 25. . . . Td3: 26. Td3: Sc2: 27. Le7: Se7: 28. Tc3+ Kd7 hat Weiß keine Gewinnaussichten.

26. Le7: Sg2 27. Sc5

Oder 27. Td8+ Sd8: 28. Td8:+ Kb7 29. Sa5+ Ka6 30. Ta8: Sf4:! und Schwarz hat mindestens Ausgleich.

27. . . . Sf4: 28. Td8+ Sd8: 29. Td8:+ Kc7 30. Ta8:

Der weiße Materialvorteil ist angesichts der schwachen weißen Bauernstruktur nicht zu verwerten.

30. . . . Sh3:+ 31. Kf1 Ta2: 32. Tf8

Nach 32. g5 Tf2+ 33. Ke1 Tf5 fällt der letzte weiße Bauer.

32. . . . h5 33. gh5:

Falls 33. g5, so folgt wiederum 33. . . . Tf2: mit Eroberung des letzten Bauern.

33. . . . Tf2+ 34. Ke1 gh5: 35. Ta8 Ta2 36. Tf8 Tf2 37. Td8 Kc6 38. Sd3 Tf5 39. Td6+ Kb5 40. Tf6 Tf6: 41. Lf6: a5 42. Kf1 Kc4 43. Kg2 Kd3: 44. Kh3: Ke4 45. Kh4 Kf5 46. Lc3 a4 47. Kh5: a3 48. Kh4 Kf4 49. Kh3 f5 50. Kg2 Ke3 51. Kf1 remis.

Musterpartie X/2

Matulovic – Sigurjonsson, Warschau 1975

1. e4 g6 2. d4 Lg7 3. Sc3 d6 4. f4 Sf6 5. Sf3 c5 6. e5 Sfd7 7. ed6: 0–0 8. Le3 ed6: 9. Dd2 Sc6 10. Lb5!? Der ungarische Großmeister Sax spielte gegen Sigurjonsson sofort 10. 0–0–0 Da5 11. f5 Sf6 12. fg6: hg6: 13. Lh6 Lg4! 14. Lg7: Kg7: 15. d5 (Eine andere Partie Sax – Sigurjonsson, London 1975, endete nach 15. dc5: dc5: 16. Le2 Sd4 17. Thf1 Se2:+ 18. De2: Tad8 19. Td8: Dd8: 20. Df2 remis.) 15. ... Lf3: 16. gf3: Sd4 17. Df4 Tfe8!! 18. Kb1 Te5 19. Ld3 b5 20. Dg3 b4 21. Se4 Df5 22. Dg5 Dd8! 23. Dd2 Sd5: 24. h4 Sde3 25. Tdg1 c4 und Schwarz stand besser. **10. ... Db6 11. 0–0–0 Sf6 12. dc5: dc5: 13. Lc6: Dc6:** Das Spiel ist ausgeglichen. **14. Se5 Dc7 15. h3 Le6** Spielbar war auch 15. ... Lf5!? **16. Df2! b6 17. Df3** Auch Weiß riskiert nichts. Chancenreicher sieht 17. Sb5 Db7 18. Sd6 Dc7 19. Df3 Tad8 20. Sb5 aus. **17. ... a6! 18. g4 Tad8**

Diagramm Nr. 104:

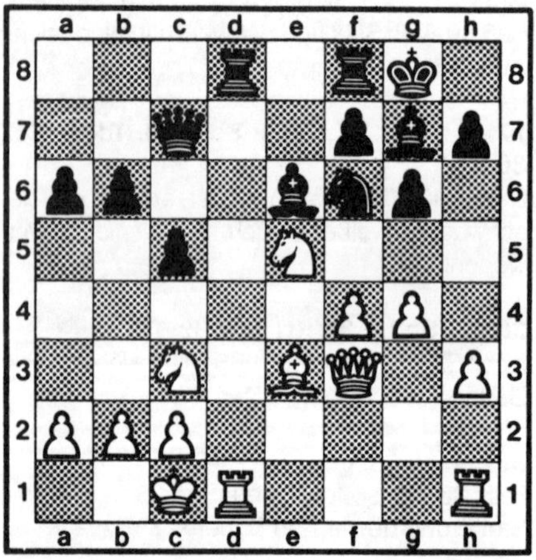

19. f5!? Ld5! Schwarz muß sehr genau spielen. Nach 19. ... De5:? 20. Lf4 wäre die Dame auf offenem Brett gefangen. **20. Sd5: Sd5: 21. Td5: Td5: 22. Dd5: De5: 23. De5: Le5: 24. Tf1 Te8** remis.

Musterpartie X/3

Bednarski – Rukavina, Decin 1977

1. e4 d6 2. d4 Sf6 3. Sc3 g6 4. f4 Lg7 5. Sf3 c5 6. Lb5+ Ld7 7. e5 Sg4 8. e6 Lb5: 9. ef7:+ Kd7 10. Sb5: Da5+ 11. Sc3 ed4: 12. Sd4: Ld4: 13. Dd4: Sc6 14. Dc4!? Df5 Von theoretischem Wert ist auch die Partie Bednarski – Peev, Lublin 1975. Nach 14. ... Thf8 15. Ld2 Df5 16. h3 Sh6 17. 0–0–0 Tac8 18. The1 Df7: 19. Sd5 e6 20. Sb4 Df5 21. Sd3! hatte Schwarz Sorgen mit seinem König und war vom Ausgleich weit entfernt. **15. h3 Sf6 16. 0–0** Weiß plant den Vorstoß f4–f5 und verschwendet keine Zeit mit der Deckung des Bauern c2. **16. ... De6** Schwarz möchte natürlich gerne den Bauern f7 erobern. **17. Db5 Tab8** Nicht besser ist 17. ... Kc7 18. f5 Df7: 19. Lg5! mit großem weißem Vorteil.

Diagramm Nr. 105:

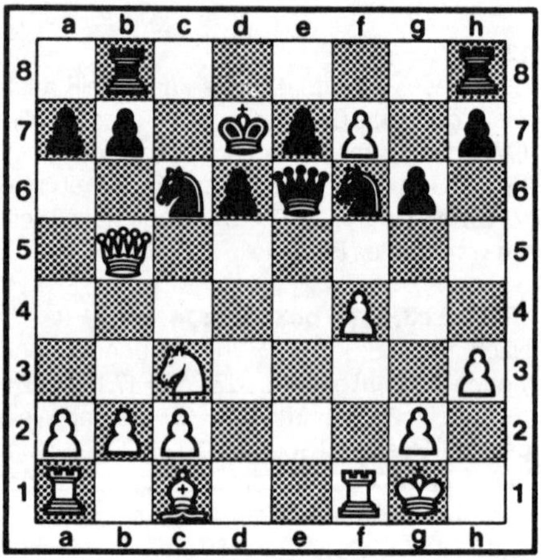

18. f5! Öffnet die f-Linie und verschärft den Königsangriff. **18. ... Df7: 19. Lg5 a6 20. Db6 Thg8 21. Tae1** Jetzt droht 22. Lf6 nebst 23. Sd5! mit weißem Gewinn. **21. ... Se8 22. f6! ef6: 23. Lf6: g5** Oder 23. ... Sf6: 24. Se4 und Weiß gewinnt. **24. Ld4 Dc4 25. Te4 Tg6 26. Tf8 d5 27. Tf7+ Kd6 28. Le5+ Ke6 29. Tc4: Kf7: 30. Tc6:** und Schwarz gab auf.

Musterpartie X/4

Sigurjonsson – Vogt, Cienfuegos 1976

1. e4 g6 2. d4 Lg7 3. Sc3 d6 4. f4 Sf6 5. Sf3 c5 6. Lb5+ Ld7 7. e5 Sg4 8. h3 cd4: 9. Dd4: de5: Dies gilt als die beste Fortsetzung. **10. Dd5** Der sowjetische Theoretiker Lepeskin empfiehlt 10. Dc4!? e4 11. Sg5 Sh6 12. Le3 mit leichtem weißen Vorteil. **10. . . . e4 11. Sg5 Sh6?!** Hier ist 11. . . . Le3:+!? was in der Partie Gaprindaschwili – Keene , Tiflis 1976 vorkam, besser. **12. Db7: Lc3:+ 13. bc3: Lb5: 14. Da8:**

Diagramm Nr. 106:

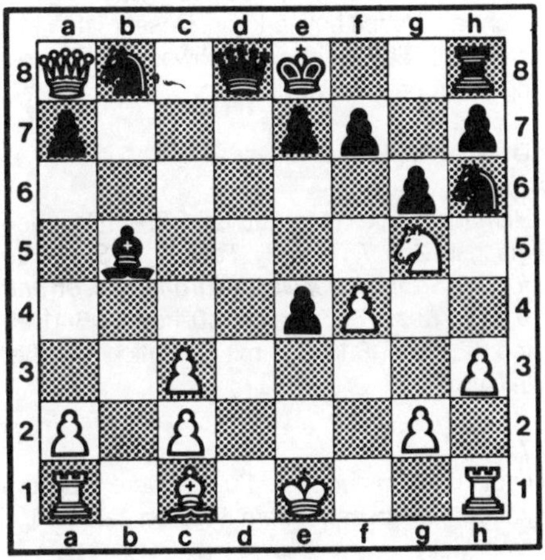

In der Partie Hartston – Suttles Nizza 1974, nahm Weiß das Qualitätsopfer nicht an. Tatsächlich ist die entstandene Stellung nicht gefahrlos. **14. . . . Lc6** Laut Sigurjonsson gewinnt Weiß nach 14. . . . Dc7: 15. Tb1! Dc3+ 16. Ld2 Dg3+ 17. Kd1 Le2+ 18. Ke2: Dg2:+ 19. Kd1 Dh1:+ 20. Le1 **15. Da7: 0–0** Fridstein empfiehlt 15. . . . Sf5, aber nach 16. g4 Sd6 17. Tb1 0–0 18. h4!? dürften die weißen Chancen besser sein. **16. g4! Dd5 17. La3 Td8** Nicht 17. . . . f6? 18. De7: und Weiß gewinnt. **18. Dd4 Da5 19. Dc5 Da4 20. Td1!** Nun setzt sich die Mehrqualität durch. **20. . . . Te8 21. Th2 Sd7** Auch 21. . . . Sa6 22. Db6 Tb8 23. Td8+ führt zu weißem Gewinn. **22. Db4 Da7 23. Te2! Dg1+** Nach 23. . . . e5? 24. Se4: ef4: 25. Sf6+! gewinnt Weiß. **24. Kd2 Dg3 25. Tf1 Sf6 26. Dc5! Lb7 27. De3** Nach dem erzwungenen Damentausch sind die schwarzen Rettungsaussichten gleich null. **27. . . . De3:+ 28. Te3: e6 29. c4 La6 30. Se4: Se4: 31. Te4: f5 32. gf5: Sf5: 33. Tb1 Kf7 34. Tb6 Lc8 35. c5 Td8+ 36. Kc1 Sg3 37. Ta4 Se2+ 38. Kb2 Td5 39. Ta8 Ld7 40. c6 Lc6: 41. Tc6: Tb5+ 42. Ka1 Sd4 43. Tc7+** und Schwarz gab auf.

Musterpartie X/5

Sigurjonsson – Westerinen, Genf 1977

1. e4 g6 2. d4 Lg7 3. Sc3 d6 4. f4 Sf6 5. Sf3 c5 6. Lb5+ Ld7 7. e5 Sg4 8. h3 cd4: 9. Dd4: Sh6 10. Ld2 Eine andere gute Möglichkeit ist hier 10. g4, z. B. 10. . . . Lb5: 11. Sb5: Da5+ 12. Sc3 (12. Dc3!? Dc3: 13. bc3: mit besserem Endspiel für Weiß.) 12. . . . Sc6 13. De4 0–0–0 und nun Hermlin – Zipaswili, UdSSR 1976:
14. Ld2 (Dieser Zug ist bekannt aus der Partie Ljubojevic – Benkö, Skopje 1972.) 14. . . . de5: 15. fe5: f5 16. Dc4? (Laut Savon ist 16. ef6: besser.) 16. . . . fg4: 17. hg4: Thf8 18. Tf1 Db4 19. De6+ Kb8 20. 0–0–0 Tf3: 21. Tf3: Sd4 22. Tf4 Dc3: und Schwarz muß gewinnen.

Timman – Sigurjonsson, Genf 1977:
14. 0–0 de5: 15. fe5: The8?! Dies ist nicht das beste für Schwarz. Sigurjonsson selbst empfiehlt 15. . . . f5 16. ef6: ef6: 17. De6+ Td7 (17. . . . Kb8 18. Lf4+ Ka8 19. Tfe1 und Weiß steht deutlich besser.) 18. Lf4 Dc5+ 19. Kh1 De7 20. Dc4! und Weiß steht besser.

10. . . . Lb5: 11. Sb5: Sc6 11. . . . Dd7 12. Da4! mit großem weißem Vorteil. **12. Df2 de5: 13. fe5: a6?** Erforderlich war 13. . . . 0–0. 14. Sc3 Sf5

15. 0–0–0! Ein korrektes Bauernopfer. **15. . . . Se5:** Schwarz hatte nichts besseres, denn es drohte 16. g4. **16. Lf4! Sd7 17. g4! Sd6 18. Ld6: ed6: 19. Td6: Dc7 20. Te1+ Kf8 21. Sg5 Sc5 22. Td5**

Falls nun 22. . . . b6, so folgt 23. Tc5:!, Schwarz gab auf.

XI. Der Drei-Bauern-Angriff

1. e4 d6 2. d4 Sf6 3. Sc3 g6 4. f4 Lg7 5. Sf3 0–0 6. Le2

Zunächst wollen wir den Leser darauf hinweisen, daß diese Stellung bereits im letzten Jahrhundert bekannt war.

Burn – Paulsen, Breslau 1889:
6. . . . Sbd7? 7. e5! Se8 8. h4! c5 9. h5 cd4: 10. Dd4: de5: 11. fe5: Sd6 12. hg6: Sf5 13. gf7:+ Tf7: 14. Dg4 Sf8 15. Lc4 Le6 16. Sg5 mit großem weißem Vorteil.
Tarrasch – Charousek, Nürnberg 1896:
6. . . . d5?! 7. e5 Se8 8. Le3 e6 9. h4 Sc6 10. h5 Se7 11. g4 f5 12. hg6: Sg6: 13. Ld3 h6 14. g5 Kh7 15. De2 Th8 16. Dg2 c5 17. gh6: Schwarz gab auf.

A: 6. . . . c5!

Musterpartie XI/1

Filippovicz – Ozsvath, Budapest 1976

Die aktivste und stärkste Fortsetzung, Andere Möglichkeiten sind schwächer:

B: 6. . . . c6
C: 6. . . . Sa6
D: 6. . . . b6

B: 6. . . . c6 Dies ist zu passiv, und Weiß kann einen starken Angriff am Königsflügel starten, oder zumindest sein Bauernzentrum behaupten.
Vasjukov – Kofman, Moskau 1953: 7. 0–0 Sbd7 8. e5 Sd5 9. Se4 f5 10. Seg5 Sc7 11. Lc4+ d5 12. Ld3 e6 13. Kh1 De7 14. De1 mit weißem Vorteil.
O'Kelly – Bouwmeester, Utrecht 1961: 7. 0–0 Sa6 8. e5! Sd5 9. Sd5: cd5: 10. c3 Sc7 11. Ld3 a6 12. De1 e6 13. Le3 Ld7 14. Lf2 mit leichtem weißem Vorteil.
Fischer – Udovcic, Bled 1961: 7. 0–0 Sbd7 8. e5 Se8 9. Le3 Db6 10. Dd3 Da5 und nun wäre statt 11. Sg5 – 11. h4! viel gefährlicher für Schwarz gewesen, dessen Figuren kein Zusammenspiel haben.
Vasjukov – Gurgenidse, Erevan 1954: 7. 0–0 b5 8. e5 Se8 *8. . . . de5: mit großem weißem Vorteil.* 9. a4 b4 10. Se4! mit ebenfalls deutlichem weißem Vorteil.
Ravinskij – Kogan, UdSSR 1952: 7. 0–0 Lg4 8. Kh1 d5 9. e5 Se8 10. Sg5! mit positionellem Vorteil für Weiß.

C: 6. . . . Sa6 Pedersen – Hort, Athen 1969: 7. 0–0 c5 8. Kh1? b6 9. Ld3 Lb7 10. d5 Sc7 11. a4 Dd7 und Schwarz kam zu Gegenspiel nach dem Vorstoß e7–e6.
Poutiainen – Torre, Athen 1971: 7. 0–0 c5 8. e5 Se8 9. d5 Sac7 10. Le3 b6 11. Dd2 a6 mit Ausgleich.
Die Beispiele zeigen, daß Weiß nach 7. 0–0 nicht auf Vorteil hoffen kann. Besser ist 7. e5!, z. B. 7. . . . Se8 8. Le3 und Schwarz hat Schwierigkeiten bei der Entwicklung.

D: 6. . . . b6

Bitman – Sackec, Moskau 1964: 7. e5! Der energischste Zug. 7. . . . Se8 *Falls 7. . . . Sfd7?, so folgt 8. Sg5! mit der Doppeldrohung 9. e6 und 9. Lf3.* 8. h4 Sd7 9. h5 c5 10. hg6: hg6: 11. e6 fe6: 12. Dd3 Tf6 13. Se4 mit gefährlicher weißer Initiative.

7. dc5:
Laut Fridstein der beste Zug. Andere Möglichkeiten versprechen dem Weißen tatsächlich nicht viel.

Larsen – Wang, Dänemark 1976: 7. e5?! Sfd7 8. ed6: ed6: 9. Le3 Sc6 10. Dd2 Te8 11. Sd5?! *11. Lf2!?* 11. . . . cd4: 12. Sd4: Sb6 und Schwarz konnte das weiße Zentrum erfolgreich bekämpfen.

Cisjakov – Kotov, UdSSR 1960: 7. d5 b5?! 8. e5 de5: 9. fe5: Sg4 10. Lb5:! Se5: 11. Se5: Le5: 12. Lh6 e6 13. Lf8: Dh4+ 14. Kf1 Kf8: 15. De1 und Schwarz besaß keine Kompensation für die Qualität.

Littlewood – Keene, England 1972: 7. d5 Sa6!? 8. e5?! Sd7 und Weiß mußte sein Zentrum schwächen oder einen Bauern opfern.

Die beste Fortsetzung für Schwarz nach 7. d5 dürfte 7. . . . e6! sein, z. B. 8. de6: fe6: 9. Sg5 De7 10. 0–0 Ld7 mit kompliziertem Spiel oder 8. de6: Le6: 9. 0–0 d5!? 10. e5 Se8 11. Sg5 Sc6 12. Se6: fe6: 13. Lg4 Sc7 14. Se2 De7 15. Le3 d4 mit gutem Spiel für Schwarz laut Fridstein. Statt 9. . . . d5 kommt auch 9. . . . Sc6 in Frage, falls Schwarz nicht die nach 10. f5 entstehenden Komplikationen fürchtet.

7. . . . Da5

Andere Züge sind nicht empfehlenswert, z. B. 7. . . . dc5:?! 8. Dd8: Td8: 9. e5 Se8 *9. . . . Sd5 10. Sd5: Td5: 11. Lc4 Td8 12. Le3 b6 13. Sg5 mit besserem Endspiel für Weiß, Mora – Matavovic, Bad Pyrmont 1951.* 10. Le3 b6 11. Td1 Td1:+ 12. Kd1: Lb7 13. Kc1 Sc6 14. Td1 mit weißem Vorteil, Boleslawski – Pirc, Helsinki 1952.

8. 0–0

Der Versuch, den Bauern zu halten, führt laut Sokolski nach 8. cd6:? Se4:! 9. de7: Tae8 10. 0–0 Sc3: 11. bc3: Sc6 zu großem schwarzem Vorteil. Ein ernster Versuch, in Vorteil zu kommen, ist 8. Sd2 Dc5: 9. Sb3 Db6, aber in den folgenden Beispielen konnte Schwarz jeweils ausgleichen.

Diagramm Nr. 107:

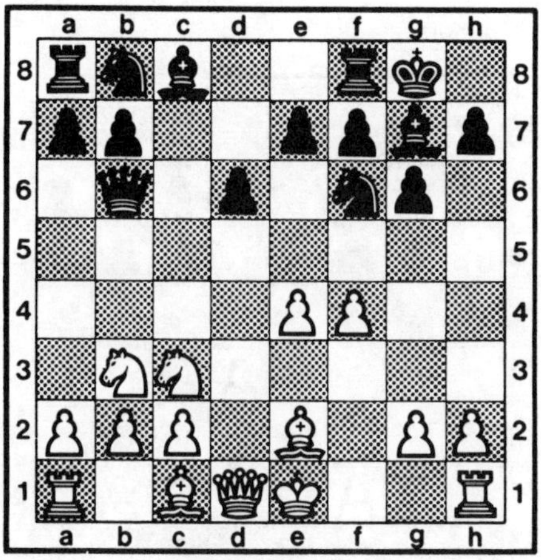

Bednarski – Balzerowski, Polen 1970: 10. g4?! d5!? 11. Sd5: Sd5: 12. Dd5: Sc6 13. Dc5 Sb4 14. Ld1 Le6 mit Kompensation für den Bauern.

Witkowski – Hartoch, Wijk aan Zee 1971: 10. Dd3 Lg4 11. Le3 Le2: 12. De2: Dc6 13. Sd4 Dc8 14. h3 Sc6 mit Ausgleich.

Witkowski – Timman, Wijk aan Zee 1971: 10. Dd3 Sbd7 11. Le3 Dc7 12. 0–0 ***12. g4!?*** 12. . . . b6 13. Lf3 Lb7 14. Sb5 Dc8 15. c4 a5 und laut Kurajica ist die Stellung ausgeglichen. Zu ergänzen ist, daß Schwarz in dieser Variante 9. . . . Db4!? fortsetzen kann. Nach dem provozierten 10. a3 Db6 11. Dd3 Le6 12. Le3 Da6!? 13. Dd2 Lc4 usw. hat Schwarz gutes Spiel.

8. . . . Dc5:+ 9. Kh1

A1: 9. . . . Sc6

Schwarz hat noch einige andere Möglichkeiten:
A2: 9. . . . Sbd7
A3: 9. . . . a5
A4: 9. . . . Sg4?!
A5: 9. . . . b5?!
A6: 9. . . . Dc7?!

A2: 9. . . . Sbd7

Bei diesem Aufbau plant Schwarz, den Läufer auf b7 und die Dame auf c7 zu postieren.

Wade – Schamkovich, Palma de Mallorca 1966: 10. Sd2 a6 11. Sb3 Dc7 12. Lf3 Sb6 13. a4 Le6 14. a5 Sc4 15. De2 Tac8 16. g4 Se8 17. Lg2? Sb2:! mit schwarzer Gewinnstellung.

Westerinen – Gufeld, Leningrad 1967: 10. Sd2 a6 11. a4 b6 12. De1 Lb7 13. Lf3 e5 14. Dh4 Tf8 Parma hält diese Stellung für ausgeglichen, aber nach 15. fe5: Se5: 16. Le2 Sfd7 17. Ta3 Tac8 18. Df4 Dc7 stand Schwarz schon besser.

Gaprindaschwili – Westerinen, Göteborg 1968: 10. Se1 b6 11. Sd3 Dc7 12. e5 de5: 13. fe5: Se5: 14. Sb5 Db8 15. Se5: De5: 16. Lf4 Dd5 17. Sc7 Dd1: 18. Tad1: Tb8 19. Sb5 Ta8 20. Sc7 mit remisverdächtiger Stellung.

Wade – Gipslis, Bukarest 1968: 10. Dd3 a6 11. Le3 Dc7 12. Ld4? e5 13. fe5: de5: 14. Le3 b5 15. Tad1 Lb7 mit schwarzem Vorteil.

Zvecev – Kuperman, Fernpartie 1973: 10. Sd2 a6 11. Lf3 e5? 12. f5 b5 13. g4 mit großem weißem Vorteil. Statt 11. . . . e5? war 11. . . . Tb8 nebst b7–b5 angebracht.

A3: 9. . . . a5
Es ist schwer zu sagen, ob der schwarze a-Bauer in Zukunft stark oder schwach werden wird. Fridstein empfiehlt nun 10. Ld3 a4 11. a3 gefolgt von 12. De2 mit geringem weißem Vorteil. Andere Theoriewerke geben die Variante 10. Dd3 a4 11. Le3 Da5 12. Sd2 Lg4 13. Lc4 Dh5 14. Sb3 Ta6 mit Ausgleich.

A4: 9. . . . Sg4?!
Dies führt zu Komplikationen, die eher für Weiß günstig sind. 10. Sd5 e6 ***10. . . . Sc6 11. c3! Da5 12. Sd4 mit großem weißem Vorteil.*** 11. b4 Df2 12. Se7+ Kh8 13. Tb1 Db6 14. Sg5 Sh6 15. f5! mit starkem weißem Angriff. Nach Boleslawski kann Schwarz hier nicht auf Qualitätsgewinn spielen, denn nach 10. Sd5 Sc6 11. c3! a5? 12. h3 Sf2+ 13. Tf2: Df2: 14. Le3 Dg3 15. Df1 mit der starken Drohung 16. Lf2 gewinnt Weiß.

A5: 9. . . . b5?!
Auch dieser scharfe Zug nützt nur dem Weißen. 10. e5! de5: 11. fe5: Sg4 12. Dd5! Db6 ***12. . . . Sf2+ 13. Tf2: Df2: 14. Da8: b4 15. Sd5 De2: 16. Lg5! führt laut Ciocaltea und Samarian zu großem weißem Vorteil.*** 13. Lg5! ***Nicht besser ist 13. Da8:?! Lb7 14. Sd5 Da6 15. Sb4 Db6 mit Zugwiederholung, Vlaksma – Bobikiewics, Wijk aan Zee 1962.*** 13. . . . b4! 14. Sa4! und nun führt 14. . . . Db7 zu einem schlechteren Endspiel für Schwarz, und zwar 15. Db7: Lb7: 16. Le7: Te8 17. Ld6. Auch nach 14. . . . Dc6 15. Dc6: Sc6: 16. Lb5 Ld7 17. Sc5 Tfb8 18. La4 Le8 19. e6! steht Weiß besser. Zu sofortigem schwarzem Verlust führt gar 14. . . . Sf2+? 15. Tf2: Df2: 16. Ld3 Ld7 17. Tf1! Lc6 18. Da5 und die schwarze Dame sitzt in der Falle.

A6: 9. . . . Dc7?!
Mit dieser passiven Fortsetzung beginnt Schwarz seinen Rückzug. 10. De1 Sc6 Die Stellung erinnert an die sizilianische Drachenvariante, wo der weiße König aber bereits auf h1 steht. Daß dieser Tempogewinn sehr wichtig für den weißen Angriff ist, zeigt die Partie Zwaig – Westerinen, Halle 1967: 11. Dh4 Le6?! 12. f5! gf5: 13. Sg5! Se5 14. ef5: Lc4 15. b3! und Weiß führt einen vernichtenden Angriff. Auch nach 15. . . . Le2:? gewinnt Weiß mit 16. Sd5!

A11: 10. Ld3
Drei Alternativen bieten sich an:

A12: 10. Sd2 **A13:** 10. De1 **A14:** 10. h3

A12: 10. Sd2 a5 *Diese Fortsetzung ist seit der Partie Fischer – Korchnoi, Curacao 1969, populär. 10. . . . Sd4 ist schwächer wegen 11. Sb3! Sb3: 12. ab3: und Schwarz hat Schwierigkeiten, z. B. 12. . . . Ld7 13. e5 Se8 14. Le3! De3: 15. Sd5 Dc5 16. b4 und die schwarze Dame geht verloren. Eine Falle, die Boleslawski entdeckte. Auch über die Fortsetzung 10. . . . Le6 gibt es kein einhelliges Urteil der Theorie. Boleslawski hält die weiße Stellung nach 11. Sb3 Lb3: 12. ab3: Sb4 13. Lf3 a5 14. Te1 mit der Drohung e4–e5 für besser. Keene empfiehlt 11. Sb3 Lb3: 12. ab3: b5!, geht aber auf die Folge nicht genauer ein. Zu dem Thema ist noch die Partie Estrin–Zuzhovickij, Baku 1958, interessant: 10. . . . Le6 11. Sb3 Db6 12. g4 Tac8 13. f5 Lb3: 14. ab3: Sb4 15. Lc4 mit besserem Spiel für Weiß.*

Diagramm Nr. 108:

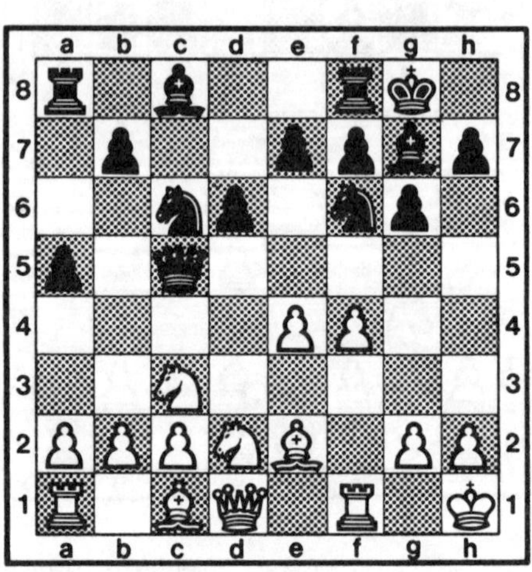

Weiß muß sich nun entscheiden, wo er den Springer d2 in Zukunft postiert.

A121: 11. Sb3 Db6 12. a4 Sb4 Die Stellung erinnert an die sizilianische Drachenvariante, wo allerdings der weiße Königsspringer über d2 und nicht über d4 nach b3 gelangte. Die folgenden Partiebeispiele zeigen, daß Schwarz jedoch ein gutes Spiel erhält.

Locov – Smit, UdSSR 1962: 13. Lf3?! Le6 14. Sd4 Lc4 15. Sce2 e5 16. Sb5 d5!? und laut Parma steht Schwarz bereits etwas besser.

Sacharov – Savon, Kiew 1960: 13. f5 d5 14. fg6: *14. e5 Se4! mit leicht besserer schwarzer Stellung.* 14. . . . hg6: 15. Sd5: Sfd5: 16. ed5: Lf5 und Schwarz hat ein sehr aktives Spiel.

Petrusjak – Pacl, Havirov 1971: 13. Ta1 Td8 14. Lf3 d5 15. e5 Se4 16. Sd4 f6 17. ef6: Df6: 18. Le3 Dh4 19. Se4: de4: 20. Le4: e5 21. g3 De7 22. fe5: De5: 23. Lg2 Le6 24. Te1? Ld5! und Schwarz hat für das geopferte Material gute Kompensation.

Fischer – Korchnoi, Curacao 1964: 13. g4?! Lg4:! 14. Lg4: Sg4: 15. Dg4: Sc2: Spätere Analysen zeigten, daß Schwarz hier schon besser steht. 16. Sb5 Sa1: 17. Sa1: Dc6! 18. f5? *18. Dg2!?* 18. . . . Dc4! 19. Df3 Da4: 20. Sc7 Da1: 21. Sd5 Tae8 22. Lg5 Db2: 23. Le7: Le5! 24. Tf2 Dc1+ 25. Tf1 Dh6 26. h3 gf5: 27. Lf8: Tf8: 28. Se7+ Kh8 29. Sf5: De6 30. Tg1 a4 31. Tg4 Db3 32. Df1 a3 und Weiß gab auf. Diese Partie veranschaulicht auf eindrucksvolle Weise, daß diese Variante besonders für Taktiker chancenreich ist.

A122: 11. Sc4 Weiß droht 12. Le3 mit Druck gegen das schwache Feld b6. Schwarz hat hier zwei Hauptfortsetzungen zur Verfügung, deren Beurteilung nicht ganz klar ist. 11. . . . Lg4 geschah in einer Partie Cesnauskas – Etruk, Pärnu 1964. Es folgte 12. Le3 Dh5!? 13. Lf3 b5 14. Sb6 Tad8 und Parma hält die Stellung für vorteilhaft für Schwarz. In einer anderen Partie Zuravlev – Smit, Riga 1973, geschah 11. . . . Lg4 12. Le3 und nun versuchte Schwarz, den Aufbau mit dem Zug 12. . . . Dc4: zu verbessern, dies aber ohne Erfolg, weil Weiß nach 13. Lc4: Ld1: 14. Tad1: Sb4 15. Lb3 a4 16. Sa4: Se4: 17. c3 das bessere Endspiel erhielt.
Der Zug 12. . . . Dh5 aus der Partie Cesnauskas – Etruk, Pärnu 1964, dürfte geeignet sein, das Spiel auszugleichen. Boleslawski schlägt statt 11. . . . Lg4 das ehrgeizigere 11. . . . Sg4 vor. Danach kann Schwarz tatsächlich eine Qualität gewinnen, allerdings, wie die Beispiele zeigen, nicht ohne Risiko.

Westerinen – Donner, Bamberg 1968: 11. . . . Sg4 12. Sd5 Sf2+ 13. Tf2: Df2: 14. Le3 Dh4 15. g3?! Dh3 16. Scb6 und Parma glaubt, daß Weiß Kompensation für die geopferte Qualität besitzt. Die Partie verlief weiter: 16. . . . Tb8 17. c3 Kh8 18. Sc7 Lf6 19. Lf3? Dh6 20. Dd2 und Weiß verlor die Initiative. Boleslawski gibt in dieser Variante den Zug 15. Scb6! als Verbesserung an, mit der denkbaren Folge 15. . . . Tb8 16. Sc8: Tbc8: 17. g3 Dh6 18. f5 g5 19. h4 Lf6 20. Dd2! mit weißer Initiative und guten Angriffsaussichten am Königsflügel. Hinzuzufügen bleibt, daß Fridstein für Weiß die Möglichkeit 12. De1 mit Vermeidung des Qualitätsopfers angibt.

A13: 10. De1 Dieser Zug ist gut spielbar, wie die folgenden Beispiele zeigen:

Kestler – Donner, Bamberg 1968: 10. . . . d5 11. e5 Se4 12. Ld3 Sc3: 13. bc3: f6 14. Le3 Da3 15. ef6: ef6: 16. f5 mit geringem weißem Vorteil, laut Parma.

Pedersen – Andersson, Kodan 1968: 10. . . . Lg4 11. Ld3 Lf3: 12. Tf3: Sd4 13. Tf1 b5 14. Le3 Sg4 15. Lg1 b4 16. Sd5 mit weißem Positionsvorteil.

Dückstein – Donner, Varna 1962: 10. . . . Lg4 11. Ld3 Tfc8 12. Le3 Dh5 13. Se2! und am weißen Vorteil ist nicht zu zweifeln.

Parma erwähnt in der Schach-Enzyklopädie noch die Partie Rudakov – Bastrikov, UdSSR 1963: 10. . . . Lg4 11. Ld3 Lf3: 12. Tf3: Sd4 13. Tf1 Dh5 14. Le3 e5 und nun hätte laut Parma 15. f5 oder auch 15. Se2 dem Weißen Vorteil gebracht. Wo kann indessen das schwarze Spiel verbessert werden? Es sollte wohl 10. . . . Ld7 geschehen, und falls 11. Ld3, so 11. . . . Sb4 mit Übergang in die Musterpartie. Alles in allem verdient die Fortsetzung 10. De1 Aufmerksamkeit.

A14: 10. h3 Dies geschah in der Partie Boleslawski – Ufimcew, UdSSR 1951. Der Zug, der das Feld g4 kontrolliert, sieht wie ein Tempoverlust aus, da Weiß damit eine wichtige positionelle Entscheidung vertagt.

10. . . . Sb4

Obwohl Schwarz in dieser Partie eine schwere Niederlage hinnehmen muß, dürfte dieser Zug logischer sein als 10. . . . e5, was Fridstein empfiehlt. Er gibt die Folge 11. f5 gf5: 12. ef5: d5! an, und Schwarz hat ein starkes Zentrum. Weiß kann jedoch viel besser 11. De1! spielen, wonach 11. . . . d5?!, was in einer Partie Estrin – Gumprich, Fernschach 1962, geschah, schon nicht mehr gut ist. Die Partie verlief weiter: 11. e5 Sg4 12. De2 Sh6 13. Ld2 Lf5 14. a3 Tad8 15. b4 Db6 16. Le3 Dc7 17. Sb5 Db8 18. Sfd4 mit weißem Vorteil. Nach 10. . . . Lg4 kann Weiß mit 11. De1 in die Variante **A13:** 10. De1, Seite 115, übergehen, in der Weiß Vorteil erlangt. Die Fortsetzung 10. . . . Ld7 11. De1 Sb4 12. Le3 Sd3: führt über Zugumstellung zur Textpartie.

11. De1 Sd3:

Schwarz kann nicht gut abwarten. So hatte er in der Partie Boleslawski – Ufimcew, Sverdlowsk 1951, nach 11. . . . b6 12. Sg5! h6 13. Le3 Sd3: 14. cd3: Dc6 15. Sf3 Sorgen um seinen geschwächten Königsflügel.

12. cd3: Ld7

Schwarz muß rechtzeitig weiße Aktionen in der c-Linie neutralisieren können.

13. Le3 Da5?!

Schwarz spielt auf eine Falle, hatte aber in 13. . . . Dh5!? eine sehr chancenreiche andere Fortsetzung zur Verfügung. Die schwarze Dame stünde auf h5 sehr aktiv und würde das Fortkommen des weißen Angriffs erschweren.

14. Tac1

Nichts bringt 14. Sd5? De1: 15. Se7:+ Kh8 16. Tae1 Tfe8 17. Sd5 Sd5: 18. ed5: Lb2: mit besserem Spiel für Schwarz.

14. . . . Tfc8

Ein sehr nützlicher Zug, der der schwarzen Dame die Möglichkeit zur Umgruppierung Da5–d8–f8 bietet, und außerdem nach eventuellen Vereinfachungen dem schwarzen König den Marsch ins Zentrum über f8 ermöglicht.

15. Dh4

Es droht 16. e4–e5.

15. . . . Lc6?

Ein folgenschwerer Fehler, der zwar die Drohung 16. e5 pariert, aber andere weiße Fortsetzungen schlicht ignoriert. Viel besser war 15. . . . Dh5!? mit der kritischen Variante 16. Dh5: Sh5: 17. Sd5 Kf8! 18. Tc8: Tc8: 19. La7: Lb5! und Schwarz steht keineswegs schlechter. Weiß erhält nun entscheidenden Angriff.

Diagramm Nr. 109:

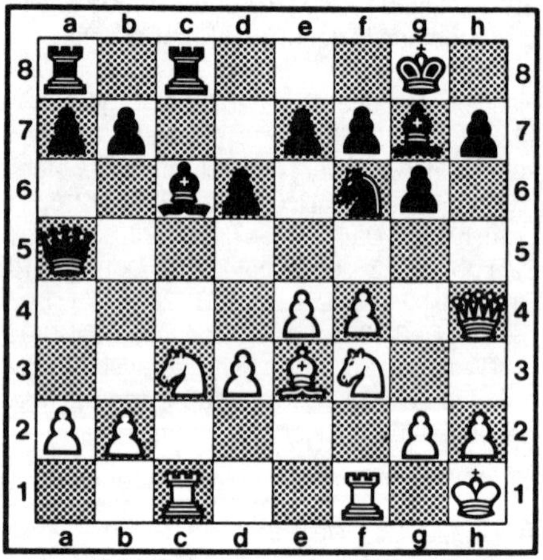

16. f5!

Der Beginn eines typischen Rochadeangriffs.

16. . . . b5

Ein Versuch, Gegenspiel zu bekommen, denn nach 16. . . . gf5:? 17. Sd4! fe4: 18. Sf5! steht Weiß auf Gewinn.

17. fg6: hg6: 18. Sg5! b4 19. Ld4!
Der schwerste Zug der Partie, nach dem Schwarz zu wenig Verteidigungsfiguren zur Verfügung stehen.

19. . . . Tc7
Es verliert 19. . . . bc3:?! 20. Tf6:! cb2: *20. . . . ef6:? 21. Dh7+ Kf8 22. Lf6:! und Weiß gewinnt.* 21. Dh7+ Kf8 22. Tf7:+ Ke8 23. Dg8+ Kd7 24. Te7:+ Ke7: 25. Tf7+ Kd8 26. Se6 matt.

20. Se2 Tac8 21. Lf6:! ef6: 22. Dh7+ Kf8

Diagramm Nr. 110:

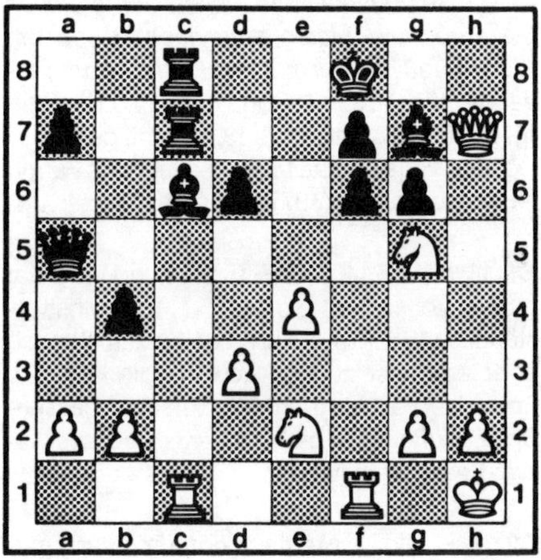

23. Se6+!!
Nach diesem brillanten Opfer bricht die schwarze Königsstellung zusammen.

23. . . . fe6: 24. Sf4 Ld7
24. . . . Kf7? verliert nach 25. Dg6:+ Kg8 26. Sh5! Tf7 27. Sf6:+ Tf6: 28. Tf6:

25. Sg6:+ Kf7 26. Tf6:+! Kf6: 27. Tf1+ Kg5
Auch nach 27. . . . Df5 28. ef5: Tc1 29. Dh4+ Kf7 30. fe6:+ Kg6: 31. De4+ Kh6 32. Df4+ Kh7 33. ed7: gewinnt Weiß.

28. h4+ Kg4 29. Tf4+ Kg3 30. Tf3+ Kg4 31. Se5+!
Schwarz gab auf, da er nach 31. . . . De5: 32. Dg6+ Kh4: 33. Th3 mattgesetzt wird.

XII. Der Drei-Bauern-Angriff

1. e4 d6 2. d4 Sf6 3. Sc3 g6 4. f4 Lg7 5. Sf3 0–0 6. Ld3

Musterpartie XII/1

Adorjan – Wright, England 1975

A: 6. . . . Sc6
Diese Fortsetzung ist die populärste und chancenreichste. Die anderen Möglichkeiten sind:
B: 6. . . . c5 **C:** 6. . . . Lg4 **D:** 6. . . . Sfd7?!
E: 6. . . . c6 **F:** 6. . . . Sa6 **G:** 6. . . . Sbd7

B: 6. . . . c5
7. dc5:! dc5: *Hier ist 7. . . . Da5 nicht mehr möglich, denn nach 8. cd6: ist der Bauer e4 zuverlässig vom Läufer d3 gedeckt.* 8. De2 *8. e5 sichert dem Weißen einen kleinen Raumvorteil, wie die Partie Ubilava – Vinkel, UdSSR 1971, zeigte: 8. . . . Sd5 9. Sd5: Dd5: 10. De2 Lf5 11. Lf5: gf5: 12. Le3 Sc6 13. 0–0 Tad8. Möglich ist auch noch Spasskis Fortsetzung 8. Le3 Da5 9. Ld2! Lg4 10. e5 Sd7 11. h3 Lf3: 12. Df3: Sc6 13. h4!, und Weiß hatte in der Partie Spasski – Garcia, Mar-del-Plata 1960, mit seinem Läuferpaar gute Angriffsaussichten.* 8. . . . Sc6 9. e5 Sd5 *Verführerisch ist 9. . . . Sd4?, aber nach 10. ef6:! (Nicht 10. Sd4:?! cd4: 11. ef6: ef6:! 12. Se4 f5 mit der Drohung 13. . . . Te8 und Schwarz kann ausgleichen.) 10. . . . Se2: 11. fg7: Kg7: 12. Se2: sind die drei weißen Figuren der schwarzen Dame überlegen.* 10. Sd5: Dd5: 11. Le4 Hier steht Schwarz schlechter, hat aber wohl eine feste Stellung. Er kann nun folgendermaßen fortsetzen:

a. 11. . . . Dd7 12. c3 *12. Le3 b6? (Besser war 12. . . . Dc7, um den Weißen zu 13. Lc5:? Se5:! mit großem schwarzem Vorteil zu provozieren. Nach 13. h4 könnte 13. . . . Lg4 folgen.) 13. h4! Lb7 14. Td1 Dg4 15. h5! und Weiß hatte in der Partie Tan – Pirc, Beverwijk 1963, Initiative.* 12. . . . b6 13. 0–0 Lb7 14. Td1 Dc7 15. e6! f5 *Nicht 15. . . . fe6:? 16. Sg5 mit der Doppeldrohung 17. Se6: und 17. Sh7:!* 16. Td7 Dc8 17. Ld5 mit weißem Vorteil, Levin – Tukmakov, UdSSR 1963.

b. 11. . . . Dd8 12. Le3 Da5+ 13. c3 Lf5 14. Lf5: gf5: 15. Dc4 Tac8 16. h4! und Weiß hat großen Vorteil. Nach 16. Dc5: Da4!? hätte Schwarz gutes Gegenspiel für den geopferten Bauern, Ivanenko – Gufeld, UdSSR 1963: Die Beispiele zeigen, daß Schwarz nach 6. . . . c5 nicht genügend aktiv werden kann.

C: 6. . . . Lg4

Schwarz gibt das Läuferpaar auf, um gegen das weiße Zentrum vorzugehen. 7. h3 Lf3: 8. Df3: Sc6 *Falls sofort 8. . . . e5 geschieht, kann Weiß am besten 9. de5: de5: 10. f5! fortsetzen, mit ähnlichen Ideen wie in der bekannten Partie Fischer – Udovcic, Zagreb 1970. Auch der Angriffsversuch gegen den Bauern d4 mittels 8. . . . Sfd7?! verspricht keinen Erfolg nach 9. Le3 e5, und nun kann Weiß zwischen zwei chancenreichen Fortsetzungen wählen, nämlich 10. de5: de5: 11. f5! mit großem Vorteil oder 10. fe5: c5!? 11. dc5: dc5: 12. Df2 Sc6 13. 0–0 mit Vorteil, Estrin – Sacharov, UdSSR 1963.* 9. Le3, und nun

C1: 9. . . . e5 10. de5: *Strategisch minderwertig ist 10. fe5:?! de5: 11. d5 Sd4 12. Df2 c6 13. dc6: (13. 0–0? cd5: 14. Lg5 de4: 15. Le4: Se4: 16. Se4: Db6 mit großem schwarzem Vorteil, Zacharian – Mojsejew, UdSSR 1967.) 13. . . . bc6: 14. 0–0 Sd7 mit verteilten Chancen, Sarapu – Mecking, Sousse 1967.* 10. . . . de5: 11. f5! Sd4 *Eine Katastrophe erlitt Schwarz in der Partie Fischer – Benkö, USA 1963/64, nach 11. . . . gf5: 12. Df5: Sd4 13. Df2 Se8 14. 0–0 Sd6 15. Dg3 Kh8 16. Dg4 c6 17. Dh5 De8 18. Ld4: ed4: 19. Tf6!! mit unparierbarem weißem Angriff.* 12. Df2 gf5:

Andere Fortsetzungen sind nicht besser für Schwarz, z. B.:

a. 12. . . . Sd7 13. 0–0 c6 14. a4 a5 15. Lc4 mit weißem Vorteil, denn es gibt konkrete Drohungen am Königsflügel, Matanovic – Bobocov, Zagreb 1964.

b. 12. . . . c6 13. g4 Db6 14. 0–0–0 gf5: und nun konnte Weiß in der Partie Klovan – Kjarner, UdSSR 1968, mit 15. gf5:! in Vorteil kommen, denn die Diagonale a1–h8 wird versperrt und die g-Linie geöffnet.

c. 12. . . . c5 13. g4 b5 14. g5 c4 15. gf6: Lf6: 16. 0–0–0! mit weißem Vorteil, da das wichtige Feld d5 kontrolliert wird. Jansa – Pavlic, Nitra 1966.

d. 12. . . . b5 13. 0–0 *Zu optimistisch ist 13. 0–0–0?! c5 14. g4 b4 15. Sd5 und nun konnte Schwarz in der Partie Kunsztovicz – Kestler, Dortmund 1973, statt 15. . . . c4 – 15. . . . Sd5: spielen und ein aussichtsreiches Bauernopfer anbieten, denn nach 16. ed5: e4! 17. Le4: Te8 hätte er ausgezeichnete Kompensation.* 13. . . . c5 14. Sb5:! Sb5: 15. Lb5: Se4: 16. Df3 Sd2 17. Ld2: Dd2: 18. Ld3 mit geringem weißem Vorteil, siehe Musterpartie XII/2, Parma – Planinc, Portoroz 1977, Seite 130.

C1: 13. ef5: b5 14. 0–0 c5 15. Se4 und Weiß hat großen Vorteil. Nun folgt auf 15. . . . c4 selbstverständlich 16. Sf6:+ Df6: 17. Le4, und auch nach anderen Fortsetzungen gewährt die Kontrolle über das Feld e4 dem Weißen das bessere Spiel. Außerdem droht 18. c3, Bednarski – Kraidman, Tel Aviv 1964.

C2: 9. . . . Sfd7 *Hiernach hofft Schwarz, mittels e7–e5 oder c7–d5 zu Gegenspiel zu kommen.* 10. Df2 *Möglicherweise ist die Fortsetzung 10. e5!?, die Fridstein empfiehlt, noch stärker. Es könnte folgen 10. . . . Sb4 11. 0–0–0 Sd3:+ 12. Td3: e6 13. h4 mit guten Angriffsaussichten am Königsflügel. In der Partie Byrne – Korchnoi, Moskau 1975, schaffte Schwarz deshalb mit 11. . . . c5? große Komplikationen, und verlor bald, siehe Musterpartie XII/3, Seite 130.* 10. . . . Sb4 *Kraftlos ist 10. . . . e5, was an die vorangegangene Variante erinnert, nur daß Weiß seine Dame noch nicht zurückgezogen hat. Nach 11. de5: de5: 12. f5 Sd4 13. g4! hat Weiß offensichtlichen Vorteil.* 11. Lc4 *Möglich ist 11. 0–0–0!?* 11. . . . Sb6 *Der Versuch, mit 11. . . . c5?! am Damenflügel aktiv zu werden, ist nicht erfolgversprechend nach 12. dc5: Sc5: 13. Lc5:! dc5: 14. e5 Dd4 15. Lb3 mit gro-*

ßem weißem Vorteil. Dies liegt vor allem darin begründet, daß der Läufer g7 wesentlich schlechter steht als der Läufer b3. 12. Lb3 a5 13. a4 d5 14. 0–0 de4: 15. Se4: S6d5 und nun hätte Weiß in der Partie Zinser – Bobozov, Le Havre 1966, mit dem Zug 16. Tad1!? besseres Spiel erhalten können.

D: 6. . . . Sfd7?!
Mit diesem unlogischen Zug verstellt Schwarz seinen Damenläufer. 7. 0–0 c5 *7. . . . e5? 8. de5: de5: 9. f5! gab Weiß großen Vorteil in der Partie Fischer – Jovanovic, Vinkovci 1968.* 8. d5! e6 9. de6: fe6: 10. Sg5 Sb6 11. a4 Sc6 12. a5 h6 13. ab6: hg5: 14. Dg4 mit Vorteil für Weiß, Fischer – Domnitz, Natanya 1968.

E: 6. . . . c6
Eine passive Fortsetzung, die nichts gegen das starke weiße Zentrum unternimmt. 7. 0–0 b5 *Schwarz muß konsequent den eingeleiteten Plan durchführen. Es ist keine andere Fortsetzung zu sehen, die Vorteil verspräche, z. B. 7. . . . Db6 8. Kh1 Lg4 9. e5 Se8 10. Se2 Sd7 11. De1 mit weißem Vorteil, Lechtynsky – Kubicek, Prag 1968, oder 7. . . . Sbd7 8. Kh1 Sb6 9. De1 d5 10. e5 mit großem weißem Vorteil, Ed. Lasker – Najdorf, Havanna 1962.* 8. a3 a6 9. Kh1 Dc7 10. e5 Sd5 11. Sg5 Sc3: 12. bc3: h6 *12. . . . f6? 13. Sh7:! und Weiß gewinnt.* 13. Sf3 de5: 14. fe5: e6 15. De1 mit starkem weißem Angriff, Matanovic – Tartakower, Staunton 1951.

F: 6. . . . Sa6
Mit diesem Zug bereitet Schwarz den Vorstoß c7–c5 vor und droht gelegentlich, Sa6–b4 zu spielen. Auch wenn dieser Springerzug auf den ersten Blick unnatürlich aussieht, darf doch die schwarze Strategie nicht unterschätzt werden. Weiß hat hier zwei Möglichkeiten:

F1: 7. e5 **F2:** 7. 0–0

F1: 7. e5 Die konsequente Fortsetzung gegen den schwarzen Plan. Nun bieten sich Schwarz verschiedene Fortsetzungen an:

F11: 7. . . . de5: 8. de5: *Gut ist auch 8. fe5: und nach 8. . . . Sd5 9. Sd5: Dd5: empfiehlt Fridstein das bescheidene 10. c3 mit minimalem weißem Vorteil, aber auch das ehrgeizigere 10. c4!? kommt stark in Betracht.* 8. . . . Sd5 9. Sd5: *Schwächer ist 9. Ld2? Sc5! 10. 0–0 Sd3: 11. cd3: Lf5 12. d4 Sb4 mit schwarzem Positionsvorteil, Müller – Tal, Halle 1974.* 9. . . . Dd5: 10. De2 Lf5 11. Lf5: gf5: 12. Le3 f6 *Oder 12. . . . Tfd8 13. 0–0 Sb4 14. a3 Sc6 15. Tfd1 De6 16. Sg5 und Weiß steht etwas besser, Parma – Ree, Titovo Uzice 1966.* 13. ef6: Lf6: 14. 0–0 De4 *14. . . . Lb2:?! 15. c4! mit großem weißem Vorteil.* 15. c3 Sc5 16. Sd2 Dd3 17. Df2 mit kompliziertem Spiel, in dem Schwarz nicht ohne Probleme ist, Ree – Timman, Holland 1971.

F12: 7. . . . Se8 8. Le3 c5 9. dc5: Sc5: 10. Lc5: dc5: 11. 0–0 *Hier geben auch andere Fortsetzungen Weiß Vorteil, z. B. 11. De2!? Sc7 12. Td1 De8 13. 0–0 Tb8 14. a4 Ld7 15. Sg5 Lc6 16. f5! h6 17. fg6: fg6: 18. Lc4+ e6 19. Tf8:+ Lf8: 20. Sce4! mit entscheidender weißer Initiative, Klowan – Doncenco, Lvov 1977. Oder 11. Le4 Da5 12. 0–0 Sc7 13. Sd2 Db4 14. Df3! und Schwarz hatte in der Partie Klowan – Zejtlin, UdSSR 1970, mit Schwierigkeiten zu kämpfen.* 11. . . . Da5 12. Kh1 *Fridstein empfiehlt 12. Sd2! mit großem weißem Vorteil.* 12. . . . Sc7 13. De1 Db4 14. Sd2! Le6 15. S3e4 mit weißem Positionsvorteil.

F13: 7. . . . Sd7!? Die beste Fortsetzung. 8. Se2 *Weiß räumt das Feld c3, um den Bauern d4 stützen zu können. Nicht empfehlenswert ist 8. 0–0 c5 9. Le3 cd4: 10. Ld4: de5: 11. fe5: Se5:! 12. Le5: Le5: 13. Se5: Dd4+ 14. Kh1 De5: 15. Df3 Sc5 16. Tae1 Dg5 und Weiß hat keine ausreichende Kompensation für den Bauern, Gipslis – Karasev, Daugavpils 1974. Nach 8. De2 ist 8. . . . c5 die logische Reaktion von Schwarz. In der Partie Pedersen – Sirkia, Siegen 1970, brachte auch eine Gewaltaktion im Zentrum dem Weißen keinen Vorteil: 9. d5 Sb4 10. e6 Sd3:+ 11. cd3: fe6: 12. Sg5 Sf6 13. Se6: Le6: 14. De6:+ Tf7. Gut scheint indessen der Zug 8. Se4!? zu sein, der die gleiche Idee verfolgt, die dem Zug 8. Se2 zugrunde liegt, nämlich c2–c3 zu ermöglichen. Die Theorie führt dazu die Partie Mednis – Vadasz, Budapest 1976, an: 8. . . . Sb4!? 9. Le2 Sb6*

10. c3 Lf5 11. Sfg5! d5 12. Sg3! Sc2+13. Kf2 Sa1: 14. Sf5: gf5: 15. Ld3 h6 16. Lf5:! e6 17. Lh7+ Kh8 18. Lb1. Weiß hat zwar einen Turm weniger, aber sein Angriff ist äußerst gefährlich. Byrne empfiehlt nach 8. Se4 den Zug 8. ... c5!? In der Partie Jansa – Vadasz, Sotschi 1976, geschah: 8. ... de5: 9. La6: ba6: 10. de5: Sb6 mit kompliziertem Spiel. Es ist jedoch anzumerken, daß auch Timman als Weißer in einer Partie gegen Dschindschiaschwili, Amsterdam 1978, keinen Vorteil erlangen konnte. Dort geschah 8. Sg5?! de5: 9. fe5: Sb6 10. La6: ba6: 11. Sge4 f6! mit besserem Spiel für Schwarz. 8. ... c5 9. c3 cd4: 10. cd4: Die kritische Stellung in der Variante **F13** ist erreicht und Schwarz muß sich um aktives Spiel am Damenflügel bemühen, während Weiß seine Angriffsaussichten am Königsflügel wahrnehmen muß.

F2: 7. 0–0 Damit verfolgt Weiß eine ganz andere strategische Konzeption als in der Variante **F1.** 7. ... c5 8. d5 *Schlecht ist 8. La6:?! cd4:! 9. Sd4: ba6: 10. Sb3 a5 11. Df3 Lb7 12. a4 Db6+ mit aktivem schwarzem Spiel, wo die zerstörte Bauernstellung keine Rolle spielt, Barczay – Sandor, Budapest 1967. Weiß kann auch nicht 8. e5?! Sg4 9. h3 fortsetzen wegen 9. ... cd4:! mit großem schwarzem Vorteil.* 8. ... Tb8 Die konsequenteste Fortsetzung, um Gegenspiel am Damenflügel zu erhalten. Möglich ist auch 8. ... Sc7 9. De1 und nun:

Dworetzki – Böhm, Wijk aan Zee 1975: 9. ... Dd7!? 10. a4 b6 11. f5!? gf5: 12. Dh4 c4! 13. Lc4: fe4: 14. Sg5 Dg4 15. Dg4: Sg4: 16. Sge4: f5 17. Sf2 Ld4 mit befriedigendem Spiel für Schwarz.

Tal – Ilic, Novi Sad 1974: 9. ... a6 10. a4 b6 11. Dh4 e6 12. de6: fe6: 13. e5! de5: 14. fe5: Sfd5 15. Lg5 Dd7 16. Se4 Se8 17. Tad1 mit entscheidendem weißem Positionsvorteil.

Gligoric – Larsen, Beverwijk 1967: 9. ... Ld7 10. a4 a6 11. a5 Lb5 12. Dh4 e6 13. f5! ef5: 14. ef5: Ld3: 15. cd3: Sd7 *Falls 15. ... Sfd5 so 16. Lg5 f6 17. Sd5: Sd5: 18. Dc4! und falls 15. ... Scd5: so 16. Lg5!, in beiden Fällen mit großem weißem Vorteil.* 16. Lg5 f6 17. Ld2 und Weiß hat großen Vorteil.

Boleslawski empfiehlt 8. ... Sb4, aber nach 9. Le2! *Nicht 9. Lc4?! wegen 9. ... e6! 10. a3 ed5: mit Ausgleich.* 9. ... e6 10. a3 Sa6 11. de6: fe6: *11. ... Le6: 12. f5! gf5: 13. ef5: Lf5: 14. Sh4 mit guten Chancen für den geopferten Bauern.* 12. e5!, und allem Anschein nach behält Weiß die bessere Bauernstruktur im Zentrum, Lukin – Karasev, Leningrad 1975.

F2: 9. Kh1 *Schlecht ist 9. De1?! Sb4!* 9. ... Sc7 10. a4 b6 11. De1! *Ungenau ist 11. Ld2 a6 12. Tb1 b5 13. ab5: ab5: 14. b4 c4! und Schwarz war in der Partie Savon – Dschinschiaschwili, UdSSR 1974, ohne Sorgen.* 11. ... a6 12. Dh4 b5 13. ab5: ab5: 14. f3! mit gefährlicher weißer Initiative, siehe Musterpartie XII/5, Barczay – Vadasz, Ungarn 1976, Seite 131.

G: 6. ... Sbd7
Diese Fortsetzung, mit der Schwarz e7–e5 oder c7–c5 vorbereitet, war früher sehr populär. In letzter Zeit wurden aber die Schwächen des schwarzen Planes aufgedeckt. Weiß hat drei Hauptfortsetzungen:
G1: 7. De2 **G2:** 7. e5 **G3:** 7. 0–0!

G1: 7. De2 c5 Praktisch die einzige gute Fortsetzung, da Schwarz nach 7. ... e5? 8. fe5: de5: 9. de5: Sg4 10. Lg5 De8 11. Sd5! sofort verliert.
G11: 8. d5 Sb6 Ein unnatürlich scheinender, aber logischer Zug, mit dem Schwarz die Stellung der weißen Dame in der e-Linie ausnutzen will. 9. a4 *Nach 9. 0–0 ist 9. ... e6 10. de6: Le6: 11. f5 Ld7 12. a4 c4! 13. Lc4: Sc4: 14. Dc4: Lc6 mit Kompensation für den geopferten Bauern am besten.* 9. ... e6 10. de6: *Nicht 10. a5?! wegen 10. ... ed5:!* 10. ... Le6: 11. a5 Sbd7 12. 0–0 *Nicht 12. f5? wegen 12. ... Lf5: 13. ef5: Te8 und Schwarz gewinnt die Figur bei besserem Spiel zurück.* 12. ... Te8 13. Df2 c4 14. Le2 Tb8 15. h3 Sc5 mit gutem schwarzem Figurenspiel, Polugajewski – Gipslis, UdSSR 1963.

G12: 8. e5 Se8 9. Le3 cd4: 10. Ld4: de5: 11. fe5: Sc7 12. Lc4 *Unklares Spiel ergibt 12. 0–0–0 13. Lf2 Da5 14. Lg3 Sb6 15. h4 Ld7 16. h5 Tfc8 17. De1 Sa4 Trofimov – Ivanov, Fernpartie 1967.*

12. . . . Sb6 13. Lb3 *In der Partie Quinteros – Smyslow, Amsterdam 1964, übernahm Schwarz nach 13. Lb6: ab6: 14. Sd4? Ta5! die Initiative.* 13. . . . De8 *Ebenfalls spielbar ist 13. . . . Lg4 14. De4 Lf3: 15. gf3: mit etwa ausgeglichenem Spiel, Kuipers – Rocha, Malaga 1965.* 14. 0–0–0 Le6 15. h4 h5 16. Sg5 Dc6 *16. . . . Lg4? 17. De4!* Witkowski – Balzerowski, Polanica Zdroj 1964. Die Entfesselung eines Königsangriffs ist für Weiß mit gewissen Risiken verbunden. Das Spiel ist ausgeglichen.

G2: 7. e5 Se8 *Schlecht ist hier 7. . . . Sg4?! wegen 8. e6! fe6: 9. Sg5 Sdf6 10. h3 Sh6 11. De2 mit Initiative für den Bauern. Weiß kann aber auch ruhiger 8. h3 Sh6 9. Le3 c5 10. De2 Da5 11. 0–0–0 fortsetzen, wonach der schwarze Springer h6 sehr schlecht steht.*

G21: 8. Sg5 Weiß droht zwar nun 9. e6, vernachlässigt dabei aber seine Entwicklung. 8. . . . de5: 9. fe5: *Interessant ist 9. de5: Sc5 10. Lc4!?* 9. . . . Sb6 10. Le3 c5! *Schwarz muß aktiv spielen, um ausgleichen zu können. Schlecht wäre 10. . . . c6? 11. 0–0 Sc7 12. Sh7:! Scd5 (12. . . . Kh7: 13. Tf7: gibt Weiß entscheidenden Angriff.) 13. Ld2 Kh7: 14. Tf7:! Tf7: 15. Dh5+ Kg8 16. Lg6: mit durchschlagendem weißem Angriff, Schmid – Hafner, Fernpartie 1964/65.* 11. dc5: Dd1:+ 12. Sd1: Sd5: Dieses komplizierte Endspiel ist in etwa gleich.

G22: 8. h4 Ein sehr zweischneidiger Angriffsversuch. 8. . . . c5 9. h5 Sc7 *In Betracht kommt 9. . . . cd4:!?* 10. hg6: hg6: 11. e6!? Se6: 12. f5 Sd4: 13. fg6: Sf6! 14. gf7:+ Tf7: 15. Lg6! mit unklarem Spiel. Zu dieser Variante existiert zu wenig Partiematerial, um ein endgültiges Urteil abgeben zu können.

G23: 8. Se4! Mit Sicherheit der beste Zug, mit dem Weiß seinen Springer zentralisiert. 8. . . . c5 9. c3 Db6 *Es ist fraglich, ob Schwarz nicht zunächst 9. . . . cd4:!? 10. cd4: einschalten sollte. In der Partie Jansa – Tringov, Bukarest 1968, folgte: 10. . . . Db6 11. a4 Sb8 12. a5 Dd8 13. 0–0 de5: 14. de5: Sc6 15. Le2 Sc7 16. Da4 Se6 17. Le3 und Weiß behielt seinen Positionsvorteil.* 10. Sed2! *Nicht ergibt 10. De2 de5: 11. fe5: Sc7!* 10. . . . cd4: 11. Sc4 Dc6 12. cd4: Sc7 13. 0–0 Sb6 14. Se3 Weiß hat Raumvorteil, Gligoric – Rocha, Hastings 1964/65.

G3: 7. 0–0! Diese starke Fortsetzung stellt den Schwarzen vor große Probleme. 7. . . . e5 *Der andere Versuch, im Zentrum Fuß zu fassen, führt nach 7. . . . c5 8. d5! zu Ben-Oni-Stellungen, wobei die weißen Figuren hier sehr günstig stehen.* 8. fe5: *8. de5:?! de5: 9. f5 gf5: 10. ef5: Sc5! mit leichtem schwarzem Vorteil, Tcagan – Plater, Ulan Bator 1965.* 8. . . . de5: 9. d5! *Nur günstig für Schwarz wäre 9. de5:?! 10. Se5: (Nach 10. Lg5 folgt 10. . . . h6!) 10. . . . Dd4+ 11. Kh1 De5: mit gutem schwarzem Spiel, z. B.: 12. Lf4 Dc5 13. Df3 Le6 14. Le3 Dh5 15. Dg3 c6 16. Le2 Da5 mit leichtem schwarzem Vorteil, Larsen – Bouwmeester, Kodan 1952.* 9. . . . c6 10. dc6: bc6: *Nach 10. . . . Db6+ 11. Kh1 Dc6: 12. De1! deckt Weiß indirekt seinen Bauern e4, denn nach 12. . . . Se4:? folgt 13. Lb5! und Weiß gewinnt. Schwarz hat Probleme mit seiner Figurenaufstellung, während Weiß einen klaren Angriffsplan am Königsflügel verfolgen kann.* 11. Kh1 De7 *In der Partie Matulovic – Tringov, Siegen 1970, war Schwarz nach 12. Le3 Sb6 13. a4 a5 14. De1 Sfd7 15. Td1 ohne aktives Gegenspiel.* 12. b3 Sh5 13. a4 Sf4 14. La3 c5 15. Lb5! mit besserer Stellung für Weiß, Matulovic – Portisch, Skopje 1968. Gerade wegen dieser Partie ist das System **G:** 6. . . . Sbd7 fast ganz aus der Turnierpraxis verschwunden.

A1: 7. e5

Die anderen Fortsetzungen an dieser Stelle sind:

A2: 7. h3 **A3:** 7. d5 **A4:** 7. f5
A5: 7. Le3 **A6:** 7. 0–0!?

A2: 7. h3

Eine Fortsetzung, die der englische Meister Penrose im Jahre 1973 einführte. Weiß verhindert zwar den Zug Lg4, aber es ist fraglich, ob h3 nicht einen Tempoverlust darstellt. 7. . . . Sb4 *Einen schlechten Plan wählte Schwarz in der Partie Penrose – Mac Donald Ross, Blackpool 1971. Nach 7. . . . Sd7? 8. Le3 e5 9. de5: de5: 10. f5 Sd4 11. g4 hatte Weiß bereits Vorteil.* 8. Le3 *Nicht so gut ist 8. Le2 c5 9. dc5: Sh5! 10. Kf2 dc5: mit chancenreichem schwarzem Spiel. Falls Weiß 9. d5 spielt, entstehen Ben-Oni-Strukturen.* 8. . . . b6 9. a3!

Sd3:+ 10. cd3: c5 11. Dd2 La6 und Schwarz erhielt ein chancenreiches Spiel, Penrose – Keene, Blackpool 1971.

A3: 7. d5

Ein Versuch, Raumvorteil zu erhalten. Es ist fraglich, ob der Vorstoß d4 – d5 tatsächlich ein Tempo gewinnt, denn nach dem folgenden 7. . . . Sb4 muß der angegriffene Läufer d3 ebenfalls erneut ziehen. Danach kann Schwarz den Vorstoß c7–c6 folgen lassen. 7. . . . Sb4 *7. . . . Sb8 kam in der Partie Gligoric – Matulovic, Jugoslawien 1965, vor, und nach 8. 0–0 c6 9. dc6: Sc6: hätte Weiß 10. De1!? spielen können. Die Aufgabe des Zentrums mit 9. dc6: ist aber umstritten.* 8. Le2 *In der Partie Janowsky – Botwinnik, Tel Aviv 1966, wählte Weiß einen falschen strategischen Plan, und nach 8. 0–0 c6 9. a3? Sd3: 10. Dd3: cd5: 11. Sd5: Sd5: 12. Dd5: Db6+ 13. Kh1 Ld7 hatte Schwarz wegen seines Läuferpaares das bessere Spiel. Auch mit 9. dc6: erreicht Weiß nicht mehr, z. B. 9. . . . bc6:! 10. h3 Sd3: 11. cd3: Db6+ 12. Kh2 La6 13. Te1 Sd7 und Schwarz stand in der Partie Lancester – Harman, England 1968, leicht besser.* 8. . . . a5!? *Schwarz möchte sich den Stützpunkt c5 für seine Figuren sichern. Möglich ist auch sofort 8. . . . c6 9. a3 Sa6 10. Le3 (Fehlerhaft wäre 10. La6:?! ba6: 11. dc6: Db6 12. Sd5 Sd5: 13. cd5: e6 mit Zerschlagung des weißen Bauernzentrums und unsicherer weißer Königsstellung.) 10. . . . Dc7. In der Partie Bouwmeester – Parma, Amsterdam 1965, hatte Schwarz nach den Zügen 11. Sd2 Ld7 12. 0–0 Sc5 13. Lf3 cd5: 14. ed5: b5! das bessere Spiel.* 9. a3 Sa6 10. Le3 c6 11. 0–0 Ld7 12. h3 Sc5 13. Sd2 cd5: 14. ed5: b5! mit schwarzer Initiative, Mikenas – Etruk, Tallin 1968.

A4: 7. f5

Der sofortige Versuch, einen Angriff am Königsflügel zu inszenieren. 7. . . . Sb4! *Schlecht ist das passive 7. . . . Se8?! 8. Le3 e5 9. de5: (Auch 9. fe6:!? kommt stark in Betracht.) 9. . . . Se5: 10. Se5: Le5: 11. Df3 c6 12. g4 Dh4+ 13. Kd2 Sf6 14. Tag1 mit weißem Raumvorteil, Popov – Schamkovich, UdSSR 1971. Auch 7. . . . e5?! ist nicht besser, denn in der Partie Hort – Donner, Wijk aan Zee 1972, hatte Weiß nach 8. fe6: fe6: 9. 0–0 De7 10. De1! Sd8 11. Dh4 e5 12. Sg5 h6 13. Lc4+ Kh8 14. Sf3 starke Initiative.* 8. 0–0 *Eine andere Möglichkeit besteht in 8. fg6: hg6: 9. Lg5, wonach Weiß die lange Rochade anstrebt. In der Partie Savon – Hort, Moskau 1970, geschah: 9. . . . Sd3:+ 10. Dd3: d5 11. e5 Lf5! 12. De3 Sg4 13. Dd2 f6 mit ausgeglichenem Spiel. In der Partie Tukmakov – Sigurjonsson, Reykjavik 1972, folgte Schwarz der von Parma empfohlenen Ausgleichsfortsetzung 9. . . . c5! Nach 10. d5 e6 11. 0–0 ed5: 12. ed5: Db6 13. Dd2 Lg4 hatte er keine Probleme.* 8. . . . c5 *Die Fortsetzung 8. . . . gf5: führte in der Partie Savon – Timman, Wijk aan Zee 1971, nach 9. ef5: c5 10. Lg5 cd4: 11. Lf6: Lf6: 12. Se4 e5 zu einer unklaren Stellung. Ungünstig ist indessen die Fortsetzung 8. . . . Sd3: 9. Dd3: b6 10. fg6: hg6: 11. Lg5 c5 12. dc5: bc5: 13. Sd5 Sd5: 14. ed5: und Weiß erhielt in der Partie Borngässer – Poutiainen, Teeside, starken Angriff.* 9. dc5: *Nicht 9. d5?! gf5: 10. ef5: Sd3: 11. Dd3: c4! 12. Dc4: Lf5: mit gutem schwarzem Spiel, Mariasin – Dydysko, UdSSR 1972.* 9. . . . dc5: Hier schließt Parma ab mit dem Urteil, daß Schwarz gutes Spiel habe.

A5: 7. Le3

Hiernach erhält Schwarz die größten Ausgleichsaussichten mit einem strategischen Plan, der den Vorstoß e7–e5 beinhaltet. Es gibt zwei Möglichkeiten, diesen Plan zu realisieren:

A51: 7. . . . Sg4 **A52:** 7. . . . e5

A51: 7. . . . Sg4 *Schlecht ist 7. . . . Sd7?! wegen 8. f5! und nach 7. . . . Lg4 8. h3 Lf3: 9. Df3: entsteht eine für Schwarz unbefriedigende Stellung, die wir in der Variante* **C:** *6. . . . Lg4, Seite untersucht haben.* 8. Lg1 e5 9. fe5: *In der Partie Hamman – Jakobsen, Kodan 1965, geschah 9. d5 Sd4 10. h3 Sh6 11. Sd4: ed4: 12. Se2 f5!? mit verteilten Chancen.* 9. . . . de5: 10. d5 Sd4 *Keinen Ausgleich erzielte Schwarz in der Partie Mecking – Keene, Hastings 1971/72, nach 10. . . . Se7 11. h3 Sf6 12. Lh2 Sed5: 13. ed5: e4 14. 0–0!* 11. h3 Sh6 *11. . . . Sf6?! führt zu Komplikationen,* *die aber eher für Weiß günstig sind, z. B.: Minic – Pirc, Jugoslawien 1965: 12. Se5: Se4: 13. Le4: Le5: 14. Ld4: Dh4+ 15. Ke2 Ld4: 16. Dd4: f5 17. Taf1 mit großem weißem Vorteil, oder Pebo – Tame, UdSSR 1972: 12. Se5: Sf5 13. ef5: Te8 14. Lh2 Sd5: 15. 0–0 Le5: 16. fg6: Lh2:+ 17. Kh2: hg6: 18. Lg6:! und Weiß gewinnt.* 12. Dd2 *Möglich ist auch 12. Lc4, z. B. 12. . . . c5?! 13. dc6: bc6: 14. Le3 Te8 15. Dd2 Sf3:+ 16. gf3: Dd2:+ 17. Kd2: mit besserem Endspiel für Weiß, Dückstein – Andersson, Krems 1967. Noch schlechter ist 12. . . . Shf5? 13. ef5: Sf3:+ 14. Df3: Dh4+ 15. Lf2 Dc4: 16. f6! mit großem weißem Vorteil. Keene empfiehlt 12. . . . f5!? 13. Sd4: ed4: 14. Ld4: Dh4+ mit schwarzem Vorteil. Wir sind jedoch der Ansicht, daß das Endspiel nach 15. Lf2 Lc3:+ 16. bc3: De4:+ 17. De2 beiden Seiten Chancen bietet.*

Schließlich muß die Partie Kuzmin – G. Garcia, Cienfuegos 1973, beachtet werden, wo Schwarz nach 12. . . . Ld7 13. Dd2 b5 14. Ld4: ed4: 15. Sb5: Te8 16. 0–0 Te4: 17. Sbd4: Df8 Kompensation für den geopferten Bauern hatte. 12. . . . f5 13. 0–0–0 fe4: 14. Le4: Shf5 15. De1 Sf3: *In der Partie Van der Weide – Kuipers, Wijk aan Zee 1972, ergab 15. . . . Df6 16. Kb1 Ld7 17. Lh2 Tae8 18. Tf1 Db6 kompliziertes Spiel.* 16. Lf3: Sd4 17. Le4 Lf5 18. Kb1 Le4: 19. De4: *Nicht 19. Se4:?! wegen 19. . . . Dd5:! 20. c3 Tad8 und Weiß kann den schwarzen Springer nicht ohne eigene Materialverluste schlagen.* 19. . . . Dd7 Die weißen Aussichten sind leicht besser, Savon – Donner, Cienfuegos 1973.

A52: 7. . . . e5 8. fe5: *Es verbietet sich 8. de5:?! de5: 9. f5? gf5: 10. ef5: e4! 11. Se4: Te8 12. Sf6:+ Df6: 13. Dd2 Lh6 und Weiß gab in der Partie Verleye – Courbon, Ybs 1968, auf.* 8. . . . de5: 9. d5 und nun:

A521: 9. . . . Sd4 *Eine scharfe, aber verdächtige Fortsetzung. Ganz schlecht ist 9. . . . Sg4?! 10. Lc5! Sd4 11. h3 Se3 12. Dd2 Lh6 13. Df2!? und Schwarz erhält nicht das gewünschte aktive Spiel für die Qualität. Darüber hinaus geht er aus dem Schlagabtausch im Zentrum nicht ohne materielle Verluste hervor, z. B. 13. . . . Te8 14. Sd4: ed4: 15. Ld4: Sd5: 16. 0–0 Sf4 17. Sd5 und Weiß gewinnt.* 10. Se5:! *Nicht besser ist 10. Sd4: Sg4! 11. Sf5 gf5: 12. Lc5, was in der Partie Stein – Matanovic, UdSSR – Jugoslawien 1965, vorkam. Die nachträgliche Analyse ergab, daß Schwarz nun nach 12. . . . fe4:! 13. Lf8: Lf8: 14. Se4: f5! ausgezeichnete Kompensation für die geopferte Qualität gehabt hätte.* 10. . . . Sd5: 11. Ld4: Sf4 12. Lc4! *Das Beste! Der Versuch, den Materialvorteil mit 12. Lf1? zu realisieren, führte nach 12. . . . Se6! in der Partie Baretic – Pirc, Jugoslawien 1968, zu ausgeglichener Stellung. Auch nach 12. Se2?! Se2: 13. Le2: De7 14. Sg6: (Nach 14. Sf3 Td8! gewinnt Schwarz Material.) 14. . . . fg6: 15. Lg7: Dh4+! bekommt Schwarz laut Euwe ein gutes Spiel.* 12. . . . c5 *Schwarz kann versuchen, mit 12. . . . Sg2:?! einen wilden Angriff zu entfesseln, aber nach 13. Kf2 Dh4+ 14. Kg2: Lh3+ 15. Kg1 Tad8 (Nach 15. . . . Dg5+ 16. Kf2 Dg2+ 17. Ke3 behauptet Weiß seinen Materialvorteil.) 16. Ld5! war in der Partie Sutton – Todorcevic, Skopje 1972, keine Kompensation für die beiden geopferten Figuren zu sehen.* 13. Lc5:! Le5: 14. Dd8: Td8: 15. g3 und laut Parma hat Schwarz keine ausreichende Kompensation für den Bauern.

A522: 9. . . . Se7 Die entstandene Stellung erinnert an die königsindische Verteidigung mit dem wichtigen Unterschied, daß der weiße c-Bauer noch in der Grundstellung steht. 10. Dd2 *Andere Möglichkeiten sind 10. 0–0 Se8 11. Sb5 a6 12. Sa3 Sd6 13. c4 f5 mit beiderseitigen Aussichten, Kuipers – Donner, Beverwijk 1967. Oder 10. h3 c6 11. dc6: Sc6: 12. 0–0 Le6 13. Sg5 De7 14. De2 Sd4 15. Df2 Sd7 mit befriedigendem schwarzem Spiel. Schwarz plant, nach 16. Se6: fe6: das wichtige Feld d5 unter Kontrolle zu halten. Natürlich führt 10. Se5:?! wegen 10. . . . Sfd5:! zu nichts.* 10. . . . c6 11. dc6: Sc6: 12. 0–0 Le6 Diese Stellung entstand in der Partie Lublinskij – Tolusch, UdSSR 1968. Laut Parma ist die Stellung ausgeglichen, denn Weiß kann nicht das Feld d5 besetzen und auch ein Angriff auf dem Königsflügel ist nicht möglich, z. B. 13. Sg5 Dd7 14. h3 Sd4 mit Ausgleich.

A6: 7. 0–0

Diese Fortsetzung geriet in letzter Zeit zu Unrecht in Vergessenheit. Wir möchten daran erinnern, daß Weiß in der Partie Portisch – Vasjukov, Amsterdam 1969, einen kleinen Endspielvorteil behielt, und daß das schwarze Spiel bis heute nicht theoretisch verbessert wurde. Wir analysieren nun:

A61: 7. . . . e5
A62: 7. . . . Lg4

A61: 7. . . . e5 Dies führt zu Komplikationen, und Schwarz erhält eine schwierige Stellung. 8. fe5: *Möglich ist auch 8. de5: de5: 9. f5 Sb4 10. fg6: hg6: 11. Lg5 Sd3: 12. cd3: In der Partie Padevski – Udovcic, Zagreb 1965, hatte Schwarz Sorgen mit der Verteidigung des Königsflügels und mit der Entfesselung seiner Dame.* 8. . . . de5: 9. d5 Se7 10. Se5: *Sonst konsolidiert Schwarz seine Stellung mit dem Manöver Sf6–e8–d6.* 10. . . . Sfd5: *Schlecht ist auch 10. . . . Se4:?! 11. Sg6:! Sc3: 12. Se7:+ De7: 13. bc3: und Schwarz behält seinen schwachen Königsflügel.* 11. Sf7:! Sc3: 12. bc3: *Wahrscheinlich besser als 12. Sd8: Sd1: 13. Lc4+ Kh8 mit unüberschaubaren Komplikationen.* 12. . . . Tf7: 13. Tf7: Kf7: 14. Lc4+ und laut Keene schlägt der weiße Angriff durch, z. B. 14. . . . Le6 *Nach 14. . . . Ke8? 15. Lf7+ hat Weiß entscheidenden Vorteil.* 15. Df1+! Lf6 16. Le6:+ Ke6: 17. Dc4+ Kd7 18. Le3! Ke8 19. Tf1 Sc6 20. Dg8+ Kd7 21. Td1+ und Weiß gewinnt. Keenes Analyse kann aber mit 19. . . . Dd6! in Frage gestellt werden. Nach 20. Lc5 Dc6 21. e5 b5! *Nicht 21. . . . b6?! 22. ef6: Dc5:+ 23. Dc5: bc5: 24. Te1! mit großem weißen Vorteil.* 22. Dd4 Sf5 23. Tf5: gf5: 24. ef6: Kf7 kann Schwarz sich unserer Meinung nach verteidigen. Auch 20. e5 De5:! *20. . . . Le5:? 21. Lc5! Dd5 22. Dd5: Sd5: 23. Tf8 mit großem weißem Vorteil.* 21. Ld4 Dd5 führt zu großem schwarzem Vorteil. Vielleicht kann das weiße Spiel aber an anderer Stelle noch verbessert werden.

A62: 7. . . . Lg4 Der logische Zug, der gegen das Feld d4 drückt. Weiß hat nun fünf Fortsetzungen:

A621: 8. De1 Ein von Pomar vorgeschlagenes Bauernopfer. 8. . . . Lf3: *In der Partie Pomar – Robatsch, Marianske Lazne, geschah: 8. . . . Sd7?! 9. Sg5 h6 10. d5 Sd4 mit unklarem Spiel. Es ist fraglich, warum Schwarz den Bauern d4 verschmähte, was die einzige Fortsetzung darstellt, die 8. De1 in Frage stellen kann.* 9. Tf3: Sd4: 10. Th3 c6! 11. f5 Db6 12. Kh1 *12. Le3 Sg4! 13. Dh4 h5!* 12. . . . Sg4 und in der Fernpartie Mironov – Borisov, UdSSR 1963, kam Schwarz eher zum Angriff.

A622: 8. Se2 e5 *Zum Ausgleich führt auch 8. . . . Sb4 9. h3 Lf3: 10. Tf3: c5 11. c3 Sd3: 12. Dd3: cd4: 13. cd4: Db6 14. Kh2 e6, Tugaabazar – Kusmin, Nizza 1974.* 9. fe5: de5: 10. d5 Sd4 11. Le3 Sh5 mit mindestens ausgeglichenem Spiel für Schwarz, Tolusch – Polugajewski, UdSSR 1963.

A623: 8. Le3 e5 9. fe5: *Andere Züge sind schwächer, z. B. 9. de5: de5: 10. h3 ef4: 11. Lf4: Le6 mit gutem schwarzem Spiel.* 9. . . . de5: 10. d5 Sd4 Schwarz kommt zu Gegenspiel auf den schwarzen Feldern. 11. Dd2 Sf3:+ 12. gf3: Lh3 13. Tf2 Sh5! Schwarz bereitete in der Partie Estrin – Muchik, UdSSR 1967, den Vorstoß f7–f5 vor und stand sehr vielversprechend.

A624: 8. Lb5 Dieser Zug stammt von Keres, der allerdings als Weißer gegen Westerinen, Bamberg 1968, nichts erreichte. Nach 8. . . . Sd7 9. Se2 e5 10. c3 De7 11. fe5: de5: 12. Lg5 Dd6 glich Schwarz leicht aus.

A625: 8. e5! Mit diesem logischen Zug kommt Weiß dem Vorstoß e7–e5 zuvor. Weiß kann in der Folge mit einem geringfügigen Raumvorteil rechnen. 8. . . . de5: *Andere Züge sind schlechter, z. B. 8. . . . Se8?! 9. Le3 Sb4 10. Le2 c6 11. a3 Sd5 12. Sd5: cd5: 13. h3 Lf3: 14. Tf3: mit großem weißem Vorteil, Hindle – Gheorghiu, Vrnjacka Banja 1967. Oder 8. . . . Lf3:?! 9. Tf3: de5: 10. de5: Sd5 11. Se4! mit großem weißen Vorteil. Oder auch 8. . . . Sd7 9. Le3 f6 10. ed6: 11. d5! mit weißem Positionsvorteil.* 9. de5: Sd5 10. h3!

Siehe Diagramm nächste Seite

Diagramm Nr. 111:

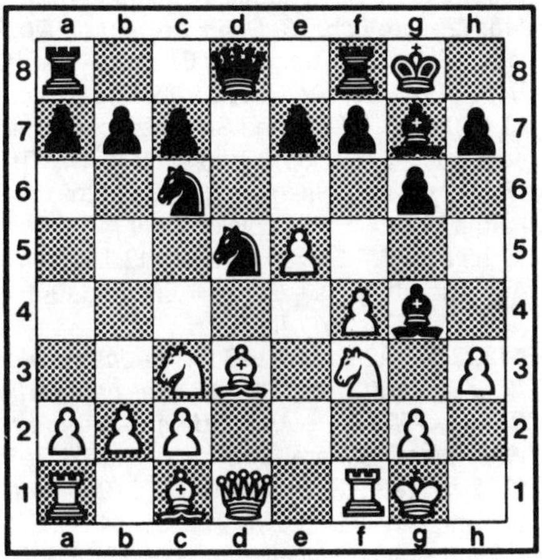

Schlechter ist 10. Ld2 Sd4 11. Le4 c6, Padevski – Zwaig, Havanna 1966, oder 10. Sd5: Dd5: 11. h3 Le6! 12. De2 Tfd8 13. Le4 Sd4, Markland – Portisch, Hastings 1970/71, in beiden Fällen mit Ausgleich. 10. . . . Sc3: *Hier ist 10. . . . Le6 schlecht wegen 11. Se4! nebst 12. Sc5.* 11. bc3: Lf5 12. Lf5: *Der Zug 12. Le3 kam in zwei Partien vor: Weinstein – Levin, New York 1976: 12. . . . Ld3: 13. cd3: b6 14. De2 Sa5 15. d4 Dd7 16. c4 und Weiß hatte wegen seines starken Bauernzentrums Vorteil. Besser spielte Schwarz in der Partie Parma – Eising, Mannheim 1975, 12. . . . Dd7 13. De2 Tad8 14. Tad1 Ld3: 15. cd3: b5! 16. d4 und laut Parma hatte Weiß nur einen winzigen Vorteil.* 12. . . . Dd1: 13. Td1: gf5: 14. Le3 *Nach 14. Sd4 Tfd8 15. Le3 Sd4: 16. cd4: e6 17. g4 erhält Weiß ein etwas besseres Endspiel, Parma – G. Garcia, Camaguey 1974.* 14. . . . Tfd8 15. Kf2 e6 16. g4! mit weißem Endspielvorteil, Portisch – Vasjukov, Amsterdam 1969.

7. . . . de5:

Andere Fortsetzungen sind schlechter, z. B. 7. . . . Sg4? 8. h3 Sh6 9. Le3 de5: 10. fe5: Sf5 11. Lf5: Lf5: 12. g4 Lc8 13. Dd2 Sb4 14. 0–0–0, Sax – Vadasz, Ungarn 1970, mit großem weißem Vorteil. Oder 7. . . . Sd7? 8. Se4 Sb4 9. Le2! Sb6 10. c3 Lf5 11. Sfg5 S4d5 12. g4 mit beträchtlichem weißem Raumvorteil. Oder aber 7. . . . Se8 8. Le3 Sb4 9. Lc4 Lf5 10. Lb3! *10. Tc1 c5!? 11. d5 (in Betracht kommt 11. dc5:!?) 11. . . . Lg4 mit unklarem Spiel, Kuipers – Botwinnik, Amsterdam 1966.* 10. . . . de5: 11. Se5:, und da die schwarzen Figuren ungünstig stehen, hält Parma die weiße Stellung für besser.

A11: 8. de5:

Mindestens genauso gut ist die andere Möglichkeit:

A12: 8. fe5:

So verhindert Weiß, daß eine symmetrische Bauernstellung entsteht und hofft, nach eventuellem Abtausch, die e-Linie besetzen zu können. Schwarz hat hier vier Möglichkeiten:

A121: 8. . . . Sg4 **A122:** 8. . . . Sh5
A123: 8. . . . Sd5 **A124:** 8. . . . Se8

A121: 8. . . . Sg4

Nach 9. Le4 f6 10. h3 Sh6 entsteht die kritische Stellung dieser Variante. 11. Ld5+ *Diese Zugfolge ist besser als 11. ef6: ef6: 12. Ld5+. Weiß kann aber eine ganz andere strategische Konzeption wählen, wenn er der Partie Gheorghiu – Mecking, Buenos Aires 1970, folgt. Dort geschah 12. 0–0 Se7 13. Se2 Shf5 15. c3 c6 15. Sf4?! Sg3 16. Db3+ Tf7 17. Te1 Se4: 18. Te4: Sd5 19. Se6 Le6: 20. Te6: Dd7 21. Te2 Te8 mit Ausgleich. Weiß sollte auf jeden Fall seinen Läufer auf der Diagonale a2–g8 postieren. Interessant ist auch die Partie Spasski – Timman, Amsterdam 1977; 12. Le3!? Se7 13. Dd2 Shf5 14. Lf4 c6 15. 0–0–0 Sd6 und Schwarz konnte bald ausgleichen, siehe Musterpartie XII/4, Seite 131.* 11. . . . Kh8 12. ef6: *Gligoric spielte hier gegen Quinteros, Vinkovci 1970, erfolgreich 12. 0–0 Sf5? 13. Te1! Sfd4:?! (besser 13. . . . fe5:) 14. Sd4: Sd4: 15. Dd4: e6 (oder 15. . . . c6 16. Lf4 cd5: 17. e6 und Weiß gewinnt.) 16. ef6: Lf6: 17. Dc5 ed5: 18. Lh6! Tf7 19. Sd5: b6 20. De3! und Weiß hatte starken Angriff auf den schwarzen Feldern. Die Frage ist, ob der Tausch des Zentralbauern für Schwarz günstiger ist. Weiß müßte dann ein kompliziertes Endspiel akzeptieren, das nach 12. 0–0 fe5:! 13. de5: Sb4 14. Lb3 Dd1: 15. Td1: Lf5 entsteht.*

Eine ganz neue Idee brachte die Partie Klovan – Etruk, UdSSR 1971, wo Schwarz nicht ins Endspiel überleitete, sondern mit 13. . . . Sf7!? den Bauern e5 belagerte. Nach 14. Lf4 (falls 14. e6, so 14. . . . Sfe5 15. Se5: Tf1:+ 16. Df1: Se5: 17. Lf4 Dd6 18. Te1 Le6: 19. Le6: De6: und Gipslis hält die Stellung für spielbar. Wir glauben aber, daß die kritische Stellung nach 18. Le5:!? ensteht.) 14. . . . Sfe5: 15. Se5: Se5: 16. De2 Sd7 17. Le6 und Weiß hätte Kompensation für den Bauern. Er könnte auch 17. Td1!? mit positionellem Druck spielen. 12. . . . ef6: 13. 0–0 In dieser Stellung, die von vielen Theoretikern analysiert wurde, ist es nicht einfach, eine sichere Ausgleichsfortsetzung für Schwarz anzugeben. Da Schwarz das Feld e6 kontrollieren muß, sollte er die Figuren so gruppieren, daß das Feld d5 in seiner Hand bleibt, auch wenn Weiß dabei die e-Linie erhält. Ein sofortiges Spiel gegen den Bauern d4 führt nicht zum Erfolg, z. B. 13. . . . Sf5?! 14. Te1 Scd4: 15. Sd4: Sd4: 16. Dd4: c6 17. Lf4 cd5: 18. Sd5: Lf5? 19. Te7 und Weiß hatte in der Partie Golowej – Borisenko, UdSSR 1971, großen Vorteil. Auch nach dem besseren 18. . . . Tf7 19. Tad1! erhält Weiß Vorteil. Die Schach-Enzyklopädie erwähnt 13. . . . Te8. Die Partie Klovan – Zuravlev, UdSSR 1972, brachte nach 14. Te1 Te1:+ 15. De1: Se7 16. Lb3 laut Parma weißen Positionsvorteil. Es ist schade, daß Parma sein Urteil nicht weiter begründet, denn der Zug 13. . . . Te8 sieht logisch aus. Wahrscheinlich sollte Schwarz besser 15. . . . Sf5!? spielen, wonach er nur etwas schlechter steht. Schwarz sollte Figurentausch anstreben und dem weißen Läufer auf der Diagonale a2–g8 ausreichende Beachtung schenken. Auch nach 13. . . . Se7 14. Lb3 Shf5 15. Te1 g5 16. Se4! ist die weiße Stellung vorzuziehen.

A122: 8. . . . Sh5

Dieser Zug ist eine Verbesserung Fischers und gibt den gegenwärtig aktuellsten Stand der Theorie wieder. Schwarz greift sofort den Bauern d4 an, wozu er in der Folge auch noch den Zug Lc8–g4 folgen lassen will. Weiß kann in vielen Varianten versuchen, die Randstellung des schwarzen Springers auszunutzen. Die Situation im Zentrum spitzt sich zu. Weiß kann wie folgt fortsetzen:

A1221: 9. Le4 Lg4 10. Le3 f6 11. ef6: *Weiß kann sein Zentrum nicht halten, denn nach 11. De2 fe5: 12. Lc6: bc6: 13. Dc4+ e6 14. Lg5 Db8! stand Schwarz in der Partie Gligoric – Keene, Berlin 1971, besser.* 11. . . . Sf6: 12. Lc6: bc6: 13. 0–0 Sd5 14. Sd5: und Schwarz konnte nun entweder 14. . . . Dd5: 15. c3 Tab8 16. De2 Tf7 17. Tf2 Tbf8 mit befriedigendem Spiel, Kagan – Parma, Natanya 1971, spielen, oder 14. . . . cd5: 15. h3 Lf3: 16. Tf3: Dd6 17. c3 a5 18. Lf2 e5 mit Ausgleich, Kuipers – Botterrill, England 1971.

A1222: 9. Le2 Lg4 10. Le3 f6 *Keene schlägt 10. . . . Dd7!? vor.* 11. e6 *In der Partie Browne – Timman, Amsterdam 1971, opferte Weiß einen Bauern, und nach 11.d5?! Se5: 12. Se5: Le2: 13. De2: fe5: 14. 0–0–0 hätte Schwarz statt 14. . . . Dd7? besser 14. . . . Sf4! spielen sollen mit vielversprechendem Spiel. Nichts erreicht Weiß mit 11. ef6: ef6: 12. Dd2 f5 13. 0–0–0 f4 14. Lf2 Dd7, Barczay – Nagy, Ungarn 1973.* 11. . . . Sb4 Parma vertritt in der Enzyklopädie die Auffassung, daß Weiß nach 12. 0–0 Sd5 13. Sd5: Dd5: 14. c4 De6: 15. Db3 Spiel für den Bauern hat. Diese Meinung kann man teilen, wenn auch gerade diese Stellung versteckte Möglichkeiten für beide Seiten bietet. Parma selbst wandte den Zug 11. . . . Sb4 als Schwarzer in seiner Partie gegen Kapengut, Erewan 1971, an. Dort folgte 12. 0–0 c6 13. Dd2 Dc8 *Schlecht ist 13. . . . Le6:?! 14. Sh4! g5 15. Lh5: gh4: 16. Se4 Sd5 17. Lh6!, Kapengut – Tukmakov, UdSSR 1972.* 14. Tae1 Le6: 15. Sh4 Lg4 16. Lc4+ Le6 Keene hält diese Stellung für dynamisch ausgeglichen. Parma hält die weiße Stellung nach 15. Sh4 für besser. In der Schlußstellung hat Weiß aber nichts besseres, als mit 17. Le2 Lg4 die Züge zu wiederholen.

A1223: 9. Lc4!? Ein giftiger und gefährlicher Zug. 9. . . . Lg4 10. Le3 Kh8 11. Dd2 und nun:

Karpov – Nikolajewski, Leningrad 1971: 11. . . . f6 12. ef6: Lf6:?! *Keene hält 12. . . . ef6:!? für besser.* 13. 0–0 Lf3: 14. Tf3: e5 15. d5 Sd4 16. Tf1 Sf5 17. Lf2 *17. Se4!?* 17. . . . Sd6 18. Lb3 und Weiß hat nur winzigen Vorteil.

Ostojic – Timman, Stockholm 1973: 11. . . . Lf3:?!

12. gf3: f6 13. f4 fe5: 14. fe5: Sa5 15. Le2! c5 16. d5 Le5: 17. Lc5: Tf4? 18. De3! Lc3:+ 19. Dc3:+ Sf6 20. 0–0–0 Tc8? 21. Le7: Schwarz gab auf.

Die Beispiele zeigen, daß der Zug 10. . . . Kh8 für Schwarz nicht das Beste sein dürfte. Keene und Parma empfehlen 10. . . . Sa5!?, z. B. 11. Le2 c5 12. d5 Lf3: 13. Lf3: Sc4 14. De2 Se5: 15. Lh5: gh5: 16. Dh5: und nun hätte Schwarz in der Partie Sax – Botterill, Graz 1972, mit 16. . . . f5! eine zufriedenstellende Stellung erhalten können. In der genannten Partie erhielt Schwarz das schlechtere Endspiel nach 16. . . . Sc4? 17. Lh6 Lh6: 18. Dh6: Dd6 19. Dd6: Sd6: 20. 0–0–0 f6 21. The1 und es gelang Weiß, die schwache schwarze Bauernstruktur auszunutzen. Hinzuzufügen bleibt, daß 10. . . . Lf3:? ganz schlecht ist wegen 11. Df3:! Sd4: 12. De4 Sf5 13. g4! und Schwarz verlor in der Partie Klovan – Vadasz, UdSSR 1972, ersatzlos eine Figur.

A1224: 9. Le2 Parma empfiehlt hier 9. . . . f6!? Keene gibt die Variante 9. . . . Lg4 10. c3 Lf3: 11. gf3: e6 12. 0–0 f6 13. ef6: (13. f4?! fe5: 14. fe5: Tf1:+ 15. Df1: Se5:! mit großem schwarzem Vorteil.) 13. . . . Df6: 14. Db3 (14. Le4 Tab8 mit ausreichendem Gegenspiel.) 14. . . . Tab8 und Schwarz bereitet Kh8 nebst e6–e5 vor. Die Keenesche Analyse ist ausführlicher, allerdings fehlen Beispiele aus der Praxis.

A1225: 9. Le3 ***Wenn Schwarz nicht mit 9. . . . Lg4 10. Lc4 in die Variante A1223: 9. Lc4, Seite , übergehen will, hat er folgende andere Möglichkeit zur Verfügung:*** 9. . . . f6!? 10. Lc4+ Kh8 11. e6 Sa5 12. De2 Dd6 13. d5 c6 Über die entstandene Stellung möge sich der Leser selbst ein Urteil bilden, allerdings scheint 13. g4!? besser zu sein, als 13. d5.

A123: 8. . . . Sd5
Wenn es Schwarz nicht gelingt, in dieser Variante das weiße Zentrum zu sprengen, kann er nicht auf Ausgleich hoffen. 9. Sd5: Dd5: 10. c3 Le6!? Dieser provokative Zug ist die aktuellste Fortsetzung. Sollte Weiß nichts besseres zur Verfügung haben, als 11. De2, kann Schwarz mit der Eröffnung zufrieden sein. Parma gibt die Fortsetzung 11. . . . Tad8 12. 0–0 f6 13. ef6: ef6: 14. Le4 Dc4 mit Ausgleich an. Die kritische Überprüfung des schwarzen Aufbaus wird allerdings mit dem von Gipslis empfohlenen 11. c4!? eingeleitet. Nach 11. . . . Dd7 12. d5 Sb4 13. Lb1 ***Nach 13. Le4 Lf5! 14. De2 Le4: 15. De4: c6! hat Schwarz Vorteil.*** 13. . . . Lg4 entsteht eine bizarre Stellung, in der Weiß sehr genau spielen muß. Nach der Theoriefortsetzung 11. De2 Tad8 12. Sg5? folgt der unerwartete Einschlag 12. . . . Sd4:! 13. cd4: Dd4: 14. Se6: fe6: mit ausreichender Initiative für die geopferte Figur. Nach 15. Lc4 Le5: muß Weiß viele Drohungen beachten. 16. g3 Tf2:!! 17. Df2:? ***Komplizierter war 17. Le6:+ Kh8 18. De3 Th2:! 19. Th2: Dd1+ 20. Kf2 Tf8+ 21. Kg2 Df1 matt.*** 17. . . . Dd1 matt. Zu ergänzen ist, daß der altmodische Zug 10. . . . Lg4 zu Recht aus der Turnierpraxis verschwunden ist. Nach 11. h3 Lf3: 12. Df3: Df3: 13. gf3: e6 14. Le4 Tab8 15. h4 Se7 ***15. . . . h5 16. Lg5! mit großem weißem Vorteil, Gheorghiu – Donner, Wijk aan Zee 1968.*** 16. h5 c6 17. Ke2 hat Weiß mit seinem Läuferpaar ein viel besseres Enspiel, Gligoric – Vasjukov, Skopje 1970. Weiß kann auch in Vorteil kommen, ohne ins Endspiel überzuleiten: 11. De2!? Tad8 12. Le4 Dd7 13. h3 Le6 14. 0–0 Ld5 ***Oder 14. . . . f6 15. Lf4 fe5: 16. Lc6:! mit weißem Positionsvorteil, Jansa – Lanc, CSSR 1970.*** 15. Ld5: Dd5: 16. Lf4 b5 17. Tad1 a6 18. b3 Sa5 19. e6! und in der Partie Fischer – Perez, Havanna 1965, stand Weiß auf Gewinn.

A124: 8. . . . Se8?!
Mit dieser passiven Fortsetzung kann Schwarz nicht ausgleichen. Am besten spielt Weiß 9. Lc4!?, aber auch das ruhige 9. Le4 kommt in Betracht. Schlecht wäre indessen 9. Le3 f6!, denn so stünde der Springer auf e8 besser als auf h5.

8. . . . Sd5 9. Ld2
Verfrüht ist 9. Sd5: Dd5: 10. De2 Lg4 und Schwarz kommt schnell zu aktivem Spiel, z. B. 11. Le4 Da5+ 12. Ld2 Db6 13. Lc3 Tad8 14. Df2 f6! Gufeld – Polugajewski, UdSSR 1963, oder 11. Lc4 Dd7 12. c3 Sa5 13. Lb5 c6 14. Ld3 Tad8 15. Lc2 Le6 16. b3 f6 17. 0–0 c5 18. Le3 b6 19. Tad1 Dc8 mit völligem Ausgleich, Liberzon – Savon, UdSSR 1963.

A111: 9. . . . Scb4
Andere schwarze Möglichkeiten sind:

A112: 9. . . . Sc3: Nach diesem Springertausch erhält Weiß leichten Vorteil wegen seiner idealen Bauernstellung. 10. Lc3: Lf5 11. Lf5: Dd1:+ 12. Td1: gf5: 13. Td7 ***Gut ist auch 13. h3!? Tad8 14. Kf2 e6 15. g4 und der weiße König steht günstig für das Endspiel, Szabo – Donner, Amsterdam 1972.*** 13. . . . Tac8 14. h3 f6? ***Nach 14. . . . Tfd8 15. Td8:+ Td8: 16. g4 hat Weiß bleibenden Vorteil.*** 15. e6! und Weiß besitzt großen positionellen Vorteil, Hort – Donner, Skopje 1972.

A113: 9. . . . Sdb4 Diese Fortsetzung, in der Schwarz auf Kosten seiner Entwicklung das Läuferpaar erhält, ist nicht empfehlenswert. 10. Le4 f5 11. Lc6: Sc6: ***Nach 11. . . . bc6: 12. Sa4 Sd5 13. Sc5 hat Weiß großen positionellen Vorteil.*** 12. De2 a6 ***Ungenügend ist 12. . . . Le6 13. 0–0–0! Sd4 14. Sd4: Dd4: 15. Le3 Db4 16. a3 Da5 17. Db5! und Schwarz wird nach dem Damentausch einen Bauern verlieren, Suetin – Karasev, Polanika Zdroj 1974.*** 13. 0–0–0 e6 14. Le1 De8 15. Lh4 und Weiß hatte in der Partie Gligoric – Matanovic, Zagreb 1965, großen Positionsvorteil, denn der Läufer g7 ist außer Spiel und Weiß kontrolliert die wichtige d-Linie. Wahrscheinlich ist es für Schwarz empfehlenswert, mit 10. . . . f6 die weiße Bauernkette anzugreifen.

A114: 9. . . . Le6!? Diese seltene Fortsetzung gibt laut Parma dem Schwarzen Aussichten auf Ausgleich. 10. De2 ***Zu nichts führt 10. Sg5?! Sc3: 11. Lc3: Ld5 und nach dem folgenden 12. . . . f6 hat Schwarz keine Probleme.*** 10. . . . Dd7 11. Sd5: Dd5: 12. Lc3 Lh6! 13. De3 Lf5 14. Lf5: gf5: 15. 0–0 Tad8, Matanovic – Darga, Winipeg 1967, und laut Parma hat Weiß nicht den geringsten Vorteil.

A115: 9. . . . Sb6!? Eine interessante Möglichkeit, nach Gegenspiel zu streben. Theoretisch interessant sind zwei Partien:

Matulovic – Keene, Zagreb 1975: 10. De2 Lg4 11. 0–0–0 Sd4 12. Df2 c5 13. h3 Lf3: 14. gf3: Sd5? ***Laut Parma gibt 14. . . . f6! Ausgleich.*** 15. Le4 Sc3: 16. Lc3: mit weißem Raumvorteil.

Pinter – Adorjan, Ungarn 1975: 10. De2 Sb4 11. Le4 f5!? 12. ef6: ef6: 13. a3 f5 14. ab4: fe4: 15. Se5 Le5: 16. fe5: Dh4+ 17. g3 Dh3 18. Se4: Lg4 19. Sg5 Dh5 20. De3 h6 remis. Es ist schade, daß die Partie hier endete, denn Schwarz scheint wegen seiner besseren Königsstellung in Vorteil zu sein. Nach z. B. 21. Db3+ Kg7 22. Se4 Lf3! gewinnt Schwarz, und auch nach 21. Se4 Sc4! 22. Dh6: Lf3! 23. Sf6+ Tf6: 24. ef6: De5+ 25. Le3 De3:+ 26. De3: Se3: hat Weiß nur geringe Chancen auf Ausgleich. Der sowjetische Theoretiker Lepeskin empfiehlt 15. Sg5!? mit unklarem Spiel.

A116: 9. . . . Lg4 Schwarz gibt das Läuferpaar auf, um das Feld d4 kontrollieren zu können. 10. Le4 Sb6 ***In der Partie Kapengut – Dydysko, Orel 1974, erhielt Weiß nach 10. . . . e6 11. h3 Lf5 12. De2 Sc3: 13. Lc3: Le4: 14. De4: Dd5 15. Dd5: ed5: 16. 0–0–0 Tad8 17. Td3! Lh6 18. g3 ein besseres Endspiel. Auch 10. . . . Sc3:?! führte in der Partie Matulovic – Bronstein, Sarajewo 1971, nach 11. Lc3: Dd1:+ 12. Td1: f6 13. 0–0! zu einem besseren Endspiel für Weiß.*** 11. h3 ***Falls 11. 0–0, so 11. . . . Sd4!? 12. Lb7: Tb8 13. Le4 Sc4 und Schwarz hat Gegenspiel für den geopferten Bauern.*** 11. . . . Lf3: 12. Df3: Sd4 13. Dd3 f6 14. 0–0–0 fe5: 15. fe5: Sc6 Diese Stellung wird in der Enzyklopädie als ausgeglichen bezeichnet. Weiß kann aber besser 14. ef6:!? ef6: 15. 0–0–0! spielen und nach 15. . . . c6 16. f5 hat Weiß Positionsvorteil.

10. Le4
Andere Läuferzüge geben Weiß keinen Vorteil, z. B. 10. Lc4 Sb6 11. Lb3 a5 oder 10. Le2 Sc3: 11. Lc3: Sd5 12. Ld2 Lh6 13. g3 Lh3!

10. . . . Sb6
Wahrscheinlich ist die Fortsetzung 10. . . . c6 gleichwertig. Nach 11. Sd5: ***Andere Möglichkeiten sind 11. a3 Sc3: 12. Lc3: Sd5 13. Ld5: cd5: 14. 0–0 Lf5 mit Ausgleich, Vulfson – Gulko, Moskau 1974, oder 13. Ld2 f6 14. c4 Sb6***

15. De2 Le6 16. b3 fe5: 17. fe5: Lg4 ebenfalls mit Ausgleich, Bronstein – Etruk, UdSSR 1971. Auch 11. De2 Sc3: 12. Lc3: Sd5 13. Ld2 f6 gab Weiß nichts in der Partie Savon – Ljubosic, Minsk 1977. 11. ... cd5: Führt zu einem etwas schlechteren Endspiel. 12. Lb4: de4: 13. Dd8: Td8: 14. Sd2 e3 15. Sb3 Lf5 16. c3 Td7 17. Lc5 mit weißem Vorteil, Matulovic – Jansa, Sarajewo 1972.

11. a3
Nicht 11. De2?! f5 12. ef6: ef6: 13. a3 f5! und Schwarz glich in der Partie Pinter – Adorjan, Ungarn 1975, aus.

11. ... Sa6
Was sonst?

12. De2 Sc5 13. 0–0–0 Se4: 14. Se4: Dd5
In der Partie Ljubojevic – Donner, Wijk aan Zee, geschah 14. ... c6 15. La5 De8 16. Df2 Sd5 17. Dh4! mit weißem Vorteil. Ein anderer Versuch, die Variante zu rehabilitieren, ist 14. ... De8!?, was in der Partie Weinstein – Mednis, Los Angeles 1974, geschah. Nach 15. The1 Le6 16. Sd4 Ld5 17. Df2 Dc8 18. Dh4 c5 19. Sf3 f6 war das Spiel ausgeglichen. Weiß konnte aber zweimal besser spielen, nämlich 15. Sd4!? und 19. Sb5.

15. Lb4!
In der Partie Parma – Keene, Dortmund 1973, geschah 15. Sc3 Dc4 16. Dc4: Sc4: 17. Sd5 Lg4 18. Lb4 c6 19. Se7:+ Kh8 20. The1 und Weiß hatte leichten Endspielvorteil.

15. ... Da2 16. Sc3 Da1+ 17. Kd2 Td8+ 18. Ke3 Td1: 19. Td1: Db2:

Siehe Diagramm nächste Spalte

20. Sa4!
Danach gewinnt Weiß leicht. Schlecht wäre natürlich 20. Tb1? Sd5+! und Schwarz würde gewinnen. Auch nach 20. Kf2?! c5! 21. Tb1 Db1: 22. Sb1: cb4: hat Schwarz laut Parma ausreichende Kompensation für die geopferte Dame. Zu diesem Thema ist die Partie Stean – Botterill, England 1973, interessant, wo Schwarz nach

Diagramm Nr. 112:

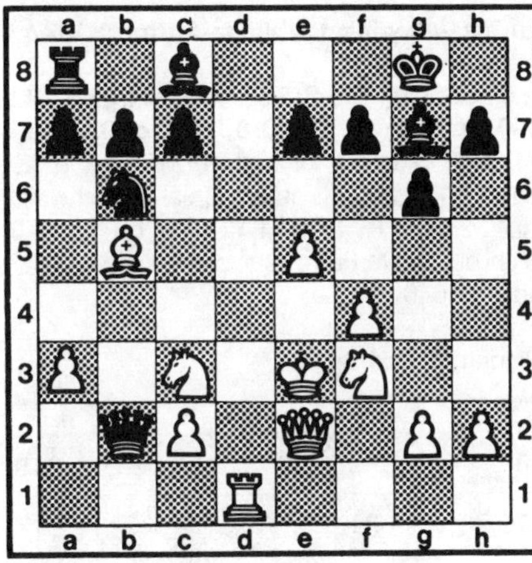

20. Kf2?! die Dame auf andere Art opferte, nämlich 20. ... Lf5 21. Sd4 c5 22. Tb1 Db1: 23. Sb1: cd4: mit scharfem Spiel, wo die schwarzen Chancen nicht schlechter sind. Der Zug Adorjans ist ein schönes Beispiel für Ablenkung.

20. ... Sa4: 21. Td8+ Lf8 22. Le7: Sb6
Die Partie war auch mit 22. ... Db6+ nicht mehr zu retten, denn nach 23. Kd2 Da5+ 24. Lb4 ist es aus.

23. Tf8:+ Kg7 24. Td8 Lg4
Der schwarze König befindet sich in einem Mattnetz, aus dem es keinen Ausweg gibt. Nach 24. ... Le6 entscheidet 25. Lf6+ Kh6 26. Ta8: Sa8: 27. Sg5 mit entscheidendem Angriff.

25. Lf6+ Kh6 26. Ta8: Dc3+
Nach 26. ... Sa8: gewinnt Kf2! mit der entscheidenden Drohung 28. f5.

27. Kf2 Lf3:?!
Auch 27. ... Sa8: 28. Kg3 führt zu einer hoffnungslosen Stellung für Schwarz.

28. gf3: Sa8: 29. Kg3 c6
Nach 29. ... Dd4 30. Dg2 Dd7 31. Kh4 Df5 32. Dg5+ Dg5: 33. fg5: wird Schwarz auf originelle Weise mattgesetzt.

30. Df1
Schwarz gab auf.

Musterpartie XII/2

Parma – Planinc, Ljubljana-Portoroz 1977

1. e4 d6 2. d4 Sf6 3. Sc3 g6 4. f4 Lg7 5. Sf3 0–0 6. Ld3 Lg4 7. h3 Lf3: 8. Df3: Sc6 9. Le3 e5 10. de5: Möglich ist auch 10. fe5: de5: 11. d5 Sd4 12. Df2 c6! mit gutem Spiel für Schwarz **10. ... de5: 11. f5 Sd4 12. Df2 b5 13. 0–0** Nicht das Beste. Parma selbst empfiehlt 13. g4!? oder 13. 0–0–0.

Diagramm Nr. 113:

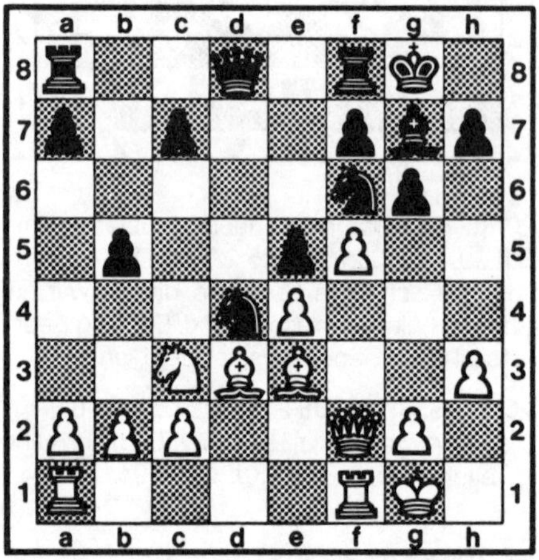

13. ... c5!? Führt zu unüberschaubaren Komplikationen. **14. Sb5:!** Erzwungen. **14. ... Sb5:** Spielbar war auch 14. ... c4 15. Ld4: cd3: 16. Le5: Se4: 17. Dd4 Dd4: 18. Ld4: dc2: mit Ausgleich. Planinc fürchtete aber die Fortsetzung 16. La7:! und falls 16. ... Se4: so 17. De3!, wonach Weiß mit Vorteil aus den Komplikationen hervorgeht. **15. Lb5: Se4: 16. Df3 Sd2 17. Ld2: Dd2: 18. Ld3** Weiß riegelt das Zentrum ab und steht deutlich besser. Planinc setzt nun sehr schwach fort. **18. ... e4?!** Schwarz opfert einen Bauern für Gegenspiel. Besser war aber 18. ... Tad8! **19. Le4: Tae8 20. Tad1 Db4 21. Ld5! Kh8 22. b3 gf5: 23. Lc4 Ld4+ 24. Kh1 Db6 25. Df5: Dg6 26. Ld3 Df5: 27. Tf5: f6 28. Tdf1 28. ... Te7 29. g3 Tfe8 30. Kg2 h6? 31. h4 Tg7? 32. Th5 Le3 33. Tf6:** Schwarz gab auf.

Musterpartie XII/3

Byrne – Korchnoi, Moskau 1975

1. e4 d6 2. d4 Sf6 3. Sc3 g6 4. f4 Lg7 5. Sf3 0–0 6. Ld3 Lg4 7. h3 Lf3: 8. Df3: Sc6 9. Le3 Sd7 10. e5! Db4 11. 0–0–0! Schlecht wäre 11. Db7: Sd3:+ 12. cd3: Tb8 und 11. Le4 c5!? führt zu einer sehr scharfen Stellung. **11. ... c5?!** Mit diesem zweifelhaften Zug will Korchnoi um jeden Preis zu Gegenspiel kommen, denn er fürchtete, daß nach 11. ... Sd3:+ 12. Td3: Weiß ungestört mittels h3–h4–h5 einen Königsangriff einleiten könnte. **12. dc5:! Da5** Schlecht war 12. ... de5: wegen 13. Lb5! Sc6 14. Lc6: bc6: 15. Dc6: und Weiß gewinnt. **13. cd6: ed6:** Nach 13. ... Sa2:+ 14. Sa2: Da2: 15. de7: Te8 16. Db7: hat Weiß entscheidenden Vorteil. **14. a3**

Diagramm Nr. 114:

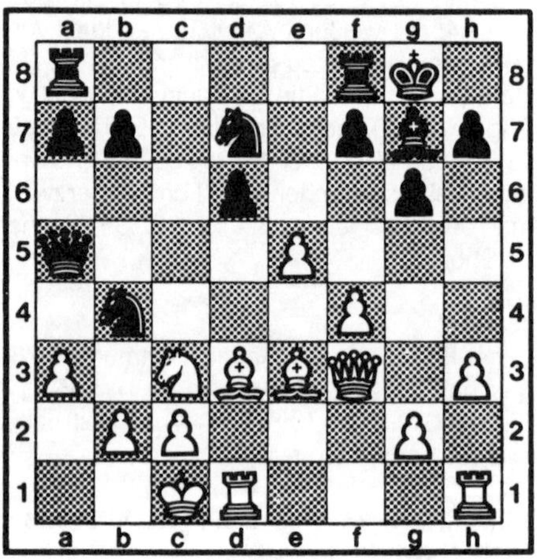

14. ... de5: Ganz schlecht ist 14. ... Sc6 15. Le4 und 14. ... Sd3:+ 15. Td3: Sb6 16. Lb6: Db6: 17. Td6:, in beiden Fällen mit weißem Gewinn. **15. ab4: Da1+ 16. Kd2 Db2: 17. Sd5!** Weiß vermeidet die letzte Falle 17. Tb1? Dc3:+! 18. Kc3: e4+ **17. ... ef4: 18. Df4: Tad8 19. Tb1! De5** Dies kommt der Aufgabe gleich, aber auch andere Fortsetzungen retten nicht, z. B. 19. ... Da2 20. Lc4 Da3 21. Tb3 Da4 22. Ld4 Sb6

23. Lb6: ab6: 24. Td3 und Weiß gewinnt. **20. De5: Se5: 21. Sf4 Tfe8 22. Lf2 a6 23. Thf1 Td7 24. Tb3 Tc8 25. Lg1 h6 26. Ke2 Te8 27. Kf2 b5 28. Kg3 Sc6 29. Kh2 Lf8 30. Lc5 Lc5: 31. bc5: Te5 32. Ta1 Tc5: 33. Ta6: Sd4 34. Tb2, Tc3 35. Taa2 Kf7 36. Se2 Se2: 37. Le2: b4 38. Ld3 Tb7 39. Tb3** Schwarz gab auf.

Musterpartie XII/4

Spasski – Timman, Amsterdam 1977

1. e4 d6 2. d4 Sf6 3. Sc3 g6 4. f4 Lg7 5. Sf3 0–0 6. Ld3 Sc6 7. e5 de5: 8. fe5: Sg4 9. Le4 f6 10. h3 Sh6 11. ef6: ef6: 12. Le3 Se7 13. Dd2 Shf5 14. Lf4 c6 15. 0–0–0

Diagramm Nr. 115:

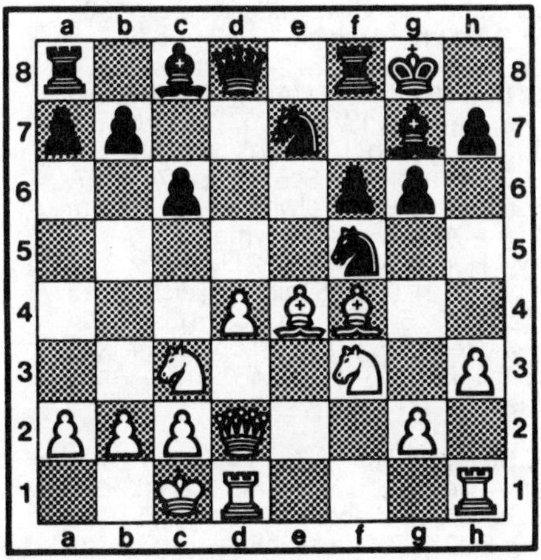

15. . . . Sd6!? Schwarz bereitet ein typisches Manöver vor, um das Zentrum unter Kontrolle zu bringen. **16. The1** Nach 16. Ld3 Sd5! gleicht Schwarz aus. **16. . . . Se4: 17. Se4: Sd5 18. Lh6 Lh6: 19. Dh6: Dc7!?** Schwarz hält das Feld f4 unter Kontrolle. **20. Td2?!** Hier hätte Weiß besser 20. c4! Df4+ 21. Df4: Sf4: 22. Td2 Le6 23. Sd6! spielen sollen, wonach Schwarz im Endspiel Sorgen hat. **20. . . . Lf5! 21. Sh4 Tae8 22. Tde2 Le4:** Schlecht war 22. . . . Df4+? 23. Df4: Sf4: 24. Sf6:+ und Weiß gewinnt. **23. Te4: Df7 24. Dd2 Te4: 25. Te4: f5 26. Te5 f4!? 27. Sf3 Se3 28. b3 Dd7 29. g4!** Ein sehr wichtiger Zug, womit der Königsflügel blockiert und dem schwarzen Springer das Feld f5 genommen wird. **29. . . . Te8 30. Da5! b5 31. Te8:+ De8: 32. Da7:** Sehr gut sieht 32. Se5!? aus, aber nach 32. . . . Df8! kann Schwarz sich halten. **32. . . . Sc2:! 33. Sg5! De3+ 34. Kc2:** remis gegeben, denn der König kann nicht aus dem Dauerschach entkommen, z. B. 34. . . . De2+ 35. Kc3

Musterpartie XII/5

Barczay – Vadasz, Ungarn 1976

1. e4 d6 2. d4 Sf6 3. Sc3 g6 4. f4 Lg7 5. Sf3 0–0 6. Ld3 Sa6 7. 0–0 c5 8. d5 Tb8 9. Kh1 Sc7 10. a4 b6 11. De1!? a6 Der ungarische Theoretiker Florian empfiehlt 11. . . . e6, aber nach 12. de6: fe6: 13. e5! muß Schwarz sich um seinen schwachen Bauern e6 kümmern. Falls z. B. 13. . . . de5: 14. Se5: Lb7 15. Ld2 mit besseren weißen Aussichten. **12. Dh4 b5 13. ab5: ab5: 14. f5!** Nun droht Weiß 15. Lh6 nebst 16. Sg5 **14. . . . gf5:** Relativ am besten war noch 14. . . . c4 15. Le2 b4 16. Sd1 gf5: 17. Lh6! mit starkem weißem Angriff. Schwarz verliert nach 14. . . . e6 15. de6: fe6: 16. fg6: hg6: 17. e5! **15. Lh6 b4 16. Se2 Lh6:** Es geht nicht 16. . . . fe4: 17. Sg5 Scd5: 18. Le4:! und Weiß gewinnt. **17. Dh6: Sg4** Falls 17. . . . fe4: gewinnt 18. Sg5! **18. Dh5 Sf6 19. Dh4 e6 20. Sg5** Es gibt keine Verteidigung mehr. **20. . . . ed5: 21. ed5: Kg7 22. Sg3! h6 23. Tf5:!** Schwarz gab auf.

I. Das klassische System

(Siehe Seiten 1–33)

Die derzeit populärste Variante der Jugoslawischen (oder „Modernen") Verteidigung ist das, vom Weltmeister Karpow bevorzugte, klassische System, charakterisiert durch die Zugfolge 1. e4 d6 2. d4 Sf6 3. Sc3 g6 4. Sf3 Lg7.
Häufig wird mit 5. Le2 0–0 6. 0–0 fortgesetzt. Ein selbständiges Thema stellen die Fortsetzungen 5. h3; 5. Lf4 und 5. Lg5 dar. Zu den beiden letzten Zügen gibt es keine neueren Partiebeispiele. Dagegen fand das System mit 5. h3 gerade in jüngster Zeit eine große Verbreitung. Dieses System wird auf den Seiten 1–3 als Variante A behandelt:

1. e4 d6 2. d4 Sf6 3. Sc3 g6 4. Sf3 Lg7 5. h3

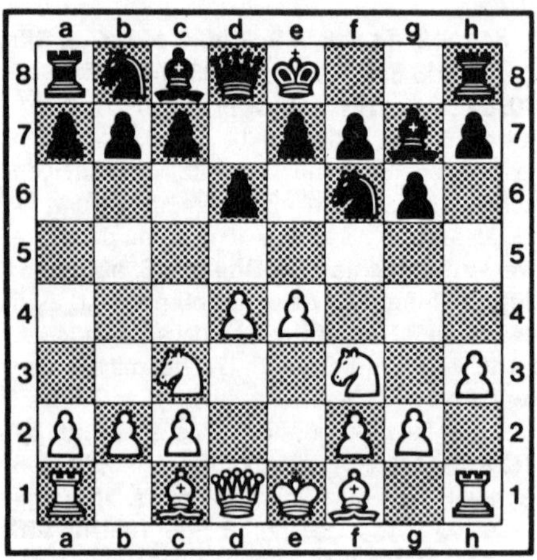

Nun führt 5. . . . c6 nach 6. Le3 0–0 durch Zugumstellung zur Variante 5. . . . 0–0 6. Le3 c6, die im weiteren Text behandelt wird. Ebenso ergibt 5. . . . a6 nach 6. Le3 0–0 eine Zugumstellung, wenn Schwarz sogleich die kurze Rochade folgen läßt. Eine selbständige Bedeutung hat die Zugfolge aus der nachfolgenden Partie mit Anmerkungen von GM R. Byrne:
Spasski – van der Wiel, Baden 1980: 5. . . . a6 6. Ld3! Sfd7?! (6. . . . 0–0!?) 7. Se2! c5 8. c3 Sc6 9. 0–0 b5 10. Le3 0–0 11. Dd2 Lb7?! (11. . . . Da5!? mit der Idee 12. Lh6 cxd4 war besser und mit einem leichten weißen Vorteil verbunden) 12. Lh6! cxd4 13. cxd4 Da5 14. De3 Sb4 15. Lb1! Tac8 16. Sc3 Sc2 17. Lxc2 b4 18. Sd5! (18. . . . Txc2 19. Sxe7+ Kh8 20. d5 Te8 21. Lxg7+ Kxg7 22. Sd4 Txb2 23. Sdf5+!) 18. . . . Lxd5 19. Tfc1 Lb7 20. Lb3 Sf6 21. e5 Sd5 22. Dg5 f6 23. Dh4 Kh8 24. Txc8 Txc8 25. Te1 Dc7 26. Lxg7+ Kxg7 27. De4 Dc6 (27. . . . Sb6 28. exf6+ exf6 29. De7+) 28. exf6+ exf6 29. Te2 Tf8 30. Kh2 Tf7 31. Tc2 Db5 32. De6! Dd3 (32. . . . Td7 33. Lc4 Dc6 34. Lxd5) 33. Dxd6 g5 34. Tc5 Sf4 35. Tc7! Txc7 36. Dxc7+ Kh6 37. Dxb7 Df1 38. Sd2 Dxf2 39. Lc2! Sg6 40. Lxg6 Df4+, und Schwarz gab gleichzeitig auf.

Nach **5. h3 0–0 6. Le3** wurden in der Meisterpraxis der Jahre 1979 bis 1983 fünf Fortsetzungen angewandt: 6. . . . a6; 6. . . . c6; 6. . . . Sbd7 und 6. . . . Sa6.

6. . . . a6

In zwei Partien der Olympiade in Luzern 1982 wurde 7. Ld3 b5 gespielt.
Lobron – Seirawan: 8. Se2 (besser ist 8. a4) Sd7 9. Sg3 c5 10. c3 e5! (Ausgleich) 11. dxe5 dxe5 12. 0–0 c4! 13. Lc2 Lb7 14. Dd2 Te8 15. Tad1?! (15. b4! gefolgt von 16. a4) 15. . . . De7 16. Lh6 Sc5 17. Lxg7 Kxg7, Schwarz steht bereits etwas besser (0:1 im 73. Zug) – Anm. von GM Byrne.
McKay – Hort: 8. a4 b4 9. Se2 Lb7 10. Sg3 d5 (10. . . . Sbd7 11. Dd2 c5 mit Ausgleich) 11. e5 Se4 12. 0–0 c5 13. c3 Sxg3?! (13. . . . c4 14. Lxe4 dxe4 15. Sg5 Dd5 ist unklar) 14. fxg3 mit Vorteil für Weiß (1:0 im 46. Zug) – Anm. des Siegers.

6. . . . b6

Larsen – Timman, Linares 1983: 7. Ld3 Lb7 (7. . . . c5? 8. e5! nebst Le4) 8. 0–0 c5 9. d5 Sa6 10. Dd2 Sc7 11. Lh6 b5 12. Lxg7 Kxg7 13. a3 a6 14. Tfe1 e6 15. dxe6 Sxe6 16. Lf1 Db6 17. a4! b4?! (17. . . . Tad8!? – Larsen) 18. Sd5 Lxd5 19. exd5 Sc7 20. a5 (1:0 im 50. Zug).

6. . . . c6

In allen Meisterpartien der letzten Jahre folgte 7. a4, wonach sich die Geister schieden:
Larsen – Schüssler, Kopenhagen 1979: 7. a4 e5? 8. dxe5 dxe5 9. Dxd8 Txd8 10. Lc4 Sbd7 11. 0–0 (11. a5!?) 11. . . . h6 (11. . . . a5 12. Sg5 Tf8 13. f4!) 12. a5! mit Vorteil (1:0 im 33. Zug) – Anm. von Larsen.

Ivanovic – Gurewitsch, Reykjavík 1982: 7. a4 a5 8. Le2 Sa6 9. 0–0 d5 10. exd5 Sxd5 11. Sxd5 Dxd5 12. Lg5 Dd6 13. Te1 Le6 14. Dc1 c5 15. c3 cxd4 16. Sxd4 Lxd4! 17. cxd4 Sb4 und Ausgleich nach Gurewitsch (0:1 im 48. Zug).

Larsen – Kavalek, Linares 1981: 7. a4 Sbd7 8. a5 Dc7 (8. . . . e5 9. dxe5 dxe5 10. Lc4 +=) 9. Le2 e5 10. dxe5 Sxe5 11. 0–0 (11. Sxe5 dxe5 12. Lc4 +=) 11. . . . Td8 12. Dc1 Sxf3+ 13. Lxf3 Le6 14. Lg5 += (1:0 im 49. Zug) – Anm. von Larsen.

Wedberg – Kindermann, Dortmund 1983: 7. a4 Sbd7 8. Dd2 e5 9. dxe5 dxe5 10. Lc4 De7 11. 0–0 Sc5 12. Lg5 Dc7 13. Tfe1 Se6 14. Tad1 Td8 15. De3 Txd1 16. Txd1 Sh5 17. Se2 Lf8 18. Dd2 f6 19. g4! fxg5 20. gxh5 h6 21. Dd8! Df7 (21. . . . Dxd8 22. Txd8 mit der Drohung 23. Txc8) 22. Sxe5! Sxd8 23. Txd8 Le6 24. Txa8! Dc7 (24. . . . Df6 25. Lxe6+ Dxe6 26. Sxg6 usw.) 25. Lxe6+ Kg7 26. Sxg6 Lc5 27. e5 Da5 28. c3 Db6 29. b4 Lxf2+ 30. Kg2 und 1:0.

6. . . . Sbd7
Wedberg – Gurewitsch, Reykjavik 1982: 7. e5!? Se8 8. Lc4 Sb6 9. Lb3 c6 10. 0–0 Sc7 11. Te1 Le6 12. Lg5 Dd7?! (12. . . . dxe5 13. dxe5 Dxd1 14. Taxd1 Tfe8 ist ausgeglichen) 13. Se4! f5 14. exf6 exf6 15. Lf4 mit klarem Vorteil nach Gurewitsch. (1:0 im 43. Zug).

6. . . . Sa6
Lobron – Høi, Zonenturnier Randers 1982: 7. Ld3 c5 8. e5 Sd7 9. exd6 exd6 10. 0–0 Sb4 11. Lb5 cxd4 12. Sxd4 Se5 13. a3 Sbc6 14. f4 Sxd4 15. Lxd4 Sc6 16. Lxg7 Kxg7 17. Lxc6 bxc6 18. Dd4+ Df6 19. Dxf6+ Kxf6 20. Se4+ Ke7 21. Tae1 Le6 22. g4 d5 23. f5 gxf5 24. gxf5 Lc8 25. Sg5+ Kd6 26. Sxh7 (1:0 im 56. Zug). Damit wäre die Übersicht über die wichtigsten Partien der letzten Jahre zum Thema 5. h3 abgeschlossen. Wir gehen nun zur Hauptvariante des klassischen Systems über. Die Grundstellung entsteht nach den Zügen:

1. e4 d6 2. d4 Sf6 3. Sc3 g6 4. Sf3 Lg7 5. Le2 0–0 6. 0–0
Die Übersicht der nun möglichen Antworten des Nachziehenden finden Sie auf der Seite 4.
A: 6. . . . c6 (Seiten 5–9)
A 1: 6. . . . c6 7. a4
A 11: 6. . . . c6 7. a4 a5
Stean – Petrosjan, Europäische Mannschaftsmeisterschaft (EMM) in Skara 1980: 8. Le3 Sa6 9. Sd2 d5 10. e5 Se8 11. f4 b6 12. Sf3 f6 13. Dd2 Sec7 14. Sd1 Lf5 15. Sf2 Dd7 16. c3 c5 17. Sh4 mit Vorteil für Weiß laut Stean (Remis im 37. Zug).

A 12: 6. . . . c6 7. a4 Dc7
Short – van Wijgarden, Amsterdam 1982: 8. h3?! e5 9. Te1 Sbd7 10. Le3 exd4 11. Lxd4 Te8 12. Sd2 b6 13. Sc4 Te6 14. f3 (14. f4 Lb7! =+) 14. . . . Lb7 15. Dd2 a6 16. Lf1 Tae8 17. Se3 b5? (17. . . . d5! 18. exd5 cxd5 19. Tad1 Lh6 =) 18. axb5 axb5 19. b4 Sb6 20. Sg4 Sxg4 21. hxg4 Sc8 22. Se2! (1:0 im 43. Zug) – Anm. von Short.

A 2: 6. . . . c6 7. h3

A 21: 7. . . . b5
Dizdar – Barlow, Jugoslawische Meisterschaft 1982: 8. e5 Se8 9. Lf4 b4 10. Se4 Lb7 11. Ld3 Sa6 12. Te1 Sac7 13. Dd2 a5 14. Lh6 Se6 15. Tad1 Dc7 16. Lxg7 Kxg7 17. Sg3 (17. c4!?) 17. . . . c5 18. Sh2 Th8 (18. . . . Sxd4 19. Sg4 und Dh6+) 19. dxc5 Dxc5 20. Le4?! (20. exd6 Sxd6 21. Se4) 20. . . . Lxe4 21. Txe4 dxe5 22. Sg4 h5 23. Txe5? Dc7 24. Sxh5+ gxh5 25. Txe6 hxg4 26. Dg5+ Kf8 27. Th6 Tg8 – 0:1.

A 22: 7. . . . Sbd7

Gligoric – Tringow, EMM Skara 1980: 8. e5 dxe5 9. dxe5 Sd5 10. Sxd5 cxd5 11. Lf4 (11. Dxd5? Sxe5) 11. . . . Sc5 12. Dd2 Se6 13. Lh6 b6 14. Lxg7 Kxg7 15. Tad1 Lb7 16. De3 Dc7 17. c3 f5 (17. . . . f6!? 18. Tfe1) 18. Sd4 (18. exf6 Txf6 ist unklar) 18. . . . Sxd4 19. Txd4! Tad8 20. Tfd1 Lc6? (20. . . . e6!?) 21. Lf3 e6 22. c4 Tfe8 23. cxd5 exd5 24. Te1 Te6 25. Ld1 f4 26. Dxf4 Tde8 27. Td3 Txe5? 28. Tde3 g5 29. Dd4 (29. . . . Kf6 30. f4) – 1:0 (Anm. von Gligoric).

A 23: 7. . . . Dc7
Kokkinos – Fedorowicz, Thessaloníki 1981: 8. Lg5?! (8. Le3!? verdient den Vorzug) 8. . . . e5 9. Dd2 (9. dxe5 dxe5 10. Dd2 Td8 11. De3 =) 9. . . . b5! 10. Ld3 Te8 11. Se2? exd4 12. Sg3 Sa6 13. Sxd4 Sc5 14. Df4 Sfd7 15. Sdf5 (15. Sge2 f6!) 15. . . . gxf5 16. Sh5 (16. Sxf5 Se6 17. Dg4 Sf8! schlägt den Angriff ab; Schwarz kann bei Bedarf Sg6 ziehen) 16. . . . Le5! 17. Dh4 (17. Dxf5 Sf8 18. Sf6+ Kh8 usw.) 17. . . . fxe4 18. Tae1 d5 19. f4 Ld4+ 20. Kh1 f5 und bald 0:1 – Anm. des Siegers.

A 3: 7. Te1

Duric – Sznapik, Smederevo 1981: 7. . . . Dc7 8. e5 dxe5 9. Sxe5

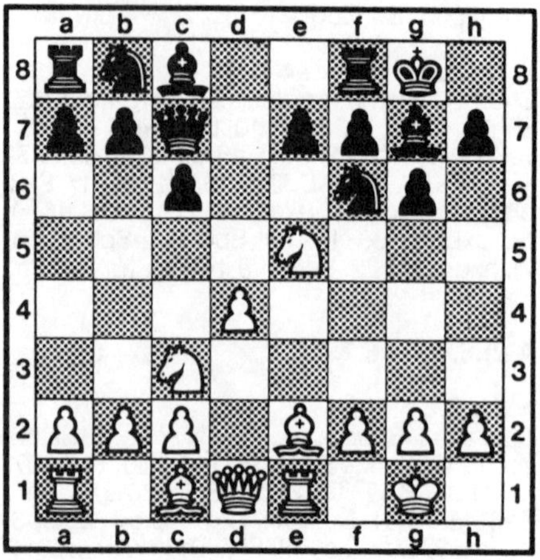

In der Partie Duric – Benoit, Luxemburg 1981 folgte nun 9. . . . Sfd7 10. Sg4 Td8? 11. Sh6+ Kf8 12. Lc4 Se5 13. Lf4 Db6 14. Lxe5 Lxh6 15. Df3 f5 16. Dh3 – 1:0.

9. . . . Le6 10. Lf4 Da5! (10. . . . Dc8!? +=) 11. Dd2 Td8 12. a3 Db6 13. Tad1 a5 (13. . . . Dxb2 14. Sa4 Dxa3 15. Ta1 Se4 16. Txa3 Sxd2 17. Sb6+–) 14. d5!!.

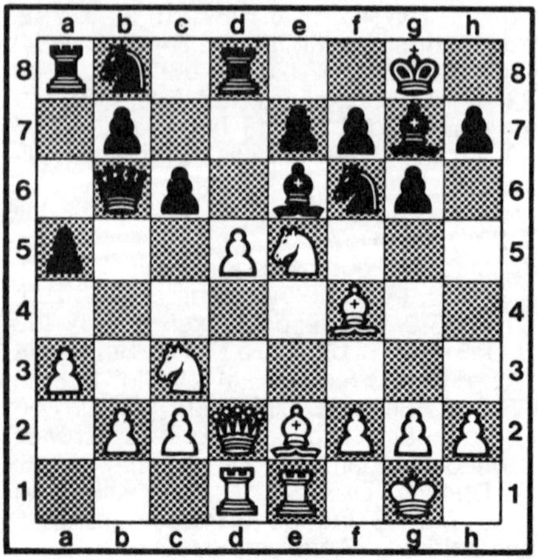

(Das Schlagen mit dem Turm ist nun erzwungen: 14. . . . Lxd5 15. Sc4 Da6 16. Lc7 und 17. Sb6; 14. . . . Sxd5 15. Sa4 Da7 16. Le3; 14. . . . cxd5 15. Sa4 Da7 16. Le3 Se4 17. Dd3) 14. . . . Txd5 15. Sxd5 cxd5 16. Sc4! Dd8 (16. . . . dxc4 17. Dd8+Dxd8 18. Txd8+ Lf8 19. Lh6 Sfd7 20. Lf3!) 17. Lxb8?! (17. Lf3!) 17. . . . Se4! 18. Dc1 Dxb8 19. Se3 Df4 20. Lf3 f5 21. c3 Le5 22. Sf1 Dh4?! (22. . . . Dxc1!? 23. Txc1 +=) 23. g3 Df6 24. Se3 d4 25. cxd4 Lxd4 26. Te2 Lb3 (Zeitnot; besser Tc8) 27. Td3 a4 28. Dc7 e5 29. Dxb7 Tf8 30. Lxe4 fxe4 31. Dxe4 Df7 32. Sg4 – 1:0 (Anm. des Siegers).

A 6: 7. e5

Hulak – Ciocaltea, Val Thorens 1981: 7. . . . Se8 8. Te1 Sa6 9. Lg5 f6 10. exf6 exf6 11. Le3 d5? (11. . . . Sc7 12. d5 c5 13. Sd2 a6 14. a4 b6 15. Sc4 Tb8 +=) 12. Lxa6 bxa6 13. Sa4 Sd6 14. b3 a5 15. Lc1 Te8 16. Txe8+ Dxe8 17. La3 Sb5 18. Lc5 Lg4 19. h3 Lxf3 20. Dxf3 f5 21. Td1 De6?! (21. . . . De4!?) 22. c4

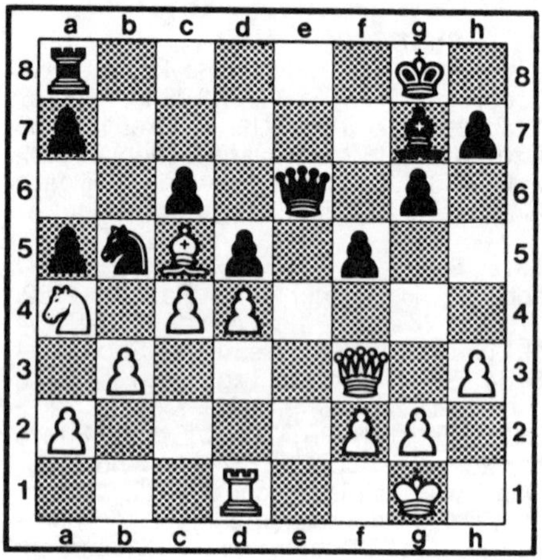

(22. . . . dxc4 verliert zwingend: 22. bxc4 Dxc4 24. Dxc6 Tb8 25. Te1 Sxd4 – 25. . . . Df7 26. Te7! Sxd4 27. Dc7! – 26. Te8+ Lf8 27. Txb8 Dc1+ 28. Kh2 Df4+ 29. g3 Dxf2+ 30. Dg2 Sf3+ 31. Kh1 De1+ 32. Lg1).

22. . . . Sd6 23. cxd5 cxd5 24. Dc3 Sb7 25. Te1 Dc6 26. De3 Sxc5 27. Sxc5 Tc8 28. Sd3 Db6 29. Se5 Te8 30. f4 g5 31. Kh1 Lxe5 32. fxe5 f4 33. Dd3 De6 34. Tc1 Tc8 35. Txc8+ Dxc8 36. Db5 Dd8 37. Db7 g4

38. e6! Df6 39. Dxd5 Kf8 40. Dd6+ Kg8 41. Dd5 Kf8 42. Dc5+ Kg7 43. Dc7+ Kh6 (44. De5! Dxe5 45. dxe5 Kg7 46. hxg4 Kf8 47. Kh2 Ke7 48. Kh3 Kxe6 49. Kh4 Kxe5 50. Kg5 Ke4 51. Kh6 Ke3 52. Kxh7 Kf2 53. g5 Kxg2 54. g6 f3 55. g7 f2 56. g8-D+ usw.) – 1:0 (Anm. von Ciocaltea).

B: 6. . . . Lg4 (Seiten 13–22)

B 1: 7. Le3

Schwarz spielt nun 7. . . . Sc6 (Variante B 11) oder 7. . . . Sbd7 (B 12)

In der Variante **7. . . . Sc6** gab es eine Reihe wichtiger Partien. Die Idee 8. Dd3 ist in der ersten Ausgabe dieses Buches noch nicht berücksichtigt worden:

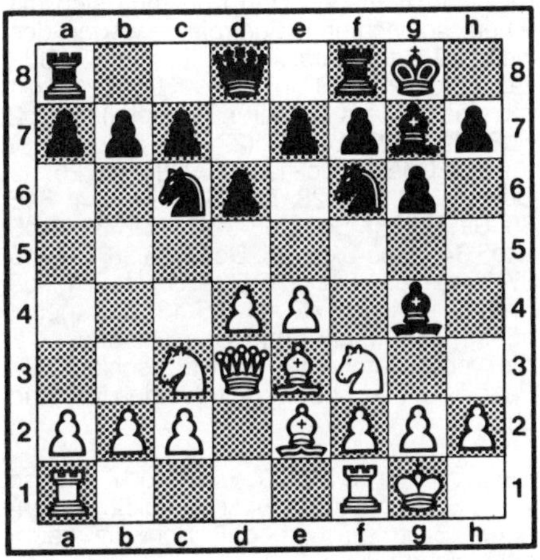

Polugajewski – Sax, Olympiade Buenos Aires 1978: 8. . . . Sd7 9. Sd2 Sb4 10. Dc4 Lxe2 11. Sxe2 c5 12. dxc5 dxc5 13. Tad1 (13. Lxc5 Sxc5 14. Dxb4 Lxb2 15. Tab1 Sa6!) 13. . . . Dc7 14. Sf3 b6 mit Ausgleich (Remis im 40. Zug).

Karpow – Timman, Amsterdam 1980: 8. . . . Sd7 9. Se1 Lxe2 10. Sxe2 e5 11. c3 Se7 12. Sf3 exd4 13. Lxd4 Se5 14. Lxe5 dxe5 15. Dc4 c6 16. Tad1 Dc7 17. Td3 Tad8 18. Tfd1 Sc8 mit Ausgleich und Remis.

Karpow – Kortschnoi, WM-Kampf 1978: 8. . . . e5 9. d5 Sb4 10. Dd2 a5 11. h3 Ld7 12. Lg5 Dc8 13. Sh2 Kh8 14. a3 Sa6 15. Lh6 mit etwas besseren Chancen für Weiß. Remis im 64 Zug.

Gligoric – Dr. Nunn, Baden 1980: 8. . . . e5 9. d5 Se7 10. h3?! (10. Sd2!?) 10. . . . Lc8 11. Sd2 Sd7 12. Sc4 (12. f4 exf4 13. Lxf4 Se5 14. Dg3 unklar) 12. . . . f5 13. f4 exf4 14. Txf4 (14. Lxf4 Sc5) 14. . . . g5 15. Tf1 f4 16. Ld4 Sg6 17. Lxg7 Kxg7 18. Sb5 Sde5 19. Dc3 Ld7 20. Sd4 (20. Sxe5 Sxe5 21. Dxc7 Dxc7 22. Sxc7 Tac8) 20. . . . Kg8 21. Tad1 Sxc4 22. Dxc4 Se5 23. Db3 Tb8 24. Se6 Lxe6 25. dxe6 De7 26. Td5 Kh8 (26. . . . Dxe6? 27. Txe5!) 27. Lg4 c6 28. Txe5 (28. Tdd1 Sxg4 29. hxg4 Tf6 mit klarem Vorteil) 28. . . . dxe5 29. Dc3 Dc7 30. Kh2 Tbd8 31. Da3 c5 32. Lf5 b6 33. Df3 De7 34. Dh5 Tf6 35. Lxh7+! Kg7 (35. . . . Dxh7? 36. e7) 36. Lf5 Th6 37. Dg4 Kf6 38. Td1 Txd1 39. Dxd1 Th8 40. c3 b5 41. Dd5 Td8 42. Dc6 f3! 43. gxf3 Dd6 44. e7 Kxe7 45. Db7+ Kf8 46. h4 Dd1 47. hxg5 Dxf3 48. Ld7 De2+ (nach . . . Dd3+ oder 49. . . . Dd1+ geht der Ld7 verloren) – 0:1 (Anm. nach GM Parma)

Meistens wird nach **7. . . . Sc6 8. Dd2 e5** gespielt, wonach Weiß entweder mit **9. d5 (B 11111;** Seite 19 ff.) oder **9. dxe5 (B 11112;** Seite 17 ff.) fortsetzt.

6. . . . Lg4 7. Le3 Sc6 8. Dd2 e5 9. d5

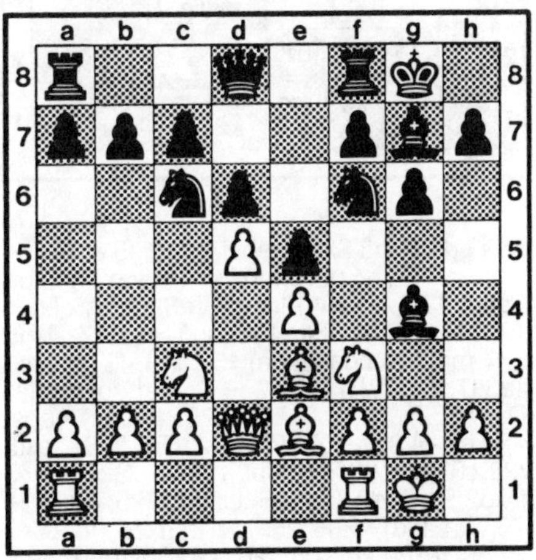

Tal – Hort, Montreal 1979: 9. . . . Sb8 10. Tad1 Sbd7 11. h3 Lxf3 12. Lxf3 Kh8 13. a4 Sg8 14. Le2 a6 15. a5 De7 16. b4 f5 17. exf5 gxf5 18. f4 Df6 (18. . . . e4?! 19. Lc4 und De2–d4 mit Vorteil) 19. fxe5 Dxe5 20. Ld4 += (Remis im 58. Zug). Die Idee 9. . . . Sb8 fand keine Nachahmer.

Timman – Seirawan, Interzonenturnier Las Palmas 1981: 9. . . . Se7 10. Tad1 Sd7?!

11. Sg5! Lxe2 12. Sxe2 h6 13. Sh3! Kh7 14. b3 f5 15. exf5 Sxf5 (15. . . . gxf5 16. f4 +=) 16. f3 Sf6 17. Sg3 Sxe3 (17. . . . Sxg3 18. hxg3 und 19. g4 +=) 18. Dxe3 +=. Der weiße Springer (Feld e4!) ist dem schwarzen Lg7 überlegen. – 1:0 im 55. Zug.

Große Beachtung fand die Niederlage des Weltmeisters in dieser Variante gegen einen jungen Meister:

Karpow – Asmajparaschwili, UdSSR-Meisterschaft 1983: 9. . . . Se7 10. Tad1 b5!?

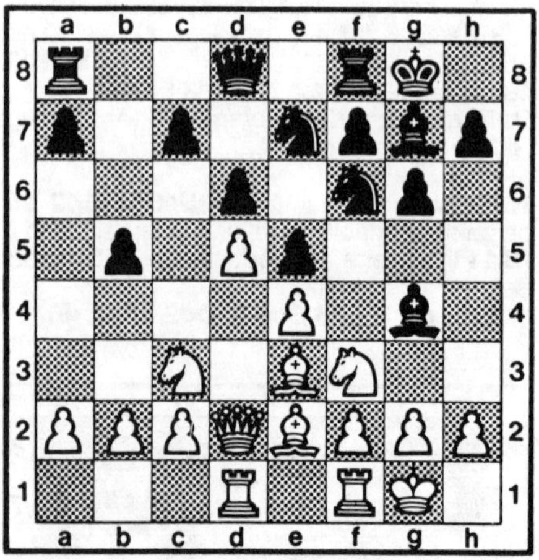

11. a3 (11. Sxb5 Sxe4 nebst 12. . . . f5 und =+) 11. . . . a5 12. b4 (12. Lxb5 siehe nachfolgende Partie) 12. . . . axb4 13. axb4 Ta3! 14. Lg5 Txc3! 15. Lxf6 (15. Dxc3 Sxe4 16. De3 Sxg5 17. Dxg5 Ld7 mit Kompensation) 15. . . . Lxf3 16. Lxf3 Ta3 17. Lxg7?! (17. Lxe7 =) 17. . . . Kxg7 18. Ta1 Da8 19. Txa3 Dxa3 20. Le2?! (20. c3 nebst 21. Le2 =) 20. . . . Db2! =+ 21. Td1 f5 22. exf5 (22. c3 Dxd2 23. Txd2 Ta8!) 22. . . . Sxf5 23. c3 Dxd2 24. Txd2 Ta8! 25. Lxb5?! (25. g3 Ta1+ 26. Td1 Txd1+=+) 25. . . . Ta3! 26. Tc2 Se7 27. f4 exf4 28. Lc6 (28. c4 Sf5 und Se3) 28. . . . Sf5 29. Kf2 Se3 30. Tc1 Kf6 31. g3 Ke5 32. Kf3 g5 33. gxf4+ gxf4 34. h4 Sxd5 35. Lxd5 Kxd5 36. Kxf4 Kc4 37. Te1 Txc3 38. Te7 Kxb4 39. Txh7 d5 40. Ke5 c6 41. Kd4 Tc4+ (Gewinn nach dem Schema Tg4; Tg3+; Th3 nebst Vormarsch der schwarzen Bauern). – 0:1 (nach Anm. des Siegers).

Liberzon – Quinteros, Natanya 1983: 11. a3 a5 12. Lxb5 Lxf3 13. gxf3 Sh5 14. Kh1 f5 15. De1! (+= nach Liberzon) 15. . . . Sf4 (Hier muß 15. . . . Kh8 mit der Idee Sg8; Lh6; Dh4 geprüft werden) 16. Tg1 h6 17. Lxf4 exf4 18. exf5 g5 19. Ld3 Kh8 (20. h4! Sxf5 21. hxg5 hxg5 22. Tg2 mit klarem Vorteil nach Liberzon). – 1:0 im 54. Zug.

Die Bewertung der vereinfachenden Abtauschvariante **(B 11112) 6. . . . Lg4 7. Le3 Sc6 8. Dd2 e5 9. dxe5 dxe5 10. Tad1 Dc8** (siehe Seite 18) muß überprüft werden.

Petrosjan – Sax, Tallinn 1979: 10. Tad1 Dc8 11. Dc1 Td8 12. Txd8 Dxd8 13. Td1 Df8 14. h3 Lxf3 15. Lxf3 a6?! 16. Sb1 (Verbesserung gegenüber 16. Sd5) 16. . . . Td8 17. Txd8 Dxd8 18. c3 (+=; Schwarz kann nun das Zentralfeld d4 nicht mehr besetzen und muß sich mit einem schlechteren Endspiel – wegen des weißen Läuferpaars – abfinden) 18. . . . Dd3 19. Sd2 Lf8 20. Db1 Db5 (20. . . . Dxb1 21. Sxb1 mit einem etwas besseren Endspiel) 21. Dc2 Sd8 22. Db3 Dd3?! (22. . . . Dxb3 +=) 23. Dc4 Dd6 24. De2 De6 25. Dd3 Sc6 26. a3 De7 27. b4 Sd8 28. Sc4 Sd7 29. Lg4! Se6 30. Sa5! b5 31. Sc6 De8 32. c4 Sf6 33. cxb5 axb5 34. Dxb5 Sxe4 35. Dc4 Sd6 36. Dd5 h5 37. Lxe6 fxe6 38. Dc5 Sf5 39. Dc2 Lg7 40. b5 Sd4 41. Dc4 Dd7 42. a4 Sf5 43. De2 (nebst a5–a6) – 1:0 (nach Anm. des Siegers).

Als Verbesserung für Schwarz schlägt GM Petrosjan 15. . . . h5 vor, mit der Idee Kh7 und Lh6.

Die Variante B 12 (7. . . . Sbd7 anstatt 7. . . . Sc6) wird kaum noch gespielt. Ein jüngeres Beispiel zeigt, daß Schwarz kaum ausgleichen kann:

Karpow – Nunn, Tilburg 1982: 7. . . . Sbd7 8. h3 Lxf3 9. Lxf3 e5 10. g3 c6 11. Lg2 Da5 12. Dd2 Tfe8 13. Tad1 b5 14. a3 Sb6 15. b3! (15. . . . Dxa3 16. Sxb5 cxb5 17. Ta1 Db2 18. Tfb1 exd4 – 18. . . . Sxe4 19. Lxe4 exd4 20. Lf4 – 19. Txb2 Sxe4 20. Dxd4! Lxd4 21. Lxd4 +–) 15. . . . Sfd7 16. Ta1 Sf8 (Idee: Se6 – d4) 17. d5! Tac8 18. Tfd1 c5 19. Lf1 c4 20. a4! cxb3 (20. . . . b4 21. Sa2 c3 22. Dd3 +–) 21. Sxb5 Dxd2 22. Txd2 Txc2 (22. . . . b2 23. Tb1 Sxa4 24. Sxd6 Tb8 25. Sxe8 Sc3 26. Txb2; 22. . . . bxc2 23. Tc1 mit Gewinnstellung für Weiß in beiden Fällen) 23. Txc2 bxc2 24. a5! Sc8 25. Tc1 Sd7 26. Txc2 Sc5 27. Sxd6 Sxd6 28. Txc5 Sxe4 29. Tc7 Lf8 30. a6! Td8 31. Txa7 – 1:0 (Anm. von Karpow).

Damit wäre die Variante B 1 (6. . . . Lg4 7. Le3) aktualisiert. Alternativen sind: B 2 (7. Lg5; siehe Seite 14) und B 3 (ebenfalls Seite 14).

B 2: 7. Lg5
Rajkovic – Todorcevic, Titovo Uzice 1978: 7. . . . Sc6 8. d5 (ein neuer Zug) 8. . . . Lxf3 9. Lxf3 Se5 10. Le2 c6 11. dxc6 (11. f4? Db6+ 12. Kh1 Seg4!) 11. . . . bxc6 12. Dd2 Tb8 13. b3

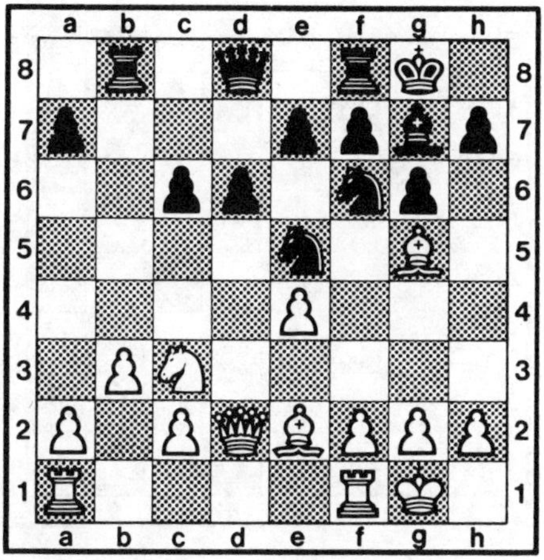

Logisch war nun das konsequente Spiel gegen den „wackeligen" Sc3: 13. . . . Da5! mit taktischen Gegenchancen z. B. 14. f4? Seg4 (15. Lxg4 Sxg4 – Sc3 hängt; 15. h3? Dc5+ 16. Kh1 Sf2+; 15. Kh1 Sd7 16. Tf3 Sf2+ 17. Kg1 Lxc3 18. Dxc3 Dxc3 19. Txc3 Sxe4 20. Te3 Sxg5 21. fxg5 e5 usw). 14. f4? ist zu früh.
Der Ausfall 14. Sd5? kann sich als Bumerang erweisen: 14. . . . Dxd2 15. Sxe7+Kh8 16. Lxd2 Sxe4 17. Lf4 Tbe8 18. Lxe5 Lxe5 19. Sxc6 Lxa1 20. Txa1 Tc8 mit einem etwas besseren Endspiel für Schwarz.
Weiß darf nach 13. . . . Da5 nicht so übereilt reagieren. Ein natürlicher Zug wäre z.B. 14. Tad1 (drohend 15. Lxf6 Lxf6 16. Sd5 Dxd2 17. Sxf6+ mit Zersplitterung der schwarzen Bauern), mit der denkbaren Folge 14. . . . Db4 (verhindert die eben erwähnte Drohung) 15. h3 (bereitet f2–f4 vor; 15. . . . Sxe4? 16. Sxe4 Dxe4 17. Lxe7) 15. . . . Tfe8 16. f4 Sed7 17. Ld3 (17. Lf3 h6 18. Lh4 Sh5! unterstreicht die Schwäche des Bf4) 17. . . . h6 18. Lh4 Sh7 19. Se2 Dxd2 20. Txd2 g5 und Schwarz erobert den Punkt e5 für seinen Springer mit gleichem Spiel.
Schwarz machte jedoch in der obigen Partie einen schwerwiegenden positionellen Fehler, verlor dann im anschließenden Kampfverlauf vollständig den Faden und die Partie. Der Rest ist – unter dem Gesichtspunkt der Eröffnungstheorie – nicht mehr interessant und wird nur dokumentarisch festgehalten. 13. . . . c5? 14. Tad1 Sc6 15. Tfe1 Te8? 16. Lb5! Dc8 17. La4! Sd7 18. Sd5 f6 19. Lh6 Sde5 20. Lxg7 Kxg7 21. Te3 Tb7 22. Tg3 e6?! 23. Sf4 Kh8 24. Dc3 Dc7 25. Se2 Kg7 26. h4 Td8 27. f4 Sf7 28. f5 e5 29. Lxc6! Dxc6 30. fxg6 hxg6 31. Df3 Sh8 32. h5 Tg8 33. hxg6 Sxg6 34. Df5 Kf7 35. Tf1 d5 36. exd5 Dd6 37. c4 Tb6 38. Sc3 De7 39. Se4 Tg7 40. Dh5 – 1:0. (nach Anm. des Siegers).

B 3: 7. h3 (Seite 14)

Wasjukow – Zeschkowski, UdSSR-Landesmeisterschaft 1982: 7. h3 Lxf3 8. Lxf3 Sc6 9. Lg5 h6?! 10. Le3 e5 11. dxe5 dxe5 12. Se2 Dxd1 13. Taxd1 Tfd8 14. c3 und analog der früher gezeigten Partie Petrosjan – Sax hatte Weiß etwas besseres Spiel. 1:0 im 41. Zug.
Hier war 9. . . . e5! besser; 10. dxe5 dxe5 11. Sd5 Sd4 12. c3 Se6 mit Ausgleich.

C: 6. . . . Sc6 (Seiten 22–25)
C1: 7. d5 C2: 7. h3 C3: 7. Le3
C1: 7. d5

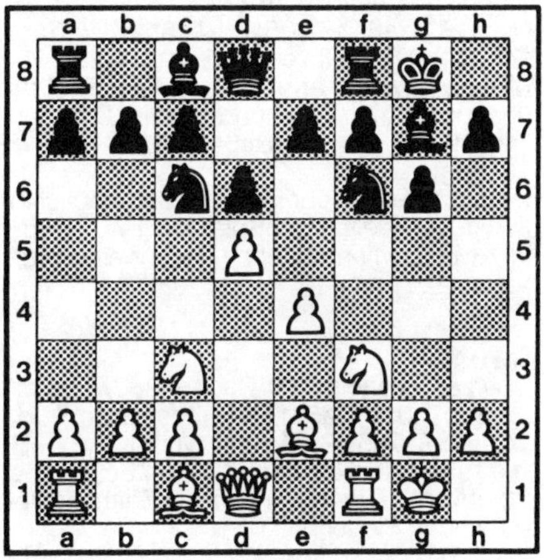

Vogt – Ftacnik, DDR – CSSR 1978: 7. . . . Se5 8. Sxe5 dxe5 9. Le3 a6 10. Dd2 Dd6 11. Tfd1 Td8 12. h3 Ld7? (12. . . . e6 + =) 13. a4 e6 14. a5 exd5 15. exd5 Db4 16. Dc1 Se8 17. Ta3 Tab8 18. Sa2 De7 19. c4 f5 20. Lg5 Lf6 21. Lxf6 Sxf6 22. b4 e4 23. f4 +– 1:0 im 54. Zug. Die

Idee 7. . . . Se5 fand keine Verbreitung.
In drei Meisterpartien zwischen 1979 und 1983 wurde 7. . . . Sb4 versucht. Trotz des beeindruckenden Ergebnisses von 3:0 Punkten zugunsten von Weiß ist diese Idee zu beachten – die Verluste gehen eher auf das Konto des Mittelspiels.

Jansa – Ftacnik, CSSR-Meisterschaft 1980: 7. . . . Sb4 8. Te1 a5 9. h3 c6?! 10. a3 Sa6 11. dxc6 bxc6 12. e5! += 1:0 im 37. Zug. Das weiße Zentrum sollte besser mit e7–e6 gesprengt werden. Hier sei an ein älteres Vorbild erinnert: Weinstein – Sax, Budapest 1976: 7. . . . Sb4 8. h3 a5 9. Te1 e6!? 10. a3 Sa6 11. dxe6 Lxe6 12. Lf4 Sc5 13. Lf1 Te8 14. Dd2 d5! mit vollwertigem Spiel. Nach Jansa ist 12. Sd4 (statt 12. Lf4) 12. . . . Ld7 13. Lf4 Te8 14. Lf3 Sc5 15. Dd2 Dc8 16. Tad1 a4 17. e5! besser für Weiß.
Groszpeter – Noguieras, Cienfuegos 1980: 7. . . . Sb4 8. Te1 e6!? 9. a3 Sa6 10. dxe6 Lxe6 11. Sd4 Ld7 12. Lg5 h6 13. Lh4 Sc5 14. Lc4 Te8 15. f3 Sa4?! (15. . . . Se6 mit Ausgleich) += (1:0 im 34. Zug).

Michaltschischin – Høi, Kopenhagen 1979: 7. . . . Sb4 8. Te1 a5 9. Lf4 c6 10. a3 Sa6 11. dxc6 bxc6 12. e5 Sh5 13. exd6?! (13. Lg5 d5 unklar / Ausgleich) 13. . . . Sxf4 14. dxe7 Dxe7 15. Lxa6 Df6? (15. . . . Le6! 16. Lc4 Tad8 17. Db1 Df6 18. Lxe6 fxe6 19. Da2 – von Michaltschischin angeregt – 19. . . . Df5! mit unangenehmen Drohungen wie Dg4 laut Friedstein) 16. Lxc8 Taxc8 17. Te3 += (1:0 im 33. Zug).
Ein besseres Ergebnis – 50% der möglichen Punkte – erzielten die Spieler mit 7. . . . Sb8. In zwei Partien wählten die Weißen die Variante

C 11: 8. Te1
Liberzon – Janetschek, Baden 1980: 8. . . . c6 9. h3 Ld7 10. Lg5 a5 11. a4?! (besser ist 11. Dd2 a4 12. a3 Da5 13. Lf4! mit Vorteil für Weiß) 11. . . . Sa6 12. dxc6 bxc6 13. Sd4 Sc5 = aber 1:0 im 41. Zug nach einem Zeitnotfehler. (Anm. des Siegers).

Grünfeld – Borik, Zonenturnier Randers 1981: 8. . . . c6 9. h3 a6!? (die tatsächliche Zugfolge war anders – a7–a6 vor Sb8–c6 – aber a7–a6 verdient auch im 9. Zug Beachtung) 10. Lf4 (10. a4 b6 11. Lf4 Lb7 12. Dd2 cxd5 13. exd5 Sbd7 nebst 14. . . . Tc8 =+) 10. . . . b5 11. a3 Lb7 (11. . . . cxd5!? 12. exd5 Lb7 =+ lt. Grünfeld) 12. dxc6 Sxc6 13. Dd2 Te8 14. Lh6 Lh8 15. Sg5 Tc8 16. Tad1 Db6 17. Sd5 Sxd5 18. exd5 Sd4 19. Ld3 Lxd5 20. c3 Se6

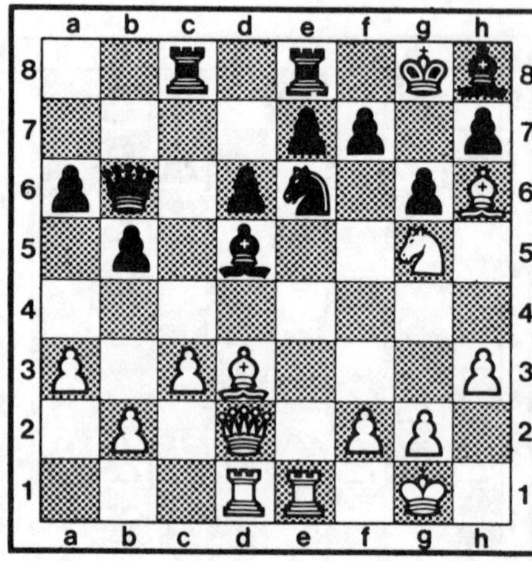

21. Sxf7? (Weiß will zu Unrecht mehr als Ausgleich nach 21. Lxg6! hxg6 22. Dxd5 Tc5 23. Dd2 Sxg5 24. Lxg5 Te5) 21. . . . Kxf7 22. Lxg6+ Kxg6 23. Dxd5 Kxh6 24. Txe6+ Lf6 25. g4 Tg8 26. Df5 (26. Dh5+ Kg7 27. g5 Kh8) 26. . . . Tcf8 27. h4 Kg7 28. Tde1 Kh8 29. Dh5 Txg4+ 30. Dxg4 Tg8 31. T1e4 Txg4+ 32. Txg4 h5 33. Tg2 Dc5 34. Te3 Df5 0:1

C 12: 8. h3
Polowodin – Rasuwajew, UdSSR 1979: 8. . . . e5 9. dxe6 Lxe6 10. Lg5 h6 11. Le3 Sc6 12. Dc1 Kh7 13. Td1 Dc8 (13. . . . De7!?) 14. Sd4 Ld7 15. f4 Te8 16. Lf3 Te7! 17. Sd5?! (17. Dd2 Dh8! 18. Sde2 Tae8 ist unklar) 17. . . . Sxd5 18. exd5 Sxd4 19. Lxd4 Lxd4?! (19. . . . Dh8! nebst Tae8 =+) Remis im 35 Zug.

C 2: 7. h3
Jhunjhunwala – Gligoric, Olympiade Luzern 1982: 7. . . . e5 8. d5 Se7 9. Le3 c6 10. dxc6 bxc6 11. Dd2 Dc7 12. Tad1 d5 13. exd5 Sexd5 14. Sxd5 cxd5 =+ – 0:1 im 46. Zug.

C 3: 7. Le3

Andersson – Kavalek, Buenos Aires 1980: 7. Le3!? Sg4? (7. . . . Lg4 mit Übergang in die Variante 6. . . . Lg4 7. Le3 Sc6) 8. Lg5 h6

9. Lh4 Sf6 10. d5 Sb8 11. Sd4 c6 12. a4 Db6?! (12. . . . a5 nebst Dc7 und Sbd7 +=) 13. Sb3 a5 14. Kh1 Sa6 15. f4 Sb4?! (15. . . . Ld7 16. Lf2 Dc7 +=) 16. Lf3 cxd5 17. exd5 Lf5 18. Lf2 Dd8 19. Sd4 Ld7 20. h3 Sa6 21. Te1 Sc5 22. Dd2 Tc8 23. Scb5 Se8 24. b3 e5 25. dxe6 fxe6 26. Tad1 e5? (26. . . . Df6!?) 27. fxe5 dxe5 28. Ld5+− 1:0 im 43. Zug (Anm. von Parma)
In den übrigen Varianten (D–E) sind keine wichtigen Neuerungen zu verzeichnen. Mit diesen Varianten wurden weniger als 5% derjenigen Partien, die mit dem klassischen System eröffnet wurden, gespielt. Eine Neubewertung der Varianten aus der ersten Auflage dieses Buches hat sich nicht ergeben. Damit wäre die Aktualisierung des klassischen Systems abgeschlossen.

II. Systeme mit 4. f3 und 4. Le3

1. e4 d6 2. d4 Sf6 3. Sc3 g6 4. f3 oder 4. Le3
(Siehe Seiten 34–43)

Eigentümlicherweise wurden in den Jahren 1979–1984 keine Partien gespielt, welche einen wichtigen theoretischen Beitrag zu dem 4.-f3-System leisteten. Auf der Seite 34 erwähnen die Autoren die Fortsetzung 4. Le3 ohne f2–f3, was aber thematisch zum 4.-f3-Komplex gehört. Gerade 4. Le3 wird nun weitaus öfter gespielt, als die eigentliche Hauptvariante 4. f3. Hierzu zwei sehr wichtige Beispiele:
Beljawski – Gufeld, Baku 1980: 4. Le3 c6 5. h3 Da5 6. Dd2 b5 7. Ld3 b4 8. Sce2 Lg7 9. Sf3 0–0 10. c4?! (10. a3 c5 11. dxc5 Lb7 12. cxd6 Sxe4 13. Lxe4 Lxe4 14. dxe7 Te8 +=) 10. . . . d5! 11. Sg3 (11. e5 Se4 12. Lxe4 dxe4 13. Sg5 c5! =+) 11. . . . dxe4 12. Sxe4 Sxe4 13. Lxe4 f5! 14. Ld3 c5 =+ 15. d5 e5 16. dxe6 Sc6 17. 0–0 Lxe6 18. Tfe1 Lf7 19. Lh6! Tad8 20. Lxg7 Kxg7 21. b3 Dc7 22. h4 Dd6 23. Tad1 Df6 24. Df4 Sd4 25. Se5? (25. g3 =+) 25. . . . Tfe8 26. Kf1 Lg8 27. g3 (27. . . . h6! Remis! – Respekt vor dem großen Gegner? – (Anm. von Gufeld).

Kupreitschik – Short, Telex-Wettkampf UdSSR – England 1982: 4. Le3 c6 5. Dd2 Sbd7 6. Sf3 Da5 (6. . . . b5 7. e5 b4 8. exf6 bxc3 unklar) 7. Ld3 (7. e5!? dxe5 8. dxe5 Sxe5 9. Sxe5 Dxe5 10. 0–0–0 mit Initiative) 7. . . . e5 8. 0–0–0 b5 9. Kb1 Dc7 10. Lg5 Le7 11. h4 a6 12. dxe5 dxe5 13. h5 Sxh5 (13. . . . gxh5 14. Sh4) 14. Lxe7 Kxe7 15. Txh5! gxh5 16. Dg5+ Sf6 (16. . . . Ke8 17. Dg7 Tf8 18. Sg5 und Sxh7) 17. Sxe5 Tg8 18. Df4!! (Idee 18. . . . Ke6 19. Se2!! mit folgenden herrlichen Varianten):

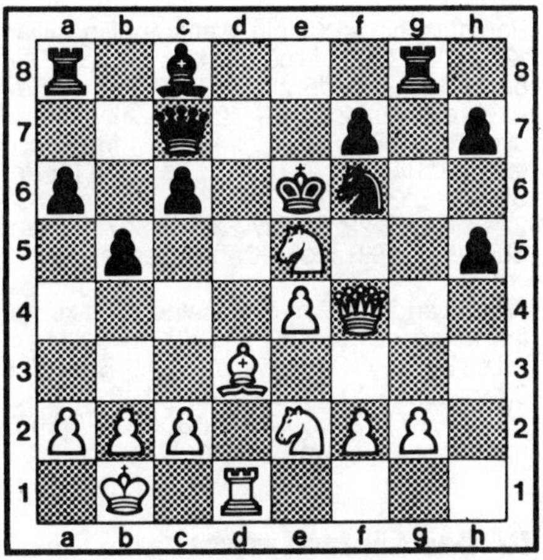

A) 19. . . . Dxe5 20. Lc4+! bxc4 21. Sd4+ verliert die schwarze Dame;
B) 19. . . . c5 20. Sg6!! Dxf4 21. Lc4+! bxc4 22. Sexf4 matt!
C) 19. . . . Td8 20. Sxf7!! Dxf7 (20. . . . Dxf4 21. Sxd8+ Ke5 22. Sxc6+) 21. Lc4+ bxc4 (21. . . . Sd5 22. Sd4+ Ke7 23. Sxc6+) 22. Txd8 De7 23. Sd4+ Kf7 24. Td6 +−)

Statt 18. . . . Ke6 folgte: 18. . . . Ta7 19. Sd5+!! cxd5 20. exd5
A) 20. . . . Sxd5? 21. Dxf7+ Kd6 22. Dxg8 Kxe5 23. Dg5+ +−
B) 20. . . . Tg4? 21. Sc6+ Dxc6 22. De5++−
C) 20. . . . Ld7 21. Te1 bzw. 20. . . . Kf8 21. Dxf6 oder 20. . . . Dd6 21. Te1 Le6 22. Sc6+ Kd7 23. dxe6+ Kxc6 24. Dxf6, und exf7 ergibt jeweils einen klaren Vorteil für Weiß.

In der Partie folgte ein Kurzschluß: 20. . . . Lb7? 21. Sg6+ Kd7 22. Df5+ und 1:0.

III. Das Byrne-System

1. e4 d6 2. d4 Sf6 3. Sc3 g6 4. Lg5
(Siehe Seite 43 ff.)

Dieses System verschwand fast völlig aus der Turnierpraxis: Seit dem Erscheinen der ersten Auflage wurden nur ca. 2% der Partien, eröffnet mit der Jugoslawischen (Modernen) Verteidigung, mit dem ehemals populären Byrne-System gespielt. Neue Erkenntnisse erbrachten lediglich zwei Partien:

Romanischin – Kusmin, Wettkampf in Tallinn 1979: 4. . . . Lg7 5. f4 c6 6. Dd2 0–0 7. Ld3 Db6 8. e5 Sd5 9. Sxd5 cxd5 10. c3 Sd7 11. Se2 (11. Lxe7 Te8 12. Lh4 – 12. Lg5 f6! – 12. . . . dxe5 13. fxe5 f6) 11. . . . Te8 12. a4 f6 13. exf6 exf6 14. Lh4 f5 15. 0–0 Lf6 16. Lg5 Dd8 17. Tfe1 Sf8 18. Lc2 Ld7 19. Lb3 Lc6 20. Sg3 Se6 21. Lxf6 Dxf6 22. Sf1 Df7 23. Te3 Sg7 24. Tae1 Sh5 25. Txe8+ Txe8 26. Txe8 remis.

In einer anderen Partie desselben Wettkampfes folgte: 4. . . . Lg7 5. Dd2 h6 6. Lf4 g5 7. Le3?! (7. Lg3 Sh5=) 7. . . . Sg4 8. Sge2 Sc6 9. Sg3 Sxe3 10. fxe3 11. Le2 g4 12. 0–0–0? (12. h3 =+) 12. . . . Sxd4! (13. exd4?? Lh6), und Schwarz gewann in der Folge.

IV. Das Läufer-System

1. e4 d6 2. d4 Sf6 3. Sc3 g6 4. Lc4

Bei etwa ausgeglichener Gegnerschaft gab es ein 4:1-Desaster für Weiß. Einmal war allerdings die Zeitnot schuld. Trotzdem erfreuen sich die Systeme mit Lf1–c4 – offenbar aus guten Gründen – keiner großen Beliebtheit.

A: Systeme mit frühem Sf3

Zeschkowski – van der Wiel, Sotschi 1980: 1. e4 g6 2. d4 Lg7 3. Sc3 c6 4. Sf3 d6 5. Lc4 Sf6 6. e5 dxe5 7. Sxe5 0–0 8. 0–0 Sbd7 9. Lg5 Sb6 10. Lb3 Sfd5 11. Sf3 a5 12. a4 Le6 13. Se4 Sf6?! (13. . . . Sc7!? 14. c3 Lc4 15. Lxc4 Sxc4 16. Db3 Sd6 =) 14. Lxf6! exf6 15. Lxe6 fxe6 16. Te1 Te8 17. Sc5 mit Vorteil für Weiß, aber nach der Zeitnotschlacht 0:1 im 42. Zug.
Karlsson – Høi, Reykjavík 1982: 1. e4 d6 2. d4 Sf6 3. Sc3 g6 4. Sf3 Lg7 5. Lc4 0–0 6. 0–0 Lg4 7. De2 Sc6 8. Td1 Sd7 9. e5 (Weiß ist zu dieser Gewalttour gezwungen, denn 9. Le3 e5 ergibt bereits besseres Spiel für Schwarz: 10. dxe5 Scxe5 und 11. . . . Sxf3+; 10. d5 Sd4 und 11. . . . Sxf3+) 9. . . . dxe5 10. dxe5 Scxe5 11. Ld5 c6 12. h3 cxd5 13. hxg4 e6 und nach einer schwierigen technischen Realisierung – 0:1 im 50. Zug.

Jasnikowski – Sznapik, Polnische Meisterschaft 1980: 1. d4 Sf6 2. Sc3 g6 3. e4 d6 4. Sf3 Lg7 5. Lc4 Sc6 6. De2 0–0 7. e5 dxe5 8. dxe5 Sg4 9. e6 fxe6 10. 0–0?! (10. Lxe6+ Kh8 ist unklar: 11. Lxc8 Dxc8 12. 0–0 e5 13. h3 Sd4!; 13. De4 Df5 =) 10. . . . Dd6! 11. Td1? (11. Sb5 Sd4 =) 11. . . . Sd4! 12. Txd4 (12. Sxd4?? Dxh2+) 12. . . . Lxd4 13. Se4

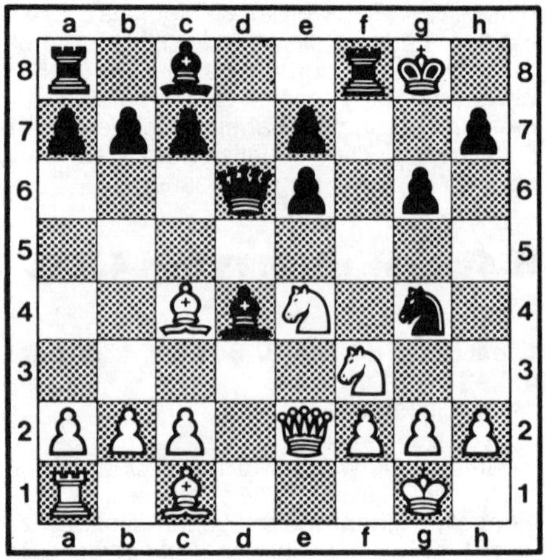

13. . . . Txf3!! 14. Sxd6 Txf2 15. Dxg4 Tf4+ 16. Kh1 Txg4 17. Sxc8 Kf7! 0:1 im 31. Zug.

B: Systeme mit frühem De2

Kindermann – Høi, Reykjavík 1982: 4. . . . Lg7 5. De2 c6?! (5. . . . Sc6!?) 6. e5 dxe5 7. dxe5 Sd5 8. Ld2 Le6 9. f4 Sd7 10. Se4 Db6 11. 0–0–0 0–0–0 12. Sf3 h6 13. g3 Sc5 14. Sc3 Td7 15. Lxd5 Lxd5 16. Le3 Da5 17. Sxd5 cxd5 18. Kb1 Kb8 19. Td4 e6 20. c4!? (20. b4?! Da6) 20. . . . Thd8 21. Thd1 Sa6 22. a3 Lf8 23. cxd5 Txd5 24. Dc4 Sc7 25. Db3 Lc5 26. Txd5 Sxd5 27. Lxc5 Dxc5 28. Tc1 Db6 29. Dxb6 Sxb6 30. Tc2 Td3 31. Tf2 Sc4?! 32. Kc2 Td7 33. Te2, und statt ins Remis einzuwilligen, spielte Schwarz verkrampft auf Gewinn, bis er im 54. Zug noch verlor.

Sirgurjonsson – Timman, Wijk aan Zee 1980: 4. . . . Lg7 5. De2 Sc6!? 6. e5 Sg4!? 7. Lb5 0–0 8. Lxc6 (8. Sf3? dxe5 9. Lxc6 exd4!) 8. . . . bxc6 9. h3 Sh6 10. Sf3 c5! 11. dxc5 (11. exd6? exd6 drohend Te8) 11. . . . Lb7! 12. Ld2 Sf5

13. 0-0-0 (13. 0-0? dxe5 nebst 14. ... Sd5 =+) 13. ... Lxf3 14. Dxf3 Lxe5 15. h4 Dd7 16. Dh3 (16. h5 Sd4 17. Dh3 Dxh3 =) 16. ... h5 17. The1? (17. g4 Sg7 18. gxh5 Lxc3 19. Lxc3 Sxh5 unklar) 17. ... Lg7 18. c6 Dxc6 19. g4 hxg4 20. Dxg4 Tab8

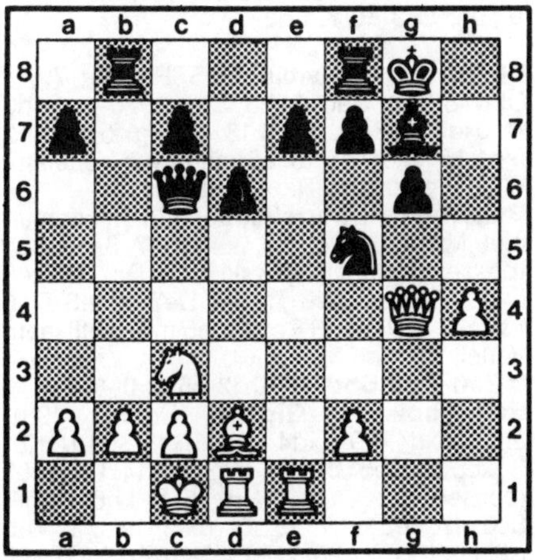

Eine effektvolle Widerlegung findet nun der Angriffsversuch 21. h5 Txb2!! 22. hxg6 (22. Kxb2 Tb8+ 23. Kc1 Db7) 22. ... Tfb8 23. gxf7+ Kf8 drohend Tb1+ und Lb2 matt!
21. Tg1 Sd4 22. Tg3

22. h5 scheitert wieder an 22. ... Txb2! 23. Kxb2 Tb8+ 24. Kc1 Db7 25. Tdf1 f5! (damit die weiße Dame nicht nach d1 ziehen kann). Auf etwa 26. Dh4 folgt nun 26. ... Db2+ 27. Kd1 Dxc2+ 28. Ke1 Tb1+ nebst Matt.
22. ... Tb4 23. f4 Txb2! 24. Kxb2 Db7+ 25. Kc1 f5 (26. Dxg6 Se2+! 27. Sxe2 Db2 matt) 0:1

V. Das Geller-System

1. e4 g6 2. d4 Lg7 3. Sf3 d6 4. c3 Sf6 5. Sbd2 (Seiten 65–71)
Dieses System kann manchmal durch verschiedene Zugumstellungen entstehen. Am häufigsten kommen folgende Zugfolgen vor:
1. e4 g6 2. d4 Lg7 3. c3 Sf6 4. Sd2 d6 5. Sgf3
1. e4 d6 2. d4 Sf6 3. Sd2 g6 4. Sgf3 Lg7 5. c3
1. e4 g6 2. d4 Lg7 3. Ld3 usw.

Im Geller-System gibt es zwei etwas verschiedene Stellungstypen. Die Stellung des weißen Königsläufers ist dabei von entscheidender Bedeutung. Wir unterscheiden:
A) Systeme mit Ld3
B) Systeme mit Le2

A) Systeme mit Ld3

Dolmatow – Kusmin, UdSSR-Meisterschaft 1982: 1. e4 d6 2. d4 Sf6 3. Ld3 g6 4. c3 Lg7 5. Sf3 0-0 6. 0-0 Sc6 7. Te1 e5 8. h3 h6 9. Le3 Sh5 10. Sbd2 (Erst jetzt stehen alle Figuren „systemgerecht") 10. ... Sf4 11. Lxf4 exf4 12. b4 Se7 13. a3 (13. c4? c5!) 13. ... Ld7 14. Sf1 b5?! (14. ... c5! mit gleichem Spiel) 15. Dd2 g5 16. De2 a6 17. Tad1 Te8 18. S3h2 Sd5 19. Tc1 Sf6? (19. ... Sb6! bot gute Ausgleichschancen) 20. Dc2 Tc8? (20. ... c5!?) 21. e5! Sd5 22. c4 Sb6 23. c5 Sd5 24. Sf3 Se7 25. exd6 cxd6 26. S1d2 Le6 27. Lh7+ Kh8 28. Se4! (28. ... Kxh7? 29. Sf6++ nebst Matt; 28. ... Sf5 29. d5 Ld7 30. c6; 28. ... f5 29. Sxd6; 28. ... Lf5 29. Lxf5 Sxf5 30. Sexg5!) 28. ... dxc5 29. dxc5 Sd5 30. Sd6 Dxd6 31. cxd6 Txc2 32. Lxc2 Lb2 33. Tcd1 Sf6 (33. ... Td8 34. Td3 Txd6 35. Lb3 und 36. Ted1) 34. Lb3 Sd7 35. Sd4 Lxd4 36. Txd4 Kg7 37. Ld5 Kf6 38. Lc6 Td8 39. Lxd7 Txd7 40. Kh2 Kf5 41. g3 Td8 42. gxf4 gxf4 43. d7! **– 1:0**

Kortschnoi – Sznapik, Olympiade in Luzern 1982: 1. Sf3 g6 2. d4 Lg7 3. e4 d6 4. c3 Sf6 5. Ld3 0-0 6. 0-0 Sc6 7. d5 (7. h3 e5 8. Te1 hätte zu der Partie Dolmatow – Kusmin geführt) 7. ... Sb8 8. c4 Lg4 9. h3 Lxf3 10. Dxf3 Sa6 11. Sc3 Sd7 12. Le2 Sac5 13. Ld2 a5 14. Tab1 e6 (Schwarz baute sich musterhaft schwarzfeldrig auf und beginnt nun mit aktivem Spiel im Zentrum) 15. Ld1 f5 16. dxe6 Se5 17. De2 f4! 18. e7 Dxe7 19. Sd5 Df7 20. Lxf4 c6 21. Lxe5 Lxe5 22. Se3 h5 23. f4 (23. f3 Se6 mit starkem Druckspiel) 23. ... Lxf4 24. Sf5 Se6 25. Sh6+ Lxh6 26. Txf7 Txf7 27. c5 Sxc5 28. Lb3 Sxb3 29. axb3 Taf8 30. Dd3 Tf6 31. e5 dxe5 32. Te1 Lg7 33. h4 Kh7 34. Kh2 Tf4 35. Dd7 T8f7 36. Dd8 Lf6 37. Dxa5 Txh4+ 38. Kg1 e4 39. Db6 e3 40. g3 Te4 **– 0:1**

B) Systeme mit Le2

Einen seltenen Plan mit Lg4 wählte Schwarz in der Partie **Andersson – Hort,** Tilburg 1980: 1. Sf3 g6 2. e4 d6 3. d4 Lg7 4. Le2 Lg4 5. 0-0 Sd7 6. Sbd2 Sgf6 7. c3 0-0 8. h3 Lxf3 9. Lxf3. Im weiteren Verlauf mußte Schwarz schwer kämpfen, um das weiße Läuferpaar zu neutralisieren. Die Partie endete schließlich remis, aber Hort wiederholte sein Experiment nicht mehr.

Nach wie vor verdient Petrosjans Plan mit Sd7 Beachtung, wie aus der Musterpartie V/2 auf der Seite 70 ersichtlich.

VI. Das Sax-System

1. e4 d6 2. d4 Sf6 3. Sc3 g6 4. Le2 Lg7 5. h4 (Seiten 72–75)

Balaschow – Dr. Pfleger, München 1979: 5. . . . c5 6. dxc5 Da5 7. Kf1 Dxc5 8. Le3 Da5 9. h5 gxh5 10. Sh3! Lg4 (10. . . . Sg4 11. Ld2 +=) 11. Sf4 Lxe2+?! (11. . . . Sc6 12. f3 Ld7 13. Scd5 +=) 12. Dxe2 Sc6 13. Sxh5 Sxh5 14. Txh5 Dc7? (14. . . . Dd8!? 15. Dg4 Lxc3 16. bxc3 Dd7 17. Dg7 0–0–0 18. Txh7 wäre das kleinere Übel gewesen) 15. Sd5 Dd7 16. c3 e6 17. Lh6 f6 18. Dg4 exd5 19. Dxg7 0–0–0 20. Dxd7+ Txd7 21. Txd5 Te8 22. f3 Te5 23. Tad1 Txd5 24. Txd5 Se7 25. Th5 **– 1:0**

Die Pläne mit 5. . . . Sc6 und 5. . . . h5 scheinen besser zu sein, als der Vorstoß 5. . . . c5.

VII. Das Fianchetto-System

1. e4 d6 2. d4 Sf6 3. Sc3 g6 4. g3 (Seiten 76–77).

Zu der Abtausch-Variante auf der Seite 77 gibt es zwei wichtige Partiebeispiele:

4. . . . Lg7 5. Lg2 0–0 6. Sge2 e5 7. 0–0 Sc6 8. dxe5 dxe5 9. Lg5 und nun:

Prandstetter – Pekarek, CSSR 1982: 9. . . . Sd4 10. Sxd4 exd4 11. Sd5 Le6 12. Df3! (Verbesserung gegenüber 12. Dxd4) 12. . . . Lxd5 13. exd5 h6 14. Lf4 Sh5 15. Ld2 Dd6 16. Db3 a5 17. a4 Tfd8 18. Tfe1 Dc5 19. Tac1 Sf6 20. c3 Sg4 21. cxd4 Dxd4 22. Le3 Sxe3 23. fxe3 De5 24. Dxb7 Tdc8 25. Te2 Tab8 26. Da6 Te8 27. Dxa5 Dg5 28. Dxc7 Ld4 29. exd4 Txe2 30. Dxb8+ Kg7 31. Df4 **– 1:0**

Speelman – Sznapik, Dortmund 1981: 9. . . . Le6 10. Dc1?! (10. Sd5!? Lxd5 11. exd5 Se7 12. c4! += – Sznapik) 10. . . .Sd4! 11. Sxd4 Dxd4 (11. . . . exd4 12. Td1!) 12. Td1 Dc5 13. h3 c6 14. Sa4 Da5 15. b3 Tad8 16. De3 Txd1 17. Txd1 Sd7 mit Ausgleich und Remis im 27. Zug. Auch nach 9. . . . Le6 kann Schwarz nicht ausgleichen: Siehe Anmerkung zum 10. Zug von Weiß.

VIII. Der Drei-Bauern-Angriff

1. e4 d6 2. d4 Sf6 3. Sc3 g6 4. f4 Lg7 5. Sf3 0–0

Die Mode herrscht auch im Bereich der Schacheröffnungen. In den letzten Jahren hat vor allem das System B: 6. Le3 (Seite 80 ff.) eine sehr große Verbreitung erfahren.

B1: 6. Le3 c6 7. Ld3

Beljawski – Kusmin, UdSSR 1981: 7. . . . Db6 8. Dc1 Sa6 9. h3 Sb4 10. 0–0 Sxd3 11. cxd3 Se8 12. g4 f5 13. gxf5 gxf5 14. Kh2 fxe4 15. dxe4 d5 16. e5 mit etwas Vorteil für Weiß wegen des Raumvorteils.

Beljawski – Christiansen, Interzonenturnier Moskau 1982: 7. . . . Sbd7 8. h3 e5? (besser war laut Beljawski 8. . . . Dc7) 9. dxe5 dxe5 10. fxe5 Se8 11. Lc4 De7 12. e6 fxe6 13. 0–0 b5 14. Lb3 Sc5 15. e5 mit deutlichem Vorteil für Weiß.

B2: 6. Le3 Sbd7 7. Dd2 c5 8. 0–0–0

Balaschow – Gipslis, UdSSR 1981: 8. . . . cxd4?! 9. Lxd4 e5 10. fxe5 Sg4 11. Kb1 Sgxe5 12. Lb5 Sxf3 13. gxf3 Se5 14. Le2 Le6? (besser 14. . . . Dh4! +=) 15. f4 Lh6 16. h4! Sc6 17. Le3 Lg7 18. f5! gxf5 19. Lh6 Le5 (19. . . . Kh8?! 20. Lxg7+ Kxg7 21. Thg1+ Kh8 22. Dh6 Tg8 23. exf5 usw.) 20. exf5 Lxf5 21. Lxf8 Kxf8 (oder 21. . . . Dxf8 22. Dg5+ Lg6 23. h5) 22. Thf1 Sd4 23. Ld3 Le6 24. Dh6+ Ke7 25. Le4 Dh8 (25. . . . Db6 26. Sd5+ Lxd5 27. Lxd5 Sf5 28. Dc1) 26. Sd5+ Kd7 27. c3 Lg7 28. Dh5 – 1:0

Beljawski – Asmajparaschwili, UdSSR 1983: 8. . . . Sg4!? 9. Lg1 cxd4 10. Sxd4 e5 11. Sde2 (11. fxe5?? Lh6) 11. . . . exf4 12. Sxf4 Da5 13. Ld4 Sge5 14. Kb1 und nun wäre das Spiel nach dem richtigen Zug 14. . . . Sf6 etwa ausgeglichen.

K. Schmidt – Keene, Århus 1983: 8. . . . Sg4 9. Lg1 cxd4 10. Lxd4 e5 11. Lg1 exf4 12. Dxd6

GM Keene spielte hier schwächer 12. . . . Lxc3?! und hatte in der Folge einige Schwierigkeiten. In der Analyse fand er folgende fantastische Variante: 12. . . . Se3 13. Lxe3 fxe3 14. Lb5 (Sehr riskant wäre 14. Sd5 Da5 15. Se7+ Kh8 16. Sxc8 Taxc8 17. Dxd7 Dxa2) 14. . . . Lxc3 15. bxc3 Da5 16. Lxd7 Td8 17. De7 Dxc3!! 18. Dxd8+ Kg7 19. Kb1 (19. Sd2? exd2+ 20. Txd2 Da1 Matt) 19. . . . Db4 mit Remis durch Dauerschach.

Die Variante B3: 6. Le3 c5 ist aus der Turnierpraxis so gut wie verschwunden.

B4: 6. Le3 Sc6

Beljawski – Cekro, Sarajevo 1982: 7. Le2 e5 8. dxe5 dxe5 9. Dxd8 Txd8 10. fxe5 Sg4

11. Lg5 Td7 12. Sd5 h6 13. Lh4 Sxe5 14. Sxe5 Lxe5 15. 0–0–0 Kg7 16. Tdf1 mit Vorteil und späterem Sieg für Weiß.

Christiansen – Hübner, Wijk aan Zee 1982: 7. Dd2 Lg4 8. 0–0–0 Te8 9. e5 dxe5 10. fxe5 Sd5 11. Lc4 Sb6 12. Lb3 Sa5 13. Lh6 Sxb3+ 14. axb3 a5 15. Lxg7 Kxg7 16. d5?! (16. Tdf1 war besser) 16. . . . a4 17. bxa4 Sxa4 18. Kb1 c6 19. Sxa4 Txa4 20. b3 Te4!, und Schwarz stand aktiver.

B 5: 6. Le3 b6!?

Schneider – Short, Hamburg 1981: 7. e5 Sg4 8. Lg1 c5 9. h3 Sh6 (9. . . . cxd4?! 10. Dxd4 Sh6 11. De4! +–) 10. d5 Sa6!? (Verbesserung gegenüber der Musterpartie VIII/5, Balaschow – Timman, Seite 93) 11. Dd2 Sc7 12. g4? (12. 0–0–0 Lb7 13. Le3 Sf5 14. Lf2 Sh6 mit Zugwiederholung. Beachtung verdient jedoch 14. . . . a6!? mit der Idee 15. . . . b5) 12. . . . Lb7 13. Le3 dxe5! 14. 0–0–0 (14. fxe5 Sxd5! 15. Lxh6 Sxc3 16. Lxg7 Dxd2+ 17. Kxd2 Se4+ oder 17. Sxd2 Kxg7 drohend 18. . . . Lxh1)

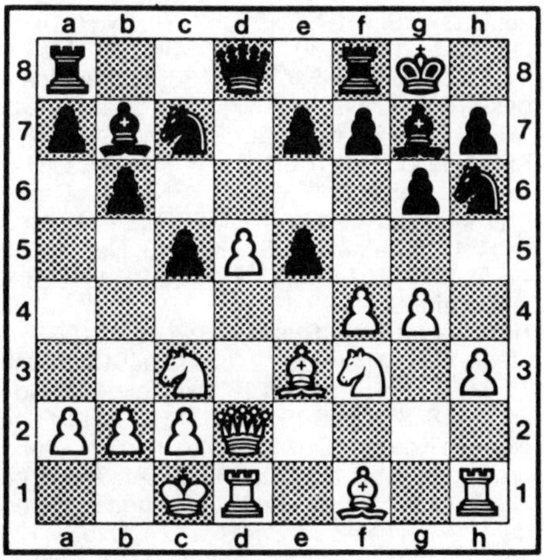

14. . . . Sxd5! 15. Sxd5 e6 16. g5? (16. c4 war besser, wenn auch danach Schwarz sehr gut steht) 16. . . . Sf5 17. Sf6+ Lxf6 18. Df2 Sd4 19. Lxd4 (19. gxf6 Lxf3) 19. . . . cxd4 20. gxf6 Dxf6 21. Lg2 Dxf4+ 22. Kb1 (22. . . . e4? 23. Dxd4) Tad8 23. De2 Lxf3 24. Lxf3 f5 25. Lc6 e4 26. h4 Kg7 27. La4 d3 28. Dg2 e3 29. Lb3 De4 30. Dxe4 fxe4 31. c3 e2 32. Tde1 Tf2 – 0:1

IX. Der Drei-Bauern-Angriff

1. e4 d6 2. d4 Sf6 3. Sc3 g6 4. f4 Lg7 5. Sf3 c5 6. dxc5 Da5 7. Ld3 Dxc5

In dieser ziemlich wenig gespielten Variante verdient eine Begegnung aus der Europa-Mannschafts-Meisterschaft 1983 in Plovdiv Erwähnung:

V. Kovacevic – Inkjow: 8. De2 0–0 9. Le3 Da5 10. 0–0 Lg4 11. h3 Lxf3 12. Dxf3 Sc6 13. a3 Sd7 14. Ld2 Db6+ 15. Kh1 Sc5 16. Tab1 Sxd3 17. Dxd3!? (Dies ist eine Neuerung; 17. cxd3 e6! mit etwa gleichen Chancen, wie man auf den Seiten 98–99 nachlesen kann) 17. . . . Tac8 18. Sd5 Dd8?! Nach dieser Ungenauigkeit verliert diese Partie ihre theoretische Bedeutung. Kovacevic gibt 18. . . . Dd4! an, mit Ausgleich nach 19. Dxd4 Lxd4 20. c3 Lg7. Weit schlechter ist 19. De2 wegen 19. . . . f5!, was die Schwäche der Formation Sd5/De4 unterstreicht.

Sonst ist in dieser Variante wenig zu melden: Nach 5. . . . c5 wird meistens 6. Lb5+ gespielt – siehe nächstes Kapitel.

X. Der Drei-Bauern-Angriff

1. e4 d6 2. d4 Sf6 3. Sc3 g6 4. f4 Lg7 5. Sf3 c5 6. Lb5+

In der Hauptvariante 6. . . . Ld7 7. e5 Sg4 8. e6 Lxb5 9. exf7+ Kd7 10. Sxb5 Da5+ 11. Sc3 cxd4 12. Sxd4 Lxd4 geht die Diskussion weiter. Die Einschätzung dieser Variante als ein dynamisches Gleichgewicht scheint sich indes nicht geändert zu haben:

J. D. Diaz – Saitzew, La Habana 1983: 13. Dxg4+ Df5 14. Df3 Lxc3+ 15. Dxc3 Sc6 16. Le3 Thf8 17. 0–0 Txf7 18. Db3 b6?! (18. . . . Kc7! ist eine Anregung von GM Saitzew mit etwa verteilten Chancen. Hier müssen weitere praktische Beispiele abgewartet werden) 19. c4 Taf8 20. Tad1 (Idee: 21. c5!) 20. . . . Kc7 21. Td5 mit Vorteil für Weiß.

Timman – van Wijgaarden, Niederländische Meisterschaft 1983: 13. Dxd4 Sc6 14. Dc4 Db6 15. De2 h5 16. Ld2 Sd4 (16. . . . Dxb2? 17. Tb1 und 18. Txb7+) 17. Dd3 Sf5 18. Se4 Tac8 19. 0–0–0! Sge3 20. Lxe3 Sxe3 (20. . . . Dxe3+ 21. Kb1 Dxf4 22. Db5+ Kd8 23. Sc5!) 21. Sc3! Sxd1 22. Txd1 Thf8 (22. . . . Dc5!? 23. Dxg6 De3+ 24. Kb1 Dxf4 25. Te1 Dg4 26. Dd3 ist nach van Wijgaarden unklar) 23. Dh3+ e6 24. Te1 d5 25. Sxd5 Dc6 26. Sb4 Dc4 27. Dd3+ Ke7 (27. . . . Dxd3 28. Sxd3 nebst 29. Se5 ist +=) 28. Dxc4

Txc4 29. Sd3 Tfc8 30. c3 Ta4 31. Se5 Txa2 32. Te3 Ta5 33. Tg3 Txe5 34. fxe5 Kxf7 mit Remis im 57. Zug.

XI. Drei-Bauern-Angriff

1. e4 d6 2. d4 Sf6 3. Sc3 g6 4. f4 Lg7 5. Sf3 0—0 6. Le2 c5 7. dxc5 Da5 8. 0—0 Dxc5 + 9. Kh1

Stein — Hoi, Europa-Mannschaftsmeisterschaft Plovdiv 1983: 9. . . . Sbd7 10. De1 a6 11. Ld3 e5 (in der Partie Sikora — Ftacnik, CSSR 1978, geschah 11. . . . b5 12. e5 dxe5 13. fxe5 Sg4 14. Le4 Tb8 15. h3 Sgxe5 16. Le3 Sxf3 17. Txf3, und nun hätte Schwarz nach der richtigen Replike 17. . . . Db4! 18. La7 Tb7 19. Lxb7 Lxb7 20. Td3 Se5 Vorteil erlangen können) 12. Le3 Dc7 13. fxe5 dxe5 14. Dh4 b5 15. Lh6 (15. a3!?) 15. . . . b4 16. Sd1?! (16. Se2 mit der Idee 17. Sg3 war vorzuziehen) 16. . . . Sh5! 17. Lxg7 Kxg7 18. Se3 Lb7 19. Sg5 Sc5 20. g4 f6 21. Sxh7 (21. gxh5 fxg5 nebst 23. . . . Sxe4) 21. . . . Sf4! 22. Sxf8 Txf8 23. Sd5 Sxd5 24. exd5 Sxd3 25. cxd3 Dc5! 26. Tf3 Dxd5 27. Taf1 Dxd3 28. Dg3? (auch ohne diesen Zeitnotfehler wäre die weiße Stellung kaum zu halten) 28. . . . Dxf1 + — **0:1**

Auch die Variante 6. Le2 wird kaum noch gespielt. Beliebter ist 6. Ld3 — siehe den Hauptteil, Seiten 117 bis 126, sowie die nachfolgende Aktualisierung.

XII. Drei-Bauern-Angriff

1. e4 d6 2. d4 Sf6 3. Sc3 g6 4. f4 Lg7 5. Sf3 0-0 6. Ld3

Balaschow — Pfleger, Hannover 1983: **6. . . . Sc6** 7. 0—0 Lg4 8. e5 dxe5 9. dxe5 Sd5 10. h3 Sxc3 11. bxc3 Lf5 12. Le3 Dd7 13. De2 Tfd8 14. Tad1 Lxd3 15. cxd3 b5? (15. . . . e6 nebst 16. . . . Se7 kam in Betracht) 16. Lc5 Dd5 17. d4 Tab8 18. Tde1 e6 19. Sg5 Dd7 20. Td1 a5 21. Df2 h6 22. Se4 Dd5 23. De2 a4 24. a3 Dd7 25. g4 Se7 26. Td3 Sd5 27. Tg3 Kh7 28. f5! gxf5 29. gxf5 exf5 30. Dh5! f4 (30. . . . fxe4 31. Txf7 usw.) 31. Tg4 — **1:0**

Der weiße Angriff ist nicht abzuwehren, z.B. 31. . . . Tg8 32. Sg5 + Kh8 33. Sxf7 + Kh7 34. e6!; 31. . . . Tf8 32. Lxf8; 31. Kg8 32. Kh1 und 33. Tfg1; 31. . . . Se3 32. e6! fxe6 33. Sf6 + ! Lxf6 34. Dg6 + Matt.

Die Beliebtheit der 6. . . . Sc6 — Variante ist in den letzten Jahren stark zurückgegangen. Meist wird 6. . . . Sa6 gespielt. Hierzu einige Beispiele:

Maximovic — Jansa, Vernjacka Banja 1983: **6. . . . Sa6** 7. 0—0 c5 8. Lxa6?! (Wie bereits im Hauptteil auf der Seite 120 erwähnt, verdient 8. d5 den Vorzug) 8. . . . cxd4! 9. Sxd4 bxa6 10. Dd3 (10. Sb3 siehe Seite 120) 10. . . . Lb7 11. Kh1 Tc8 12. Le3 Tc7 13. Tae1 Da8 14. Lg1 Tfc8 15. Sf3 Sh5 16. Sd4 Tc4 17. f5 Le5 18. Sd5 Lxd5 19. exd5 Dxd5 20. sf3 Db7 21. c3 Lf6 22. Sd2 Tf4 23. Txf4 Dxg2 + ! 24. Kxg2 Sxf4 + 25. Kf1 Sxd3 26. Tb1 gxf5 27. Lxa7 e6 28. Le3 f4 29. Lg1 d5 30. Ke2 Sc5 31. Kf3 e5 32. Kg4 Sd3 33. Kf5 Tc6 34. b3 Le7 35. c4 Tf6 + 36. Kg4 Tg6 + 37. Kh3 f3 38. Le3 d4 — **0:1**

6. . . . Sa6 7. 0—0 c5 8. d5 Tb8 und nun:

Sax — Nunn, Olympiade Malta 1980: 9. De1 Sb4 10. Dh4 b5 11. a3 Sxd3 12. cxd3 La6 13. b4 (13. e5?! dxe5 14. fxe5 Sd5 15. Sg5 h6 16. Sce4 Db6! 17. Tf3 f5! mit Vorteil für Schwarz in der Partie Grünfeld — Nunn, Malta 1980) 13. . . . Sd7 (13. . . . Sxe4 14. Sxe4 Lxa1 15. Seg5 h5 16. g4 Kg7 17. f5 mit Angriff) 14. Ld2 e6 15. dxe6 fxe6 16. Dh3 Te8 17. f5 exf5 18. exf5 Lc8 19. fxg6 hxg6 20. Dg3 Sf8 21. bxc5 Lf5 22. Sh4 dxc5 23. Txf5 gxf5 24. Sxf5 Df6 25. Tf1 Kh8 (sonst Sh6 +) 26. Dh3 + Sh7 27. Sd5 Db2 28. Sxg7 Dxd2 29. Sxe8 Txe8 30. Dh5?! (30. Sf6 De3 + 31. Dxe3 Txe3 32. Sxh7 Kxh7 33. Tc1 mit einem besseren Endspiel für Weiß) 30. . . . Te1 31. Df5 Txf1 + 32. Kxf1 b4 33. Dc8 + Kh8 34. Dd7 + Kh8 35. Dd8 + Kg7 36. De7 + Kg8 37. De6 + Kg7 38. De5 + Kh6 39. De6 + Kg7 40. De5 + Kh6 41. axb4 Dxd3 + 42. Kf2 Dd2 + 43. Kg3 cxb4 44. h4 a5 45. De6 + Kg7 46. De7 + Kg8 47. Dd8 + Kg7 48. Dd7 + Kh8 49. de8 + — **Remis.**

Nunn — van der Sterren, Ramsgate 1981: (Züge 1 bis 11 wie vor) 12. cxd3 Lg4! 13. f5 Dc8 14. Lh6 Lxf3 15. Txf3 b4 16. axb4 cxb4 17. Sd1 Dc5 + 18. Sf2 Lxh6 19. Dxh6 Dd4! (schützt den eigenen König — Dg7 ist später möglich — und greift den Bb2 an) 20. Tf1 b3 21. Th3 Tfc8 22. Kh1 (der Sf2 soll im Angriff eingesetzt werden) 22. . . . Dxb2 23. Sg4 Sxg4 24. Dxh7 + Kf8 25. fxg6 Dg7!! (mit der Idee 26. Txf7 + Ke8! — die schwache Grundreihe des Weißen ermöglicht diese Wendung) 26. Th4 b2 27. Txg4 b1-D 28. Dxg7 + Kxg7 29. gxh7 + Kh6 — **0:1**

Inhaltsverzeichnis

I. Das klassische System

Seite

II. Das System mit 4. f3

III. Das Byrne-System

IV. Das Läufer-System

V. Das Geller-System

IX. Das 3-Bauern-System

X. Das 3-Bauern-System

XI. Das 3-Bauern-System

XII. Das 3-Bauern-System

Schachbücher aus dem Beyer-Verlag

NEU!

Eröffnungen – abseits aller Theorie

von Bernd Feustel

2. erweiterte und aktualisierte Auflage 1984
144 Seiten · Fotos · Diagramme · kartoniert

Im Zeichen einer immer mehr wissenschaftlich perfektionierten Eröffnungstheorie ist eigenschöpferisches, kreatives Schach rar geworden.

Für Anhänger von Modevarianten und für Schachjünger, die lieber auf ausanalysierten und ausgetretenen Theoriepfaden wandeln, ist dieses Buch freilich weniger gedacht. **Es wendet sich vielmehr an diejenigen Schachfreunde, die gewillt sind eigene Wege zu gehen.** Denen aber, die in ihrer Spielanlage ein eigenes, unverwechselbares Profil zu verwirklichen suchen, wird die Lektüre dieses Buches zahlreiche Anregungen und gewinnbringende Denkanstöße vermitteln.

Bernd Feustel, einer der interessantesten, wenngleich umstrittensten Vertreter der deutschen Nachwuchs-Meistergeneration, hat sich – wohlwissend, daß er mit seinen Theorien keineswegs auf ungeteilte Zustimmung hoffen darf – nicht gescheut, aus seiner Turnierpraxis (Bundesligaspieler) zu berichten und in ausführlich kommentierten Partien viele Geheimnisse seines Schachstils preiszugeben.

Kleine Schachbücherei Band 14

Keine Angst vor Endspielen

von Lothar Nikolaiczuk

92 Diagramme · 128 Seiten · kartoniert

Die bei fast jedem Lernenden anzutreffende „Endspielangst“ ist dem Autor, der seit vielen Jahren als Schachlehrer und -trainer mit der pädagogischen Seite des Spiels vertraut ist, von daher zur Genüge bekannt. Er „halte es deshalb für unerläßlich“, so heißt es in seiner Vorbemerkung, „die Motivation für das Endspielstudium über den Nachweis ihrer untrennbaren Verknüpfung mit dem Mittelspiel anzustreben“.

Besonders hervorzuheben ist das sprachliche Geschick, mit dem an dieses zugegeben oft trockenste Gebiet des Schachspiels herangegangen wird: immer verständlich – nie ermüdend.